KB196384

미군 점령 4년사

미군 점령 4년사

친일파는 어떻게 기득권이 되었나

송광성 지음

나무이야기 namustory

주민들은 나와 내 권한으로 발포한 명령에 즉각 복종하여야 한다.
점령군에 대한 모든 반항 행위 또는 공공안녕을 교란하는
행위를 하는 자는 용서 없이 엄벌에 처할 것이다.

더글러스 맥아더

차례

일러두기

1. 이 책은 1989년 미국 캘리포니아 대학(UCLA)에서 사회학박사 학위 논문을 수정·보완·추가한 것으로, 논문 제목은 「The Impact of U.S. Military Occupation on the Social Development of Decolonized South Korea, 1945~1949」이다.

2. 외국인 이름이나 외국의 지명과 단체명은 외래어표기법이 아닌 관행을 따른 것들도 있다(아널드를 아놀드로, 매카서를 맥아더로).

3. 이 책 본문에는 방대한 영문 자료와 한글 자료가 있다. 이를 구분하기 위해서 영문 자료는 영문 이름으로 표기했고(Cumings, 1981, p443-444), 한글 자료는 한글 이름으로 표기했으며(신용하, 1979, p97-101), 한 문단에 자료가 2가지 이상일 때는 세미콜론으로 저자를 구분했다(U.S. State Dept, 1955, p51-52; Cumings, 1981, p171-181).

프롤로그

　전쟁 때 홍남에서 피난 온 소년에게 한국전쟁은 평생 풀어야 할 수수께끼였다. 전쟁이란 큰 주제와 마주할 준비 작업으로 선택한 것이 그 앞의 역사인 미군 점령사였다.

　요즈음 청년 세대에게 '미군 점령사'라는 말은 생소할지 모른다. 그러나 1945년 해방 이후 미군이 진주하면서 식민지 조선총독부 건물에는 일장기가 내려지고 성조기가 올랐다. 한반도를 분단하고 남한을 점령한 미군은 지배의 편의를 위해 친일파를 보호하고 이용했다. 이에 따라 해방 후 가장 큰 민족적 과제였던 친일파 청산은 실패했고, 이승만을 앞세운 친일파들은 반공을 앞세워 한국의 지배 세력이 됐다.

　1945년 해방 후 남한에 단독정부가 들어선 1948년 8월 15일까지 미군정은 일본의 뒤를 이은 또 다른 군사독재 정부였다. 미군 점령 기간은 현재 한국 사회의 기본적인 틀과 지배 세력의 기초가 만들어지는 시기였다. 따라서 한국 현대사에 관심이 있는 독자라면 무엇보다 이 시기에 주목할 필요가 있다.

미국 군사정부(미군정)는 이승만 정권이 수립되면서 3년의 직접 통치 기간을 끝냈다. 그런데도 미군은 미군사고문단을 남겨 1949년 6월 말까지 한국을 점령하여 형식적으로 독립한 한국 정부를 정치·경제·군사 면에서 사실상 지배했다. 그래서 미군정은 3년이고 미군 점령은 4년이다.

이 책을 쓸 시기인 1980년대 후반에는 고조된 민주화 투쟁의 열기가 있었고, 자주·민주·통일에 대한 관심도 뜨거웠다. 현재 한국은 겉으로는 많이 변한 것 같지만 중요한 사회문제의 근본은 전과 크게 다르지 않다. 청산하지 못한 친일파, 지속하는 분단과 전쟁 위기 등 여러 문제는 우리가 과거를 끊임없이 돌아보고 성찰해야 할 필요성을 제기한다.

다시 옛일을 반복하고 있는 것 같은 요즘에 나는 이 책이 이러한 역사적·사회적 필요에 부응하길 희망하고, 우리 역사 인식의 지평을 넓히는 동기로 이어지길 바란다.

'미군 점령'이라는 말 자체가 요즘 세태에 낯설 수 있다. 그러나 해방과 더불어 전개되었던 한반도 역사의 한 축을 이것보다 더 잘 보여줄 단어는 없다고 생각한다. 원래는 박사논문이므로 학술서로서 세계체제론과 같은 이론편이 포함되어 좀 어려운 부분이 있었는데, 이 책에서는 역사의 대중화를 위해 이론편을 빼고 일반교양서로 고쳤다. 그밖에 원문 내용을 크게 바꾸지 않고, 어색한 문장을 고치고, 인용문이나 각주에서 틀린 부분을 수정하고, 시대적 차이를 반영하였다.

이 책을 내면서 여러 사람의 도움을 받았다.

먼저, 이 책의 새로운 가치를 찾아 주어 출판할 출판사를 소개해 준 최창우님 고맙습니다. 책을 출간하는데 작은 보탬이 되고 싶다며 디지털 원고를 만들어 준 역사사랑모임의 김정원님, 김성미님, 최알찬님 고맙습니다. 경제가 어려운 시기에 잘 팔리는 분야도 아닌 사회·과학책을 출판하기로 결심하고 '헌책'을 '새 책'으로 만들려고 편집에 큰 공을 들인 권혁정 대표와 편집진에게도 매우 감사합니다. 우리 역사에 깊은 관심을 보인 평통사 회원들에게도 고마움을 전합니다. 그리고 이 책을 소개할 기회를 만들어 주고, 이 책과 관련한 발표문을 만드는 데 도움을 준 유영재 평통사 연구위원님 크게 고맙습니다.

2024년 가을
동학의 경전, 동경대전과 용담유사 목천동 판이 출판된 천안에서

송 광 성

서론

과거와의 대화

모든 역사는 현대사라고도 하고, 역사는 과거와 현재의 대화라고도 한다. 결국 역사 연구는 현실의 문제의식에서 시작한다는 의미이다. 해방 이후 우리 사회가 안고 있는 가장 기본적인 문제는 종속·독재·분단에서 해방해 자주·민주·통일을 성취하는 것이고, 자주·민주·통일의 삼중 과제는 일제 속박에서 벗어나면서 곧바로 시작되었다.

해방 직후 우리 역사에서 가장 영향력이 컸던 세력은 남조선[1]을 점령한 미국 군대였다. 그래서 우리 사회의 현실 문제를 이해하고 해결점을 찾고자 미점령군 활동에 중점을 두고 해방 직후의 역사를 연구하는 것이 중요하다.

서론에서는 이 책을 쓴 목적과 의미를 설명하고, 미군 점령 시기를 포함하는 분단 직후사에 관한 앞선 연구를 검토하고, 책 내용을 간략히 소개한다.

---

1   해방 직후 우리나라 이름은 조선이었고, 남쪽과 북쪽은 남조선과 북조선으로 불렸다. 1948년 8월 15일 이승만 정권이 수립된 이후로 한국이 되었고, 남쪽과 북쪽을 남한과 북한이라 부른다.

이 글의 목적

이 책을 쓴 목적은 1945년부터 1949년까지 거의 4년 간 미군 점령이 자주·민주·통일을 위한 남한 민중의 노력에 어떤 영향을 끼쳤는가를 검토하는 것이다. 이 연구 가설은 이렇다.

남조선을 점령한 미군은 남조선 민중이 자주·민주·통일 이 세 가지 기본적 사회문제를 해결하려고 미군이 오기 전 이미 시작된 사회혁명을 파괴했고, 그 후 남한 사회의 종속·독재·분단을 심화하는 데 결정적 영향을 끼친 수많은 잔재를 남겼다.

이 가설을 위해 이런 질문을 던진다.

첫째, 미군 점령의 목적은 조선의 민족적 과제와 어떤 관계가 있나?
둘째, 당시 주요 사회단체들은 세 가지 기본적 사회문제를
　　　어떻게 해결하려고 했나?
셋째, 미군 점령은 남조선 사회단체들의 형성과 발전에
　　　어떤 영향을 끼쳤는가?
넷째, 미군 점령이 한국에 남긴 잔재는 무엇인가?

이 질문의 잠정적 답변은 이렇다.
첫째, 남조선 땅에 반공 요새를 세우려는 미국의 목표는 민족의 자주와 통일, 사회 민주화를 위해 혁명을 하려는 조선 민중의 노력과 정면으로 부딪쳤다.

둘째, 조선 민중의 이해를 대변하는 혁명적 민족주의자들은 자주·민주·통일을 위한 사회혁명을 전개했고, 여기에 참여한 주요 단체로는 여운형의 조선건국준비위원회와 박헌영의 조선공산당이다. 소수 대지주와 자본가, 관료의 이해를 대변하는 사대주의 반혁명 세력은 현상 유지를 원하며 자주·민주·통일 문제 해결을 거부했는데, 김성수의 한국민주당과 이승만 세력이 이에 해당한다. 계급적 기반이 약한 보수 민족주의자들은 조선의 독립과 통일은 지지했지만, 사회·경제 구조의 혁명적 개혁에는 반대했다. 김구와 김규식의 대한민국 임시정부가 여기에 속한다.

셋째, 미군정은 과거 친일파로 구성한 한국민주당 설립과 성장을 밀어주면서, 남조선 사회단체를 보수적인 사대주의 진영과 혁명적인 민족주의 진영으로 분리해 놓았다.

넷째, 미점령군은 조선을 남북으로 갈라놓으면서 반공 이데올로기를 도입했고, 과거 친일파를 친미파로 바꾸어 남한의 통치 계급으로 정착시켰다. 이런 과정에서 일제의 강압적인 통치 기구가 유지되었고, 제국주의 세력이 일본에서 미국으로 바뀌면서 남한의 경제적 종속은 더욱 강화되었다.

이 책의 목적을 간단히 말하면, 일본에서 해방한 조선의 역사가 시작하는 미군 점령 기간에 조선의 자주·민주·통일 사회문제에 주목하면서, 조선과 미국의 민족적 관계를 검토하고, 남조선 지주와 자본가 계층을 한편으로 보고 노동자와 농민을 다른 편으로 보는 사회계급 관계를 검토하고자 한다.

이 연구는 더 나아가 제2차 세계대전 이후 제3세계 국가에 대한 미국 정책과 남한 사회 발전을 이해하는 데도 중요한 의미가 있다.

조선은 전후 미국이 적군을 무장해제하려고 점령한 국가 중 하나다. 전승국 미국은 패전국(독일, 이탈리아, 일본)과 패전국이 점령했던 나라(오스트리아, 그리스, 조선)를 점령하고, 그곳에 다른 연합국과 함께 또는 단독으로 군정을 수립했다.(Friedrich et al. 1948)

조선은 전승국 사이의 전리품으로 미국이 분할 점령한 나라 중 하나였다. 조선 외에 전후에 분단된 나라는 독일, 중국, 베트남이 있다. 이 중에서 베트남이 미국과의 전쟁에서 승리해서 1975년에 통일국가를 이루었고(Henderson, 1974), 독일은 끈질긴 통일운동 끝에 1990년에 통일을 이루었다. 조선의 분단을 낳은 미국의 남조선 점령은 아시아 지역에 대한 미국 냉전정책의 아시아 시험대로 생각되었고, 남조선 점령에서 얻은 교훈은 그 후에 제3세계 정치와 경제를 간섭하는 데 참고가 되었다.(Dobbs, 1981)

1945년 조선은 불안정한 정치 과도기였다. 36년 일본 지배에서 벗어나기가 무섭게 소련군과 미군이 분할 점령했고, 끈질긴 민족운동의 역사를 가진 조선인은 민족 통일과 독립, 민주주의에 기초한 민족국가를 건설하고자 투쟁했다.

조선인의 민족적 열망은 특히 여러 근본적인 사회개혁, 즉 농민과 지주 간의 불평등을 철폐하는 광범위한 토지개혁과 일본 제국주의 권력이 억압한 민중의 정치참여, 일제의 조선인 착취와 탄압을 도운 친일파 처벌, 민족분단 극복, 일본은 물론 소련과 미국으로부터의 독립이었다. 그러나 당시 조선은 외세 간섭에서 벗어나 문제를 스스로 해결할 만한 위치에 서 있지 못했다.

제2차 세계대전 후 자본주의 진영의 패권국이 된 미국은 대외정책으로 냉전정책을 내세웠는데, 거기에는 두 가지 주요 목적이 있다. 하나는 경쟁자인 소련에 맞서는 것이고, 다른 하나는 제3세계 국가 중에서도 식민지에서 막 벗어난 국가들이 사회주의 혁명을 일으키지 못하게 하는 것이다. 냉전정책은 다음 가정에 기초한 반공 이데올로기로 정당화되었다. "공산주의는 인류의 자유와 평화를 위협하며 세계혁명을 목표로 삼는다. 공산주의는 소련의 통제 아래 하나로 결집한 세력이다. 공산주의의 승리는 자유 세계의 패배를 의미한다." (Baldwin, 1974, p8)

이런 미국의 대외정책이 미군 점령 기간에 미군정과 이승만 정권을 통해서 조선에 적용되었다. 미국이 남조선을 점령한 목표는 남조선에 반공보루로 친미 정부를 세우는 것이었다. 미국의 조선 정책은 이 목적을 성취하고자 형성되었고, 이 목적과 대립하는 우리 민족의 혁명 세력과 투쟁하는 과정에서 변화되었다.

미국은 남조선에서 다양한 성격의 집단과 만났는데, 그들은 국내 정치가와 국외 망명에서 돌아온 정치가, 혁명적 좌파와 보수적 우파 지식인, 서울 엘리트와 지방 노동자와 농민이다.

미군정은 이 집단들을 결국 혁명적 민족주의 세력과 보수적 사대주의 세력으로 양극화시켰는데, 중요한 혁명적 민족주의 세력을 파괴하는 데 3년이란 시간을 들였다. 그러고 나서 미국은 1948년 남한에 친미 반공 정부를 수립하고, 1949년에야 점령 군대를 철수한다.

해방 직후사 연구의 반성

이 책은 해방 직후의 한미관계를 다루므로 지금까지 나온 연구 중에서 국내 해방 직후사 연구와 한미관계를 다룬 일련의 미국 박사학위 논문을 검토했다.

1990년대 들어 해방 직후사 연구가 활발해져 이전에 다루지 않던 주제를 선택하고, 반공에서 벗어난 새로운 관점으로 역사를 보고 있다. 그러나 여전히 반성할 것이 많다.

관변 역사학자들은 8·15가 진정한 해방이라고 주장하지만, 비판적인 학자들은 미국의 남조선 점령으로 외세의 지배가 지속되었고, 그때부터 분단의 역사가 시작되었다고 주장한다. 그렇다면 1945년 8월 15일에 일본군이 연합군에 무조건 항복해 우리나라에서 물러가고, 미국 군인이 남조선 전체를 사실상 점령해 통치하기까지 우리 민족은 무엇을 했는가?

일부 학자는 8월 15일부터 9월 7일까지를 짧지만 진정한 해방 기간으로 보는데, 대부분은 일본이 망하고 곧바로 미국이 남조선을 점령해서 우리 민족은 아무것도 하지 못한 것으로 알고 있다. 그러나 이런 역사 해석은 미국이 남조선을 점령하면서 내세운 이유, 즉 '조선 민족은 자치 능력이 없다는 주장'에 정당성을 부여하는 것이다.

미군이 9월 8일 인천에 상륙하자마자, 곧바로 남조선 전체를 장악해 통치했다고 볼 수 없다. 당시 남조선은 힘의 공백 상태가 아니었고, 민족적 혁명 세력이 대중의 지지를 받고 있었다, 그러니 미군이 남조선 전체를 점령하려면 이 세력을 파괴해야만 했고, 거기에 상당한 시일이 걸렸다.

서울에서는 그해 12월에 조선인민공화국이 파괴되기까지, 지방에서는 10월 민중 항쟁이 진압되는 1946년 말까지. 우리는 해방한 민족으로서 자주국가와 민주사회를 건설하려는 활동을 지속했다. 그러므로 이 기간을 진정한 해방 기간으로 설정하고 우리 민족이 스스로 한 일을 밝혀내어, 미국이 남조선을 점령하지 않았다면 자주국가와 민주사회를 우리 손으로 건설할 수 있었다는 것을 증명해야 한다. 예를 들면, 전국적으로 인민위원회가 구성되었고, 노동자는 전평을 조직해 공장자주관리운동을 시작했고, 농민은 전농을 조직해 부분적인 토지개혁을 시작했다.

다시 말하면, 일제의 속박에서 벗어난 민족으로서 우리는 자주국가와 민주사회 건설을 위한 변혁을 시작했는데, 미국 군대가 남조선을 점령하면서 이 모든 변혁 운동을 파괴했다.

우리는 보통 반공 측면에서 미국과 소련 관계 또는 남한과 북한 관계를 바라보는 것을 냉전적 사고방식이라고 말한다. 그러나 냉전적 사고방식에는 다른 태도 하나가 더 있다. 원래 미국 냉전정책에는 두 가지 의미가 있다. 하나는 소련과 공산주의에 반대하는 것이고, 다른 하나는 제3세계의 혁명에 반대하는 것이다. 다시 말해, 냉전정책이란 반공인 동시에 반혁명이다. 그래서 제2차 세계대전이후 세계 역사를 미국과 소련 대결을 중심축으로 삼고 설명하는 것이나, 우리나라 역사를 미국과 소련의 대결이란 세계적인 틀에서 좌익과 우익의 대결로 보는 것은 냉전적 사고에 속한다.

이런 관점에 서면 미국이 제3세계의 혁명에 반대하는 행위를 반소 또는 반공이란 이름으로 변명하는 것이 허용된다. 한국 현대사 연구에 큰 공헌을 했다고 인정받는 미국의 정치학자 브루스 커밍스를 포함해, 스스로 진보적이라고 생각하는 학자들조차도 해방 직후의 사회 세력을 좌익과 우익으로 나누어 설명한다.

그 의미가 분명하지 않은 좌익과 우익 대신에 계급과 민족의 입장을 기준으로 사회 세력을 구분할 수 있다. '사회 변혁을 원하는 피지배 계급, 현상 유지를 원하는 지배 계급, 민족의 자주를 바라는 민족주의자, 외세에 의존하려는 사대주의자.' 예를 들어 김구를 우익이라고 하면 이승만과 구별이 안 되지만, 김구를 반혁명적 민족주의자라고 칭하면, 반혁명적 사대주의자 이승만과 구별된다.

또한 계급과 민족모순은 현실 사회의 기본 문제인 종속·독재·분단의 뿌리이다. 우리나라가 미국이나 일본에 정치·경제·군사·문화적으로 종속 위치에 있다는 것은 민족모순이고, 노동자·농민·도시 빈민이 군인정치인·경상도관료·독점재벌의 독재에 시달리는 것은 계급모순이다.

미국과 소련이 자국의 이익을 위해서 우리나라를 분단한 것과 현재 통일의 길에서 가장 큰 방해가 미국이라는 것은 민족모순을 의미하고, 남한과 북한에 그 계급적 지지 기반이 다른 정부가 대립하고 있는 것은 계급모순이라고 할 수 있으므로, 분단은 계급모순과 민족모순이 얽힌 상태라고 볼 수 있다.

계급모순과 민족모순이 얽혀서 생긴 사회의 기본 문제는 우리만의 일이 아니고, 제3세계 사회가 공통으로 경험하는 현실이다. 특히, 과거에 제국주의 국가의 침략을 받아 식민지가 된 적이 있는 나라는 우리와 더욱더 비슷하다. 그러므로 해방 직후의 역사를 바르게 연구하려면 계급모순과 민족모순이라는 개념을 분석 도구로 사용할 필요가 있다. 이 말은 곧, 억압받고 착취당하는 계급과 민족의 설움을 한꺼번에 겪는 민중의 입장에 서야 한다는 뜻이다.

해방 직후의 역사를 연구하는 사람 중에 '해방 3년사' 또는 '미군정 3년사'를 연구 주제로 삼는 사람이 많다. 역사에서 한 시기를 잘라내는 것은 그 이전과 그 이후의 역사와 구별되는 점을 강조한다. 그러므로 '해방 3년사' 또는 '미군정 3년사'는 그 이전 조선총독부의 역사와 그 이후 이승만 정권의 역사와는 상당한 차이가 있다는 전제이다.

그런데 많은 학자는 1945년 8월 15일에 일본 제국주의에서는 해방했지만, 곧이어 미국 군대가 남조선을 점령해, 우리 민족은 외세의 착취와 억압에서 진정으로 해방하지 못했다고 주장한다. 그리고 이승만 정권은 남한이 미국 군대의 직접 통치에서 벗어났다는 징표라 하더라도 정치·경제·군사 면에서 미국에 전적으로 의존한 정권이니 진정한 독립 정부라고 볼 수 없다고 주장한다. 이 주장은 '미군정 3년'이 그 전의 일제와 그 후의 이승만 정권과 다르지 않고, 오히려 더 비슷하다는 지적이므로, 분단 후 3년을 잘라내어 따로 취급하는 것은 모순이다.

실제로 일본이 군대를 앞세워 조선을 식민지로 만든 것과 미국이 군대로 남조선을 점령한 것이 다를 바가 없으니, 미국 군대는 해방군이 아니고 점령군이라는 것을 분명히 할 필요가 있다. 또 이승만 정권이 전적으로 미국에 의존했다는 것은 이 정권이 세워진 뒤에도 미국 군대가 계속해서 남한을 점령하고 있었다는 사실을 지적하면 분명해진다.

그래서 해방 직후사의 연구는 '미군정 3년'보다는, 미군이 남한을 사실상 통치하기 시작한 1945년 8월 15일부터 남한 점령을 마치고 일단 철수하는 1949년 6월 30일까지 '미군 점령 4년'을 주제로 삼는 것이 바람직하다.

미국에서는 1960년대 이후의 남한 경제 발전에 관한 연구가 많이 이루어졌지만, 미군 점령은 그리 인기 있는 연구 주제는 아니었다. 1975년 이후 한미관계에 관심 있는 한국과 미국의 젊은 학자들이 박사학위 논문 9편을 썼는데, 이 가운데서 브루스 커밍스(Cumings, 1981), 찰스 돕스(Dobbs, 1981), 제임스 매트레이(Matray, 1985) 논문이 책으로 출간되었다.(논문 제목은 참고문헌 참조)

역사학자나 정치학자인 이들은 남한 역사의 서로 다른 시기를 다루었다. 학자들은 대부분 연구를 조선이 해방한 해(1945)에서 시작하면서 제2차 세계대전이 끝난 것을 강조했는데, 제임스 매트레이만이 제2차 세계대전 기간인 1941년에 시작해서 미국의 조선 정책이 발전하는 과정을 강조했다. 9명 중 2명은 이승만 정권 수립(1948년)에서 연구를 끝내면서 이때 남한이 미국에서 해방하는 것으로 다루었고, 다른 7명은 한국전쟁이 시작된 해(1950)나 한국전쟁이 끝난 해(1953)에서 그들의 연구를 끝내면서 미군 점령 기간을 단순히 한국전쟁 이전의 역사로만 취급했다.

연구의 초점도 서로 달랐는데, 주로 다음 세 가지 주제에 초점을 두었다. 첫째는 미국의 조선 정책이 수립되고 집행되는 과정, 둘째는 미국의 조선 정책이 조선 사회와 민중에 미친 영향, 셋째는 한국전쟁에 대한 미국 간섭이나 전쟁 발생이다. 정만득, 제임스 매트레이, 케니스 모크는 첫째에, 김진웅은 둘째에, 로버트 조셉, 존 코치, 박홍규는 셋째에 초점을 맞추었고, 찰스 돕스는 첫째와 둘째에,

브루스 커밍스는 둘째와 셋째에 초점을 맞추었다.

이 연구들은 남한 역사의 다른 시기를 다루면서 연구의 초점은 달랐으나, 공통된 이론적 틀이나 접근방식을 사용했다. 여기서는 이것을 '냉전적 접근법'이라고 칭하려는데, 그 이유는 이 연구들이 전후 미국 대외정책을 냉전정책이라고 간단히 설명하는 미국 정부의 영향을 받았기 때문이다. 그들이 미국 정부의 입장에 동의하지는 않을지라도 냉전 개념의 맥락에서 자신들의 연구 문제를 제기했다. 이 냉전적 접근법[2]에는 4가지 특성이 있다.

첫째, 국제관계를 미소 관계 중심으로 파악.

둘째, 냉전정책을 미국의 새로운 대외정책으로 이해.

셋째, 미국 중심적 태도.

넷째, 실증주의적 방법.

첫 번째 특성의 냉전적 접근법은 미소 관계가 전후 세계 역사의 중심이라고 가정하고 국제 정치적 문제를 지나치게 단순화했다. 이런 가정은 종속적 발전 이론가인 시만스키의 논의, 즉 세계는 두 개의 진영(미국 헤게모니 아래 자본주의 진영과, 소련 헤게모니 아래 사회주의 진영)으로 구성되어 있다는 주장과 유사하다.(Szymanski, 1981)

그러나 현실은 더욱 복잡하고 다양하다. "전후 역사를 이해하는

---

2 냉전적 접근에 기초한 기존 연구는 제2차 세계대전 이후 남한 역사를 이해하는 데 크게 공헌했다. 예를 들면, 미국 전통주의에 반대하는 수정주의 시각의 커밍스는 한국에 대한 미 제국주의적 정책에 관한 지식의 폭을 넓혔을 뿐 아니라, 해방 이후 남한 사회에 관한 풍부하고 상세한 자료를 제공한다. 나는 커밍스의 대외정책에 관한 연구와 미점령 기간의 남한에 대한 상세한 자료에서 도움을 받았다. 즉, 냉전적 접근법을 쓴 학자들은 한국의 공식 역사를 반박하는 데 필요한 새로운 역사적 사실을 밝혀냈으나, 주로 한국에서 벌어진 미국과 소련 갈등을 설명하는데 그것을 사용했다. 이들과 달리 나는 그들이 밝힌 사실을 남한 민중의 계급투쟁과 한국과 미국의 민족적 갈등을 설명하는데 주로 사용했다.

데 더 중요한 맥락은 국제관계의 세계적인 확대, 혁명과 반혁명, 미국과 유럽 동맹국의 중요하고도 가끔 폭력적인 상호관계, 국제관계에서 무시할 수 없는 실체인 제3세계에서 일어나는 사회·경제적 변화이다."(Kolko, 1972, p6)

냉전적 접근법은 한국 정치를 미국과 소련의 갈등에서 생기는 하나의 부산물로 취급한다. 예를 들면, 매트레이는 "미국과 소련 간의 전후 국제분쟁의 맥락에서" 미국의 한국 정책을 분석하면서, 아시아에서 소련의 세력 확장을 견제하기 위한 미국의 시험대로 한국을 바라보았다.(Matray, 1979, p44-48)

돕스는 한국을 "소련의 세력 확장을 막기 위한 미국 결단의 상징"으로 보았으며 "한국의 현실은 냉전과 봉쇄정책이 낳은 최악의 결과"라고 주장했다.(Dobbs, 1981, p192-193)

소련이 조선 문제에 개입하지 않았으면 미국과 소련이 조선 영토를 분할하지 않았을 거라는 의미에서, 소련군의 북조선 주둔이 이 땅을 남북으로 분단하는 데 중요한 역할을 했다고 할 수 있다. 그러나 미소 간의 갈등 관계를 지적하는 것만으로는 미국의 남조선 점령과 군정 수립을 적절하게 설명할 수 없다. 미국 군대가 조선에 온 것은 일본군의 항복을 받기 위한 것이고, 소련군과 싸우기 위한 것이라는 주장도 없었고, 실제로 싸우지도 않았다. 미국 군대가 남조선을 점령해 군사정부를 세우고 혁명적 민족 세력을 탄압한 것은, 제3세계에 대한 미국의 냉전정책 알맹이인 반혁명주의에 기초한 행동이었다.(Barnet, 1972, p20)

미소 간의 갈등을 강조하는 냉전적 접근법은 조선인과 미국인 사이의 민족 갈등을 소련 공산주의와 미국 자본주의 사이의 이념적 갈등으로 왜곡시켰다.

냉전적 접근법을 쓰는 다수의 학자는 한국전쟁[3]을 연구의 초점으로 삼았는데, 그 이유는 그 전쟁을 미소 갈등의 뚜렷한 증거로 제시할 수 있고(Joseph, 1978; Kotch, 1976; Mauk, 1978), 미군 점령 기간을 그 전쟁에 앞선 시기로 다룰 수 있기 때문이다.(Cumings, 1981; Dobbs, 1981) 예를 들어, 커밍스는 "한국전쟁의 기원은 일차적으로 1945년에서 1950년까지의 일련의 사건에서 찾아야 한다"고 주장했다.(Cumings, 1981, xx)

돕스는 "한국전쟁에 앞선 5년 동안에 무슨 일이 있었기에 전쟁이 일어났는가?"라는 질문을 던졌다.(Dobbs, 1978, p1047)

그러나 미군 점령 기간은 민족혁명세력이 주도한 사회혁명을 억압하는 미국의 제3세계 정책을 보여주는 전형적인 사례라서 그 자체로도 중요한 의미가 있다.

두 번째 특성의 냉전적 접근법은 미국의 대외정책이 제2차 세계대전 후 근본적으로 변화했다고 가정하면서, 전쟁 이전과 전쟁 이후에 취한 대외정책이 겉모양은 달라졌을지 몰라도 그 본질은 변하지 않고 일관성을 유지한다는 사실을 부정한다. 매트레이는 전통적 고립주의의 포기와 세계주의의 채택을 미국 대외정책의 근

---

3 1950년 6월에 확대되어 1953년 7월까지 지속한 한반도 전쟁을 무엇이라고 부를지에 대해 토론이 필요하다. '한국전쟁'이란 다른 나라 사람이 우리나라 전쟁을 부를 때 쓰는 이름이라서 우리에게는 적합하지 않다. '6·25전쟁'이라고 부르면 전쟁 시작이 1950년 6월 25일이라는 암시가 있는데, 혁명적 민족주의 세력과 반동적 사대주의 세력 사이의 무력투쟁은 이미 오래 전에 시작되었고, 6월 25일에 전면전으로 확대되었다는 주장에 비추면 적합하지 않다. '민족해방전쟁'은 전쟁의 성격을 조미전쟁으로 보면서 그 전쟁이 포함하는 조선과 미국의 민족적 갈등을 내세우는 장점이 있지만, 계급적 갈등에서 일어난 국내전이냐 아니면 민족적 갈등에서 생겨난 국제전이냐 하는 논쟁이 있는 현실에서 볼 때 일방적이다. 반면 '남북전쟁'이라고 부르면 위에서 말한 논쟁에서 민족적 갈등에 근거를 둔 국제전이라는 주장을 무시하는 셈이 되지만, 미국의 도움을 받은 남쪽 정부와 중국의 도움을 받은 북쪽 정부 사이에 있었던 싸움의 형식을 제대로 지적하는 장점이 있다. 아직 더 적합한 말을 찾지 못해서 여기서는 널리 쓰이는 '한국전쟁'을 사용한다.

본적 변화로 보았다.(Matray, 1985)

　이런 견해는 종속적 발전 이론의 주장과 비슷하다. 종속적 발전 이론가들은 제2차 세계대전 후 다수의 제3세계 국가가 독립했고, 이 국가들에 대한 외국 투자가 증가한 것을 보고는 제국주의의 성격이 근본적으로 변화했다고 주장한다. 이와는 달리 세계체제론에 따르면, 제국주의는 자본주의에 내재하는 근본 속성이기에 강대국의 제국주의적 정책은 제2차 세계대전 후에도 그 본질은 변하지 않았으며 단지 식민주의에서 신식민주의로 그 형태가 변했을 뿐이다. 그래서 제3세계 국가 다수가 식민지에서 벗어났지만 진정한 의미의 해방을 얻지는 못했다.(Wallerstein, 1979)

　냉전적 접근의 가정과는 반대로, 역사가들은 미국 대외정책의 기본원칙이 제2차 세계대전 후에도 변하지 않았다고 주장한다. 미국의 외교 역사학자 윌리엄 윌리엄스는 여러 분야의 미국 지도자는 모두 1890년대 개방정책의 목표인 "미국을 중심으로 삼는 세계 균형의 고착화"라는 전통적인 목표를 여전히 공유하고 있다고 말한다.(Williams, 1959, p207-209)

　윌리엄 윌리엄스는 미국의 개방정책이란 경제와 이념의 제국주의라는 형태로 지리적이고 정치적인 식민지를 만들어내는 정책이라고 주장한다. 다시 말하면, 제2차 세계대전 후의 냉전정책과 1890년대의 개방정책은 "미국의 경제체제와 이념체제의 지속적 확장이야말로 미국의 자유와 번영을 보증"한다는 가정에서는 다른 점이 없다. 미국 역사학자 월터 라페버는 냉전정책이 심지어 1820년대의 먼로주의하고도 다를 바 없다고 말한다. 미국의 남미정책에는 먼로주의의 전통적인 목표 즉, "현상 질서의 유지, 타 제국 영향의 배제, 미국인에도 동등한 경제적 기회 제공"이 그대로 반영되고 있다.(LaFeber, 1972, p12)

냉전적 접근은 미국의 대외정책에서 조선이 이전의 무관심 대상에서 제2차 세계대전 후 주요 관심 대상으로 변했다는 주장이다. 예를 들어, 매트레이는 "제2차 세계대전은 한국에 대한 미국의 전통적인 무관심을 종결시켰고, 한국에 군대를 파견한 트루먼의 결정은 국제문제에 대한 세계주의적 정책의 새로운 도입과 미국 대외정책의 전통이 된 고립주의의 최종적 폐기라는 변화의 분기점"이라고 주장했다.(Matray, 1985, p3-4)

그러나 미국이 과거에도 조선에 관심이 많았음을 역사를 통해서 알 수 있다. 1882년의 조미수호통상조약이 체결되기 전 미국은 무력으로 조선을 개방하려고 수차례 시도했고, 조약이 체결된 후 미국 자본이 조선에 침투해서 금채굴과 석유판매, 철도건설 독점 이권을 얻어갔다.(전상기, 1982) 미국은 일본과 우호관계를 맺어 러시아의 남하를 막으려고, 조선의 특권을 포기하고 조선의 독립까지 희생시키면서 1905년 가쓰라-태프트 밀약을 맺었다. 이 밀약에서 미국은 필리핀 지배를 지지하는 대가로 일본이 조선을 독점 지배하도록 했다.(Chay, G, 1968)

세 번째 특성의 냉전적 접근법은 미국 중심적인 것으로, 미국의 국익이라는 관점에서 미국 정책의 성공과 실패를 판단한다. 이 연구 방법에서는 미국이 아닌 다른 국가의 필요와 요구를 무시하고 그들의 사회나 국민에 대한 미국 정책의 영향을 가볍게 보았다. 이런 점에서 냉전적 방법은 유럽 중심적인 종속적 발전론과 크게 다를 바 없다. 종속적 발전론은 중심부 국가의 경제와 계급구조가 주변부 국가의 경제와 계급구조를 결정한다고 주장하면서 중심국과 세계 자본주의 발전에 대한 주변국의 참여나 기여를 인정하지 않는다.(Cardoso, 1979; Evans, 1979; Szymanski, 1981)

냉전적 접근법을 조선에 적용하려는 학자들은 조선의 민족주의와 계급투쟁을 경시하고(커밍스, 돕스, 김진웅은 제외), 미국의 조선정책 자체에 연구 초점을 맞추고, 조선에서 행한 미국의 행위를 정당화하려고 한다. 우리 민족의 분단, 혁명 세력에 대한 탄압, 민주정부의 거부 등 조선에서 행한 미국의 행위는 "군사정책과 외교정책 사이의 불일치"로 생긴 실수라고 변명하거나, "남한의 공산화 방지"는 미국 정책의 성공이라고 주장한다.(Joseph, 1978, p5132; Park, 1981, p1285)

심지어 식민지 유산의 청산을 요구하는 조선 민족과 그것을 필요로 하는 조선 실정을 무시했다고 미국 정책을 여실히 비판하던 커밍스와 돕스까지도, 미국 정책을 만든 관료들을 변명해준다. 돕스는 "미국의 조선 개입은 순진함에서 시작해 비극으로 끝났는데, 착하고 고상한 사람들이 조선 현실의 난관에 부딪혀서 혼란에 빠진 경우와 같다"고 변명한다.(Dobbs, 1978, p1058)

커밍스는 "조선 정책에 관여한 미국인들은 조선에서 범죄를 저지르려고 꾀하지도, 나쁜 짓을 음모하지도, 미래의 착취자를 꿈꾸지도 않았다. 다만 그들은 미국의 역사적 경험에서 형성된 인간으로서 역사적 환경이 전혀 다른 조선에 도움을 줄 수 없었다"고 변명한다(Cumings, 1981, p443-444)[4]

---

4 냉전적 접근법에 근거해 커밍스는 남조선 좌우익 갈등에 초점을 맞추어 혁명적 민족주의 지도자와 민중이 한편이고, 미국 점령군과 친미 보수주의자가 한편이 되어 싸운 민족적 투쟁을 애매하게 만들었다. 그는 조선인과 미국인의 민족적 갈등을 남조선 내 좌우익 진영 사이 이념적 갈등으로 왜곡했다.

네 번째 특성의 냉전적 접근법을 쓰는 학자들은 대체로 실증주의자이다. 그들은 자세한 역사적 사실을 강조하느라고 적절한 역사적 전망에 소홀하고, 짧은 역사적 기간에 몰두하느라고 긴 역사적 맥락에서 이 기간이 갖는 의미를 제대로 해명하지 못한다. 이를테면, 미국 역사에서 차지하는 냉전정책의 위치를 정확히 규명하지 못하고, 커밍스 빼고는, 미군 점령기에 남조선 사회가 어떻게 전개되었는가를 이해하는 데 꼭 필요한 일제 강점기 조선 역사를 취급하지 않는다.

결국 냉전적 접근법은 19세기와 20세기를 통한 미국 대외정책의 피상적인 변화만 강조하다가 본질적 지속성을 파악하지 못한다. 또 일본의 조선 식민지정책과 미국의 남조선 점령정책 사이의 유사성과 제2차 세계대전 후 미국이 이란, 쿠바, 니카라과, 베트남 등에 적용한 정책과 남조선에 적용한 정책의 유사성을 이해하지 못한다.

이제까지 미국의 조선 개입을 바라보는 기존 연구에서 공통적으로 사용한 이론적 틀인 냉전적 접근법의 한계를 살펴보았다.

이 책의 내용

1장에서는 조선 민족운동의 역사적 배경과 조선과 미국 관계를 요약한다. 1876년, 조선이 세계 자본주의 체제에 편입한 후에 일어난 계급-민족운동을 살펴보면서, 운동의 성격이 점점 계급에서 민족적인 것으로 변하고, 지도자 출신이 지배층에서 피지배층으로 이동하는 것에 초점을 두었다.

계급-민족운동은 민중의 사회·경제적 생활 여건과 정부의 정치·경제 정책과 관련해서 관찰한다. 조미朝美관계의 시작인 1882년부터 일본이 조선을 지배하기 시작한 1905년까지의 반半식민지 기간, 조선에 대한 제국주의 미국의 태도와 제2차 세계대전 이후 패전국 일본의 식민지인 조선에 대한 전승국 미국의 계획을 살핀다.

2장에서는 조선과 미국 사이의 민족적 갈등과 미점령군이 남조선의 민족해방운동을 파괴하는 과정을 검토한다. 조선 사회의 세 가지 기본문제가 서로 중복되고 긴밀하게 관련해 있지만, 여기서는 연구의 편의를 위해 하나씩 다룬다. 민주, 자주, 통일이란 세 가지 주제 중에서 자주를 먼저 분석한다. 그 이유는 미군 점령이 없었다면 민주적 사회혁명과 자주적 정부 수립을 성취했을 것이고, 남북분단도 없었으리라고 가정해서이다. 즉, 자주의 문제가 민주와 통일의 문제를 규정한다고 보았기 때문이다.

1945년 8월 일본 항복부터 1949년 6월 미군 철수까지 4년이란 세월을 세 시기로 구분한다. 첫 번째는 미군이 남조선 전역을 사실상 장악하게 되는 기간으로, 서울은 1945년 말, 지방은 1946년 말까지고, 두 번째는 이승만 정권이 수립되는 1948년 8월 15일까지고, 세 번째는 미군이 철수하는 1949년 6월 30일까지다.

첫 번째 기간은 짧지만 진정한 해방 기간이었고, 이전의 연구에서는 보통 구분하지 않거나 경시한다. 우리 민족이 일본 통치에서 벗어났을 때 무엇을 했는가, 그리고 우리 역사에서 조선인민공화국은 어떤 의미를 가지는가를 규명한다. 두 번째 기간은 그동안 미군 점령 연구에서 중심이었다. 미점령군이 남조선에 분할통치 정책을 어떤 방식으로 적용하는가를 검토하고, 조선총독부와 비교하면서 미군정의 의미를 규명한다. 세 번째 기간은 다른 연구에서는 포함하지도 않았는데, 이승만 정권이 미군정을 어떻게 계승했는가를 분석하고 얼마나 친미적인가를 규명한다. 요약하면, 미군 점령에 대한 공식적 역사의 주장(미국은 조선의 해방자이다. 미군정은 조선총독부와 달랐다, 친미주의자는 조선 민족주의자였다. 미국은 이승만 정권을 민주적이고 독립된 국가로 수립했다)의 진위를 밝힌다.

3장에서는 남조선 민중의 계급투쟁과 사회 민주화운동에 미국이 간섭해 파괴하는 과정을 검토한다. 민주주의가 적어도 정치적 자유와 경제적 평등에 기반을 둔 것이라고 가정할 때, 2장에서 정치적 자유의 문제를 다루고, 3장에서는 급진적 토지개혁을 포함하는 사회혁명을 통해 경제적 평등을 달성하려는 민중의 노력에 초점을 두었다. 미군정과 이승만 정권의 반혁명 정책, 노동자와 농민이 시작한 혁명운동, 국내외 반혁명 세력의 탄압에 맞서는 민중의 투쟁을 분석한다.

서울에서 민족해방운동이 실패한 것이 어떻게 지방의 사회혁명운동에 영향을 끼쳤는가와 이승만 정권이 대표한 계급적·민족적 이익은 무엇이었는가를 고찰한다. 이와 더불어 민중은 얼마나 열렬히 투쟁했는가, 그리고 미국 군인과 남조선의 친미 보수 세력이 민중의 변혁운동을 얼마나 무자비하게 탄압했는가도 분석한다.

4장에서는 분단의 기원과 심화과정을 고찰한다. 당분간이라고 생각한 지리적 분단이 어떻게 정치적이고 장기적 분단으로 귀결되었는지, 그리고 한반도에 두 정권이 수립하는 과정에서 계급모순과 민족모순이 어떻게 중첩되어 갔는지를 분석한다. 미국과 소련의 서로 다른 점령 정책에 따라서 두 정권의 수립 과정을 비교·검토하고 장차 닥쳐올 한국전쟁의 징후도 고찰한다.

요약하면, 4장에서는 한국의 공식 역사에 등장하는 '조선 분단의 책임은 소련에 있고, 미국은 유엔과 미소공동위원회를 통해서 조선의 재통일을 위해 노력했으나, 소련이 미국과의 협력을 거부함에 따라 한반도에 두 정부를 수립했고, 남한 정부는 한국전쟁에 대해 아무 준비도 없었다'는 논제의 진위를 검토한다.

이 연구의 1차 자료는 이제는 비밀 해제된 미국 정부 문헌, 1945년부터 1948년까지 남조선에서 출판한 잡지와 신문, 미군 점령 기간 남조선 정책 수립에 참여한 조선인과 미국인의 회고록과 저술이고, 2차 자료는 그 당시는 물론 그 이후의 한국과 미국 학자의 연구 성과와 좌익계열, 우익계열의 연구를 두루 망라한다. 그러나 북한과 소련에서 나온 자료는 거의 검토하지 못했다.

1장

조선의 민중 투쟁과
미국의 조선 정책의 역사
(1876~1945)

1945년부터 1949년까지의 남조선 미군 점령사는 미국 점령 정책에 저항한 남조선 민중 투쟁의 역사이다. 조선 노동자와 농민은 1876년 제국주의자들이 무력으로 조선을 개방한 이래 억압적이고 착취적인 봉건지주와 외세 침략자를 상대로 오랫동안 투쟁한 역사를 가지고 있다. 미국은 1945년 남조선을 점령하기 한참 전인 1882년에 조선과 수호통상조약을 체결해 첫 관계를 맺었다. 미국의 남조선 점령을 이해하는 데 필요한 역사적 배경으로 19세기에 시작한 조선과 미국 관계의 역사와 조선 민중이 조선의 지배계급과 침략적인 제국주의 세력에 대항해 투쟁한 역사를 간추렸다.

1
조선 민중의 계급투쟁과 민족운동

서론에서 한 사회의 발전은 그 사회가 안고 있는 기본 문제 해결을 기준으로 측정할 수 있다고 언급했다. 사회의 기본 문제는 그 사회의 역사를 통해 축적되었고 그 문제를 해결하려는 노력도 어느 정도 있었다.

사회의 기본 문제를 해결하려는 노력이 사회운동이라면, 서론에서 우리 사회의 기본 문제는 계급모순과 민족모순에 근거한다고 보았기에 사회운동은 계급투쟁과 민족운동을 포함한다. 그러면 역사의 흐름에 따라 사회문제에서 계급문제와 민족문제가 차지하는 비중이 달라지고, 같은 사회문제에 대응하는 방식도 계급에 따라서 달라진다. 이제 1876년 이후에 우리 역사에서 사회적 기본 문제의 내용이 어떻게 변했는지를 살펴본다.

오늘날 우리 사회가 직면한 세 가지 기본 문제는 우리 사회의 계급모순과 세계 자본주의 체제의 민족모순에서 나왔다. 1876년에 조선이 세계 자본주의 체제에 편입될 때까지, 조선 왕조의 기본적인 사회 문제는 상민계급 상대한 양반계급의 독재였다.

그러나 1876년에 일본과 맺은 강화도조약과 1882년에 미국과 맺은 수호통상조약 이후 강화된 제국주의 국가들의 조선 간섭으로, 조선의 계급모순은 조선과 제국주의 사이의 민족모순과 복합되어 그 해결은 더욱 어려워졌다. 사미르 아민은 이렇게 주장한다. "1880년 이후 일어난 세계의 거의 모든 주요 사건과 국가 간의 대립, 그 결과까지도 제국주의 국가들이 규정했다. 제국주의와 함께 민족해방운동도 1880년부터 발생해 그 후로 급속히 성장했다." (Amin, 1980, p195) 조선 정치에 제국주의 세력의 간섭이 커지며 조선의 지배계급은 몰락의 길을 걸었고, 제국주의 세력의 경제적 수탈은 조선 민중의 생활 여건을 악화해 지배계급과 외세에 대한 조선 민중의 저항을 일으켰다.(강만길, 1984A, p215-216)

그러나 1894년에 조선 농민이 조선 왕조에 항거해 동학혁명을 일으켰을 때 외국 군대가 혁명군을 진압해서 1905년 일본의 보호국이 될 때까지 혹은 1910년 식민지가 될 때까지 왕조의 몰락은 연장되었다. 이때부터 1945년까지 36년간 조선의 지배자가 조선 왕조에서 제국주의 일본으로 바뀌면서 조선 민중의 계급투쟁은 민족해방투쟁으로 흡수된다. 아민은 1918년에서 1945년에 이르는 기간의 특징을 이렇게 지적한다. "3대륙에서 해방운동이 고양됨. 즉 라틴아메리카의 독립항쟁과 아시아와 아프리카에서 진압된 혁명의 시도들."(Amin, 1980, p196)

이 책의 주제인 미군 점령사 역시 남조선 민족주의자와 민중이 민족해방과 계급해방을 위해 투쟁한 역사다.

교과서적 조선민족해방운동사는 대체로 보수 엘리트의 활동을 강조하고 민중과 혁명적 지식인의 활동은 무시한다. 따라서 조선시대 개화파 활동과 일제 강점기 상해 임시정부의 활동에 중점을 둔다. 이와는 반대로 이 책에서는 혁명적 지식인이 이끈 민중의 무장투쟁과 혁명적 활동을 강조한다. 민중이야말로 조선시대와 일제 강점기를 통해 가장 많이 착취당하고 억압받은 계급으로, 계급해방과 민족해방이라는 이중의 과제를 안고 가장 열심히 싸웠기 때문이다.

　　조선이 세계 자본주의 체제에 편입한 후 제국주의 세력의 침략으로 그 내용이 상당히 달라진 사회문제에 조선의 지배계급과 피지배계급은 서로 다르게 대응했다. 조선의 양반계급은 정치·사회적 위기를 관리하려는 노력으로 개량주의적 사회개혁을 시도했다. 김옥균이 앞장선 갑신정변(1884)과 서재필이 중심에 선 독립협회 운동(1896-1898)이 여기에 속한다. 반면에 조선 민중은 계급해방과 민족해방을 목표로 혁명 혹은 무력투쟁 방법을 택했다. 전봉준이 이끈 동학농민혁명(1894)과 신돌석이 이끈 의병투쟁(1895~1907)이 여기에 속한다.

　　공식적으로 일제 식민지가 된 뒤에 조선의 옛 지배계급은 3·1운동(1919)과 상해 임시정부(1919~1945)를 통해서 상징적이고 형식적인 독립운동을 하다가, 훗날 대부분이 친일 협력분자로 변했다. 반면에 민중과 그들의 이익을 대변하는 혁명적 지식인들은 만주와 시베리아에서 일본군과 만주군을 상대로 무력투쟁하고, 국내에서는 일본인과 친일 조선인 지주와 자본가를 상대로 농민·노동운동을 치열하게 전개했다.

여기서는 계급·민족운동의 흐름에서 중요한 사건들, 즉 동학농민혁명, 3·1운동, 상해 임시정부와 만주의 무력투쟁, 국내 농민·노동운동을 간단히 살핀다.[1] 이 운동을 하나씩 다루면서, 먼저 그 사건의 역사적 배경과 당시 사회 환경을 설명하고 사건의 전개 과정을 설명한다.

(1) 동학농민혁명

19세기 말, 조선 왕조는 두 가지 중요한 문제에 직면했다. 하나는 억압과 착취에서 벗어나려는 농민 대중의 항거고. 다른 하나는 조선의 경제자원을 착취하려는 제국주의 침략이다.

고종이 어린 나이로 왕이 되니, 명성황후 파벌과 흥선대원군 파벌이 정권을 차지하려는 권력 싸움이 일어, 조선 왕조는 부패하고 무능함에 빠졌다. 이 두 세력은 파벌 싸움에서 이기고자 침략자인 외세 편에 서니, 제국주의 세력은 조선 정치에 간섭해 자원을 마음대로 약탈했다. 조선 왕조는 농민의 저항에 부딪혀 그 요구를 들어주지 못하고 또 제국주의 세력과 마주쳐서는 그 침략을 막지 못해, 끝내 망하고 말았다.

조선에 처음 쳐들어온 제국주의 세력은 일본이다. 일본이 조선 왕조를 군함으로 협박해 1876년에 강화도조약을 맺으니, 제국주의 세력이 착취하도록 조선의 대문을 활짝 열어 놓은 꼴이 되었고, 세계 자본주의 체제에 조선을 흡수시킨 셈이 되었다. 조선이 제국주

1　이 부분은 주로 다음 책에 의존했다. 『한국민중사연구회, 한국민중사』 하권(풀빛), 1986; 강만길, 『한국현대사』(창작과비평사), 1984; 강만길, 『한국근대사』(창작과비평사), 1984.

의 세력과 맺은 첫 불평등조약에서 일본은 이런 양보를 얻어내어 조선을 약탈하는 데 유리한 위치에 섰다.

첫째, 조선에 수출하는 일본 상품에 관세를 물리지 않기.

둘째, 조선에서 일본 돈 사용 허용.

셋째, 조선의 일본 상인에 치외법권 적용

(신용하, 1979, p82)

일본의 조선 경제 착취는 이렇게 시작되었는데, 그 결과 우선 조선 왕조의 외채가 가파르게 늘었고, 조선 농민 경제가 비참할 정도로 추락했다. 여기에 더해 곡물 잉여분을 초과하는 곡물이 일본에 수출되었고, 조선에 온 일본인이 많은 토지를 차지하니, 농민들은 식량이 부족하고 농사지을 땅이 모자라 이중 고초를 겪었다.(Hatada, 1969, p98-99)

1885년부터 1893년까지 조선 수출의 90%가 일본이 차지했고, 수입의 70% 또한 일본이었다. 조선의 수입은 수출의 2.5배나 되니, 외채가 1천7백만 달러로 늘었다.(신용하, 1979, p87; 강재언, 1982A, p131) 일본 상인을 거친 서양 제품과 일본 상품이 많이 수입되어 취약한 국내 산업, 특히 직물업 타격이 컸다. 더군다나 일본 자본의 해상 무역과 금융 분야 독점적 지배는 국내 상업을 붕괴시켰다.(신용하, 1979, p97-101)

일본의 약탈과 일부 지배층의 사치로 외채는 자꾸 느는데, 조선의 산업과 상업은 붕괴해 거기서 거둬들이는 조세수입은 한없이 초라하니, 조선 왕조는 민중에 과중한 세금을 징수했다. 그리하여 조선 민중은 상업과 산업의 파괴에 따른 어려움에 더하여 과중한 세금 부담마저 지게 되어, 삶이 매우 비참했다.

당시 조선 경제는 지주와 소작인이라는 봉건적인 생산관계를 기초로 삼고 있었지만, 조선 민중의 생활은 제국주의 일본의 약탈을 통하여 세계 자본주의 체제의 영향을 받았다. 세계적 규모의 자본축적이라는 역사의 수레바퀴에 깔린 조선 민중은 억압과 착취에서 벗어나려고 전국 각지에서 들고 일어나, 우리 역사에 '민란의 시기'를 만들었다. 예를 들면, 1884년부터 10여 년 동안 해마다 평균 전국 32곳에서 조선 왕조에 반대하는 농민 저항이 일어났다. 이처럼 흩어진 농민의 힘을 한데 모아 일어난 역사적 사건이 바로 '동학농민혁명'[2]이다.

동학농민혁명은 1894년 2월 전라도에서 일어나, 충청도, 경상도, 경기도, 황해도로 퍼지면서 12개월간 지속했다. 동학농민혁명은 조선의 관료적 지주계급에 대한 계급투쟁이고, 제국주의적 외세, 특히 일본에 대한 민족해방투쟁이다. 그해 2월 15일 고부군수 조병갑의 억압과 착취에 분노해 일어난 3천여 농민은 전봉준[3]과 함께 고부 관청을 공격했다. 농민군은 지방관헌을 처벌하고 죄수를 석방했고 물세라는 명목으로 강제로 거둬들인 곡물을 나누어

---

2   1894년에 시작한 농민운동을 어떻게 부를 것인가는 학자 사이에 논쟁이 일어났는데, 나는 다음 이유로 갑오농민전쟁보다는 동학농민혁명이라는 이름이 더 좋다. 이 운동에서 동학이 어떤 역할을 했는지에 대해 여러 의견이 있지만, 사상과 지도자, 조직에서 동학이 중요한 역할을 했다는 점은 부정할 수 없어서 단순히 연대를 나타내는 '갑오'보다는 동학이란 이름이 낫다고 생각한다. '전쟁' 보다는 '혁명'이 더 적절하다고 생각하는데, 우리말에서 전쟁이란 나라와 나라의 싸움을 뜻하고, 20세기에는 무력충돌이 아닌 혁명은 없었으니 무력투쟁을 강조하려고 굳이 전쟁이란 말을 사용할 필요는 없다. 혁명이 낫다는 적극적인 이유는 1894년의 농민운동을 '성공한' 혁명이라고 보기 때문이다. 착취당하고 억압받는 계급이 국가권력을 차지하고 생산수단의 일부 소유하는 과정을 혁명이라고 한다면, 집강소 시절에는 짧은 기간이지만 조선 농민이 조선 영토의 일부에서 국가권력과 생산수단을 장악했다고 본다.
3   전봉준은 몰락 양반 후손으로, 지식인이며 동학의 지방조직 지도자다.(조경달, 1983, p60) 그의 아버지 전창혁은 1893년 6월 고부군수 조병갑에게 맞아죽었다.

주고 물세의 원인인 저수지 둑을 부수고 해산했다.(Lee, C, 1963, p29; 신복룡, 1985, p122)

그러자 조정에서는 감찰사 이용태를 파견해 고부 농민과 그 가족, 특히 동학교도를 가혹하게 처벌했다. 그러나 민중은 이런 탄압에 굽히지 않고 새로운 계급적 저항운동을 전개했는데, 이 운동은 곧 민족운동으로 발전한다. 1894년 5월 4일, 고부군과 태인군 농민 1만3천여 명은 동학조직 지역 책임자인 전봉준, 김개남, 손하중의 지도 아래 대규모 저항운동을 일으켰다. 낫과 괭이, 죽창으로 무장한 농민군은 5월 11일에는 황토현에서, 5월 25일에는 황룡천에서 대포 3문과 총 100정으로 무장한 관군을 격파했다. 농민군은 관군과의 전투에서 승리한 지역의 노예와 죄수들을 풀어주고, 관리들을 처벌했으며, 부유한 지주들의 재산을 몰수하고 무기를 접수했다. 5월 31일에 농민군은 전라도 도읍지인 전주를 점령했다.(강재언, 1982A, p163-171; 조경달, 1983, p279-280; 한국민중사연구회, 1986, p80-81)

농민군의 승리는 '부패하고 무능한 관료의 착취와 탄압에서 백성을 보호해 나라를 구한다'는 목표를 믿는 농민 대중의 강력한 지지에 기초했다.(강재언, 1982A, p168-169)

농민군은 '항복하면 받아들이고, 농민군을 따르는 사람은 존중하며, 굶주리는 사람에게 음식을 주고 병자에게 약을 주고 도망가는 사람은 쫓지 않는다' 등의 내용으로 하는 '12개조 기율'을 실행했다. 이 기율에 따르는 농민군은 민중의 재산에 피해를 주지 않았고, 농민군의 기율 있는 행동은 대중의 지지를 얻는 데 큰 보탬이 되었다. 반면에 관군은 그 지역 군인과 다른 지역 군인끼리 충돌이 일었고, 탈영병이 많아져서 사기가 떨어졌다. 관군은 대부분 농민

의 아들이었기에 농민혁명군에 대항해 싸우겠다는 의지가 부족했다.(강재언, 1982A, p170)

6월 초가 되자 싸움은 관군과 농민군 모두에 승산이 없었다. 대포 2문으로 무장한 관군 1천5백여 명은 전주성을 공격해 민가 1천여 채를 불태웠지만 성을 탈환하지는 못했다. 그래서 조선 조정은 청국에 군사지원을 요청했다. 농민군도 관군을 공격했지만, 관군의 총과 대포에 1천여 명의 사상자만 내고 성에서 퇴각했다.

조선 조정이 청국에 군사지원을 요청했다는 소식을 들은 농민군 지도부는 청군의 조선 점령을 우려해 관군과 휴전하기로 했다. 1894년 6월 10일 관군과 농민군은 아래와 같은 개혁조항에 합의하고 전쟁을 중지한다.

· 부패하고 타락한 관료, 지주, 양반을 처벌한다.
· 종과 공사채에 관한 문서를 파기한다.
· 정부 규약에 명시되지 않은 각종 세금을 철폐한다.
· 친일파를 처벌한다.
· 토지경작권을 농민에게 균등하게 분배한다.

(신복룡, 1986, p129,131; 이기백, 1982, p341)

여기서 혁명 농민군의 한계를 볼 수 있다. 즉, 그들의 목표는 조선 왕조 자체의 철폐는 아니었다. 전주화약全州和約은 오히려 제국주의 세력의 침략으로 조선 왕조 붕괴가 두려운 나머지 양반계급과의 싸움을 중지한다는 의미였다. 이리하여 농민군의 기본 목표는 반동적인 조선 지주계급의 철폐를 위한 계급투쟁에서 제국주의 침략자를 막으려는 민족운동으로 바뀌었다.

휴전 동안에 동학농민군은 전라도 53개 주에 집강소를 설치했다. 지역 행정은 정부와 집강소의 이중적 형태를 띠고 있었지만, 광범위한 농민 대중의 지지를 받은 집강소가 사실상 정부 역할을 했다. 역사상 처음으로 농민은 대표를 뽑아 지방 행정에 참여할 수 있었다. 조선 조정은 사회개혁을 실행하겠다던 약속을 이행하지 않았고, 집강소는 해방 지역에서 개혁 조치들을 실행했다. 집강소는 수백 년간 압정에 억눌린 민중에게 자유를, 각 지역 토호들이 불법으로 점유한 재산의 반환을, 무고하게 감옥에 갇힌 백성의 석방을, 양반이 강제로 노비로 만든 사람의 해방을, 관의 잘못으로 노비가 된 상민의 지위 회복을 위해 조치했다.(강재언, 1982A, p180)

농민군과 휴전이 성립하자 조선 조정은 청·일 양국에 동시 철병을 요구했으나, 뜻대로 되지 않았다. 조선 조정의 요청으로 6월 9일과 12일에 걸쳐 조선에 들어온 2,400여 청군은 충청도에 대기하고 있었지만, 약 1만 명의 일본 군대는 조선 조정의 요청이 없었음에도 6월 12일과 14일 서울에 들어왔다. 조선 지배권을 확보하려고 청국과 전쟁하려는 일본은 조선 조정의 철수 요구를 거절했다.(강재언, 1982A, p175; 신복룡, 1985, p133)

일본군은 7월 23일, 조선 왕궁을 포위해 조선군을 무장해제하고, 친청 성향의 명성황후 일파를 권력에서 몰아내고, 대원군을 권력의 자리에 앉혔다. 이것은 일본에 의한 쿠데타였다. 그 후 일본은 7월 25일과 29일 청군을 기습 공격하고, 8월 1일에는 청국에 선전 포고했다. 9월 15일 평양 전투에서 일본군에 패배한 청군은 조선에서 철수했다. 청일전쟁에서 승리한 일본은 혁명적 농민군을 향한

대규모 공격을 감행했다.(한국민중사연구회, 1986, p84-85; 강재언, 1982A, p181),

농민군이 다시 봉기해야 하는지를 결정하고자 10월 10일과 11일에 삼례집회를 소집했다. 여기서 북접 동학 조직의 간부를 제외하고는 대부분 일본 침략군에게 대항해 싸울 것을 결정하고 전라도와 충청도 농민군을 소집했다. 동학농민군은 '병사를 몰아 한양으로 들어가서 부패한 관료를 처단하고 외적을 몰아내어 나라를 구하고 백성을 편안하게 하자'는 구호 아래 10만 명 이상 결집했다.(한국민중사연구회, 1986, p85-86)

11월 19일, 충청도 도읍지 공주에서 무장 농민군 2만 명은 일본군 약 1천 명과 조선군 1만 명으로 이루어진 관군과 전투를 벌였다. 수적으로는 농민군이 우세했지만, 전문훈련과 장비 면에서는 비교가 되지 않았다. 일본군은 1천 명에 불과했지만 우수한 장비를 갖춘 훈련한 정예부대였다. 약 20일 동안 공주의 우금치에서 벌어진 50여 차례 싸움에서 일본군의 원조를 받은 관군에 패배해 전체 병력의 4분의 3을 잃은 농민군은 남쪽으로 퇴각했다. 전라도 남쪽의 은진, 금구, 장흥에서 동학농민군은 공주에서의 패배를 회복하려고 마지막으로 관군을 공격하였으나 실패했다. 동학농민혁명은 1894년 2월 15일에 시작해서 그해 말 혁명 지도자 전봉준이 체포되면서 막을 내렸다. 전봉준은 다음 해 4월에 사형당했지만, 많은 조선 민중은 그를 잊지 못해 그에 관한 노래가 지금까지 전해진다.(앞의 책, p85-87; 신복룡, 1985, p134-139; 강재언, 1982A, p193)

농민군은 동학의 지방 지도자가 이끌었다. 남도(전라도)의 경우 동학의 지방 지도자는 농민과 더불어 살면서 그들의 비참한 삶을 체험한 가난한 지식인들이다. 남도의 동학 지도자들이 농민 대중 속에 혁명적 기운을 전하고자 동학 조직을 이용했던 것과는 대조 적으로 북도(충청도)의 동학 상층 지도부는 종교 자체의 이해를 위 해 동학을 전파했다. 전자가 빈농의 이해를 대변했다면 후자는 부 농의 이해를 대변했으므로 반혁명적 성향을 띠었다. 동학의 지방 지도자들을 따른 농민군은 대부분 빈농이었으나, 상인, 수공업자, 노비, 하급관료, 몰락한 양반도 꽤 포함되었다.(조경달, 1983, p283,289)

비록 짧은 기간에 좁은 지역에서만 성공했지만, 동학농민혁명 은 조선 조정이 아래와 같은 개혁 조치(갑오개혁)를 실시하도록 영향 을 주었다. "법 앞에서 양반과 상민의 평등, 공·사노비 문서의 폐기, 과부의 재가 허용, 조혼폐지, 체벌금지, 개인의 잘못으로 말미암은 가족 전체의 처벌 금지."(강만길, 1984A, p199; 김인순, 1983, p241-242)

이 개혁은 동학농민군의 요구가 반영된 것이다. 동학농민혁명 은 계급투쟁과 민족해방을 위한 거대한 운동으로, 아시아에서 일 어난 1857년 인도 '세포이난'과 1850년에서 1866년에 이르는 중국 '태평천국의 난'과 비교된다. 그리고 동학혁명은 일본 식민지 시대 와 미군 점령, 오늘날까지 지속한 계급운동과 민족해방운동의 시 작이라고 볼 수 있다. 게다가 이 혁명은 제국주의 세력의 간섭으로 실패한 최초의 조선 혁명이다.

우리는 이 혁명에서 이런 교훈을 배울 수 있다. '조선인이라고 모두 무조건 조선을 사랑하는 것은 아니고, 지배적 지주 계급에는 계급 이익이 민족 이익보다 더 중요하고, 농민 계급에는 계급 이익 과 민족 이익이 일치한다.'

동학농민혁명 실패로 조선은 결국 일본 식민지가 되었고, 그 결과로 한국은 독재와 종속이라는 기본적인 사회문제에 직면해야 했다. 동학농민혁명이 성공해 조선 사회를 근본적으로 바꾸었다면, 조선은 통일된 민주국가로 일본이나 미국 간섭 없이 발전할 수 있었다.

일본 제국주의 세력은 동학농민혁명을 진압한 후 한 걸음 한 걸음 조선을 자기의 식민지로 만들어 나갔다. 1895년 일본군은 고종 황제에게 강력한 영향력을 미치는 친청파 명성황후를 살해한다. 일본은 1905년 러일 전쟁에서 승리하고 영국과 미국의 묵인 아래 조선을 자국의 보호령으로 만들었고, 일본의 통감이 조선의 대외 업무를 관장했다. 마침내 1910년, 일본이 조선을 식민지로 만드니, 조선은 일본 제국주의 한 부분으로 전락했으며, 국가의 자주성과 독립성을 상실했다.(McKenzie, 1920, p51; Tewksbury, 1950, p28,37)

앞에서 언급했듯이, 조선의 자주권이 짓밟히는 동안 조선 민중은 외세의 사회·경제적 침략에 고통받았다. 조선의 화폐 체계는 일본 은행이 관리했다. 일본은 농업 수탈을 목적으로 동양척식주식회사를 세우고, 조선인에게 일본 관청에 복종할 것을 가르치는 학교를 세웠으며, 재판소, 감옥, 경찰 등을 통제하려고 근대적 사법체계를 만들었다. 일본 통감의 지시 아래 농업·임업·어업·광업·상업·공업청이 만들어졌다. 헌병과 경찰은 조선 인구와 가구 수를 조사했는데, 인구는 약 1,290만 명이고 가구 수는 약 270만 가구로 나타났다.(Hatada, 1960, p108-109)

1894년 동학혁명 실패 이후, 1895년부터 1910년까지의 반식민지 상태에서 착취당하던 조선 민중은 봉건 지배 계급과 일본을 비롯한 제국주의 세력에 대항해 투쟁했다. 민중항쟁은 '의병운동'과 같은 무장투쟁과 '독립협회'와 같은 독립단체 결성을 통한 개혁운동의 두 가지 양상으로 나타났다.

의병의 무장투쟁은 계급투쟁과 민족해방운동을 합친 동학농민혁명의 직접적 계승으로, 식민지 시대에 만주에서 전개한 항일 무장투쟁의 기원이 되었다. 1885년에 일본군이 명성황후를 살해하고, 일본 지배를 받는 조선 조정이 단발령을 내리자, 일본에 맞서는 무장투쟁이 시작되었다. 1905년 조선이 사실상 일본 식민지가 되자, 무장 저항 세력은 더욱 강화되었다.

초창기 의병 운동의 지도자는 '위정척사파'라는 유교 지식인이나 양반이었으며, 지난날 동학군이었던 농민 역시 이들을 따라 봉기했다. 양반 지도자가 왕의 권위를 되찾기 위해 일본과 싸웠다면, 농민과 노비로 구성된 병사는 일본 제국주의와 부패한 조선의 탐관오리에 맞서 싸웠다. 1907년 조선에 온 일본군이 조선군을 강제로 해산하자, 조선군 장교와 사병은 무기를 들고 의병에 합류했다. 그 후 의병 운동 지도자는 점차 양반에서 상민으로 바뀌었다. 이로써 의병운동에 대한 농민 지지는 더 확대되었다. 일본 측 통계자료를 보면, 1907년에서 1909년까지 일본군과 싸운 의병 숫자는 약 14만 명에 달했고, 총 2천7백 회 전투가 있었다. 사상자는 약 1만 8천 명, 부상자는 3만6천여 명이었다.(Lee, C, 1963, p81)

1910년 조선이 일본 식민지가 된 뒤에도 의병운동은 계속되었지만, 일본의 탄압이 강화됨에 따라 그들은 만주로 쫓겨 갔다.[4] 만

---

4   영국인 기자 맥켄지는 의병 활동에 참여한 사람을 연구하고자 각 지방을 순시하고, 무자비한 폭력과 탄압이 더욱 강화되었는데도 어떻게 전보다 더 많은 사람이 의용군으로 지원했는지를 기록했다. "한 지역은 일본 경찰이 몰아닥쳐 온 마을을 불태워 폐허가 되었다. 그들은 비록 평화로운 마을을 파괴했을지언정 반란군 세력을 훨씬 강화시켰으며 숱한 반란의 씨앗을 뿌렸다."(McKenzie, 1920, p151)

주로 이주한 의병은 조직을 재정비하고 일본 식민 통치가 끝날 때까지 무장 유격 투쟁을 계속해 나갔다.

19세기 조선의 개화파들은 '위로부터의 개혁' 혹은 '부르주아적 개혁'을 시도했다. 개화파 지도자는 서구 사회의 영향을 받은 지식인으로, 과거의 지주 계급이나 신흥 부르주아지 또는 상공인 중에서 자유주의적 색채를 띤 사람들이다. '독립협회' 운동은 1884년 갑신정변에 그 기원을 둔다. 이 협회 지식인들은 농민 대중의 지지도 없이 일본의 힘을 빌려 중국을 몰아내어 정치 조직을 개혁하려고 했기에 실패했다.(강만길, 1984A, p194; 한국민중사연구회, 1986, p71-73)

독립협회 지도자인 서재필은 1884년 갑신정변이 실패하자, 미국으로 망명했다가 1896년 미국식 부르주아 민주주의를 조선에 심고자 귀국했다. 독립협회는 연구 단체로 시작했는데, 처음에는 조정의 지원을 받다가 나중에 협회가 조정의 봉건성과 보수적 정책을 비판하자, 탄압받기 시작했다. 독립협회는 독립신문을 발행해 민족의식을 고취했고, 대중 토론과 집회를 조직해 민족주의적 정치 운동을 전개했다. 그러나 협회는 반소 친미였고, 민중적 민주주의보다는 입헌군주제를 추구했다. 따라서 독립협회는 농민의 혁명적 운동이나 의병의 무장투쟁을 모두 반대했다.(강만길, 1984A, p224-230; 민중사연구회, 1986, p91-95; McKenzie, 1920, p66-70)

개화파의 개혁운동은 1904년에서 1910년까지 애국계몽운동으로 계속하면서 수많은 신문과 출판물을 발행했고, 일본 공립학교에 대항해 조선인 사립학교를 세웠다. 그러나 개화파 운동은 당시 조선이 사실상 일본의 식민지였고, 지도자들이 강한 항일투쟁 의식이 없어서 효과를 크게 얻지 못했다.(강만길, 1984A, p236-242; 민중사연구회 1986, p108-111) 개화파의 기회주의적 태도 탓에 일본의 민족운동 탄압이 심해지자 많은 개화주의자가 친일파로 변절했다.

(2) 민중의 3·1운동

여기서는 먼저 일본의 식민지 정책과 조선 민중의 생활 여건을 설명한 후, 사건의 전개 과정을 요약한다.

일본은 조선을 식민지로 만들고 총독부라는 군사정부를 세워서 총독이 조선의 군사 문제는 물론이고 정치·경제 문제에 절대 권력을 행사하게 했다. 총독은 조선의 실제적 독재자로 행정수반, 입법권자, 군사령관을 겸했고, 판사를 위시해 정부 고위관리 임명·해고 권한을 가졌다. 오직 일본 육군 장군과 해군 제독만이 총독이 될 수 있었고, 총독은 일본 황제에 대해서만 책임을 졌다.

일제 36년간 실제로 육군 장군 6명과 해군 제독 한 명이 총독 자리를 차지했다. 첫 총독인 육군 장관 테라우치寺內는 경찰과 헌병을 합쳐서 헌병 경찰을 만들었다. 헌병 경찰은 그 권한이 막대해 형사범은 물론 민사범까지도 즉결재판에 부칠 수 있었다. 조선이 일본 식민지가 된 첫 해에 헌병은 이전 해에 비해 세 배나 늘어난 7,749명이었고, 일반 경찰은 6,222명이었다. 일본 군사정부 밑에서 조선 민중은 상호부조 모임, 정치적 모임은 물론 어떤 옥외 모임도 할 수 없었다. 조선어 신문 발행도 금지되어, 조선인이 자신의 정치적 의사를 표현할 어떤 수단이 없었다. 교육자와 민간인 관리도 일본 군복을 입고 칼을 착용해야 했다. 1912년에 고문법이 제정되니, 고문을 받은 사람이 1912년에는 약 1만7천 명, 1916년에는 약 5만

3천 명에 달했다. 한마디로 공포정치였다. 일본은 조선 민중의 저항을 예상하고 군사정부를 세워 저항을 억압하는 가장 효과적인 방법으로 삼았다.(Choy, B., 1971, p140-141; 한국민중사연구회, 1986, p127-128)

일본 군사정부는 조선을 좀더 효율적으로 착취하고자 여러 계획을 세우고 실행했다. 이런 수단은 조선 사회의 전통을 뒤집어엎었으며, 사회 구조의 분해를 촉진했다. 일본 입장에서 조선은 식량을 비롯한 풍부한 공업원료 공급지였고 동시에 일본 상품을 판매하는 시장이기도 했다. 토지는 조선에서 가장 중요한 생산수단이었기에 일본의 수탈은 1910년부터 1918년에 걸쳐 약 3천 엔円의 비용을 들인 토지조사사업에서 시작되었다.(Choy, B., 1971, p155)

토지조사사업은 단순히 토지 조사라기보다는 오히려 농민 검열이었고, 또 자본주의적 수탈을 더 쉽게 하려는 토지 소유 제도의 대변혁이었다.

토지조사사업을 통해 토지의 사적 소유가 성립되었고, 토지는 상품이 되었다. 일본인은 조선의 전통적인 왕토王土사상 즉. 개인은 땅을 소유할 수 없고 왕에게서 빌린다는 생각을 무너뜨렸다. 이제껏 토지는 한 가문이나 마을에서 공동으로 경작했고, 지주는 토지경작권을 소유한 농민에게서 단지 세금이나 소작료를 거두어들일 뿐이었다. 그런데 일본은 이런 전통적 토지 소유 관계를 폐지하고 지주가 토지를 독점적으로 소유토록 했다. 그래서 봉건적 지주와 소작인 관계는 더욱 확고해지고, 지주가 농민을 착취하는 행위는 식민지법으로 보호받았다. 토지조사사업이 낳은 또 하나의 중요한 결과는 총독은 스스로 조선에서 가장 거대한 지주였다. 식민지 정부의 가장 중요한 수입인 토지세는 1911년의 620만 원에서 1920년에는 1,120만 원으로 두 배가량 늘었고, 일본인 지주의 숫자는 1909년에서 1915년 사이에 692명에서 6,900명으로 10배 증가하였으며, 일본인이 소유한 토지는 2만1천 정보(1정보는 3천평)에서 8만4천 정보로 4배 증가했다. 이렇게 조선 경제의 수탈을 위한 물적 기초가 확립되었다.(강만길, 1984B, p91-92)

인구의 85% 내지 90%를 구성하는 농민 대중은 갈수록 가난해졌고, 대부분 비참한 삶을 살아야 했다. 토지조사사업이 거의 완성된 1918년, 조선인이 소유한 토지는 전체 농가의 3.3%고, 일본인이 소유한 토지는 전체 농지의 50.4%에 달했고, 전체 농민의 37.6%가 소작인이었고 39.3%가 반소작인이었다. 소작농은 평균 1.6정보도 안 되는 농지를 경작하면서 생산물의 50~70%를 소작료로 지불했다. 이런 상황에서 농민은 고향을 버리고 산으로 들어가 화전민이 되었고, 일부는 도시로 나아가 노동자가 되거나 도시 빈민으로 전락했다. 또 일부는 만주, 시베리아, 일본 등지로 일거리를 찾아 고향을 떠났다.(강제인, 1982B, p48-53)

결국 일제 강점기의 조선 농민은 자작농에서 반자작농으로, 반자작농에서 다시 소작농으로 전락했고, 또 화전민이나 공장 노동자가 되었다.

1919년에는 조선의 경제발전 정도가 비교적 낮아서 노동자 수는 그리 많지 않았다. 공장 노동자는 약 5만 명 정도였고, 광산, 건설, 운수업 분야에서 일하는 노동자를 모두 합하면 약 15만 명 정도였다. 조선 노동자는 일본 노동자보다 훨씬 적은 임금을 받았고, 하루에 12시간에서 18시간을 일했다. 1918년에는 노동자가 임금인상과 노동조건 개선을 요구하며 50여 차례 파업을 일으켰는데, 참여자는 모두 약 6천 명 정도였다.(김윤환, 1982, p36,43; 한국민중사연구회, 1986, p138)

비참한 생활 여건 탓에 1918년 조선인 평균사망률은 1913년의 두 배가 되었고, 굶어 죽은 사람이 절반 이상이었다. 3·1운동은 이와 같은 일제 초기의 정치적 탄압과 경제적 곤란이라는 조건 속에서 일어났다.(Choy, B., 1971, p174)

조선총독부의 무자비한 탄압에도 조선인은 열렬히 투쟁했다. 뜨거운 민족투쟁 정신이 3·1운동에서 폭발했는데, 1917년 러시아 혁명과 미 대통령 윌슨이 말한 민족자결주의에서 영향을 받았다. 사실 '윌슨의 민족자결주의 원칙'이란 강대국이 제국주의 위치를 확고히 하는 데 이용한 구호에 불과했다. 1919년 1월에 고종이 붕어하자, 일본인 의사가 고종을 독살했다는 소문이 나돌았다. 3월 3일이 고종 황제 장례식이었는데, 이틀 전인 3월 1일을 전국적으로 저항운동을 일으키는 날로 정했다. 대한독립선언문에 서명한 소위 민족 지도자 33인은 기독교와 천도교의 대표자, 소지주, 지식인, 민족자본가 등 개화파 계승자들이었다.[5] 이들은 군중 2만이 기다리는 탑골공원이 아니라 한양의 한 식당에서 독립선언문을 낭독했다. 지도자들은 독립선언문 1부를 총독부에 보내고, 이 행동을 경찰에 전화로 알린 후 곧 체포되었다. 이 선언문은 강대국 지원을 받아 조선이 독립하기를 희망하며 독립을 위한 두 가지 방법을 제시했는데, 하나는 외국, 특히 미국에 독립을 청원하는 것이었고, 다

---

5 천도교는 동학의 새로운 이름이고, 동학농민혁명이 실패할 때 혁명적 지도자들은 대부분 죽었고 살아남은 사람은 개화파 지도자들이다.

1장 조선의 민중 투쟁과 미국의 조선 정책의 역사(1876~1945)   57

른 하나는 대중적 만세운동을 통한 것이었다. 이것은 한 제국주의 세력의 침략을 다른 제국주의 세력으로 극복하려는 개화파의 대외 의존적 모습을 보여준다. 1919년 4월 14일 미국 정부는 일본 주재 미국 대사를 통해 한양 주재 영사에 "미국이 조선의 독립을 지원할 거라는 생각을 조선인이 갖지 않도록 하라"고 주의를 주었다.(U.S. State Dept. 1962, p8)

안타깝게도 선언문을 작성한 지도자들이 기회주의적 태도를 취했고 금방 체포되었다는 사실과, 선언문에 나타난 운동의 목적과 방법이 소극적이어서 대중운동에 큰 제약을 주었다. 그러나 일반 백성 사이에 널리 알려진 주요 인물이 독립을 선언했다는 것은 3·1운동의 시작에서 중요한 상징성을 가졌다.(강만길, 1984B, p45; 한국 민중사연구회, 1986, p141; Hatada, 1969, p114-115)

3·1운동은 한성과 주요 도시에서 평화 시위로 시작했고, 학생과 젊은 지식인이 상인과 노동자가 주축이 된 대중을 이끌었다.[6] 3·1운동은 삽시간에 지방으로 퍼져나가 대다수 농민이 참여하면서, 소수 친일 관료와 대지주를 제외한 조선인 전체가 참여하는 큰 사회운동으로 번졌다. 예외는 있었지만, 만세운동은 일본인을 해치지 않는 평화적 운동이었다. 어느 외국인 목격자는 3·1운동을 일컬어 "하나의 이상을 달성하려고 일어난 조직적 대규모 비폭력 항쟁으로 세계 역사상 가장 위대한 본보기"라고 칭송했다.(Oliver, 1954, p140)

일본 측 통계에 따르면, 3월에서 12월 사이에 체포된 1만9천

---

6 일제 무단통치에서 조선인이 모일 장소는 교회와 학교뿐이었다. 그래서 3·1운동을 계획하고 지도하는 데 종교 지도자들과 학생들이 중요한 역할을 했다.

명 시위자 중 6%가 18세 이하고, 3.3%가 60세 이상이고, 4.3%
가 초등학생, 8%가 고등학교와 대학교의 선생과 학생, 8.6%가 상
인, 16.5%가 노동자나 실업자, 57%가 농민으로 나타났다.(Korean
Govermment General, 1924, p98-106; Lee, C., 1963, p114-118에서 재인용)

만세운동은 전국 218개 중 211개 군에서 일어났고, 처음 두 달
동안 시위 1,542건이 일어났는데, 여기에 참여한 사람의 숫자는
2백만을 넘겼다.(강재언, 1982B, p61; Choy, E 1971, p177)

시위가 시작된 후 일주일간 학교와 상점은 모두 문을 닫았고,
공장, 광산, 교통·통신 시설, 수도, 전기 등 공공시설은 전국적 파업
으로 기능이 마비되었다. 운동 지도부가 개화파 지식인에서 민중
출신으로 교체되면서 시위는 점점 폭력성을 띠었다. 농민은 일본
인 토지회사와 친일 지주를 공격하고 소작 문서를 소각하고 소작
료와 토지세 납부를 거부했다. 노동자는 광산 근처의 헌병경찰 초
소를 공격했고, 1919년에 파업을 84차례 일으켜, 파업 참여 수는
연인원 9천여 명이었다. 일본 자료에 따르면, 3월이 지나면서 운동
의 강도는 점차 약해졌지만, 그해 말까지 만세운동은 지속되었다.[7]
만세운동은 조선 반도뿐만이 아니고 만주, 시베리아, 하와이 등 조
선인이 사는 모든 곳에서 일어났다.(Choy, B., 1971, p177-178; 한국민중사
연구회, 1986, p141-142; 김윤환, 1982, p43)

3·1운동은 굉장히 규모가 큰 민족독립운동이었지만, 일제의 잔
인한 탄압으로 실패했다. 전국적이고 광범위한 민중의 지지를 받
았지만, 민족 자본가 집단과 노동자 조직이 힘이 약해 뒷받침하지

---

7   조선총독부는 매달 체포한 사람 숫자를 기록했고, 이것은 만세운동의 전개 과정과 탄압 정도를
짐작하게 한다. 3월 12,522명, 4월 5,357명, 5월 4,763명, 6월 1,202명, 7월 569명, 8월 562명,
9월 240명, 10월 258명, 11월 415명, 12월 455명(Lee, C., 1963)

못했다. 3·1운동은 조선 민중이 일본 지배에 저항하는 운동이었으나, 운동을 이끌 중앙조직이 없어서 더 큰 성과를 거두지는 못했다. 일본 헌병경찰은 무장하지 않은 시위대에 총을 쏘고 군대를 불러들였다. 경찰과 군인은 곤봉, 칼, 총을 사용해 야만적으로 만세운동을 탄압했다. 수원에서는 민간인 30여 명을 교회에 감금한 채 불에 태워 죽였다. 한 미국인 목격자는 이렇게 썼다. "붙잡힌 사람들은 형틀에 묶인 채 의식을 잃을 때까지 몽둥이로 얻어맞았고, 얼굴에 찬물을 끼얹어 정신을 들게 한 다음 또 때렸다.(Choy, B., 1971, p178)

처음 두 달 동안 사망자는 7천5백 명, 부상자는 1만6천 명, 그리고 체포·구금된 사람은 4만7천 명에 달했다.(강재언, 1982B, p61)

3·1운동은 일제의 폭력적 탄압으로 좌절되었지만. 민족해방운동에 크게 영향을 주었다. 3·1만세운동은 일본 통치자들이 조선인의 저항이 강하다는 것을 실감하고 무단통치를 '문화통치'로 바꾸게 했다. 3.1운동의 목표는 그전의 개화파 운동처럼 군주정치 재건이 아니라, 독립 공화국을 건설하는 것이었고, 그때부터는 공화국 건설이 모든 민족해방운동의 공동목표가 되었다. 이 운동은 전에 의병 운동과 개화파 운동을 하다가 해외에 망명한 조선인을 각성시켜 중국에 대한민국임시정부를 세우는 계기를 마련했다. 3·1운동을 통해 민중은 개화파 지식인을 대신해서 민족해방운동의 주체로 서게 되었고, 스스로 계급과 민족의식을 촉진해 1900년대 이후 노동자·농민 운동을 열렬히 전개했다. 3·1운동 실패의 반성과 평가를 둘러싸고 당시 지도자 사이에는 대체로 세 가지 견해가 있었다. 첫째는 민중을 교육해 독립을 준비하자는 것이며, 둘째는 열강과의 외교로 독립을 이루자는 것이고, 셋째는 민족 해방군을 양성해

직접 싸우자는 것이다. 이런 견해 차이는 그들의 계급적 배경이 다른 데서 나온 것이고, 그 후 임시정부 내부의 파벌 싸움으로까지 번졌다. 3.1만세운동은 다른 식민지국에서 민족해방운동의 좋은 본보기로 삼아 같은 해에 있었던 중국 5·4운동과 인도의 간디식 무저항운동에 영향을 주었다.(한국민중사연구회, 1986, p142-144; 강만길, 1984B, p46-48) 3·1운동이 실패하자, 조선의 민족해방운동은 국내 운동과 국외 운동이라는 두 전선으로 나뉘었다.

(3) 상해 임시정부와 만주 무장투쟁

국내에서 일어난 3·1운동은 해외 민족해방운동을 고양시켰다. 1919년 당시 만주 동남부 지역에는 조선인이 약 60만 명, 소련 시베리아 연해주에는 약 20만 명, 일본에는 약 2만8천 명, 미국 본토와 하와이에는 약 6천 명이 살았다.(Lee, C., 1963, p129; 강재언, 1982, p155) 이들은 대부분 가난한 농부 출신이다.

1910년에서 1918년까지 이어진 조선총독부 토지조사사업은 농민의 토지를 강탈해서 토지 없는 농민이 나왔고, 그들은 새로운 땅이나 일자리를 찾아서 해외로 이주했다. 그 중 정치 망명자들도 있었는데, 그들은 일본이 조선을 식민지로 만드는 과정에서 항일 의병운동이나 개혁운동에 참여했다가 조선총독부에서 쫓겨난 이들이다. 1919년만 해도 일제는 3·1운동에 참여한 많은 조선 민족주의자를 추방했다.[8] 이들은 해외로 망명했어도 일본 식민 통치에 대항

---

8 1907년 이후 약 100만 명이 고향을 떠나 만주와 시베리아로 이주했다. "일본인 한 명이 조선에 오면 조선인 30명이 고국을 떠나야 했다"고 한다. 당시 조선 인구를 2천만 명으로 치면 평균 20명 중 한 명이 고국을 떠났다. 이와는 대조적으로 조선에 거주하는 일본인 인구는 1909년에 12만6천 명에

해서 투쟁을 계속했다.(강재언, 1982, p151-153)

해외에서 전개한 민족해방운동은 대체로 두 가지로 나뉜다. 상해 임시정부를 중심으로 행해진 교육, 선전, 외교 활동과 만주, 중국, 시베리아에서 전개한 무장투쟁이다.[9] 국내에서 3·1운동이 한창일 때, 중국 상해에서는 신규식, 신태호, 김규식 등의 지도 아래 있던 신한청년회원들을 주축으로 4월 10일, 프랑스 자치구에 대한민국임시정부를 수립했다. 그들은 의회를 구성할 40인의 대표를 선출하고, 이승만[10]을 수상으로, 군무대신에 이동휘, 외무대신에 김규식 등 각료 9명을 선출했다.(Wales & Kim, 1941, p334[11]; Lee, C., 1971, p179; 김원영, 1959, p453-454)

그때 만주와 시베리아에 임시정부가 또 하나 수립되었다. 1919년 3월 17일, 이 지역 조선인 대표들이 모여서 조선국민회의를 열었다. 이 회의에서 대통령에 손병희[12], 수상에 이승만, 군무대신에 이동휘[13]를 뽑아 정부를 구성했다. 이 정부는 이동휘 등이 주도했고, 그들은 조선이 일본 식민지가 된 뒤 전문 군사훈련으로 독립군을 길러서 항일 게릴라전을 지도한 독립투사들이다. 그렇기에

서 1918년엔 33만6천 명으로 급속히 증가했다.(Wales & Kim, 1941, p106; 강재언, 1982, p156)

9   그동안의 한국 독립운동 역사 연구는 상해 임시정부의 활동에 초점을 두고 있지만, 일본 식민지 세력을 망하게 한 것은 외교적 방법이 아니라 무장투쟁이었다. 그래서 여기서는 그동안 역사가들이 소홀히 다룬 무장투쟁에 주목했다.
10   이승만은 배재고등학교를 다녔고, 1896년부터 1898년까지 개혁과 독립협회 운동에 참여했다. 그는 1904년에 미국으로 가서 1907년 조지워싱턴대학에서 학사학위, 1908년 하버드대학에서 석사학위, 1910년 프린스턴대학에서 박사학위를 받았고, 1904년부터 41년 간 미국에 살았다.
11   님 웨일즈는 헬렌 포스터 스노우의 다른 이름으로, 모택동 중국혁명을 세계에 알린 에드가 스노우의 부인이다. 『아리랑』은 중국 혁명에 참여한 조선인 공산주의자 김산과 연안에서 인터뷰한 책이다.
12   손병희는 1919년 3월 1일 독립선언문을 낭독한 33인 대표이며 천도교 교주이다.
13   이동휘는 조선군사교관이었고 의병투쟁의 지도자로서 일본에 대항해 싸웠다. 그는 1911년 만주로 망명해 1918년 러시아 연해주에서 조선사회당을 조직했다. 조선사회당은 최초 조선공산주의당이고 중국공산당보다 3년 먼저 조직되었다. 1921년 이 당은 상해에서 조선공산당으로 이름을 바꾸어 재조직되었다.1922년에 그는 레닌을 만나고자 모스크바로 가서 레닌에게 50만 루블을 독립운동자금으로 받았다. 1928년에 죽었다.(Wales & Kim, 1981 p115-117; Suh, 1967, p8,15)

두 정부를 하나로 통일할 필요가 있었다.(김원영, 1959, p451-452; Choy, B., 1971, p79)[14]

1919년 7월, 망명 정치가 3천여 명이 상해에 도착했고, 두 정부 단일화 작업을 시작했다. 만주-시베리아 대표들은 이승만의 과거 행적을 이유로 그를 반대했다. 이승만은 미국 윌슨 대통령에게 조선을 국제연맹 신탁통치 하에 두자고 요청한 이력이 있고, 정당한 근거도 없이 임시정부 대통령 행세를 했고, 임정의 승인도 거치지 않고 재정과 외교 문제를 독단으로 처리했다. 만주-시베리아 대표들은 임시정부를 조선인이 가장 많이 거주하는 만주-시베리아로 옮기자고 주장했다. 그러나 그해 9월 대통령에 이승만, 수상에 이동휘, 교육부장에 김규식[15]을 뽑고 단일 임시정부 수립에 합의했다. 임시정부 수반이 무장투쟁 전략가인 이동휘가 아니라 외교 책략가인 이승만이고, 임시정부가 60만 조선인이 사는 만주가 아니라 소수 조선인이 사는 상해에 서게 된 것은 그 후 임시정부 활동에 치명적 약점이 되었다. 두 집단 중에서 상해-미국 쪽이 더 우세했는데, 그 이유는 의회 의원 수가 80명인 만주-시베리아 쪽보다 20명이 더 많았고, 건물 임대나 출판물 발행, 외교활동 등에 쓰이는 일체 비용을 상해-미국 집단이 대부분 부담했기 때문이다.(김원영, 1959, p471; Choy, B., 1971, p180; Wales & Kim, 1941, p114)

임시정부의 주요 활동은 연통제 조직과 외교활동이다. 연통제는 임시정부와 해외 조선인을 비롯해 국내 각 도·군을 잇는 비상

---

14 그해 4월 23일 서울에서 조직된 소위 한성정부는 다른 두 개의 정부에 속한 망명 정치가들로만 각료를 조직했기에 여기서는 다루지 않았다.
15 김규식은 미국 기독교인 호러스 언더우드 가정에서 자랐고, 1897년 워싱턴 근처에 있는 로노케 대학에 들어가 1903년에 졸업했다. 1904년에 귀국했다가 1919년에 다시 중국으로 갔다. 1919년 파리에서 열린 국제평화회의와 1922년 모스크바에서 열린 동방피압박민족연합회에 참석했다.

연락망으로, 세금징수와 국채 매각 등을 통해 재정을 확보하고 국내 항일운동을 지도하는 데 활용되었다. 이 조직은 1921년 일본 경찰에 발각되어 붕괴했다. 상해-미국파의 기본 전략은 외교를 통하여 조선 독립을 얻는 것이었다. 임시정부의 주요 목표는 국제회의와 국제연맹에서 조선 독립을 보장받고, 국제연맹 회원국이 되는 것이었다.[16] 이런 목표 성취가 어려워지자, 임시정부는 미국, 영국, 러시아, 중국 등 강대국의 승인을 받으려고 애썼다. 이승만이 이끈 임정의 구미 지부는 미국에서 많은 재정수입을 확보하면서 출판활동과 조선에 관한 강연회 개최 등을 통해 미 의회에 영향을 미치려고 노력했다. 그러나 임시정부는 미국의 승인을 얻는 데 실패했고, 결국 어느 나라도 임정을 승인하지 않았다.(강만길, 1984B, p51-53)

비효과적인 외교정책만 강조하고 무장투쟁을 무시한 임시정부 정책은 비판받았고, 신채호와 신숙이 이끄는 한 집단은 임시정부의 조직을 개편하자고 주장했다. 1923년 1월 국내외 70개 조직의 100여 명 대표가 북경에 모여 민족 대표자 회의를 열었으나, 외교파와 무장투쟁파가 서로 대립했다. 결국 무장투쟁을 강조하는 만주-시베리아 집단은 임시정부에서 떨어져 나왔다. 이렇게 임시정부가 무능하고 분파로 갈린 가장 큰 원인은 이승만의 독단과 정책의 부재에 있었고, 1925년 3월 23일, 이승만은 임시정부의 권위를 도용하고 공금을 남용했다는 이유로 임시정부에서 탄핵당했다.(김원영, 1959, p474,486)

---

16 상해 미국파는 조선처럼 작은 나라가 독립을 하려면 미국 정부와 미국 대중의 동정을 얻어내려고 외교적 노력과 선전활동에 주력해야 한다고 생각했다. 특히 그들은 윌슨 대통령에게 많은 기대를 걸었는데, 윌슨이 이승만의 학교동창이라는 이유에서였다. "사실 그들은 영어를 잘하면 조선의 독립을 얻을 수 있을 거라고 기대했다."(Wales & Kim, 1941, p113-114; Choy, B., 1971, p181)

만주-시베리아 집단이 임시정부에서 분리되어 떨어져 나가고, 임시정부 대통령이 탄핵되니 임시정부의 모양은 볼품없어졌고 국내외 조선인의 지원도 줄었다. 이렇게 되어서 상해 임정은 여러 망명 정치가 집단으로 전락하고 말았다.

　　민족해방운동을 위한 해외 중앙조직이라는 임시정부의 역할이 좌절되자, 1930년대에 중국과 만주 지역에서 여러 정치 집단과 군사 집단이 생겨났고, 1940년대 초에는 보수파와 자유주의파 인사가 임시정부를 재조직했다. 1926년부터 임시정부 수반인 김구[17]는 1930년에 대한독립당을 조직했다. 1932년 이후 김구는 개인적인 항일운동을 전개했다. 1932년 1월 동경에서 이봉창 의사가 일본 황제를 암살하려고 했고, 3개월 후 상해에서 윤봉길 의사가 일본 군대 행진 대열에 폭탄을 던져 시라카와 장군을 죽였고, 노무라 제독과 시게미추 외무대신에게 중상을 입혔다. 윤봉길 의사 거사 이후 임시정부는 상해를 떠나야 했고, 여러 지역을 돌아다니다가 1939년 장개석 정부를 따라 중경에 도착했다. 1935년 중국에서 자유주의자 김규식과 중도 좌파 집단인 김원봉을 따르는 집단이 합쳐서 민족혁명당을 결성했고, 조선 젊은이를 훈련해, 1938년에 혁명 군대인 조선의용대를 조직했다. 1940년 임시정부도 장개석 정부의 도움으로 광복군을 조직했고, 1942년 중국 서부의 연안에서는 좌익집단이 김두봉을 중심으로 조선독립동맹을 조직했고 군 지휘관 무정을 중심으로 조선의용군을 조직했다. 임시정부의 광복

17　김구의 정치적 이념은 유교, 동학, 기독교 사상의 혼합이었고 반공주의자였다. 그는 황해도의 동학지도자로서 1894년 동학농민혁명에 참여했다. 1896년 일본인 장교를 죽인 죄로 투옥되었다가 1899년 탈옥했다. 사립학교 교사로 학생들에게 조선민족주의를 가르쳤다는 이유로 1911년부터 1914년까지 재수감되었다.(송건호 외, 1985B)

군은 1942년에 조선의용대를 흡수해 조직이 확대되었고, 임시정부도 1944년에 민족혁명당과 연합해서 더욱 강화되었다. 그러나 광복군은 일본이 항복할 때까지 한 번도 일본군과 싸울 기회를 얻지 못했다.(김원영, 1959, p469, p472-473; 강만길, 1984B, p54; Choy, B., 1971, p188-190; 한국민중사연구회, 1986, p217-218)

국내 3·1운동은 만주, 중국, 시베리아 등지의 항일 무장투쟁에 많은 영향을 미쳤다. 1920년 10월 김좌진과 홍범도가 이끄는 만주의 대한독립군은 연대장을 포함해서 일본군 1,200여 명을 죽이면서 일본군에 압승했다. 이 싸움은 조선 역사에 청산리대첩으로 기록되었고, 조선이 식민지가 된 후 몇몇 군사학교에서 조선 청년을 훈련한 덕분이다. 만주 남서부 삼원보에 있는 신흥무관학교는 이시영과 이상룡의 지도 아래 1920년까지 3천5백여 독립군을 양성했다. 또 시베리아 훈춘에 있는 이동휘의 밀산군관학교에서는 조선 거류민의 성금으로 사들인 러시아제 무기로 3천여 명을 훈련했고, 시베리아 니콜리스크에서는 1만여 명을 훈련했다. 소련의 볼셰비키가 백러시아 군대와 시베리아에 침입한 일본군과 싸울 때 조선인은 볼셰비키와 동맹을 맺고 전쟁에 참여했다. 김좌진과 홍범도 역시 그들이 세운 군사학교에서 수천의 젊은이를 훈련했다. 대한독립군은 군사학교에서만 아니라 실전훈련도 수반되었다. 1919년 홍범도 휘하의 군인들은 조선과 만주 국경의 일본 군대를 공격하기도 했고, 1920년 초에는 2천여 조선군이 국경을 넘어 3백여 명의 일본군을 죽이고 황해도 남쪽까지 진군했다. 1920년 3월에서 6월까지 대한독립군은 일본군과 32번 싸워 일본인 파출소나 관청 34군데를 파괴했다. 청산리전투 이후 대한독립군은 조선인이 많이 거주하는 시베리아 연해주로 이동했다. 그러나 독립군에게 분파주의가 있었고, 일본과 비밀 협정을 맺은 소련이 독립군의 무장을 해제해서 독립군은 해체되었다. 그 후 만주 조선인들은 행정 기구와 군대를 보유한 세 개의 정부(참의부, 정의부, 신민부) 주위에 결집되었다.(강만길, 1984B, p55-60; Sunoo, 1970, p232)

일본이 만주를 점령한 1931년 9월 이후, 만주는 일본 군대와 조선·중국 연합군의 전투장으로 변했다. 이 무렵 독립군의 우익 세력은 장개석의 국민당 군대와 결탁했고, 좌익 세력은 모택동의 인민군과 제휴함으로써 두 세력 간에는 확연한 분리가 이루어졌다. 동북 만주 우익 세력은 김좌진이 1930년 1월에 죽자, 이청천이 이끌어나갔다. 남만주의 양세봉이 지휘하는 1만여 조선혁명군은 장개석 군대와 동맹해 일본과 만주국 군대에 맞서서 싸웠다. 그러나 1930년대 중반에 이르러 일본군의 강한 추격을 받고 이청천과 양세봉의 대한독립군은 중국으로 퇴각해, 1940년 임시정부 산하의 대한광복군에 편입되었다. 이제 만주에서는 좌익 무장 세력만 남아서 일본 군대와 싸웠다.(강만길, 1984B, p76; 한국민중사연구회, 1986, p215)

사회주의자 조선게릴라 부대들은 중국 공산군과 연대해 투쟁했다. 1930년 5월 30일 중공군의 후원을 받은 만주의 수백여 조선 공산주의자는 용정시를 공격해 파괴했다. 일본인 경찰과 노동자를 죽이고, 일본 전기와 전화회사, 철도를 파괴했으며, 친일파의 집과 학교를 불태웠다.(Suh, 1967, p230-232)

이 사건에 대한 보복으로 일본 군대는 조선인을 무자비하게 탄압했고, 이 탄압은 1932년 말까지 지속했다. 나아가 일본은 게릴라

부대를 조선인과 분리하려고 집단수용소를 만들어 조선인의 출입을 감시했다. 일본은 공산주의자를 지원한다는 죄명으로 많은 조선 가옥을 불사르고, 작은 마을에 사는 2만5천여 조선인을 빨갱이라는 이름으로 죽였다. 가혹한 탄압을 피해 많은 조선인이 산속으로 들어가서 해방촌을 세우고, 자기방어를 위해 유격대를 조직하기도 했다. 이것이 바로 조선인 유격대가 생긴 하나의 기원이다.(강재언, 1982B, p138-140)

1933년 중국 공산당은 대부분 조선인으로 구성된 동북 혁명군을 조직했다. 코민테른의 일국일당 원칙에 따라 중국 내의 조선인 공산주의자는 중국 공산당에 들어갔고, 일본이 만주를 점령했을 때 일본은 중국인과 조선인의 공동의 적이 되었다. 1935년 2월 동북인민혁명군 제1군 제1사장 이홍광 장군이 주도한 평안북도 동흥 공격이 대표적 투쟁 사례다. 동북인민혁명군은 1931년 제1군으로 시작해서 1934년 제2군, 1935년 제3군을 조직했고, 1935년 말에서 1936년 초에는 11군을 거느린 광범위한 통일전선적 무장력 동북항일연군으로 확대·발전했다.(한국민중사연구회, 1986, p215-217)

1936년 6월에는 만주 사회주의 조선민족주의자들이 오성윤과 이상준의 지도 아래 조선광복회를 조직했고, 회원들이 항일연합군 장교가 되었다.

조선인 무장대는 소규모 집단으로 항일투쟁을 계속했다. 총독부에서 발행한 매일신보는, 1934년 4월부터 1936년 1월까지 조선-만주 국경 지역의 조선 쪽 마을을 조선인 유격대가 2만92차례나 공격했고 거기에 참여한 연 인원은 48만9,760명이나 되었다고 보도했다.(강재언, 1982B, p145)

한 예로, 1937년 6월 4일에 김일성 휘하의 동북항일연군 제2군 제6사 소속 조선인 150여 명이 국내 진공 작전의 하나로 함경북도 보천보를 공격해 일경 간부를 죽이고 관청건물과 친일파 가옥을 거의 불태웠다. 국내 지하조직인 적색노동조합과 농민조합 회원이 이 공격을 지원했다.(Suh, 1967, p286-287; 김윤환, 1982, p300-301)

보천보전투 보복으로 일본 경찰은 조선 공산주의자를 수색해 1937년 10월부터 1938년 9월까지 1년 동안 499명을 검거했다. 조선인 유격대는 1940년까지 만주국과 일본 연합군에 맞서 싸웠으나, 1941년에 일본의 가혹한 탄압을 피해 후퇴했다. 이 가운데 약 4천 명은 소련이 1945년 8월 8일 일본에 선전포고하자, 소련군에 들어갔다.(강재언, 1982B, p145,148)

조선인은 연안 지방에서도 중국 인민군과 함께 일본군에 맞서 싸웠다. 조선독립동맹의 조선의용군은 무정武亭의 지도를 받았다. 무정은 중국 공산군의 대장정에도 참여했고, 중국 인민군 포병대를 조직했다. 그는 또 1941년 8월 중국 산서성 둥교에 조선청년혁명학교를 세워 조선 청년에게 공산주의를 교육했다. 조선의용군은 1941년의 호가장胡家莊전투와 1942년의 반소탕전反掃湯戰 등 정규전에도 참여했다. 무정이 지휘한 이 군대는 일본군이 항복할 때까지 계속해서 싸웠다.(강재언, 1982B, p146; Suh, 1967, p225-226)

요약하면 개화파 운동의 계승자인 상해 임시정부는 일본의 패배와 조선의 독립에 그다지 큰 영향을 주지 못했다. 그들은 외국으로부터 조선 독립을 보장받거나 임시정부를 승인받지도 못했다. 임시정부가 실패한 것은 미국과 영국이 일본에 영향력을 행사해 조선을 독립하게 해줄 것이라는 잘못된 전제에서 이들의 외교 전략이 출발한 탓이다.

사실 이 두 나라는 1905년의 영일동맹과 가쓰라-태프트밀약을 통해 일본과 협력하고 있었다. 임시정부 주요 인물이 영국과 미국을 좋아한 것은 대부분 이 나라에서 교육받았고 기독교인이기 때문이다. 임시정부 주요 인물은 자기 생명을 거는 무장투쟁보다는 쉬운 외교 노선을 강조했다. 일부 임시정부 주요 인물은 특히 미국에 거주한 사람들은 일본과 싸우려고 해외에 나갔다기보다는 일본의 탄압을 피해서 망명한 경우가 더 많다. 임시정부가 해외 민족해방 운동의 중앙조직으로서 제 역할을 못하자, 해외 조선인의 항일 통일전선 건설은 상당한 어려움에 봉착했다.

이와는 대조적으로 의병 운동을 계승한 무장투쟁은 일본군에 커다란 타격을 주었고 조선의 독립에도 공헌한 바가 크다. 일본 패망이 외교 전략 때문이 아니라 무장투쟁의 결과라는 사실은 외교 수단보다는 무장투쟁이 조선 독립을 위한 전략으로 더 적합했음을 증명한다. 임시정부는 민중을 무시하고 상해에 본부를 두어 스스로를 고립시켰으나, 무장투쟁 단체는 만주와 시베리아 지역의 민중과 고락을 같이했기에 그들의 지지를 받았다.

김좌진과 이청천이 이끄는 우파의 무장부대는 소규모 단위로 1920년대에 주로 활약했고, 대표적인 싸움은 청산리대첩이다. 그러나 만주가 중일전쟁 중심지가 된 1930년대 이후에 장개석 군대와 연합전선을 시도해 보기도 하고 장개석 군대의 지원을 받는 임시정부 산하의 광복군으로 재조직되었지만, 일본군과 크게 싸워보지 못했다.

그러나 무정과 김일성이 이끄는 좌파 무장부대는 모택동 군대의 지원을 받으면서 주로 1930년대 이후에 활약했는데, 일본 군대와 정규전도 치렀고, 일본이 항복할 때까지 계속해서 투쟁했다.

1920년대에는 좌파의 이동휘와 우파의 김좌진이 합동작전을 펴기도 했지만, 1930년대 이후에는 우파와 좌파의 무장군대 사이에 통일전선이 이루어지지는 못했다. 아마도 우파 군대와 임시정부가 장개석의 국민당에서 지원받고, 좌파 무장군대는 모택동의 인민군과 연합했기 때문일 것이다.

조선독립군의 두 집단이 중국 군대의 두 집단과 맺은 관계는 민족 독립이라는 공동목적을 위한 투쟁에서도 계급 이해가 다를 때는 작전도 달라졌다. 일본이 패망한 뒤 좌파 무장군대는 북한으로 돌아왔고, 우파 군대와 임시정부 주요 인물들은 남한으로 돌아왔다.

(4) 노동자와 농민의 투쟁

해외 민족해방운동이 상해 임시정부에 모인 지식인과 만주와 시베리아 무장군대를 중심으로 움직이자, 국내 민족해방운동은 사회주의 지식인의 지도를 받는 노동자와 농민을 중심으로 전개되었다.[18] 15년 전쟁이 시작된 1931년 일본의 조선 통치 방식이 변했으므로, 노동자와 농민 운동을 1920년대와 1930년대로 나누어서 살펴본다.[19] 이 시기의 운동 상황을 요약하기에 앞서 일본 통치 방식

---

18 보통 한국사에서는 국내 민족해방운동에 대해 보수주의 엘리트의 개량주의적 행동을 강조하고, 노동자와 농민의 활동은 소홀히 다룬다. 사실 일본의 조선 탄압이 심화하자, 보수주의 엘리트는 대부분 친일 협력자로 변심했지만, 민중은 끝까지 싸웠다.
19 일본이 만주를 침략한 1931년부터 태평양전쟁이 끝난 1945년까지를 일본사에서는 '15년 전쟁'이라고 한다.

과 조선인의 사회적 여건을 간략히 검토한다.

3·1운동은 일본의 조선 정책을 무단 통치에서 '문화 통치'로 바꾸어 놓았다. 문화 통치 내용은 헌병경찰이 민간경찰로 바뀌었고, 조선인 고용 증대와 대우 개선, 출판과 집회의 제한된 자유 등이다. 그러나 문화 통치가 일본의 탄압으로 생긴 조선인의 고통을 완화한 것이 아니라 오히려 고통을 더욱 증가했다. 통치 방식은 그 형식이 좀 변했을 뿐 본질에는 전혀 변화가 없었다. 1919년과 1920년 사이에 경찰의 제복은 바뀌었는데, 경찰서는 736개에서 2,746개로 늘어 무려 4배가 되었고, 경찰의 숫자는 6,387명에서 20,134명으로 늘어서 3배가 되었다.(강재언, 1982B, p76)

조선인 고용 증대와 대우 개선이란 온건한 한국인을 변심시켜 친일파가 더 늘어난 것을 의미했다. 일본은 각 도·군·면 단위 관청에 조선인 고문단을 만들고, 친일 자본가와 친일 지주가 조선인을 모아 친일 단체를 만들도록 했다. 이것이 바로 친일 중·상류 계급을 노동자와 농민에서 분리하려는 '갈라서 지배'한다는 정책이다. 더군다나 1925년 조선총독부는 일본에서 사회주의 운동을 탄압하고자 만든 사회안전법을 조선인에 적용했다. 이 법을 사회주의 운동에만 적용한 것이 아니라 민족주의 운동에도 적용했다. 일본에서도 이 법으로 사형을 받은 적이 없는데도 조선에서는 사형을 받았다. 또 이 법은 그나마 콩알만큼 허락되었던 조선 출판의 자유마저 빼앗았다. 이후 조선인은 일본에 협력하든지 아니면 지하로 숨든지 양자택일할 수밖에 없었다.(강재언, 1982B, p75-78; 한국민중사연구회, 1986, p147-150)

1920년대 조선총독부의 주요 경제 정책은 산미증식이었다. 제

1차 세계대전 중에 확장한 일본 경제는 도시 인구가 증가했고 곡물 수요도 늘어났다. 1918년 일본에서는 식량부족과 쌀값 폭등으로 식량 폭동이 일어났다. 그래서 조선총독부는 조선을 일본의 식량 공급지로 만들 작정으로 수로와 저수지 등 수리 관개시설을 곳곳에 건설했다. 총독부의 산미증식 계획이 시행되면서 일본인 소유 토지가 증가하고 수출이란 이름으로 일본에 보내는 쌀이 눈에 띄게 늘었다. 일본인이 소유한 토지 증가는 곧 토지를 빼앗긴 조선 농민의 증가를 의미했고, 일본에 보내는 쌀 증가는 곧 조선인의 기아와 빈곤을 초래했다.(김윤환, 1982, p70-73)

　제1차 세계대전이 끝나자마자 일본은 자국 내 경제 문제를 해결하고자 조선에 자본을 대량 투자해 많은 공장 노동자를 생산해 냈다. 1921년 조선의 공장 노동자 수는 약 5만 명에서 1931년에 약 10만6천 명으로 늘어났다. 광업, 운송, 건설 부문을 위시한 노동자 총 인원은 약 22만 명에 달했고, 이 중 35%가 여성 노동자였으며 7.5%는 미성년 노동자였다. 조선인 남성 노동자 임금은 일본 남성 노동자 임금의 절반이었고, 조선인 여성 노동자 임금은 일본 남성 노동자 임금의 4분의 1에 불과했다.(한국민중사연구회, 1986, p151-161)

　조선 노동자와 농민의 극심한 빈곤은 일본의 탄압과 일본인과 조선인 자본가와 지주의 약탈에 대한 투쟁을 유발했다. 민중의 투쟁은 전국적으로 퍼졌고 점점 횟수가 늘었고 점점 폭력적으로 변했다.

　일본이 조선을 식민 통치하는 동안 노동자와 농민의 사회운동은 민족해방운동 성격을 띠었다. 일본이 조선의 국가 권력을 잡고 있는 동안 조선 노동자는 일본인 자본가와 싸우고, 농민은 일본인 지주와 친일파 조선인 지주를 적으로 삼고 싸울 수밖에 없었다. 1920년대 초에 조선 노동자들은 전국적 조직을 만들었는데, 1920년엔 조선노동공제회, 1922년엔 조선노동동맹회, 1924년엔 조선노농총동맹이다. 조선노농총동맹에는 260개 조직과 회원 5만3천여 명이 있었고 '새로운 사회건설, 노동계급 해방, 자본가계급에 대한 투쟁, 하루 8시간 노동' 쟁취를 목표로 투쟁했다.(김윤환, 1982, p111-125)

이 전국적 조직체에 속한 농민 조직의 총 숫자는 1921년 3개에서 1925년에는 126개로 증가했고, 연 소작쟁의 횟수도 1920년의 15회에서 1925년에는 204회로 증가했다.(박현채, 1985, p179; 강만길, 1984B, p65)

연 노동쟁의도 1912년에서 1919년 사이, 170여 건에 총참여 인원이 1만7천 명이었는데, 1920년에서 1925년 사이에는 총 335회에 2만8천 명 이상이 참여했다.(한국민중사연구회, 1986, p184, 강만길, 1984B, p61)

그러나 조선노농총동맹은 다양한 각 지역 조합이 서로 협조하도록 조정할 능력을 갖추지 못해서 자본가와 지주에 맞서는 노동자와 농민의 통일전선을 만들지는 못했다.(김윤환, 1982, p128-129)

1927년에 조선노농총동맹은 조선노동총동맹과 조선농민총동맹으로 나뉘었다. 조선노동총동맹의 지도 아래 개별 노동조합은 지역별 노동조합이나 산업별 노동조합으로 합쳐져서 전보다 더 강한 연대 의식으로 더 장기간에 걸친 투쟁을 전개했다. 1920년대 후반에 노동운동은 전국으로 확산해 남쪽의 주요 도시에서 북쪽으로 그 영역이 넓어졌고, 지식인이 이끄는 운동에서 벗어나 노동자 스스로 이끌어나가고 더 많은 사람이 참여하는 대중운동으로 발전했다. 노동운동은 점점 더 민족운동 성격을 띠면서 다른 민족해방운동, 즉 1925년 조선공산당조직,[20] 1926년 6·10만세운동,[21] 1927년 신간회결성,[22] 1929년 광주학생운동[23] 등의 영향을 받았다. 노동쟁의 총 횟수와 참여 인원은 1921년부터 1924년까지 215회에 1만 8천여 명 정도였는데, 1925년부터 1929년까지는 452회에 3만8천 명으로 증가했다.(김윤환, 1982, p144, p205-211)

1920년대의 가장 주목할 노동운동은 1928~1929년의 원산총파업이다. 한반도 동북 지역의 주요 항구도시 원산은 19세기부터 일본에 개방되었다. 이 도시의 노동운동은 오랜 전통이 있었고, 원산노동연합회에는 조합 54개에 회원 2천여 명이 있었다. 1928년 9월, 영국인 소유의 문평석유회사에서 시작한 파업은 일본인 감독과 십장이 조선인 노동자를 멸시하고 구타한 데서 비롯했다. 조선인 노동자는 일본인 감독과 십장의 해고, 최저임금제 도입, 8시간 노동제, 실업수당, 산업재해보상 등을 요구했으나, 회사는 노동조합 지도자들을 구속했다. 그러자 모든 노동자 3천여 명이 파업에 참여했고, 전국 노동자와 농민은 식량, 자금, 연료, 의복 등을 보조

20 조선공산당은 1925년 제1서기 김재봉 주도로 무산자동맹, 북풍회, 화요회, 목요회, 사회주의자 동맹과 같은 무정부주의와 여러 사회주의 조직이 모여 조직되었다. 조선공산당은 일본 경찰의 무자비한 탄압에 맞서 투쟁했지만, 지도부의 잇단 검거로 3년 동안 무려 4번이나 와해·재조직되었다. 1928년 3월에 파괴되어 일본 통치가 끝날 때까지 다시 조직되지 못했다.(강만길, 1984B, p69-73)
21 조선공산당과 천도교의 자유주의자 집단은 1925년 6월 10일에 3·1운동과 같은 대규모 시위를 계획했지만 발각된다. 다행히 학생들은 서울에서 대규모 시위를 조직할 수 있었고, 일제는 조선인이 여전히 하나의 민족으로 살아 움직이고 있음을 확인했다.(한국민중사연구회, 1986, p171)
22 신간회는 보수 우익 집단이 친일파로 변절할 때 사회주의자와 자유주의 우익 집단의 결합으로 1927년 창립되어 광주학생운동 발발에 기여했다.
23 전라남도 광주-목포행 열차에서 벌어진 일본인 고등학생과 조선인 고등학생 간의 충돌이 식민지 차별 대우 철폐를 요구하는 전국적 학생운동으로 발전한다. 이 운동은 3·1운동 이래 가장 큰 민족 저항으로, 무려 194개 학교에서 5만4천여 학생이 참여했고, 1929년 11월부터 1930년 3월까지 5개월 동안 이어졌다.(이만열 1985, p242)

하면서 파업에 동조했다. 이 파업은 4개월이나 지속하면서 일본인 고용주에게 타격을 크게 입혔고, 노동자 계급의 투쟁 의지를 한껏 북돋았다.(강만길, 1984B, p62)

1920년대 후반, 조선농민총동맹 산하 농민조합은 소작농 중심에서 자작농까지 어우르는 일반 농민 대중조직으로 바뀌었고, 일본 경찰의 강화된 탄압 탓에 합법에서 비합법 조직으로 바뀌었다. 조선농민총동맹은 지식인 지도부의 분파주의적 태도로 말미암아 각 지역 조합을 잘 조정해 전국적 통일 조직으로 발전하지는 못했다. 따라서 농민동맹이 청년 조직과 여성 조직을 포함해 재조직되었을 때는 젊은 농민이 지도부를 맡았다. 당시 소작쟁의 주요 원인은 일본 지주의 생산과정 간섭과 독단적인 소작료 인상, 소작농의 주거와 농산물 판매 규제, 소작 계약의 무원칙한 파기 등을 용인하는 소작 관계 법령 등이었다.(박현채, 1985, p179-190)

1930년대 조선 민중 생활은 전쟁 탓에 전보다 상황이 더욱 나빠졌다. 일본은 만주(1931년), 중국(1937년), 하와이(1941년)를 차례로 공격하면서 15년 전쟁을 진행했다. 이 기간에 일본은 조선인 정치활동을 더욱 엄격히 규제하고 천연자원 약탈을 더욱 강화하면서 조선을 일본의 병참기지로 만들었다. 조선총독부는 경찰 수를 1930년의 1만9천 명에서 1943년에는 2만3천 명으로 늘리고, 경찰 예산도 1930년 2천만 원에서 1944년에는 4천4백만 원으로 늘렸다.(한국민중사연구회, 1986, p197; 박경식, 1986, p346)

일본은 또 1941년에 경찰 보조기관인 경방단을 조직했는데, 2천4백여 지역에 18만 명이나 되었다.(박경식, 1986, p347)

조선총독부는 중일전쟁 시작에서 태평양전쟁이 끝날 때까지

(1937~1945) 480만 명이 넘는 조선 노동자를 징용이란 이름으로 강제로 끌고 갔고, 20만9천 명이 넘는 조선 젊은이를 강제로 전장에 내보냈다.(박경식, 1986, p354,360) 뿐만 아니라 일본은 조선 학교에서 한글과 역사를 가르치는 것을 금하고 신사참배와 창씨개명을 강요하면서 내선일체를 주장했다.(강재언, 1982B, p116-121)

조선총독부는 조선인을 그들의 정책에 순응하게 하려고 친일파 지식인, 자본가, 지주 등을 이용했다. 일본은 일부 조선 양반에게 일본 국회의원 자리를 주고, 일부 자본가를 군수산업에 참가시켜서 친일파를 만들었다. 과거에 개화파 지식인이었던 일부 천도교인이나 기독교인은 친일 협력자로 변절해서 조선 사회의 가난과 부정의를 조선인의 게으름 탓이라고 주장해 일본의 조선인 착취와 탄압을 은폐했다. 나아가 그들은 조선의 민족성을 개화한 근대 민족성으로 개조해야 한다고 역설했다. 조만식, 장덕수, 최남선, 이광수 등이 이런 부류의 지식인으로, 책을 쓰거나 강연을 하면서 일본의 식민 정책을 옹호했고, 한상용, 박홍식, 김성수와 같은 자본가와 지주는 이런 친일 지식인의 활동을 위해 막대한 자금을 지원했다.(한국민중사연구회, 1986, p200)[24]

전시 경제 체제에서 일본은 1939년 쌀의 공출과 배급제를 조선에 도입했다. 총독부가 공출한 쌀은 1940년 총생산량의 42.8%에서, 1942년에는 55.8%로, 1944년에는 60%로 증가했다. 일본에 수출한 쌀은 1927년에서 1936년까지 연평균 660만 석에서 1931년부터 1936년까지에는 880만 석으로 증가했다. 1938년에는 전체 생

---

24 1945년 조선이 해방했을 때 조만식은 북쪽에서 조선민주당 당수, 김성수는 남쪽에서 한국민주당 대표가 되었다.

산량의 44.3%에 해당하는 1천70만 석이 일본으로 수출해 일본 내 식량 부족분의 73.9%를 충당했다.(강재언, 1982B, p103-105; 박경식, 1986, p416-418)

이런 엄청난 양의 쌀을 수탈해 일본으로 가져가니 조선은 식량 부족 사태를 겪었고, 이 문제를 해결하고자 총독부는 만주와 일본에서 수입한 보리, 밀, 기장과 같은 값싼 곡물을 1940년 88만5천 석에서 1944년에는 1만6천 석으로 늘렸다.(박경식, 1986, p424)

이런 잡곡 수입으로도 국내 식량부족을 완화하지 못해서 다수의 조선인은 기아 상태에 빠졌다. 우가키 이세이 총독도 "매년 봄이면 먹을 것이 없어 나무껍질과 뿌리를 찾아다니는 사람이 전체 농민의 절반에 이른다"고 진술했다.(Hatata, 1969, p126)

전쟁이 만주에서 중국과 하와이로 확전하자, 일본은 더욱 많은 군수물자가 필요했다. 일본은 조선에서 무기를 생산하려고 중화학 공장을 세우고, 군대 수요를 충당하려고 식품공장과 방직공장을 건설했다. 대규모 공장 건립은 공장노동자 수를 1930년 8만4천 명에서 1936년에는 14만9천 명으로 늘렸고, 광산노동자도 1930년의 3만1천 명에서 1938년에는 20만6천 명으로 늘렸다. 운송과 통신 분야를 포함한 전체 노동자 수는 1936년에 150만 명에 이르렀다.(김윤환, 1982, p242-243)

일본의 전시 경제는 조선의 임금과 노동시간, 작업환경을 더욱 악화시켰다. 1935년 일본 남성 노동자의 시간당 평균 임금은 1.83원, 여성 노동자는 1.06원임에 비해 조선 남성 노동자는 0.9원, 여성 노동자는 0.49원이었다. 이 임금은 1929년에 위 노동자가 각자 받은 2.32원, 1.01원, 1.0원 0.59원보다도 더 적었다. 1931년 조선인 노동자 중 46.9%가 하루 평균 12시간 넘게 노동했는데, 일본 노동자는 단지 0.3%만이 12시간 이상 노동했다. 1930년과 1938년 사이에 사고로 사망한 광산노동자는 76명에서 366명으로, 부상자는 479명에서 2,423명으로 늘었다.(김윤환, 1982, p137-247)

1930년대 지주와 자본가는 당시 세계적인 경제공황에서 비롯한 문제를 해결하고 전쟁을 치르는 정부를 돕고자 조선 노동자와 농민의 착취를 심화했다. 조선총독부도 1931년 15년 전쟁이 발발한 이후 노동자와 농민운동 탄압을 더욱 강화했다. 한편 일본의 전쟁물자 조달을 위한 투자 증가로 조선 노동자 수는 폭발적으로 늘었고, 사회주의 혁명이론의 도입은 노동자와 농민의 계급의식 수준을 높였다. 그래서 1930년대의 노동운동은 이런 특징이 생겼다. 연평균 파업 횟수와 참여 인원수는 1920년대 후반 90여 차례에 7,652명이었으나, 1930년에서 1936년 사이에는 연평균 170여 차례에 1만6천 명으로 늘었다.(김윤환, 1982, p297)

조선 노동자 운동은 1920년대 후반에는 주로 임금인상 투쟁이었고 대체로 목적을 달성한 데 반해, 1930년대는 주로 임금 삭감에 반대하는 투쟁이었는데 거의 실패했다. 노동운동에 대한 일본 경찰의 무자비한 탄압은 대규모 구속과 투옥으로 나타났고, 노동운동은 점점 폭력적으로 변해 공장과 광산을 공격하기도 했다.

경찰과의 폭력적 투쟁을 통해 노동자는 점차 의식화되어 사회주의 지식인들이 도입한 혁명이론을 받아들였다. 이에 따라 소위 적색노동조합의 지하활동에 참여하는 노동자 수가 늘었고, 사상범 숫자도 1931년 2만 2천 명으로 급속히 늘었다.(김윤환, 1982, p291)

조만 국경에 있는 적색노동조합원은 만주 무장군대와 연합해 항일 무장투쟁에 참여했다. 함경도와 평안도는 사회주의 국가 중 국과 소련이 지리적으로 가까워서 사회주의 지식인이 많았고, 지하자원이 풍부해서 중공업 공장이 많이 건설되었다. 이런 이유로 적색노동조합의 지하활동은 이 지역에서 급속히 퍼져나갔다. 1937년 일본이 중국을 침략한 후, 조선총독부는 노동자 조직을 모두 파괴하고 노동운동을 모조리 잔인하게 탄압했다. 이런 가혹한 탄압에도 1937년에서 1940년까지 2만5천여 노동자가 약 430회 노동쟁의를 일으켰으나, 노동운동은 대부분 훗날 궐기를 준비하고자 지하로 들어갔다. 이렇듯 위험하고 암울한 시기에 인명과 노동력을 아끼려고 노동자는 생산율을 저하하는 사보타주 방법으로 일본 자본가와 총독부를 향한 투쟁을 지속했다.(김윤환, 1982, p277-281, p334-336, 강만길, 1984, p64)

당시 대표적 노동운동 사례로는 1930년 부산의 조선방직공장 파업을 들 수 있다. 1월 10일, 2천2백여 노동자가 임금 인상과 하루 8시간 노동제, 산업재해 보상과 의료비 지급 등을 요구하며 파업을 시작했다. 경찰이 파업 주동자 4명을 체포하자, 이에 분노한 770명의 여성 노동자는 단식투쟁을 벌였고, 덕분에 4명은 석방되었다. 회사 측이 노동자 요구를 거절해 파업이 계속되었으나, 식량부족과 경찰 폭력으로 11일 만인 1월 20일, 이 파업은 결국 실패했다.(김윤환, 1982, p253-255)

1930년대 블라디보스토크 범태평양 노동조합과 런던 코민테른 산하 적색노동조합 인터내셔널(프로핀테른)의 영향으로 조선 내에 적색노동조합의 조직과 활동은 전국으로 확대했다. 특히 함경도 적색노동조합은 많은 사건을 터뜨렸다.

태평양노동조합 사건은 1931년 4월, 김호반, 이주하를 포함한 조직원 17명이 조선과 시베리아 국경 지대에서 체포되면서 시작되었다. 모스크바 공산대학을 졸업하고 태평양노동조합 활동가가 된 김호반은 1930년 12월, 국내에 들어와 서울·평양·함흥·인천 등지의 화학공장, 금속공장, 철도 노동자, 목수 등을 대상으로 적색노동조합을 조직하려고 했다. 두 번째 사건은 1932년 5월 1일, 일본 경찰이 함흥·흥남에서 메이데이를 기념하는 전단과 벽보를 배부했다는 혐의로 장희건 등 5백여 노동자와 노조 지도자를 구속하면서 일어났다. 장희건은 흥남에서 좌파 지하조직을 결성하고 <노동자 소식>을 발행했다. 그는 함흥에서도 자유노동자조합을 결성하고 <붉은 주먹Red Fist>을 발행했다. 세 번째 사건은 노동운동가 30여 명이 함흥 근처 사원寺院에서 체포된 1932년 6월 17일에 일어났다. 당시 지도자는 1932년 5월에 모스크바의 동양노동자 대학을 졸업하고 흥남에서 일한 임민호와 고경인, 블라디보스토크의 극동 기술학교를 졸업하고 원산에서 일한 한동혁이다. 네 번째 사건은 1934년 11월, 노동자 20명이 흥남에서 체포되면서 일어났다. 이 사건은 운동 지도부가 모두 시베리아의 태평양노동조합 출신이라는 점과 일본 경찰의 무자비한 탄압에도 꺾이지 않은 노동운동 지도자들의 줄기찬 투쟁 정신을 잘 보여주었다.(김윤환, 1982, p277-280)

　　1930년대에 들어오면 농민운동 역시 점점 폭력적·불법적·정치적·민족적 성격을 띠었다. 이전과는 달리 농민은 무장한 대규모 집단을 이루어 주로 1천 정보(3천평) 이상을 소유한 일본인 대지주와 지방 관리를 공격했는데, 지역적으로도 남쪽에서 북쪽으로 퍼져나갔다.

농민 투쟁의 요구도 토지개혁, 언론자유, 민족차별철폐, 사회안전법폐지 등 점점 더 정치적 내용을 포함하면서 일본 지배 자체를 거부하기 시작했다. 일본인 대지주를 상대한 투쟁 중 주목할 만한 것은 다음과 같다.

　　1930년 평안북도 용천 소재 일본 회사 소유의 서산 농장에서 1만5천여 소작농이 경작권에 대한 자유를 요구하는 싸움이 있었다. 농민은 단식투쟁, 심야농성, 농장파업을 전개하는 한편, 토지 지배인과 사무실을 공격하고 지주 요청으로 투입된 경찰과 싸웠다.

　　1932년에는 전라북도 김제의 일본인 소유 다키 농장에서 8백여 소작인이 지주가 불법으로 약탈한 곡물의 반환과 비료비 지급을 요구하며 농장 사무실과 지주를 숨긴 경찰서를 공격했다.

　　1931년 함경도 남부에 있는 홍원 농민조합 2천여 명이 홍원 군청 앞에서 시위를 하며 일본의 세금수취 정책을 비판하고 납세를 거부했다. 그들은 또 공채 문서를 태우고 고리대금업을 하는 총독부공채회의 폐지를 요구했다. 게다가 1932년 경상남도 양산 농민조합의 3백여 농민은 소작료 삭감과 토지세 폐지를 요구하다가 그 지도부들이 체포되기에 이르렀다. 이에 분노한 농민은 경찰서를 두 번이나 공격하고 무장한 경찰과 맞서 싸웠다. 1937년 일본이 중국을 침략한 후 대규모 시위나 지주에 대한 공격은 감소했지만, 소규모 투쟁은 1945년 일본이 항복할 때까지 지속되었다. 이 무렵 소작쟁의 전체 횟수는 1937년의 3만2천 건에서 1939년에는 1만6천 건으로 감소했다.(박현채, 1985, p206-207)

2
미국의 조선 정책

미국인이 조선에 처음 온 것은 1945년 남조선 점령 때가 아니다. 조선과 미국은 1882년 조미수호통상조약을 체결한 이래 외교 관계를 지속하다가 1905년 조선이 일본 보호국이 되면서 끝났다. 제2차 세계대전이 끝날 무렵 조선은 미국 외교정책의 중요 문제로 부각하면서 미국은 조선의 장래에 대해 정책을 세웠고, 이에 따라 1945년 미군이 남조선을 점령했다. 여기서는 우선 조선과 미국이 수호통상조약을 맺은 후 조선이 일본의 보호국이 될 때 까지 두 나라의 관계를 살펴보고, 다음에 제2차 세계대전 중에 미국이 세운 조선 정책을 분석한다.

(1) 조미통상조약 이후

19세기에 접어들면서 빠르게 제국주의 국가로 성장한 미국은 아시아-태평양 지역에 관심이 많았다. 미국은 소위 '개방정책'을 내세웠는데, 그 내용은 아시아 국가의 항구를 미국 상인에 개방하라는 요구였다. 다시 말해, 미국 상인에게 무역상 동등한 권리, 치외법권, 신변안전 등을 보장하고 미국을 최혜국으로 대우하라는 것이다. 미국은 1844년에 중국을, 1856년에는 일본을 강제로 개방했고, 1867년 아시아와 미국의 가교로 알래스카를 샀고, 1878년 태평양 해군과 상선의 휴식처로 하와이를 획득했다 (Jung, Yong Suk, 1970, p4)

미국이 처음으로 조선에 관심을 둔 것은 미국의 극동무역을 확장하려는 욕심에서였다. 미국 대외 정책의 기본인 개방정책에 따라서 1882년 5월 22일 인천항에서 조선과 미국은 '평화·교류·통상·항해'에 관한 협정을 체결했다. 개방정책의 본래 의미는 '포함외교'였으며, 이것은 조선에도 그대로 적용되었다. 1866년 9월 대포 2문을 앞세운 미국 범선 제너럴셔먼호가 조선을 강제로 개방하려고 대동강을 따라 평양에 들어와 조선군과 전투가 벌어져 승무원 전원이 사망하고 배가 전소된 사건이 있었다. 1871년 5월에는 미국 로저스 제독과 주중군사 로우가 군함 5척에 대포 85문과 승무원 1,230명을 태우고 제너럴셔먼호 사건을 조사하고 조선의 문호를 열겠다고 조선에 들어왔다. 이것은 일본을 개방하려고 1853년과 1854년에 걸쳐 페리 제독이 한 행동을 모델로 삼은 것이다. 6월 1일, 한성부의 관문인 인천을 공격해 전투가 벌어졌는데, 11일간 지속되었다. 미군이 인천에 있는 성 5개를 파괴하면서 조선군 350명을 죽이고 일부 전쟁포로와 무기를 획득했어도, 조선을 개방시킨다는 정치적 목적은 달성하지 못하고 중국으로 갔다. 1876년 일본이 조선을 개방시켰고, 일본의 조선 독점 지배를 꺼리는 중국의 중재로, 1882년 미국은 군함의 위협으로 조선의 항구를 강제 개방했다. 어느 미국인 학자는 "1882년 슈펠트 제독의 조선 개국은 전 세계에 걸친 포함외교의 가장 전형적인 사례"라고 했다.(Chay, G., 1983, p16-18)

조미수호통상조약은 불평등조약이다. 국제무역에서 관세는 수출과 수입을 규제하고 자국 경제를 보호하는 가장 효율적 수단이다. 그러나 조선과 미국 간의 조약은 아주 낮은 관세를 매겨서 미국 상품이 조선 시장에 침입하는 것과 외국인이 조선의 원자재를 수탈하는 것을 막을 수 없었다.[25] 외국의 침략을 막고 한 나라의 자주권을 지키고자 자국의 영토에서 외국인 범죄자를 재판할 권리는 매우 중요하다. 그러나 조선과 미국 간의 조약에서는 미국인의 치외법권을 인정해 조선의 외국인 범죄자 재판권이 많이 제한되었다.[26] 이 조약은 미국이 '최혜국 대우'를 받게 해서 미국인이 항해·통상·정치, 그 외 관계에서 각종 권리·특권·특혜를 누리게 했다. 이것에 근거해 미국인은 개방한 항구의 조차지에서 거주하거나 장사할 권리를 얻었다.(Chung, Henry, 1919, p233-239)

불평등조약에 근거해 미국은 공적·사적 이익을 자유롭게 추구하면서 조선의 정치·경제·문화에 큰 영향을 끼쳤다. 일본이 이미 조선의 지배권을 확보한 뒤라 미국이 조선의 대외무역에서 차지하는 비율은 1905년에는 4.9%, 1910년에는 5.9%로 그리 크지 않았

---

25 조약 제5조 "관세는 생필품 가격의 10%, 수출하는 토산품 가격의 5%를 초과할 수 없다." (Chung, Henry, 1919, p234-235)

26 조약 제4조 "조선 땅이나 배에서 미국인이 조선인을 모욕하거나 괴롭히거나 상처 입히거나 조선인의 재산을 침범하면 오직 미국 영사나 권한 있는 미국 관리가 미국법에 따라 체포하거나 처벌할 수 있다."(앞의 책, p233)

다. 그러나 미국인은 운산 금 채굴권, 경인철도부설권, 서울 전화시설 같이 아주 이윤이 높은 사업 운영권을 좋은 조건으로 얻었다.

운산 금 채굴권은 1895년 미국인 자본가에 양도되어 '세계 제일의 금광'으로 개발되면서 아시아에서 동종사업 중 가장 이윤이 많이 남는 사업으로 평가받았고, 1939년에 채굴권은 일본에 넘어갔다.(Palmer, 1962, p379)

조선은 풍부한 금 매장량으로 유명해서 10세기 아랍의 한 지리학자는 "중국의 동쪽에 신라라는 나라가 있는데, 금이 매우 풍부하다. 이슬람교도가 그곳에 도착하면 결코 떠나고 싶지 않을 것"이라고 적었다.(Palmer, 1962, p380)

제임스 모스는 평안도 산악지대의 약 24킬로미터에서 32킬로미터에 걸친 조선에서 가장 풍부한 금 매장지인 운산금채굴권을 획득했다. 모스는 25년 사업권을 얻고 연간 순이윤의 25%를 지불하기로 하고, 광산 설비는 모두 면세로 수입했다. 1900년에 이 채굴권은 동양통합광산회사로 넘어갔는데, 이 회사는 230여 기계를 가진 6군데 제련소와 500kw 용량 수력발전소, 500kw 용량 화력발전소, 34km 철도를 건설했다. 이 회사는 운산 지역에서 치외법권이라도 가진 듯이 행동하며, 조선 황제에게는 1년에 겨우 1만 2,500불만 지불하고, 조선 노동자 5만 명에게는 일본인 임금의 3분의 1, 백인 임금의 18분의 1만 지급하고 착취했다. 1930년대 초반, 이 회사는 하루 평균 광석 600여 톤을 채굴했는데, 1895년부터 1939년까지 운산 광산에서 900만 톤을 채굴해, 약 5천6백만 불에 팔아서 1,500만 불이 넘는 이익을 남겼다. 1939년 일본은 이 회사를 800만 불을 주고 사들였다.(Palmer, 1962; 김원모 1982, p196-198)

40여 년에 걸친 미국의 조선 광산 수탈은 아시아 역사상 유례가 없었다. 특히 이 광산은 일본 통치 기간에도 대대적으로 개발되었으니, 미국과 일본 간의 친분을 잘 보여주는 사례다.

미국은 조선의 경제를 수탈하고 조선의 정치도 간섭했다. 미국인은 황제의 주치의, 우체국, 외무국, 법무국, 통상국, 교육국의 고문이 되어, 조선 조정에 영향력을 행사했다. 1895년 11월 황제의 주치의이자 미국 공사인 호러스 알렌은 미국인 고문과 선교단을 이끌고 고종황제를 납치해 친미 정부 수립을 위한 쿠데타를 기도하였으나 실패했다.(전상기, 1982, p50)

1882년 조미수호통상조약이 체결된 후 선교사들이 많이 입국해 선교활동이라는 이름으로 서양 문화를 전파했다. 1885년 호러스 알렌은 병원을 짓고 황제의 주치의가 되었다. 1866년 메리 스크랜턴은 이화학당을 세웠고, 아펜젤러는 배재학당을 세웠다. 1905년 조선의 기독교 신자는 약 4만에 이르렀다. 각 학교는 조선인 학생을 세뇌해 서구문화를 동경하게 했고, 이승만과 같은 친미 기독교인을 배출했다. '정동구락부'라는 미국인 사교클럽은 조선인 정치인이 외국 문화를 숭배하도록 만들었는데, 이완용도 그 중 한 사람이다.(앞의 책, p49)

19세기 마지막 사반세기에 조선과 미국 관계는 서로의 이해와 신뢰를 바탕으로 출발하였지만, 20세기 초 미국의 배신으로 끝났다. 1882년에 조인된 조미조약의 첫 조항은 "두 나라 중 어느 한쪽이 제3국의 부당하고 폭력적인 처사에 직면했을 때 다른 쪽은 이 소식을 듣는 즉시 사태 해결을 위해 우정 어린 행동을 취한다"고 규정했다.(Chung, Henry, 1919, p230)

이 조항을 구실삼아 1894년 6월, 4척의 미군 함정이 인천항에 들어왔으며, 미 해병대는 조선 조정의 승인도 없이 미국인을 보호한다는 핑계로 한성부에 주둔했다. 실제로 이 행동은 동학농민혁명에 간섭해 미국의 국가적 이익을 보호하려는 기도였다.(전상기, 1982, p47)

그러나 조선 조정이 일본의 늘어가는 재정 간섭을 미국이 막아주기를 바랐지만, 미국은 돕지 않았다. 미국 도움을 얻겠다는 기대로 조선 조정은 금 채굴권, 전기회사 설립권, 철도와 항만 부설권, 전차 설치권 등[27] 가능한 이권을 다 주었지만, 미국은 조선의 기대를 저버렸다. 러시아가 만주로 팽창하는 것을 막는다는 핑계로 미국과 영국은 일본이 조선을 식민지로 삼는 것을 오히려 도왔다.

1905년 7월 27일, 미 국무장관 윌리엄 태프트는 일본 수상 가쓰라를 만나 아래와 같은 비밀조약을 맺었다.

필리핀은……미국과 같이 강하고 우호적인 국가의 통치를 받게 되고……일본은 필리핀에 대해 어떤 침략적인 계획도 갖지 않는다. (나아가)……일본군이 조선을 보호국으로 만들어서 조선이 일본의 동의 없이 어떤 국가와도 조약을 체결할 수 없게 한 것은 이번 전쟁의 논리적인 귀결이다.(Williams, 1956, p491)

미국의 지원 아래 일본은 1905년 11월 17일, 조선을 자국의 보호령으로 만들어서 조선의 외교권을 빼앗았다. 따라서 미국은 한

---

27   조선 첫 철도 경인선 부설과 소유권, 조선 첫 발전소 건설권, 조선 첫 전차도부설권, 항만건설권. 가장 매장량이 풍부한 운산금채굴권 등이 미국에 양도되었다.(Chung, Henry, 1919, p31-32)

양 영사관을 폐쇄하고, 조선의 외교 업무를 동경으로 이전시켰으나, 조선과 미국 관계는 미국 선교사의 조선 내 활동과 양국 간의 무역을 통해서 유지되었다. 그렇기에 조선 민중은 국가와 국가 사이에는 신의는 없고 군사력이 뒷받침하지 않는 조약 이행의 의무라는 것이 아무 의미 없다는 것을 너무나 늦게 깨달았다.

미국은 조선에 들어온 최초의 서양 국가이고 조선 땅에서 우대를 받으면서 상업적 특권을 누린 최초의 국가인 동시에, 위기 상황에서 미국의 도움이 가장 필요할 때 조선을 배반한 첫 번째 국가다.

(2) 제2차 세계대전 시작 이후

제2차 세계대전 중에 과거 식민지였던 지역들의 전후 처리 문제가 미국 외교정책 입안자들에게 아주 중요한 문제로 부상했다.[28] 문제는 '누가 식민지를 손에 넣는가?'였다. 전쟁 전의 종주국인가? 승전국인가? 아니면 식민지 민중인가? 미국은 이 문제 해결책으로 식민지였던 국가들이 자치가 가능할 때까지 강대국들이 그들을 신탁통치 한다는 안을 내놓았다. 이것은 한 나라의 독점적 식민주의가 다수가 참여하는 국제기구의 지배로 바뀌는 것을 의미한다. 신탁통치안은 식민지 국민이 자치능력이 없다는 가정과 함께 강대국의 이익이 곧 약소국의 이익이라는 가정에 근거한 제국주의적 발상이다. 이것은 19세기의 개방정책이나 제1차 세계대전 이후의 위임 통치 방식과 다르지 않고, 미국 자본주의가 전 세계로 팽창하려

---

28   이 절은 커밍스의 작품을 참조했다. 『한국전쟁의 기원』 Bruce Cumings, *The Origins of the Korea War*, Princeton, Princeton University Press, 1981.

는 시도에서 나온 생각이다. 개방정책이 세계 자본주의에서 자유로운 무역을 강조한 것이라면, 위임 통치 방식은 식민지 민중의 독립은 무시하고 강대국이 식민지에 마음대로 접근할 수 있음을 의미한다. 그러나 1940년대는 이런 시기 하고는 달랐다. 이전의 식민지에서 혁명적 민족주의 운동이 일어나서 즉시 독립 대신에 신탁통치를 받아들일 국가가 없었고, 미국이 세계에서 제일 강한 나라가 되었다. 신탁통치란 "미국의 조건에 따르는 신뢰, 협조, 동료애, 동업자 정신"을 전제로 한다.(커밍스, 김자동 역, 1986, p103-104)

신탁통치안은 1943년 3월 24일에 워싱턴에서 루스벨트 대통령이 영국 외무장관 앤서니 이든을 만난 자리에서 처음 논의되었다. 루스벨트는 전후 신탁통치 지역으로 조선과 인도차이나를 거론했지만, 이든은 신탁통치가 영국 식민지 독립을 전제하기에 반대했다. 연합국은 신탁통치 구상이 미국의 이해를 대변하고 있음을 잘 알고 있었고 이든은 이 견해를 적절히 표현했다. "루스벨트는 이전 식민지 나라들이 해방하자마자 정치·경제적으로 미국에 종속되기를 원한다."(Eden, 1965, p595; Cumings, 1981, p105에서 재인용)

영국이 반대했어도 미 국무성 관리들은 1943년 초에 전후 신탁통치에 관한 초안을 작성했는데, 조선에 자치능력이 생길 때까지 미국, 중국, 소련이 신탁통치 하면서 교육한다고 되어 있다.

조선이 일본 식민지가 된 후 강대국이 조선의 독립을 처음으로 약속한 것은 1943년 12월 1일 미·영·중 3국이 참여한 카이로회담에서였다. "이 3국이 조선 인민의 노예 상태에 유의해 적당한 시기에 조선을 자주 독립하게 하기로 결정한다."(U.S. State Dept., 1943-1949, vol.6, p1098)

조선인은 이 약속을 환영했지만, '적당한 시기'라는 단서 조항에 우려를 나타냈다. 이 조항은 어떤 식민지도 강대국의 보호 기간을 거치지 않고는 자치할 수 없다고 가정하는 신탁통치안의 가부장적 점진주의를 반영하고 있다. 카이로회담 직후 루스벨트는 테헤란에서 스탈린을 만나 이렇게 말한다. "조선이 자립 정부를 세우고 유지하기엔 아직 이르고 40년간 신탁통치가 필요할 것 같다."(U.S. State Dept., 1961, p566)

1945년 2월 18일 얄타회담에서 루스벨트는 필리핀의 신탁통치가 50년 필요했으니 조선은 20~30년 정도 필요하다고 말하자, 스탈린은 신탁통치 기간이 짧으면 짧을수록 더 좋을 거라고 답했다.(U.S. State Dept., 1955, p770)

얄타회담에서 미국과 소련은 전후 조선의 신탁통치에 관해 어떤 합의에 이르지 못했고, 영국과 프랑스의 강력한 반대로 연합국 식민지에 대해서는 신탁통치를 하지 않기로 했다. 1945년 4월, 루스벨트가 사망하고 트루먼이 대통령이 되었는데도, 미국은 여전히 조선의 신탁통치에 관해 연합국의 동의를 얻으려고 애썼다. 그러나 1945년 7월, 포츠담회담에서 신탁통치에 관해 합의하지 못하고 이 안건 토의는 다음 회의로 연기되었고, 실제로 회담은 1945년 12월이 되어서야 열렸다.(Cumings, 1981, p110-112; Cho, 1967, p28,43)

신탁통치는 미국의 힘과 영향력을 확보하고 팽창한다는 목적에 이르는 하나의 길이었고, 이 목적을 달성하고자 실질적 수단인 무력을 사용할 준비를 늘 하고 있었다.

그렇기에 이미 1944년 3월 미 국무성 정책 입안자들은 미국의 조선 점령을 고려하기 시작했다. 이 중에는 1940년 전반에 걸쳐 미국의 조선 정책 수립에 중요한 역할을 했던 휴 보튼, 존 카터 빈센트, 윌리엄 랭던, 메릴 베닝호프 등이 있었다. 당시 이들은 다음과 같은 예상을 했는데, 훗날 미국 정책에 그대로 반영되었다.

> 조선은 전후 미국 안보에 매우 중요하다. 조선 전체가 적(소련)의 수중에 들어갈 경우 미국의 안보는 위험에 직면한다. 조선은 일본 패망 후 자치할 능력이 없다. 미국의 주도가 보장된다면 조선은 강대국 하나가 지배하기보다 여러 강대국이 같이 지배하는 게 바람직하다. 신탁통치는 전후 조선에서 예상한 강대국 간의 충돌을 관리하기에 제일 좋은 방안이지만, 조선에 미국 영향력을 보장하기 위해 조선 일부나 전체를 점령할 수도 있다.(Cumings, 1981, P113-114)

「조선: 점령과 군사정부」라는 제목이 붙은 이 문서는 조선과 그 주변 지역의 군사적 행동에 미국이 참여할 것을 권하고, 꽤 오랫동안 군부가 유지될 것을 예상하고 있다.(FRUS, 1944, vol.5, p1224-1228)

미국 정책 입안자들은 소련이 조선에서 꽤 넓은 지역을 점령할 것과 조선을 신탁통치 하기 전에 미국과 소련이 조선 관리에 서로 협조할 것을 기대했다. 그들은 소련을 의심하면서 조선의 점령을 먼저 추천하고 권고했다. 두 달 뒤에 작성한 다른 문서는 소련이 조선을 단독으로 점령할 경우 "미국은 그것을 태평양 지역의 장래 안보에 대한 위협으로 생각할 것"이라고 적었다.(앞의 책, p1239-1242)

얄타회담을 준비하면서 조선을 연구한 미 국무성 정책 입안자들은 국무성은 전후 조선 문제가 국제적으로 중요하다고 생각하며 이렇게 권고했다.

- 조선의 군사점령이나 군사정부에는 연합군이 참여해야 한다.
- 조선 장래 지위에 실제로 이해가 있는 미국, 영국, 중국이 연합군 대표여야 하고 태평양 전쟁에 참여할 경우 소련까지 포함한다.
- 다른 국가의 참여는 조선에서 미국의 힘이 약화하지 않는다는 조건에서만 허용된다.(U.S. State Dept., 1955, p359)

이 문서는 조선을 분리되지 않은 하나의 지역으로 취급할 것을 제안하고 있다. 이 문서의 핵심은 미국의 힘이 조선에서 효과적일 만큼 충분히 커야 한다는 것, 즉 미국은 조선의 군사점령과 군사정부에서 주도적 역할을 해야 한다는 것이다. 이 문서와 이후의 계획을 보면, 조선에서 미국이 주도적 자리를 차지하겠다는 욕망과 소련의 조선 정책을 믿지 않는다는 미국 입장이 외교적 수사 뒤에 감추어져 있다.

포츠담회담을 위해 준비한 또 다른 계획서는 다음과 같이 쓰고 있다.

소련이 조선 문제 처리에서 자신의 주도적 역할을 강력히 요구할지도 모른다. 소련의 요구가 조선에 세워질 행정 기구에서 다른 나라들을 무력화할 경우 조선을 신탁통치 구역으로 선언하고 유엔의 권위 아래에 두는 것이 더 나을 것이다.(U.S. State Dept., 1960B, vol.1, p313)

이 문서는 미국의 핵심 목표가 조선의 통제라고 말하고, 그 목적을 위해 점령과 신탁통치, 유엔의 이용을 제안하고 있다. 점령과 신탁통치, 유엔의 이용은 여기서 제안한 순서대로 1945년부터

1948년까지 조선에 그대로 적용되었다. 이 문서에는 결정적으로 중요한 한 가지, '조선 민족은 과연 무엇을 원하고 있는가?'는 빠져 있다.

미국이 조선을 통제하려고 이토록 자세한 계획을 세웠지만, 포츠담회담에 전후 조선에 대한 어떤 결정도 하지 못했는데, 그것은 당시 소련이 미국보다 발언권이 더 세었기 때문일 것이다. 1945년 11월 1일에 미국은 일본 규슈 섬을 공격하겠다는 계획을 세우고, 그 섬을 점령하고 나서 조선 문제를 생각해야 할 형편이었다. 그래서 조선의 공격은 전적으로 소련군의 작전에 맡겨졌다. 미군 작전가들은 소련의 대일전 참여가 필요하다는 데 동의하고 있었다.

미국은 만주에 있는 일본 관동군 세력이 매우 강하다고 생각해 만주와 조선을 침략해서 입을 군사적 손실이 일본 본토를 공격해서 입을 손실보다 더 크다고 예상했다. 그래서 미국은 만주와 조선, 그리고 그곳에서 입을 군사적 손실을 소련 육군에 떠맡기는 게 좋겠다고 생각했다.

그렇기에 맥아더 장군은 이렇게 말했다. "소련은 만주와 한반도 전역, 중국 북부 지역을 원할 테니, 소련이 이 지역을 장악하는 것은 피할 수 없다. 그러나 소련이 가능한 한 빨리 만주로 진격해서 전리품에 대한 대가를 치르도록 미국이 독촉해야 한다."(U.S. State Dept, 1955, p51-52; Cumings, 1981, p171-181) 미국은 전쟁의 추이를 주시하면서 때를 기다리고 있었다.

미국은 1945년 8월 6일과 9일, 히로시마와 나가사키에 원자폭탄을 떨어뜨려 전세를 급변시켰다. 소련군은 8월 9일 일본에 선전포고하고, 재빨리 만주로 들어와 일본군과 교전하고, 다음 날에는 조선 동북부에 도착했다. 일본은 미국의 예상보다 빨리 8월 15일에 항복했다. 소련군이 조선 땅에서 점점 남쪽으로 진군하고 있을 무렵인 9월 2일, 미국은 연합군「일반명령 제1호」를 발표해, 38선을 경계로 북쪽은 소련이, 남쪽은 미국이 점령한다고 발표했다. 소련군은 미군이 도착하기 거의 한 달 전에 조선에 들어와 있었다. 소련은 원한다면 조선반도 전체를 쉽게 장악할 수 있었지만, 미국의 제안을 받아들여서 38선 북쪽만 점령하기로 한다.(Kim, Se-jin, 1976, p28; Cumings, 1981, p124-126)

요약하면, 조선과 미국의 관계, 조선 민중의 항일 투쟁에 관한 역사는 세계 자본주의 체제의 역사에서 한 부분을 차지한다. 세계 체제 안에서는 중심부 제국주의 국가가 주변부 약소국을 착취하고 억압하는 일이 항상 일어난다.

개항 이후 반半식민지 상태의 조선에서 미국은 조선을 지배하기 위한 강대국 간의 싸움에 뛰어들었다. 그러나 일본이 이 싸움에서 특히 청일전쟁과 러일전쟁 승리로 조선을 식민지로 만들었다. 그러나 제2차 세계대전에서는 미국과 소련이 승리해 양국은 한반도를 분할 점령했다. 이렇게 되어 오랫동안 일본 침략자에 맞서 싸운 조선 민중은 이제 남쪽에서는 미국 점령군에 맞서 싸우게 되었다.

3

결론

서구 제국주의 국가들이 전 세계로 팽창하던 19세기 마지막 사반세기에 조선은 하나의 주변부 국가로서 세계 자본주의 체제에 편입되었다. 이후 34년의 조선 역사는 조선 민족의 열렬한 저항에도 일본이 조선을 식민지로 만드는 과정이었다. 1876년 일본은 강제로 조선 영토를 제국주의 세력에 개방하게 했고, 1882년에는 미국이 일본을 뒤따라 조선 황제에게 불평등조약을 강요했다. 이때부터 조선은 '강대국들이 탐내 다투는 대상'이 되었고(Choy, B., 1971, p105), 금방 여러 제국주의 강대국이 공동으로 지배하고 착취하는 반식민지가 되었다.

일본은 1894년 청일전쟁과 1905년 러일전쟁에서 승리한 후 조선을 독점적으로 지배하고 조선의 외교권을 박탈함으로써 사실상 식민지로 만들었다. 그 후 일본은 조선에 교통·통신 기관과 자본주의적 통화제를 확립해 조선에 대한 자본제적 착취의 기초를 닦고,

정보부, 경찰, 군대 등 탄압 기구를 만들어 식민 통치를 준비했다. 마침내 1910년에 일본은 조선을 식민지로 만들고 그 이후 36년간 통치했다.

1876년에서 1910년까지 조선인은 봉건적 착취 사회를 개혁해 근대적 민주사회를 건설하고 외세의 압력에서 나라를 지키려고 노력했으나 모두 실패하고 말았다. 제국주의 세력이 조선을 강제로 개방한 이래 조선 농민은 국내외 봉건지주에 당한 착취와 억압에 다가 외국에서 온 새로운 착취자와 억압자와 직면해야 했다.

봉건지주와 외국 자본가의 이중적 착취와 억압은 1894년 농민들로 하여금 동학혁명을 일으키게 했다. 동학농민혁명은 처음에 봉건주의 착취를 폐지하고자 일어났으나, 나중에는 외국 침략자들을 타도하려는 민족해방투쟁으로 발전했다. 그러나 여전히 왕을 동지로 생각하는 농민들의 미숙한 계급의식과 일본 군대의 현대식 무기 탓에 조선 역사상 가장 큰 민중봉기는 실패했다.

동학농민혁명 실패는 조선인 스스로 낡은 정치·경제체제를 극복하고 새로운 체제로 이행할 기회 상실을 의미하고, 외세에 의한 조선 왕조의 해체는 사회체제의 민주화를 현재까지도 해결하지 못한 민족의 과제로 남게 했다.

동학농민혁명 실패 이후 과거 지배계급의 일부인 유학자들은 보수적 민족주의자로 항일 의병운동의 지도자가 되었고, 과거 지배계급의 후손이거나 신흥 부르주아인 젊은 개화파 지식인은 낡은 정치, 경제 체제의 개혁을 시도했다. 그러나 이런 노력이 조선을 식민지화하려는 일본을 막을 수는 없었다.

1910년 일본군의 점령과 조선의 식민 통치는 총독부 설치와 함

께 시작되었다. 조선인에게 총독이란 국가의 입법·사법·행정부를
다 통제하고 헌병경찰을 지배하는 군사 독재자였다. 헌병경찰은
조선인에게서 의사 표현, 정치활동 참여, 기업 경영의 자유를 박탈
했다.

일본은 조선의 군국주의 통치 경제적 기틀을 마련하려고
1910년부터 1918년까지 대규모의 토지조사사업을 실시했다. 토지
조사사업은 당시 제일 중요한 생산수단인 토지를 상품화해 자본주
의 생산관계를 확립했다. 토지조사사업의 결과로 조선총독부는 조
선에서 가장 큰 지주가 되었고 토지 없는 수백만 농민을 생산했다.

조선총독부가 소유한 토지는 토지세와 소작료 등의 방식으로
소작인을 수탈하는 기반이었고, 이렇게 수탈한 재산은 군사 통치
에 필요한 재정 기반을 마련해주었다. 토지조사사업으로 토지를
빼앗긴 수백만의 농민은 화전민이나 공장 노동자, 도시 빈민이 되
거나 만주, 시베리아, 일본으로 살길을 찾아 떠났다.

조선총독부의 탄압과 수탈에서 생긴 사회부조리와 조선 민중
의 가난은 1919년 3·1운동이라는 전국적인 대중 궐기를 불러일으
켰다. 그런데 33인 민족 대표의 지도력 상실과 제국주의 강대국의
동정심에 호소해서 독립을 얻겠다는 잘못된 전술은 3·1운동을 실
패로 이끌었다.

그러나 학생·노동자·농민은 전 민족을 동원하고 전국에 퍼트리
면서 그해 말까지 지속해서 평화적이면서도 괴력을 발휘하는 민족
해방투쟁을 전개했다. 3·1운동은 일본이 조선 민족은 아직 살아있
다는 경각심을 들게 했고, 민중의 민족의식을 고취해 일본 통치의
막바지까지 민족해방운동을 지속하는 데 공헌했다.

조선의 전 민족적 항쟁 이후에도 일본은 '문화통치'라는 가면을 썼을 뿐 조선 민중의 억압과 착취를 조금도 완화하지 않은 채, 조선을 일본의 15년 전쟁을 위한 군수물자 공급처로 만들었다. 15년 전쟁 중 조선총독부는 3·1운동 이후 검열제 밑에 허용한 언론자유마저 사회안전법으로 다시 빼앗고 우리말과 우리 역사 교육을 금지하고, 하물며 성까지 못쓰게 창씨개명을 강요했다. 일본인 자본가들은 군수품 수요를 충당하려고 군수공업에 막대한 자본을 투자해 조선 노동자를 저임금과 장시간 노동으로 착취했다. 조선총독부는 다수의 조선인을 그들에게 협조하도록 강요했고, 이런 친일파에게 일본인과 조선인 사이의 방파제 역할을 시켰다.

다시 말해, 일본은 조선인 민족주의자와 친일파를 서로 분리해 싸움시키고, 조선의 천연자원과 인적자원을 수탈하면서 제국주의 전쟁을 수행했다. 그러나 3·1운동에 고무되어서 해외동포들, 특히 만주와 시베리아에 사는 조선인은 일본 군대에 맞서서 무장투쟁을 전개했고, 국내의 노동자와 농민은 일본 경찰의 탄압에도 일제 마지막까지 끈질기게 저항했다. 특히 일본이 만주를 침략한 1931년 이후, 일제 탄압은 매우 심해졌으나, 조선 민중은 사회주의 지식인의 지도에 따라 계급투쟁과 민족해방운동을 끊임없이 전개했다.

이런 투쟁 경험으로 말미암아 일제가 물러가고 미군이 남조선을 점령했을 때, 친일파들은 기꺼이 친미파로 변신했지만, 조선 농민과 노동자는 신속하게 혁명 활동을 다시 전개할 수 있었다.

1890년대 미국은 마지막 인디언 전쟁을 치르고, 북아메리카 대륙에서 팽창이 끝나자, 해외 팽창을 활발하게 전개했다. 미국은 개방정책을 선언하고, 전쟁을 통하여 필리핀과 쿠바, 하와이를 식민지로 획득했다(브링클리, 1998, p288, p302-305). 개방정책은 아시아 국가들의 항구를 미국 상인에게 무역상 동등한 권리와 치외법권, 신변 안전 등을 보장하라는 요구였다. 미국이 조선에 처음으로 관심을 두게 된 것은 미국의 극동무역을 확장하려는 욕심에서였다. 문호 개방정책은 곧 함포외교를 의미하며, 이 정책을 조선에 적용했다. 미군은 1866년 평양과 1871년 인천에서 조선군과 전투를 전개했지만, 조선 항구를 개방시킨다는 정치적 목적은 달성하지 못했다.

1876년 일본이 조선을 개방했고, 중국이 중재해서 미국은 1882년 군함의 위협으로 조선의 항구를 강제 개방하고, 조선과 미국은 5월 22일 인천항에서 '평화, 교류, 통상, 항해'에 관한 불평등 조약을 체결했다. 이 조약에 근거하여 미국은 공적·사적 이익을 자유롭게 추구하면서 조선의 정치·경제·문화에 막대한 영향을 끼치며 조선의 경제를 수탈하고 정치에 간섭했다.

19세기 마지막 4반세기에 조선과 미국 관계는 서로 이해와 신뢰를 바탕으로 출발했지만, 20세기 초에 미국의 배신으로 끝났다. 조선 정부가 일본의 증대되는 재정 간섭을 미국이 막아주기를 바랐을 때, 미국은 조선을 돕지 않았다. 미국의 지원 아래 일본은 1905년 11월 조선을 자국의 보호령으로 만들어서 조선의 외교권을 빼앗았다.

미국은 조선에 들어온 최초의 서양 국가이고, 조선 땅에서 우대받으면서 상업적 특권을 누린 최초의 서양 국가이며, 위기에 처하여 미국의 도움이 필요할 때 조선을 배신한 첫 번째 국가이다.

1945년 4월 루스벨트가 사망하고 트루먼이 대통령이 되었다. 1944년 3월 미 국무성 정책 입안자들은 얄타회담 준비 과정에서 미국은 조선의 군사점령과 군사정부에서 주도적 역할을 해야 한다고 생각했다. 1945년 7월 미·영·소가 참가한 포츠담회담을 준비하면서, 미국의 핵심적 목표가 조선 통제이며, 그 수단으로 점령과 신탁통치, 유엔 이용을 제안했다.

　　1918년 미국 대통령 윌슨은 민족자결주의를 발표하여 식민지 국들이 독립을 기대하게 했으나, 그 약속은 실현되지 않았다. 그리고 이번에는 루스벨트가 1943년 12월 미·영·중 3국의 정상이 참가한 카이로회담에서 처음으로 "적당한 시기에 조선을 독립시킨다"고 약속했다. 그러나 루스벨트를 이은 트루먼은 1945년 미군을 인천에 상륙시켜 남조선을 점령하고, 우리 스스로 세운 조선인민공화국을 파괴하고 민족 반역자 처벌을 방해하면서, 또 한 번 미국은 조선을 배신했다.

2장

민족자주화운동 파괴

일제 통치 기간에 조선의 계급투쟁은 민족해방투쟁에 가려져 있었다. 그러나 1945년 조선이 식민지에서 벗어나자 일제 통치 아래 쌓였던 계급 모순이 전국에 걸친 혁명적 활동으로 폭발했다. 이미 1894년에 일본 개입으로 실패한 동학농민혁명의 경험이 있는 조선 민중은 혁명 활동을 다시 시작한다. 그렇지만 이번에는 남조선을 점령한 미국 세력이 조선의 사회혁명에 끼어들어 다시 계급투쟁을 민족투쟁과 혼합시켰다. 계급과 민족의 해방을 동시에 추구하던 때인 조선의 사회·경제적 조건을 우선 살펴본다.

미국의 남조선 점령에 앞선 일본의 식민 통치는 조선에 자본주의적 사회관계를 일반화했으나, 조선 인구의 5%에도 못 미치는 친일본 성향의 지주와 자본가 등 소규모 집단만이 번영하게 했다. 일본 제국주의 세력은 조선의 경제자원을 자본주의적으로 착취할 수 있도록 조선의 사회 경제구조를 재조직했다. 토지와 노동력은 상품화되었고 화폐 사용이 일반화되었다. 그러면서도 지주와 소작 관계에 기초한 전통적 착취 토지제도를 그대로 두었다. 일부 조선인 지주가 부일 협력자로 포섭당했고, 1910년부터 1918년에 걸친 대규모 토지조사사업으로 근대적 소작인이 상당수 탄생했다. 전체 농가인구의 3%에서 4%에 불과한 지주가 전체 농토의 약 50~60%를 소유하게 되었다. 100정보 이상을 가진 대지주 중 50~60%가 일본인이었다.(황한식, 1985, p263; 박경식, 1986, p251)

일본이 15년 전쟁(1931년의 만주사변에서 1945년까지)을 위해 중화학 공업에 대규모로 투자해 조선 경제는 공업화가 시작되어 몇몇 조선인 자본가와 상당수의 공업노동자가 탄생했다. 조선의 GNP 중 제조업 생산비율은 1912년의 3.8%에서 1940년에는 39.1%로 늘었고, 전체 제조업 생산품 중 중화학 공업의 비율은 1929년의 12.1%에서 1939년에는 47%로 늘었다.(김성수, 1985, p244-245)

이런 급속한 산업화는 제조업 분야 노동자를 증가시켜서 1911년에 1만2천 명에서 1944년에는 59만1천 명으로 급증했다. 통신, 광업, 수송, 여타 부문을 포함해 1944년의 산업노동자 총수는 210만 명에 이르렀다.(김윤환, 1982, p320)

1940년 당시 조선에 있는 제조업체의 94%와 광산업의 90% 이상을 일본인이 소유하고 있어서(정윤형, 1981, p134), 지주와 자본가로 구성된 조선의 지배계급은 아주 허약했다.

1945년 조선이 식민지에서 벗어났을 때, 남조선은 어느 모로 보나 생산력이 아주 낮은 농업사회였다. 1944년에 실시한 인구조사에 따르면, 총인구 2천5백만 명 중 약 71%가 농업에 종사했고, 12%가 공업과 광업, 9%가 상업과 통신, 3%가 공공 또는 전문서비스 부문에 종사하는 것으로 나타났다.(McCune,[1] 1950, p329)

농가 중 48%가 소작농이고, 37%가 자작 겸 소작농이었다. 따라서 조선 농민은 대부분 농업 노동자인 셈이다.(조선은행, 1948; 김병태, 1981, p38에서 재인용)

다른 직업에서는 일본인이 숙련을 요하는 일거리를 독점하고 조선인 기술자를 길러내지 않았다. 그 탓에 조선인은 대부분 미숙련 노동자였다. 1944년 고용 조선인 중 96.6%가 단순 노동자였고, 1.8%가 점원 또는 사무직 노동자, 1.3%가 공공서비스 또는 소규모 기업 종사자, 0.4%가 관리자 또는 전문직 종사자였다.(McCune, 1950,

---

[1] 매큔은 미국 선교사 아들로 평양에서 태어나서 인생의 거의 절반을 평양에서 살았다. 그는 1944년과 1945년에 미 국무성 관리였고, 조선 역사의 중요한 시기에 미국의 조선 정책 결정에 중요한 역할을 했다. 그는 훗날 캘리포니아 대학 교수가 되었다.

p330)[2] 어느 일본인 학자는 식민지에서 벗어난 조선을 '자본가 없는 자본주의 사회'라고 불렀다.(나까오, 1984, p5)

2장에서는 조선의 군사적 점령이 조선의 민족해방운동에 끼친 영향을 살펴본다. 조선 정치와 경제의 외세 간섭은 제국주의 세력이 강요한 1876년의 개항과 함께 심각해지기 시작했다. 1905년, 일본이 조선을 사실상 식민지화했을 때, 민족해방은 조선인의 가장 우선적 과제가 되었다. 1945년 조선이 일본 식민 지배에서는 벗어났지만, 소련이 북쪽을, 미국이 남쪽을 점령함으로써 조선의 민족해방운동은 새로운 도전에 직면했다.

조선의 민족해방운동은 사회 민주화운동과 통일운동이 상호연관 되어있다. 민족해방운동은 4장에서 살펴볼 '조선의 분단'에서 많은 영향을 받았다. 미국의 남조선 정책은 소련의 북조선 점령에 영향을 받았고, 남쪽의 민족해방운동 또한 북쪽의 혁명적 변화에 상응하여 진행되었다. 미점령 세력에 대한 민족주의자들의 투쟁은 혁명가들의 지배계급에 대한 투쟁과 동시적으로 발전했다. 남조선의 중심 서울에서 미국 군사정부(이하 미군정)가 취한 정책(민족주의자를 억누르고 부일 협력자를 지원한)이 지방의 혁명적 사회운동 진행 과정을 규정지었는데, 이것은 3장에서 살핀다.

미국이 해방한 조선에 끼친 영향을 연구하고자 일본 식민지에서 벗어난 때부터 미국 점령이 끝나는 기간을 세 시기로 구분했다. 첫째는 짧은 해방 기간으로, 1945년 8월 15일부터 서울은 1945년

---

2   이 통계는 조선총독부 인구조사서 내용인데, 조선 거주 일본인 직업 분포는 이렇다. 공공 또는 전문서비스업 37%, 공장 또는 광산종사자 30%, 상업 또는 통신업 28% 농업 3.4%. 기술 수준 분포는 단순노동자 45.3%, 점원 또는 화이트칼라 노동자 28.1%, 공공서비스 또는 소규모 기업가 18.8%, 관리자 또는 전문직 종사자 7.7%.

말까지고 지방은 1946년 말까지, 둘째는 미국의 직접 통치 기간으로, 1948년 8월 14일까지, 셋째는 미군 점령 아래 이승만 정권 기간으로, 1948년 8월 15일부터 1949년 6월 30일까지이다.

첫째 시기는 일본 항복부터 미국이 남조선을 사실상 장악해서 직접 통치할 때까지, 우리가 해방 민족으로서 민주사회와 독립국가를 세우고자 혁명적 활동을 하던 시기, 즉 짧은 해방 기간이다. 건국준비위원회, 조선인민공화국, 인민위원회, 전평, 전농, 치안대 등을 중심으로 진행한 민족주의 혁명 세력의 활동과 이것을 반대하는 사대주의 반혁명 세력에 초점을 맞추어 이 시기를 살핀다.

둘째 시기는 미군정이 남조선을 직접통치한 기간이다. 이런 질문으로 미점령 세력의 본질에 접근하고자 한다. "미점령군은 해방자인가 정복자인가?" "미군정은 조선총독부의 연속인가? 아니면 전혀 다른 성격을 지녔는가?" "미군은 친일파 조선인, 보수적 민족주의자, 혁명적 민족주의자를 어떻게 취급했는가? 바꿔 말하면, 미군정이 남조선에서 자신의 동맹 세력을 어떻게 조직했고 자신의 적을 어떻게 탄압했는가?"

셋째 시기는 대한민국 또는 이승만 정권 수립 시기부터 미점령 세력이 철수할 때까지다. 여기에서 초점은 이승만 정권이 그 정책상 미군정과 얼마나 다르며 미국에서 얼마나 독립적인가 하는 것이다. 달리 말하면, '이승만 정권 수립은 미국으로부터 진정한 해방을 뜻하는가?'의 문제이다.

1.
짧은 해방 기간,
건국준비위원회와 조선인민공화국의 활약

1945년 8월 15일에 일본이 항복하고 미국 점령군이 9월 8일에 인천에 상륙해서 남조선 전체를 사실상 장악하는 1946년 말까지 우리는 해방 민족으로 민주 사회와 자주 국가를 건설하고자 피나는 노력을 했다. 민중의 소원인 토지개혁과 친일파 숙청을 부분적으로 실천하면서, 혁명적 민족주의 세력이 독립국가 건설을 위해 활동한 해방의 기간이었다. 8월 15일, 건국준비위원회(이하 건준)를 조직함으로써 새로운 민족국가 수립을 시작했고, 9월 6일, 건준을 재조직해 조선인민공화국(이하 인공)을 세웠다. 그러므로 미점령군이 남조선에 도착했을 때 우리 민족은 무정부 상태가 아니었다. 인공은 치안대를 이끌어 사회질서를 유지하면서 사실상의 정부 기능을 수행하고, 전국 각 도·시·군·리 별로 조직한 인민위원회 활동을 지휘하며 사회혁명을 진행했다.(Meade, 1951, p8; Sarafan, 1946, p350)[3]

---

3   그랜트 미드와 버트램 사라판은 과거 서울에서 군정의 관리로 일했다.

그러나 9월 8일, 미국 군대가 인천에 상륙하면서 해방 민족의 혁명 활동은 탄압받기 시작했다.

미국이 민족해방운동에 끼친 영향을 잘 이해하려면 건준과 인공의 성격을 검토할 필요가 있다. 상충하는 이해를 가진 정치 세력들 사이에, 그리고 상이한 관점을 가진 학자들 사이에서, 이 조직의 성격을 둘러싸고 논쟁이 붙었다. 논쟁의 초점은 건준과 인공이 공산당 소수파가 지배하는 단체인지, 아니면 진정으로 대다수 조선 민족의 이익을 대표하는 집단 혹은 정부인지이다. 이 논쟁을 살펴보면 이런 주장을 할 수 있다.

"건준은 조선의 주요 항일 투쟁집단의 연합체로, 제2차 세계대전에서 일본이 패한 후에도 조선민족해방운동을 지속했고, 인공은 조선 전체 영토와 조선 인민 대다수의 이익을 대표하는 사실상 독립된 조선 인민의 정부였다."

(1) 건국준비위원회

1945년 8월, 좌익[4] 세력이 조선 정치를 이끌었다. 우익 세력은 그동안 일제에 저항하는 것을 소홀히 했고, 과거 친일 경력 탓에 미

4　여기에서 좌익은 남한의 사회세력이 혁명적 민족주의자와 반혁명적 사대주의자로 양극화하기 전에 공산주의자와 사회민주주의자 또는 온건자를 포함해 노동자와 농민의 계급적 이익을 대변하는 사회주의자를 말한다. 우익은 보수적 민족주의자와 친일 협력자를 포함해 대지주, 자본가, 관료의 계급적 이익을 대변하는 자를 말한다. 좌익은 모두 민족주의자이고, 사회민주주의자는 인민민주주의를 옹호했고, 공산주의자는 프롤레타리아 민주주의를 옹호한다. 사대주의자는 이전 친일 조선인뿐 아니라 친미 조선인도 포함한다. 4가지 주요 정치 쟁점에서 공산주의자는 급진적 토지개혁, 친일 분자의 처벌, 모스크바협정 지지, 남조선 단독 선거 반대 입장이고, 사회민주주의자는 다소 덜 급진적인 토지개혁을 주장했을 뿐 다른 쟁점에는 공산주의자와 입장이 같았다. 사대주의자는 공산주의자와 정반대 입장이었고, 보수적 민족주의자는 친일 분자 처벌과 단독 선거 반대에 대해서는 공산주의자의 입장을 지지했으나, 급진적 토지개혁과 모스크바협정에 반대에서는 사대주의자와 입장이 같았다.

군이 도착할 때까지 스스로 정치 조직을 형성할 수 없었다. 반면에 좌익은 지속적으로 일제에 맞선 저항운동을 펴왔기에 발 빠르게 움직일 수 있었다. 공산주의자들과 온건파 사회주의자들은 조선이 식민지에서 벗어난 그날부터 정치 활동을 시작했다. 8월 15일, 이영과 정백을 위시한 몇몇 공산주의자는 지역적 기반 없이 '장안파' 라는 정치 집단을 만들었다.

8월 20일, 박헌영[5] 주도로 다른 공산주의자 집단 '재건파'가 조직되었는데, 1928년에 해체된 조선공산당을 재건하려고 위원회를 결성하고 「현 정세와 우리의 임무」(8월 테제)라는 정강 정책을 발표했다.

이 책자는 지주 계급에 맞서는 혁명적 토지개혁과 이전의 친일 협력자에 맞서는 노동자, 농민, 도시 중간계급, 지식인의 통일전선을 옹호했다. 그러나 이 책자에서 공산당은 미점령군을 적대 세력이라 선언하지 않고 오히려 그들을 조선의 독립과 민주주의를 도와줄 진보적 민주주의 세력으로 보았다. 이것은 전략적 오류였고, 이 탓에 공산주의자들은 훗날 값비싼 대가를 치른다.

1년 후에 박헌영은 미점령군과 싸우자는 '신전술'을 주장한다. 이 성명서는 다른 어떤 정치 집단도 그런 종류의 정치 일정을 아직 갖지 못했을 때, 오직 공산주의자만이 새로운 조선 정부를 수립할 준비를 갖추고 있었음을 보여준다. 9월 11일까지 당을 재건할 준비를 하고 당 내의 헤게모니 장악을 위해 장안파와 싸우느라, 박헌영

5   박헌영은 상해 조선공산당에서 공산주의를 배웠고, 1922년 중국에서 체포되어 조선 감옥에서 2년간 복역했다. 1925년 서울에서 조직한 조선공산당에 참여했고, 1929년 모스크바에서 마르크시스트 학원에 다녔다. 1933년 다시 체포되어 7년을 감옥에서 보냈다. 그는 지하 공산주의자 집단을 지도했는데, 일제 패망 전 마지막 몇 해는 벽돌공장에서 일하며 숨어 지냈다. 1945년 9월 11일, 조선공산당을 재건했고, 미군정이 그를 체포하라는 명령을 내리자, 1946년 10월 북조선으로 넘어갔다.

을 중심으로 한 공산주의자 집단은 건준에 많은 영향력을 행사하지 못했다. 그러나 9월 6일, 건준이 인공으로 발전적 해체를 단행할 때, 박헌영 집단의 영향력은 증가했기에 여운형 집단과 인공의 지도력을 나눠 가졌다. 그리하여 인공의 계급 기반은 건준 시기보다 훨씬 명확해졌다.(한국현대사연구회, 1987, p31-38, p57-58)

1945년 8월 15일, 온건 사회주의자 여운형[6]과 그의 협력자들은 건국동맹에 기초해 건준을 만들었는데, 건국동맹은 1944년 8월에 결성한 지하조직으로 일제 말기에 국내에서 활동한 유일한 조직이다. 건준은 이전 친일 집단만 제외한 새로운 조선 정부를 수립하려는 통일전선이었다. 일본이 연합군에게 항복하던 날 아침, 총독부 정무총감 엔도 류사쿠는 여운형에게 이렇게 말했다고 한다.

"일본은 이제 패배했습니다.……이제부터 우리 생명은 당신 손에 달렸습니다."(이만규, 1946, p188)[7]

일본이 여운형을 치안유지와 행정을 담당할 인물로 선택한 까닭은 그가 반일 활동에 근거해 조선인 사이에 명망이 높았고, 어떤 부일 협력자도 그 당시에는 별로 지지받지 못했기 때문이다. 그는 이 요구를 수락하기에 앞서 일본 측에 5개 항 요구 조건을 내세우고 승낙을 받아냈다.

---

6   여운형은 기독교인으로, 1919년 대한민국 임시정부 조직에 관여했고, 1920년 상해에서 조직한 이동휘 지도의 조선공산당에 입당했다. 모스크바에서 개최한 극동피압박인민대회에 참석해 레닌을 만났다. 후에 『공산당선언』을 조선어로 번역했다. 1930년부터 1932년까지 투옥되었고, 1944년 건국동맹을 조직했다. 1946년 좌우합작위원회를 이끌었고, 1947년 이승만 집단이 보낸 자객에게 살해되었다.(김종범·김동운, 1945, p176; 이만규, 1946, p73,96; 여운홍, 1967, p375-378)
7   이만규는 인공 중앙인민위원회의 구성원이고 여운형이 조직한 인민당 지도자 중 한 사람이다.

- 전 조선의 정치범과 경제범을 즉시 석방한다.
- 지금부터 3개월 치 식량을 확보한다.
- 조선의 치안유지나 독립 국가 건설에 절대로 간섭하지 않는다.
- 학생과 청년들 훈련에 절대로 간여하지 않는다.
- 노동자와 농민의 훈련에 절대로 간여하지 않는다.

(앞의 책)

건준이 평화유지 기능뿐 아니라 정부 조직을 위한 활동을 시작하자, 일본인 경찰 총감은 모든 정당과 치안유지 조직에 해체 명령을 내렸고, 조선군관구 일본군 사령관은 건준의 치안유지 기능을 다시 빼앗으려고 했다.(김대상, 1979A, p263)

건준의 성격은 그 지도자와 활동을 살펴보면 명확해진다. 건준을 조직한 여운형은 당시 조선에서 존경받고 영향력이 있는 인사들 중 한 사람을 제외한 나머지 4명으로부터 지지를 받았다.(이만규, 1946, p203)

안재홍은 보수적 민족주의자고, 허헌은 온건 사회주의자로, 둘 다 훗날 건준의 부위원장을 맡았고, 조만식은 기독교 신자이자 보수적 민족주의자로 평안남도 인민위원회의 위원장이었고, 박헌영은 공산주의자로 조선공산당에 추종자가 많았으나 건준에 참여했다. 오직 보수적 사대주의자인 송진우만이 건준에 반대했는데, 이후 주요 인공 반대 세력인 한국민주당(이하 한민당)의 수석 총무를 맡았다.

건준 중앙조직 간부는 건국동맹, 조선공산당, 신간회 등의 주요 반일 저항 조직의 지도자로 구성되었다. 건국동맹은 건준의 조직적 모체이다. 여운형은 태평양전쟁의 추이를 살피면서 일본의 패배를 예견하고 조선이 해방할 날에 대비해 1944년 8월 10일 건국동맹을 조직했다.

일제는 식민 지배 말까지 조선인의 저항 조직을 폭압적으로 억압했고, 건국동맹은 일본이 패망할 때까지 저항활동을 지속한 국내 유일의 지하조직이었다.

건국동맹의 목표는 독일, 이탈리아, 일본에 맞서는 연합국과 협력해서 대일연합전선을 형성해 민족의 독립과 농민·노동자의 계급해방을 위해 일본 제국주의 세력과 부일 세력에 맞서 싸우는 것이다.(강만길, 1948B, p194)[8]

건국동맹은 전국에 걸쳐 맹원 7만여 명을 확보하고 있었고, 불언不言·불문不文·불명不名을 그들의 활동에서 꼭 지켜야 할 3대 원칙으로 삼았다.

건국동맹은 식량 공급과 치안유지, 군사에 관한 위원회도 갖추고 있었다. 식량 공급과 치안유지를 위한 위원회는 건준 하에서 활동을 지속해 나갔다. 군사위원회는 조선독립동맹(중국공산군의 무정 휘하 수천 조선인으로 구성된 부대)과 함께 1945년 8월 29일에 일제 세력에 대항해 게릴라 전쟁을 시작한다는 계획을 세웠으나, 8월 15일 일본이 갑자기 항복하게 되었다. 건국동맹의 하부조직인 농민동맹은 일제의 징병·공출·징용을 피하도록 농민을 돕고, 지하운동 동지를 도왔다.(앞의 책, p195)

1장에서 살펴보았듯이, 조선공산당은 1925년에 조직되었고, 공

---

8 강만길은 고려대학 사학과 교수이고, 진보적 지식인의 지도자 중 한 사람으로서 탈식민지 이후 한국 역사를 해방의 역사보다는 분단의 역사로 부를 것을 주장했다.

산주의자는 1930년대를 통해 일본인 지주와 자본가에 맞서는 농민과 노동자의 투쟁을 이끌었다. 신간회는 1927년 사회주의자와 자유주의적 민족주의자들이 보수 친일 협력자에 맞서서 조직한 연합체인데, 지주에 맞서는 농민의 투쟁을 지원했고 특히 1929년 광주학생운동을 측면 지원했다.

1945년 8월 17일에 발표한 1차 조직 간부를 중심으로 건준 중앙조직을 살펴볼 때 7명 중 6명이 일제 경찰에게 투옥된 경험이 있었고, 위원장 여운형을 포함한 3명은 건국동맹 출신이고, 부위원장 안재홍을 포함한 3명은 신간회, 나머지 한 명은 조선공산당 출신이었다. 8월 22일에 확충한 2차 조직을 보면, 전체 중앙조직 간부 31명 중 20명(65%)이 위의 3조직으로부터 충원되었음을 알 수 있다. 즉 10명은 건국동맹, 7명은 신간회, 3명은 조선공산당 출신이다. 이것은 조선공산당이 건준에서 소수파 지위에 머물러 있음을 보여준다. 나머지 11명도 일제에 협력했다는 기록은 찾아볼 수 없다.(홍인숙, 1985)

그러므로 우리는 건준이 사회민주주의자(건국동맹), 사회주의자들(조선공산당), 자유주의자(신간회)로 이루어진 반일 민족주의자들의 연합 세력이라고 결론지을 수 있고, 건준 지도자들이 공산주의자 출신이라고 한 한민당의 주장은 사실이 아님을 알 수 있다.

건준의 활동은 우리 민족해방운동이 일제 세력에 맞선 투쟁이라는 수동적 성격에서 벗어나 새로운 조선인의 국가를 수립한다는 적극적 성격으로 변했음을 나타낸다. 반면에 한민당을 비롯해 건준에 반대하는 집단은 일제 세력이 조선에서 물러나는 것만 조선의 독립으로 보고, 미점령군이 조선에 당도할 때까지 아무런 정치적 준비도 갖추지 않았다.

건준 지도자들은 일본의 패배는 단지 새로운 민족해방운동의 시작일 뿐이고, 점령군 아래서 친일 협력자들이 독립된 조선의 국가 건설을 저해할 것을 우려했다. 1945년 8월 25일 건준은 다음과 같은 강령을 발표했다.

1. 우리는 완전한 독립국가 건설을 기함.
1. 우리는 전 민족의 정치적·경제적·사회적 기본권을 실현할
   민주주의 정권의 수립을 기함.
1. 우리는 일시적 과도기에서 국내 질서를 자주적으로 유지하고,
   대중 생활의 확보를 기함.

(이만규, 1946, p213; 강만길, 1984B, p196)

이 강령은 광범위한 토지개혁 요구를 수용하고 있지 않은데, 이는 건준의 계급적 기반이 아직 명확하지 않음을 보여준다. 이런 목적을 달성하고자 건준은 일제 감옥에 있는 조선인 정치범을 석방했고, 식량대책위원회와 치안대, 건준 지부를 조직해 나갔다.

건준의 최초 활동은 8월 15일과 16일에 걸쳐 전국적으로 정치범과 경제범을 석방하는데 입회한 것이다. 당시 석방 죄수는 남한에서 약 1만6천 명이었는데, 서울에서만 약 1만 명이 출옥했다.(G-2 정기보고서, 1945년 9월 12일-13일; Cumings, 1981, p73)[9]

석방된 사람들은 재빨리 건준의 지방 지부와 전국 각지의 다양

---

9 일월서각은 1945년에서 1948년까지의 미군정과 주한미군 제6사단 비밀정보 보고서 영인본 15권을 출간했다. 이 보고서는 당시 남조선의 정치, 경제, 사회의 일반 상황과 여러 정치 집단에 관한 자세한 정보를 하루나 일주일 단위로 정리해 담았다. 당연히 이 보고서는 미군정 관점이다.

한 조직에서 활발하게 움직였다. 일제 식민 통치의 마지막 순간까지 옥중에 있던 죄수는 대부분 사회주의자였기에 그들의 활동은 건준의 성격을 다소 사회주의 쪽으로 변화시켰다.

1945년 8월 15일 식량대책위원회가 조직되었는데, 조선총독부와 조선식량영단食糧營團에서 일한 바 있는 10명으로 구성했다. 1944년 이래 건국동맹은 총독부에 있던 조선인 관리의 도움으로 식량에 관한 통계자료를 얻어내어 식량비축소와 수송 상황을 조사한 상태였다.

식량대책위원회는 우선 식량 통제 기관인 조선식량영단의 조선인 관료를 독려해 식량관리위원회를 조직하도록 해서 일본인의 자료 소각과 식량 도출을 막도록 했고, 관료들의 역량이 부족한 곳에는 학도대를 파견해 도왔다. 그리고 학도대 치안대와 연합해 식량 사찰대를 조직해 각 업무기관을 감찰하고 보고하게 해 식량 부정 유출을 막으려고 노력했다. 또 일본인 군용미의 저장소를 탐지해 수비 없는 곳은 곧 접수해 식량영단에 넘기고, 수비 있는 곳은 조사표를 작성해 후일 접수에 응하게 했고, 운수회사나 개인 화물 자동차를 동원해 식량 운반을 돕도록 했다.(이만규, 1946, p199-200)

8월 16일 건준은 치안대를 조직해 청년 학생 약 2천 명을 서울에서 동원했고, 지방 지부를 결성하고자 100명 이상을 시골로 보냈다. 게다가 강제로 징집된 조선인 청년과 학생 약 1만5천 명이 일본군에서 나왔다. 이외에 수많은 조선인 청년이 일본의 청년단체, 노동수용소, 작업장에서 쏟아져 나왔다. 불과 며칠 사이에 조선인 수만 명이 해방되어, 치안유지 임무와 정치적 동원에 응할 수 있었다.(Cumings, 1981, p73)

건준은 학도대, 청년대, 노동자단체, 자위단 등의 활동을 조절하면서 치안을 유지하는 한편, 산업, 통신, 수송에 필수적인 원료, 전기회사, 철도, 수원지 등 편의시설을 보호하고 일본인이 물자를 소각하거나 파괴, 매각하는 것을 막았다. 중앙기구에서 파견한 대표자가 조직하거나, 중앙에서 사후 승인받은 지방 그룹이 조직한 지방 치안대가 전국에 걸쳐 162개나 되었다.(이만규, 1946, p194,198)

8월 말에 이르러 치안대는 경찰 대체 세력으로 자리를 잡았다. 이런 상황은 북쪽에서 더욱 확실했는데, 소련은 현지 치안유지 기구와 식민 세력에 반대하는 활동을 지지해, 일본인과 조선인 경찰의 대량 탈출을 초래했다. 남쪽에서는 일본인이 만주와 북조선에서 철수해서 일본으로 돌아가는 데 긴요한 지역들에 대해서는 여전히 우의를 점했지만, 치안대는 식민 경찰의 조선인 분자들을 철저하게 추방했다. 8월 15일부터 9월 8일 사이에 일본인 경찰 약 90%가 그대로 직장에 머물러 있었던 반면, 같은 시기에 식민 경찰의 약 50%를 차지하던 조선인 경찰은 거의 80%가 일을 멈추었든지 쫓겨났든지 혹은 달아났다.(커밍스, 김자동 역, 1986, p115)

건준 지부와 관련한 조직은 날만 새면 각지로 퍼져나갔고, 8월 말까지 남북조선 전역에 걸쳐 145개 건준 지부가 생겨났다.(이만규, 1946, p210)

이런 지방 조직은 노동조합·농민조합과 협력해서 함께 일을 꾸려나갔다. 8월 15일 이후 조선 전역에 걸쳐 공장과 사업소에서 노동조합이 조직되었다. 그중 대다수는 일본인 혹은 조선인 소유주에게서 기계와 공장을 넘겨받았다. 조합원이 실제로 공장을 운영하는 경우도 있었지만, 임시 관리자와 필수 전문 기술을 지닌 사람을 경영자에 앉히도록 계약을 맺었다. 미군정 노동부 문서에 접근해 본 한 미국인 관리는 실제로 모든 대규모 공장이 이런 방식으로 접수되었음을 증언한다. 세계에서 이렇게 급속하게 노동운동이 발전한 적은 일찍이 없었다.(김금수, 1986, p235)[10]

이 기간에 농민조합도 발전했다. 미국 점령군이 1945년 가을에 지방을 점령했을 때 그들은 농민조합이 곳곳에 있는 것을 인지했다. 일부 조합은 매우 진보적이어서 재빨리 일본인과 조선인 지주의 토지를 몰수하려고 했고, 어느 조합은 온건하여 소작 관계나 소작료 등을 합리적으로 개선하고자 시도했다.

많은 농민조합이 가을 추수 기간에 미곡 수집과 보관, 분배할 조직을 만들었다. 1945년 말에 이르면 농민조합은 단순한 구성원 숫자만으로 따질 때 남조선에 있는 다른 어떤 조직보다도 강했다.

이미 1장에서 살펴보았듯이, 노동조합과 농민조합은 1920년대와 1930년대에 조직되어 활동한 경험이 있었다. 러시아 볼셰비키 혁명이 성공한 것에 자극받은 조선인이 1904년 각 지역에 흩어진 조합을 연결하고자 조선노농촌동맹을 조직했다. 1927년에는 이 동맹이 커져서 조선노동총동맹과 조선농민총동맹 두 조직으로 분리되었다. 이들은 조선에 근대 대중정치를 도입한 사회주의자들이 이끌었는데, 그들은 소련과 중국, 일본의 사회주의자들을 본보기로 삼았다. 그러나 보수 조선인은 그때까지 대중조직의 중요성을 인식하지 못했다.(강만길, 1984B, p63-64)

일본이 항복한 8월 15일부터 미점령군이 도착한 9월 8일까지

10　이 책에는 미군정 고문을 지낸 스튜어트 미첨이 1947년에 노동문제에 관해서 쓴 「한국노동보고서」의 번역문이 실렸다.

3주 동안 건준은 일본인이나 조선인의 파괴적 활동을 막아 사회질서를 유지하는 데 힘썼고, 혼란스러운 사회에서 방황하는 조선인을 수습해 독립 조선 정부와 민주사회 건설을 향해 매진했다. 이런 활동 덕택에 건준은 독립된 조선 정부를 수립하려는 조선인 대중에게 열광적 지지를 받는 유일한 정치 조직이었다.(홍인숙, 1985, p103; 김대상, 1979, p262) 많은 보수주의자조차도 정치 활동에서 고립되지 않으려고 건준에 합류하려고 애썼다.(김광식, 1985, p188)

(2) 조선인민공화국

건준은 다양한 정치 성향을 지닌 집단을 포괄하고 있었기에 내부적으로 좌익과 우익 간에 분파전이 있었다. 1945년 9월 4일, 일부 우파 출신을 배제하고 더 많은 공산당 성원을 영입하는 중앙 간부 조직의 개편이 있었다.

9월 6일, 건준은 서울에서 인민대표자대회를 소집했는데, 전국에서 다양한 집단과 직업을 대변하는 대표자들이 1천 명가량 모였다. 이 회의는 미군이 상륙하기 이틀 전에 개최되었는데, 조선인민공화국의 수립을 선포하고 전 국토에 대한 통치권을 주장했다.(한태수, 1961, p39-44)

이들이 이렇게 급히 행동을 취한 것은 임박한 미군 상륙 때문이었다. 건준 지도자들이 고려한 것은 첫째, 미국인에게 조선인 스스로 문제를 해결할 수 있다는 것을 보이고, 둘째, 북조선에서 소련 측이 그러했듯이 미국인도 남조선에서 인민위원회를 매개로 간접 지배하도록 유도하고, 셋째, 친일 협력자가 권력을 잡지 못하게 하

는 것이다.(한국현대사연구회, 1987, p68-69)

인공에 반대하는 미군정과 한민당은 인공을 조선 민족의 소수 이익을 대변하는 공산당 활동의 전위 조직으로 보았다. 미점령군 사령관 하지는 인공을 "러시아인이 북조선에 세운 공산주의 인민위원회 정부의 남쪽 지부"(Cumings, 1981, p441; 심지연, 1986, p81)라고 불렀다. 일부 학자도 이 견해에 동의했다.(박감동, 1983, p80-101; Rhee, Insoo, 1981, p110-117)[11]

9월 4일, 건준 중앙 간부 조직이 재편성되어, 부위원장 안재홍과 그의 추종자 5명이 빠져나가 우익 인사 수가 줄었고, 새 부위원장 허헌을 비롯한 좌익 인사 비중이 증가한 것은 사실이다. 그렇지만 사회주의자는 10%(30명 중 3명)에 불과했고, 9월 6일에 발표한 지도자 명단에는 조선공산당 지도자인 박헌영도 끼어 있지 않았다.(홍인숙, 1985, p80, 84)

조순승[12]은 "인공이 다양한 정치 요소로 구성되어 있고, 모든 색조의 정치적 견해를 지닌 사람들을 포함하고 있다"고 주장했다.(Cho, 1967, p69) 미군정에 근무한 리처드 로빈슨은 인공은 "비공산주의 계열 좌익이 이끌었고, 동시에 지방과 전국 차원에서 민주 정부를 수립하고자 한 여운형를 위시한 인공 지도자들의 진실한 노력에 기반하고 있다"고 단언했다.(Robinson, 1947, p49)

여운형과 허헌, 그 외 지도자들은 임박한 미군 도착에 대응해 조선인의 단결을 보이고자 인공의 지도부를 확충해서 사회주의자나 자본주의자, 좌익이나 우익과 관계없이 국내외의 혁명가와 반

11　이인수는 이승만의 양자이다.
12　조순승은 미국 대학에서 정치학 교수를 했고, 남한 국회의원 민주당 소속이다.

일 투사를 포괄하는 작업이 필요하다고 인식했다.

9월 6일, 인민대표대회에서는 총선거가 있을 때까지 과도 행정을 맡을 위원 55명을 선출했고, 이승만을 주석에, 여운형을 부주석에 지명했고, 후보위원 22명과 고문 12명을 선출했다.(이만규, 1946, p260; 민전, 1946A, p88)

이 인물들은 1945년 당시 조선인 지도자들에 관한 흥미로운 면모를 보여준다. 배경이 알려진 62명 중 39명(약 63%)이 정치범으로 식민지의 교도소에서 복역했다. 이들은 대부분 8월 15일에 출옥했다. 87명 중 애국심이 문제가 될 정도로 일본인에게 협력한 사람은 몇 명 되지 않았다. 일제 강점기에서 정치 활동에 관여한 지도자 55명 중 42명이 좌익이나 사회주의와 관련 있는 사람들이었고, 자유주의자나 우익은 13명에 지나지 않았다. 이런 분포는 항일 투쟁 마지막 20년에서 사회주의자와 자유주의자의 기여도를 공평하게 보여준다.(Cumings, 1981, p85)

그러므로 대부분의 조선 사람과 북조선 소련 당국까지도 조선의 폭넓은 정치 세력을 대변하는 정부로 인공을 인정했다. 인공은 오직 일제를 지지한 세력과 극우 조선인 일부, 군사정부를 수립한 미국만이 반대하고 거부했다.(Halliday, 1983, p46-47)

지도부 구성과 아울러 인공의 정강도 대다수 조선인의 광범위한 이익을 대변하고 있음을 보여준다. 1945년 9월 14일 발표한 선언문은 인공 지도자들이 제국주의와 반민주주의 세력에 맞서 싸울 결심이 섰음을 나타낸다.

우리는……일본 제국주의 잔존 세력을 완전히 몰아내는 동시에 우리의 자주독립을 방해하는 외래 세력과 반민주주의적 반동적 세력 모두와 철저하게 투쟁하여 완전한 독립국가를 건설하고 진정한 민주주의 사회의 실현을 기한다.(Chung, Kyung Cho, 1956, p304)

선언문에 이어서 조선인이 당면한 제일 중요한 두 가지 과제인 민족해방과 사회 민주화를 성취하고자 강령 30개 항이 뒤를 이었다. "우리는…… 자주독립국가 건설을 기함…… 노동자, 농민, 기타 일체 대중의 삶에 급진적 향상을 기함."(민전, 1946A, p86; Chung, Kyung Cho, 1966, p304)

이 강령은 일본 제국주의와 민족 반역자들의 토지를 무상으로 몰수해서, 그 땅을 경작 농민에게 무상으로 분배한다는 내용으로 시작한다. 단 몰수하지 않은 토지 소작료는 수확량의 30%를 넘지 않게 했다. 광산, 공장, 철도, 항만, 선박, 통신 기관, 금융기관 같은 주요 산업은 몰수해 국유화하고, 중소 규모의 상공업은 국가 주도로 개인 경영을 허가했다. 또 언론, 출판, 집회, 결사, 신앙의 자유와 같은 기본 자유를 보장했고, 민족 반역자를 제외한 18세 이상 남녀에 선거권을 부여했다. 그리고 모든 특권과 기득권을 말살하고, 전 인민의 평등과 여성의 완전한 해방을 약속했다. 노동자를 위해서는 하루 8시간 노동제 시행과 어린이 노동금지, 최저임금제를 약속했다.

건준이 조선인의 단결만을 강조하고 계급적 기반을 명확히 하지 않은 데 반해, 조공의 「8월테제」를 수용한 인공의 강령은 광범한 토지개혁과 노동 여건의 근본적 변화를 요구함으로써, 노동자와 농민의 계급 이익을 명료하게 드러냈다.

이 강령 속 요구는 인공의 특별 인물이나 파벌, 정치적 견해를 압도하면서 인공에 추진력을 제공했다. 이 강령은 장차 세울 정부가 할 일의 순서를 규정했고, 앞으로 3년간 남조선에서 제기될 사회적·정치적 논쟁거리를 열거했다. '인민공화국'이라는 단어는 많은 조선인에게 이런 목적을 달성하는 수단을 상징하게 되었고, '인공'이라는 단어의 특별한 기원 자체를 초월하게 되었다.(Cumings, 1981, p88; 한국현대사연구회, 1987, p72-73)

인공 반대 세력인 미군정과 한민당은 인공을 독립 조선 정부로 인정하지 않고, 정치 집단이나 정당 취급했다. 한민당은 인공을 공산주의자들로 이루어진 정치 집단으로 간주하면서, 상해 임시정부를 적법한 조선 정부로 선언했다.(한국민주당, 1948, p281-282)

미군정은 인공에게 조선인민공화국에서 '공화국'이라는 단어를 떼라고 명령했는데, 이는 인공을 여러 정당 중의 하나로 취급했다는 증거다.(Cumings, 1981, p197) 그렇지만 미점령군이 9월 8일, 조선에 들어왔을 때 인공은 조선의 유일한 정치 세력이었다. 다른 주요 정당이나 단체들은 그 뒤에 조직되었다. 조선공산당은 9월 11일, 한민당은 9월 16일에 결성되었고, 이승만은 10월 16일에 돌아왔고, 임정은 11월 23일에 귀국했다.(국회도서관, 1980, p8-12)

인공의 정부다운 면모는 전국에 걸친 인민위원회 조직에서 볼 수 있다. 건준 지방 지부은 9월 6일, 건준이 인공으로 발전함에 따라 인민위원회로 바뀐다. 조선이 해방된 지 불과 며칠이 지나지 않아, 13개 도와 주요 도시에 건준 지부가 생겨났고, 8월 말까지 건준 지부는 145개에 달했다.(민전, 1946B, p81; 이만규, 1946, p210).

서울과 마찬가지로 지방 인민위원회 구성원들은 농민동맹과 노동조합, 치안대, 학생·청년·여성들로 조직한 단체 등 모든 계층을 망라해 충원되었다. 이런 현상은 인공이 하나의 파벌이나 정당이 아닌 일종의 정치 운동임을 보여준다. 거의 모든 지역에서 인민위원회와 대중조직이 함께 일했다. 그들 사이에는 흔하게 회원 중복이 있었고 사무실도 함께 사용했다. 이 운동은 조선반도의 거의 모든 지역에 파급되었다. 지방 인민위원회 대부분 건준과 인공의 중앙조직과 유사한 부서, 즉 조직, 선전, 치안, 식량관리, 재정 담당 부서를 갖추고 있었다.

1945년 8월의 흥분된 분위기와 그동안 누적된 농민들의 불만, 특히 토지소유 관계가 불공평하고 자신들을 지속적으로 수탈했다는 인식은, 조선반도 전역에 걸친 인민위원회의 급속한 전파를 이해할 수 있다.

일제 패망 후 몇 주에 걸쳐서 건준과 인공, 인민위원회는 약 반세기만에 다시 생긴 조선 정부 역할을 톡톡히 했다. 인민위원회와 그 산하 조직은 불과 몇 주일 사이에 농촌을 지배했다. 뿐만 아니라 신속하고 단단하게 뿌리를 내렸기에, 이후에 다른 조직을 세우기 위해서는 먼저 인민위원회를 제거하지 않으면 안 되었다. 인민위원회는 특히 서울에 있는 그들의 반대파가 갖지 못한 모든 이점을 다 지니고 있었다. 그들은 대중적 지지, 현지 정세에 대한 인식, 대중적 통신 형태의 장악, 불평에 대응할 수 있는 강령, 그리고 가장 중요한 것으로 최초의 조직이라는 이점을 두루 갖추고 있었다.(Cumings, 1981, p270-273)

그렇기에 미군정 관리들은 이렇게 보고했다. "인공에 충성을 맹세하는 인민위원회가 도·군·면 등 모든 정부 부문에 걸쳐 조직되었

다." (Summation, 1945, 제2호, p182)

인민위원회의 조직과 정부 기능은 미군 점령이 시작된 이후에도 지속되었다. 전국인민위원회 대표자 회의가 1945년 11월 20일부터 22일까지 열렸는데, 거기서 인민위원회 조직 현황이 보고되었다. 13개 도 전부와 22개 시 전부, 218개 군 중 215개, 2,244개 면 중 2,231개에 걸쳐 인민위원회가 조직된 것으로 나타났다.

북조선은 이미 도에서 면에 이르기까지 모든 행정 단위에 걸쳐 인민위원회 조직이 완료되었고, 남조선에서는 강원도와 충청북도에 있는 3개 군, 13개 면에서만 인민위원회 조직이 완료되지 않았다.(조선인민공화국, 1945, p30-33)

따라서 조선 사람은 미군의 점령과 미군정이 필요하지 않았다. 그러나 미국은 남조선을 점령했고, 미군정은 인공이 조선 사람이 외세 간섭 없이 스스로 세운 조선 정부라는 것을 인정하지 않았다.

2
조선총독부에서 미군정 지배로

38선 이남의 일본군이 공식적으로 미군에 항복하고 나서 1945년 9월 9일, 미군의 남조선 직접 통치가 시작되었다. 이날은 미점령군이 조선에 도착한 다음 날이었다. 총독부 건물 안마당에서 일장기가 내려지고, 그 자리에 태극기가 내걸린 것이 아니라 성조기가 올라갔다.(Sandhusky, 1983, p283)

일장기가 성조기로 바뀐 것은 조선이 일본 식민지라는 굴레에서 벗어났으나, 미국이 남조선을 점령하고 새로운 지배자가 되었다는 역사적 상징이다.

남조선을 점령한 미군 성격의 논쟁은 '미군이 해방자인지 아니면 정복자인지, 미군이 일본 식민 세력과 다른지 아니면 같은지'이다. 미국 정부는 당연히 자기네가 해방자라는 견해를 고수했고, 친미 조선인도 그 견해를 지지했다. 미군정에 뒤이어 수립된 이승만 정권이 미국 정부 입장에 동조했고 수많은 학자가 이를 따랐다.

물론 미국과 소련이 조선의 적 일본을 제2차 세계대전에서 패망시켰다는 사실에서는 조선을 해방한 나라가 맞다. 소련인은 일본이 항복하기 전인 8월 10일에 조선 땅에 상륙해 일본군과 싸우면서 자기 피를 조선 땅에 뿌렸지만, 미국인은 일본이 항복한 지 24일이나 지난 9월 8일에야 조선에 도착해 이 땅에 피 한 방울 흘리지 않았기에, 조선인은 소련과 미국 이 두 점령 세력을 다르게 인식했다.

사실 미국은 일본이 1941년 12월 8일 진주만 습격 이후 조선 영토 바깥에서 일본과 맞서 싸웠고 일본의 항복을 받아내는 데 미군 사력이 주요한 공헌자이지만, 소련은 1945년 8월 8일부터 일본과 싸우기 시작했으니 부분 역할밖에 하지 못한 것 또한 사실이다. 그러나 두 나라 모두 자국의 이익을 위해 일본과 싸운 것이지 조선을 위한 것은 아니다. 미국이 해방자임을 주장하는 사람은 일본이 항복하기 전 그들의 활동을 강조한다. 그러나 미점령군의 성격은 점령 기간 동안 그들이 취한 행동으로 파악해야 한다. 조선인은 미국인을 해방자로 맞이했지만, 미국인은 정복자로 행동했다.

여기서는 미점령군의 성격을 고찰하는데, 이를 통해 미국 저널리스트 라우터백이 묘사했듯이, 미점령군은 "정복하려고 해방하는 자"(Lauterbach, 1947, p185)임을 밝힌다. 그리고 미군정이 억압적 국가 기구인 사법기관 국립경찰, 국방경비대를 설립하는 과정을 탐구하고, 일본 식민 지배 세력과 미국 점령 세력은 억압적 국가 기구를 조직해 조선을 강제로 통치했다는 점에서 다를 것이 없다는 점을 확인한다.

(1) 정복자들의 군사통치

1945년 9월 8일, 중무장한 군함 21척에 탑승한 미국 병사는 우호국이 아닌 적국에 상륙했다. 9월 4일, 점령군 사령관 존 하지는 부하 장교들에게 이렇게 훈시했다. "조선은······미국의 적이다. 그러니 조선은 항복 규정과 조건에 따라야 한다. 시민 소요를 진압하기 위해 필요하다면 군사를 동원할 것이다."(Kang, 1970, p34-35)

미군이 인천에 상륙하는 날, 미군을 환영하려고 모인 조선인에게 일본 경찰이 총을 쏘아 2명을 죽이고, 10명을 다치게 한 사건이 발생했는데, 훗날 하지는 일본 경찰의 행위가 옳았다고 말했다.(Cumings, 1981, p137-138; Kolko and Kolko, 1972, p280)

미국은 조선뿐만 아니라 패전국인 독일, 이탈리아, 일본, 그리고 이 나라들의 점령지와 식민지를 점령했다. 미 육군의 군사정부에 관한 안내 책자에는 미국이 정복한 적국과 해방한 우호국의 점령 작전이 구분되어 있다. 해방한 국가는 기존 정부 법규를 사용하고 인물을 등용하여 간접통치하고, 정복한 국가는 군사정부를 세우고 법률과 제도를 철저히 고쳐서 직접통치하라고 되어 있다.(Coles & Weinberg, 1964, ix)

그런데 미점령군은 일본에서는 기존 정부를 활용했고, 조선에서는 군사정부를 세웠다.(Friedrich, 1948, p336-338)[13] 육군 안내 책자에 따르면, 조선은 정복한 적국으로 취급했고, 일본은 해방한 우호

---

13 칼 프리드리히는 하버드대학 행정학 교수였는데, 독일에서 미군정 고문관으로 근무했다.

국으로 대우했다. 미점령군의 민간인 정보 전문가였던 존 콜드웰도 이 사실을 인정했다. "우리가 조선에서 한 행동은 해방한 국가가 아니라 정복한 국가를 다루기 위해 수립한 지침에 따른 것이다." (Caldwell, 1952, p8)

이런 취급은 제2차 세계대전 기간 중 일본이 미국의 주요 적국이었고, 일본이 전쟁에서 패함으로써 조선이 일본에서 해방했다는 우리의 상식과 어긋난다. 그러나 제3세계 국가에 적용한 냉전정책 즉, 반소와 반혁명을 기본 요소로 삼는 전후의 미국 외교정책을 고려하면, 이 모순된 취급을 이해할 수 있다.(Barnet, 1972, p19-20)

냉전정책에 따르면 일본은 소련 사회주의 세력과 조선 혁명가에 맞서 싸우려고 친구가 되었고, 반면에 조선의 인공은 미국을 포함한 모든 외세로부터 민족해방을 옹호하며 노동자와 농민을 위한 사회혁명을 지지해서 조선은 적이 되었다. 역사학자인 콜코 부부는 미국의 제3세계 국가 정책을 이렇게 명료하게 서술했다.

만약 보수 민족주의자들이……독립운동을 주도했다면……워싱턴은 식민주의를 반대하고 독립을 옹호하지만……[만일] 좌익이 독립운동을 주도했다면 인도차이나와 조선에서처럼 미국은 신탁통치 또는……식민주의 지속을 주장할 것이다.(Kolko & Kolko, 1972, p27)

제2차 세계대전 후 미국이 일본과 조선을 어떻게 취급했는가를 살펴보면, 국제 정치에서는 영원한 적도 영원한 우방도 없다는 것을 알 수 있다. 국제 정치의 이런 현상은 제2차 세계대전 중 우방이었던 미국과 소련 관계가 전후에는 적국으로 변한 데서도 잘 드러난다. 1945년 9월 9일, 미점령군 사령관 존 하지가 조선의 즉각적 독립을 인정할 수 없고, 총독 아베 노부유키를 포함한 총독부의 모든 일본인과 조선인은 총독부의 기능을 그대로 존속하라고 명령했을 때, 미국의 반조선적이고 친일본적인 정책이 명백하게 드러났다.(Cumings, 1981, p138; Lauterbach, 1947, p199)

남조선에 군사정부를 세우고 일본인의 권력을 그대로 유지하게 하려는 하지의 정책은 9월 7일 발표한 맥아더의 포고 제1호에 근거한다.

······나는······여기 북위 38도 이남의 조선과 조선 주민을 군사적으로 통치한다······정부에 종사하는 사람은 다른 명령이 있을 때까지 지금까지의 기능과 업무를 계속해서 실행하라.······

(미군정 관보, 1946, vol.1, p10; FRUS, 1945, vol.6, p1043)

존 하지의 정책은 부일 협력자들을 정치에서 배제하고 외세의 간섭 없는 즉각적 독립을 바라는 조선 사람의 열망과는 완전히 반대였다. 커밍스는 이 두 가지 주제 즉, 친일파 숙청과 즉각적 독립은 조선 민중 사이에 공명을 불러일으켰고, 해방 직후 남조선 정치의 주요 쟁점이 되었다고 주장했다.(Cumings, 1981, p72)

미군정 정보국인 G-2는 9월 18일 이렇게 보고한다. "정부 내 모든 일본인 관리와 부일 조선인이 그들의 직위에서 즉각 물러나야 한다는 것이 조선인의 일반적인 의견이다."(G-2 주간요약보고서, 제1호 1945년 9월 9일-16일, p8)

하지도 3개월 후에 이렇게 시인한다. "조선인은 다른 어떤 것보다도 독립을 원하고, 그것도 지금 당장 이루어지기를 바란다."
(Sandusky, 1983, p306)

하지의 정책은 조선인을 성나게 했다. 당시 한 신문 사설은 조선인이 일본총독 아베의 통치를 계속 받느니, 차라리 보르네오 섬 추장의 통치를 받겠다고 주장했고, 미군 도착을 환영해야 할 자들은 일본인이라고 지적했다.(Seoul Times, 1945년 9월 10일)

심지어 미국의 관영 소식통까지 일본인을 권력 기관에 존속한다는 하지의 성명은 마치 "조선인에 맞서서 일본인과 미국인이 동맹을 맺는 것 같다"고 했다.(Cumings, 1981, p138)

조선 사람들의 강력한 반대에 부딪히자, 1945년 9월 12일 아베 총독의 후임으로 아놀드 소장이 군정 장관으로 취임했고, 이틀 후 일본인 국장들이 퇴임했다. 미국인은 일본인 관리를 해임한 뒤에도 지속해서 비공식 고문으로 활용했다. 일본인 관리는 미군정의 주요 정보 제공자로, 미국인에게 통역을 구해주고, 미군정에서 채용하는 사람들을 심사했고, 조선 정세에 관한 비망록을 저술했다.(Cumings 1981, p140)

하지는 기자 라우터벡과의 인터뷰에서 이렇게 말했다. "사실 일본인이 가장 신뢰할 만한 내 정보원이다."(Lauterbach,[14] 1947, p200-214; Pacific Stars and Stripes, 1948년, 4월 4일)

미군은 조선인을 향해 오만함과 인종적 편견을 드러냈다. 미군 법무관 A 위그폴 그린은 "어떤 미국인은 조선인을 '국'(Gook, 불쾌한 것)이라고 욕하면서, 사고방식이 달라서 이해할 수는 없고 비현실

---

14   리처드 라우터벡은 1945년과 1946년에 극동지역에서 근무한 미국 기자로, 이 책은 중국과 일본, 조선에서의 경험을 기록했다.

적 철학을 가진 마치 다른 세계 사람들" 같다고 했고(Green, 1950, p7), 마크 게인은 한 미국 관리가 조선인은 경멸적으로 '더럽고 믿을 수 없는 국'이라고 불렀다고 보도했다.(Gayn, 1948, p349)[15]

미점령군 사령관 하지조차 조선인은 "일본인과 같은 종자의 고양이"(Lauterbach, 1947, p201)라고 불렀다. "군정 기간에 영어를 모든 목적에 사용하는 공용어"로 한다고 포고문에서 밝혔을 때, 맥아더는 조선말 사용을 억압한 일본인과 다른 것이 없었다. 더구나 맥아더는 이런 포고문 내용을 통해 조선인을 해방된 우호 국민이 아니라 정복한 적의 국민으로 취급했다.

……항복문서조항,……모든 포고나 명령, 지령을 위반하는 자는……점령군 군사법정에서 재판받을 것이고, 최고 사형까지 언도받을 것이다.(미군정 관보, 1946, vol.1, p10)

조선인을 경멸한 맥아더의 태도는 북조선을 점령한 소련군 사령관 치스차코프의 동정적 태도와 대조된다. 치스차코프는 조선인에 대한 첫 포고문에서 이렇게 말했다.

……조선은 이제 자유국이다.………소련 군대는 조선 인민이 [새로운 국가건설을 위하여] 자유롭고 창조적인 노력을 하도록 모든 조건을 제공한다. 조선 인민 스스로 자신의 행복을 창조하는 사람이 되어야 할 것이다.(Nam, 1976, p14에서 인용)

---

15   마크 게인은 미국 기자인데, 이 책은 1945년부터 1948년 동안 미점령군 아래 일본과 조선에서 발생한 목격담을 기록했다.

미국인의 오만함은 하지가 일본인 총독이 살던 총독부 건물에 살며 일본 귀족이 쓰던 진주가 아로새겨진 개인차로 통근하는 모습에서 잘 드러난다. 그래서 조선인은 하지를 그저 새로운 지배자일 뿐이라고 생각했다.(Lauterbach, 1972, p00)

조선인에 대한 미국인의 오만함과 경멸을 관찰한 마이클 샌더스키는 말했다. "미국인은 해방자가 아니라 정복자로서 처신했고, 남조선을 점령한 미군은 정복한 조선 민족을 지배하는 데 필요한 억압적 국가 기구를 만들었다."(Sandusky, 1983, p296)

(2) 억압적 국가기구들

미군정이 일본인 총독을 제거하고 일본인이 떠나자, 공석인 정부 기관 자리는 대부분 미국인이 차지했다. 보통은 전쟁이 끝나기 전 일본은 파시스트 국가였고, 전쟁 후의 미국은 민주정부를 대표한다고 말한다. 이런 구분을 조선의 조선총독부와 미군정에도 적용할 수 있을까? 말을 바꾸면, 조선을 지배하는 외국 세력이 일본에서 미국으로 바뀐 것이 과연 조선의 국가 기구 성격이 근본적으로 바꾸었다고 말할 수 있을까? 이 질문에 답을 찾고자 사회를 통제하는 세 국가 기구 즉, 사법 기구, 국립경찰, 군대에 초점을 맞추어 살펴본다.

1) 사법제도

미군정의 통치 형태는 군사독재였다. 미군은 제2차 세계대전에서 승리한 군대로, 일본 식민지였던 조선의 절반 남쪽을 점령했고, 일본인 총독이 가졌던 모든 권력을 넘겨받았다. 점령군 사령관 하지는 행정·입법·사법 등 정부 기관 전체를 통제하는 권한을 가졌다. 이에 따라서 법령은 의회가 아니라 주로 그의 명령으로 만들어 졌다.(김병화, 1979, p260)

미군정은 완전히 새로운 사법기구는 필요하지 않았기에, 조선 총독부가 만든 것을 약간 손질해서 써먹었다. 일본이 만들어놓은 사법체계는 지방법원, 지역의 재심법원(고등법원), 대법원으로 구성 되어 있다. 그리고 거대하고 극도로 중앙집권화한 사법부가 그 정 점에 있다. 일본이 항복한 후에도 약 두 달 동안 조선총독부의 사법 제도는 존속했고, 그 후 미군정이 약간 손질을 더했다.(김병화, 1979, p5,10)

1945년 10월 9일 미군정은 군정법령 제1호를 공포해 차별적이 고 억압적인 일제의 법률을 일부 폐기했다. 거기에는 악명 높은 정 치범 처벌법, 예비검속법, 치안유지법, 출판통제령, 천황숭배법, 경 무부장의 재판권 등이 포함되었다.(미군정 관보, 1946, vol.1, p32)

같은 날 미국인 사법부 부장 우달 밑으로 몇몇 조선인이 사법 부 국장으로 임명되었다. 서울법원의 일본인 판사와 검사는 10월 12일 날짜로 퇴출당했고, 사흘 후 미군정은 사법부에 근무하는 모든 일본인이 조선인으로 대체되었음을 공포했다.(김병화, 1979, p7,8,12)

그러나 이 수준의 법률과 인원 변화는 해방한 조선 민족 기대 에 부응할 수 없었다. 1945년 11월 2일에 공포한 군정법령 제21호 에는 조선총독부가 쓰던 모든 법률은 폐지된 것을 제외하고는 미 군정이 없앨 때까지 여전히 유효하며, 이 법률과 미군정의 포고와 명령을 집행하기 위해 군사재판소를 설치한다고 했다.(미군정 관보, 1946, vol.1, p46; Cumings, 1981, p158)

이 법령은 1908년의 군사법령, 1910년의 정치집회금지법, 1936년의 선동문서통제령, 심지어는 1907년의 치안유지법 제2호 등의 부당한 일본법이 계속 유효함을 의미했다. 이 법은 모두 1948년 4월 8일까지 폐기되지 않았다.(HUSAFIK주한미군사, vol.3, ch.5, p61; Cumings, 1981, p160에서 재인용)

더구나 1944년 일본인 총독이 전시 긴급 수단으로 만든 재판에 관한 특별규정까지도 존속했는데, 이 규정은 조선인이 평화 시에는 두 번 항소할 수 있는 것을 전시에는 한 번만 항소할 수 있도록 규정했다. 그러니 조선인은 조선총독부와 미군정의 큰 차이를 찾을 수 없었다. 이런 법령에 따라서 미군정은 별다른 수정 없이 일제 법령과 사법제도를 계속 사용했고, 이승만 정권이 수립되기까지 3년 동안 군사법정에서 조선인을 재판했다.(김병화, 1979, p6)

일본인 판사, 검사, 정부 사법기관 직원을 조선 사람으로 대체했지만, 새로 임명한 사람이 대부분 조선총독부에 협력한 사람들이라서, 대다수 조선인은 만족할 수 없었다.(Cumings, 1986, p159)

일제의 관리였던 이들을 제외하면 경험 있는 조선인 판사와 검사의 부족은 사실이었지만, 36년 일제 식민 통치를 겪은 조선인은 미군정이 친일 협력자를 다시 기용한 처사를 납득할 수 없었다. 사실 다시 임명된 판·검사 중에는 반 이상이 동포의 복수가 두려워 임명된 후에도 한참 동안 일터에 나타나지 않았다.(김병화, 1979, p8,18)

이전 일제 판사였던 사람이 조선인의 이익을 지키는 데는 소극적이고 미군정 이익에는 얼마나 열심인지를 보여주는 예가 있다. 대법원장 김용무는 1946년 6월 9일, 광주지방법원 관리들에게 이렇게 말했다.

법원의 정치적 중립성이나 객관성을 언급하는 자는 사법부 관리 자격이 없다. 미군정 정책에 반대하는 자나 신탁통치와 좌파 이데올로기에 찬성하는 자는 그들의 범법 행위를 증명할 명확한 증거가 없더라고 엄중히 처벌해야 한다.(김병화, 1979, p9; Seoul Times, 1946년 7월 16일)

조선인이든 미국인이든 미군정 관리라면 모두 사법권을 남용했기에, 미군정 사법제도에서는 이전 일본 법률이나 새 미국 법령이나 구별할 것 없이 조선인을 보호할 수 없었다. 1945년 12월 13일, 서울변호사협회는 미군정이 법적 근거도 없이 자격 미달인 조선인 변호사 3명을 새로 임명한 것을 취소해 달라는 청원서를 미군정에 제출했고, 12월 15일에는 검사의 영장 없이 혐의자를 체포하는 것과 같은 미군정 관리의 잘못된 처사를 시정해 줄 것을 촉구했다.(김병화, 1979, p28-29, p34-35)

어쩔 수 없이 미군정은 조선 사법제도에 약간의 손질을 하기는 했으나, 그것은 실질적이 아니고 그저 형식상의 겉치레였다.[16] 1946년 3월 29일에 반포한 군정법령 제64호는 기존의 권력과 기능, 의무는 수정하지 않고 단지 미군정의 관리 명칭만을 바꾸었다.(김병화, 1979, p13,19; 미군정 관보, 1946, vol.1, p107)

---

16 1946년 1월, 법관의 겉옷과 모자가 일본 스타일에서 태극마크와 무궁화가 새겨진 조선 스타일로 바뀌었다.(미군정 관보, 1946, vol.1, p107)

1946년 5월 17일, 미군정의 입법, 행정, 사법부 소속 조선인을 모두 모아서 남조선과도정부를 세우고 안재홍을 그 수반으로 임명했다. 이 과도정부 기구와 관료들이 그대로 나중에 수립되는 이승만 정권에 인계된다. 그러므로 남조선 단독 정부는 이미 이때 만들어졌다고 볼 수 있다. 12월 12일에는 선거로 뽑힌 45명과 미군정이 임명한 45명, 모두 90명으로 구성한 남조선과도입법의원을 설립하고 김규식을 의장으로 선출했다. '삼권분립'이라는 민주적 정부 형태였지만, 입법의원은 독재적 군정장관의 권한을 제한할 권력이 없었고, 단지 정치·경제·사회 개혁에 대한 법률 초안을 기안하고 제출하는 기능만 수행했다. 반면에 군정장관은 입법의원에서 만든 법률을 거부할 권한이 있었고, 입법의원 자체를 해산하거나 새 의원을 임명하고 새로운 선거를 요구할 수 있었다.(김병화, 1979, p261; 미군정 관보,1946, vol.1, 1947, vol.3)

미군정의 참모습은 1946년 5월 4일에 발표한 "군사정부에 반대하는 범행들"이라는 군정법령 제72호에서 잘 드러난다. 이 법령은 미군이 남조선 점령 초기에 미군 명령을 어기는 사람은 엄중히 처벌하겠다고 조선인을 위협한 맥아더의 포고문 제2호를 보충하는 것이다. 군정법령 제72호는 처벌할 범행 82가지를 열거한다. 이 법령에 따라서 미군정은 조선인에게서 언론, 결사, 출판, 통신, 시위 등 근본적 자유를 앗아갔다. 하물며 '협박이나 공갈 때문에 어쩔 수 없이 행한 행위'도 처벌했다. 게다가 '전쟁에 관한 법률과 적군이 항복했을 때 연합군이 부과했던 조건'을 조선인에게 적용했다. 그리고 모든 범죄 행위는 점령군의 군사법정에서 재판받았다.(미군정 관보, 1946, vol.1, p122-126)

미군정의 사법제도는 조선인은 물론이고 양식 있는 미국인에 게도 비판받았다. 남조선 언론은 입을 모아 법원 판례와 그 절차를 비판했다. 미점령 기간에 미군 법무관으로 법률심의위원장을 지낸 A 위그폴 그린은 군정의 법 체제를 몹시 비판했는데, 특히 기본인 권 보호제도가 없는 것과 정치적 편파성, 지나치게 자주 유죄판결 로 유도하는 능률제 등을 꼬집었다.(Green, 1950, p56, p100-101)

사법부 행정관 앤더슨 소령은 사법부 소속 조선인 관리들이 끊 임없이 정치 활동에 가담하고, 사법부 미국인 부장 우달은 서울의 경찰서를 돌아다니며 아직 판결을 받지 않은 수감자들에게 현장에 서 약식으로 언도한다고 비난했다.(HUSAFIK, 1947, vol.2, ch.2, p32)

군사재판 제도에서 여러 가지 인권을 억압하는 행위는 미군정 이 끝날 때까지 이어졌고, 일부 기본 인권은 1948년 미군정이 이 승만 정권에 권력을 넘기려고 준비하던 과정에서야 회복되었다.[17] 1944년에 제정되어 조선 법원에 적용된 전시특별규정이 폐지됨으 로써 상급 법원에 항소할 수 있는 3심제도가 1948년 4월 1일에야 군정법령 제181호에 의해서 복원되었고, 5월 19일에는 군사재판소 킹 대령의 편지 한 통으로 조선인에 대한 군사재판 제도가 폐지되 었다.(미군정 관보, 1947, vol.5, p133; 김병화, 1979, p10)

2) 남조선국립경찰

조선총독부 경찰은 조선인의 거의 모든 일상을 통제했고, 그 잔

---

17 "체포할 사람 이름과 그가 범한 범죄를 명기해 법원이 발행한 체포영장이 아니면 누구도 신체 구 속을 당하지 않는다." "법원이 발행한 수색영장 없이는 어떤 검사나 경찰, 헌법기관도 수색이나 체포 할 수 없다." 이렇게 규정한 군정법령 제176호는 1948년 3월 20일에야 발표되었다.(미군정 관보, 1948, vol.5, p118-119)

인성으로 말미암아 악명이 높았다. 미점령군의 역사가들은 "조선의 일본 경찰이 지닌 기능과 권력의 범위가 어찌나 크고 광범위한지 세계 어느 나라에서도 유례를 찾기 어렵다"고 썼다.(HUSAFIK, vol.3, ch.4, p1)

조선에 관한 맥아더 사령부의 첫 보고서에 조선의 경찰은 "철저하게 일본화되었으며 폭정의 도구로 능률적으로 사용되었다"고 적었다.(Summation, 1945, 제1호, p175)

그래서 식민지에서 벗어난 조선에서는 식민지 경찰이던 사람들이 민중의 미움을 받고 위협을 당했다. 미국인들은 조선총독부의 파시스트적 유산을 청소하고 민주 정부를 수립하고자 조선에 왔노라고 말한다.(US Army, XXIV Corps, 1947, iii) 그러니 우리는 미군정 경찰이 조선총독부 경찰과 얼마나 다른지 따져봐야 한다.

1945년 9월 초 미국인이 남조선에 상륙했을 때, 일본 경찰과 그들과 함께 근무한 조선인 경찰은 인공 산하 치안대에게 거의 쫓겨났다. "군대가 존재하지 않는 상황에서 경찰이 유일한 힘의 수단"(HUSAFIK, vol.3, ch.4, pt.1, p11-12)이기에, 사실상의 조선 정부인 인공을 분쇄하기 위해 미군정은 강력한 국립경찰 조직이 필요했다.(조병옥, 1959, p154-155)[18]

1945년 10월까지 남조선국립경찰이 부활했지만, 지역 치안대가 국립경찰에 대한 저항을 멈추기까지는 2개월이 넘게 걸렸다.(Summation, 1947, 제27호, p167.) 극도로 중앙집권화한 일제 경찰 체계를 미군정이 부활시켰는데, 미군정 관리였던 도널드 맥도널드는

---

18 조병옥은 미군정 때 남조선 국립경찰 경무국장이었다.

이것을 간명하게 묘사했다.

> 가장 극적으로 중앙집권화한 것은 경찰력이었다. 도 경찰국장은 도
> 지사가 아니라 서울에 있는 경무부장이 직접 통솔했으니, 전국 경
> 찰은 하나의 기구로 통합되었다. 경찰은 미제 군용차량을 사용하고,
> 일제 군용소총과 대검, 기관총으로 무장하고, 독자적인 전화와 무전
> 통신망을 갖추었다. 이렇게 조직된 경찰은 아직 태어나지 않은 남조
> 선 민주주의에 심각한 위협이었다.(McDonald, 1948, p375)

일본에서 예전 국립경찰 제도는 대중적 지역 통제를 받지 않
아서 너무나 쉽게 전제적 억압의 도구로 사용되었다는 정당한
판단에 기초해서 미점령군이 중앙집권화한 경찰 제도를 폐지했
다.(Kawai, 1960, p108)

그러나 남조선에서는 미국인이 공산주의 공포감 때문에 일본
에서처럼 경찰 제도를 개혁하지 못했다. 일본과 남조선에서 행한
미점령군의 대조적 행위를 보고, 미국 민간자유연맹 의장 로저 볼
드윈은 일본에서는 '민주화'라는 이름의 개혁을 통하여 진보가 이
루어졌지만, 남조선은 '경찰국가'로 재조직되었다고 진술했다. 다
른 지각 있는 미국인은 "능률과 편의를 위해 우정과 민주 정부가
희생당했다"고 말했다.(USAFIK, 1947b; Kim, Jinwung, 1983, p110,124)

미군정 아래서 국립경찰의 기능은 일제 식민 경찰과 거의 다를
바 없었다. 한국 경찰에 관한 역사서에 따르면 미국인들이 간첩 행
위와 사상 통제를 책임지는 국립경찰 정보과의 지속적 운영을 허
락하고서는, 조선 사람들을 보고 이 기구는 이제부터 조선 인민의

이익을 위해 운영된다고 말했다.(수도관구 경찰청, 1947, p117)

　한 미국 자료는 국립경찰은 그들이 원래 지닌 권력을 조금도 포기하지 않으려 했다고 설명한다. 예를 들면, 수도경찰청은 사찰과를 운영했는데, 여기서는 모든 정치 행위, 신문, 잡지, 공중도덕, 파업, 외무, 종교적 행위에 관한 업무를 수행했다.(HUSAFIK, vol.3, pt.1, ch.4, p49-50) 하지의 정치 고문인 데이비드 마크는 남조선국립경찰의 강력함을 잘 묘사했다.

　　사람들의 자유를 박탈할 수 있는 합법적 권위로 무장하고 대도시와 시골 구석구석까지 철저히 퍼져서, 남조선 경찰은 법적이거나 초법적인 목적을 위해서 그 나라 거의 모든 시민에게 자기 존재를 과시할 수 있는 위치에 있다.(Mark, 1947; Kim, Jinwung, 1983, p112에서 재인용)

　남조선국립경찰의 주된 기능은 정치적인 것이었고, 미군정이 일제 식민 경찰 체제를 재건하고 조선인 경찰을 다시 쓴 주요 이유는 인공과 인민위원회를 공산주의 세력으로 보고, 거기에 맞서 싸우기 위해서다. 바꾸어 말하면, 고도로 중앙집권화한 조직과 광범위하게 넓은 기능을 지닌 남조선국립경찰은 미군정이 공산주의에 맞서는 방파제를 설립한다는 목표를 달성하려는 중요 수단이었다.(Sandusky, 1983, p299)

　결과적으로 남조선국립경찰은 조선 정치에 깊숙이 관여하게 되었다. 미국인 부영사 데이비드 마크가 진술했다. "남조선 경찰력은 단지 범죄자를 체포하고 범죄를 방지하기보다는 실제로 남조선 전체 정치구조와 행정관리에 깊이 관여한다."(Mark, 1947)

남조선국립경찰 경무국장 조병옥은 도·군 수준에서 경찰이 두 부문으로 나뉘어 있어서, 고등경찰은 정치적 범죄를 다루고 일반 경찰은 일상 사회 범죄를 다룬다고 말했다.(HDP주한미경찰청사; Kim, Jinwung, 1983, p113에서 재인용)

미국인들은 "일부 경찰은 군정의 주된 관심사가 좌익 탄압이라고 생각한다"고 말했다. 경찰은 시위 허가권을 정치적 무기로 사용해서 회합, 행진, 출판, 좌파의 연극까지도 금했다.(HUSAFIK, vol.3, pt.1, ch.4, p49-50)

미국인이 인공과 인민위원회, 기타 좌익 조직이 미국의 조선 정책에 위협이라고 파악하고 있는 한, 미군정은 국립경찰에 의지할 수밖에 없었다. 식민지에서 해방한 남조선의 정치사에서 인공과 인민위원회가 추구한 혁명이 실패한 주요 원인이 국립경찰의 조직적·기술적 능력이 우월한 탓도 있었다.(Cumings, 1981, p169)

그렇지만 중앙집권화한 경찰 구조를 부활하고 일제 경찰의 잔인성이 계속되도록 내버려둔 미국 정책의 대가는 실로 엄청났다. 리처드 로빈슨은 이렇게 지적한다. "다른 어떤 것보다도……경찰이 조선에서 미국의 평판을 나쁘게 만드는 데 가장 큰 역할을 했다." (Robinson, 1947, p147)

대통령에게 보내는 보고서에서 웨드마이어 장군이 진술했다.

기존 경찰 제도와 경찰의 잔혹성을 개혁하지 않은 상태로 미군정과의 우호 관계가 지속되는 한, 남조선에서 조선 인민이 자유로운 의사 표현을 제대로 대변할 정부가 수립될 가능성은 거의 없다.

(FRUS, 1947, vol.6, p802)

미군정은 일제 경찰 제도만 유지한 것이 아니라 일제 식민 경찰에 근무했던 조선인을 대부분 재임명했다. 미군정 정보 전문가 존 콜드웰이 진술한다.

미국은 일본 경찰 제도가 유지되도록 내버려두었다. 경찰 고위 간부는 대부분 일본이 훈련한 사람들이라서, 그들은 식민지 인민을 위한 정의와 인간적 대우에 대해 오직 일본식 방식과 일본식 생각만 알고 있다.(Caldwell, 1952, p8)

미군정이 왜 일본인이 훈련한 조선인 경찰을 재임명하기로 했는지를 미국인 경무부장 윌리엄 매글린 대령이 잘 설명한다.

일본이 훈련한 사람들을 이어서 조선 경찰로 쓰는 것은 현명한 일이 아니라고 비판하는 사람이 많다. 그러나 그들은 대부분 경찰 소질을 타고난 사람 같다. 나는 그들이 일본을 위해 충성했다면 미국을 위해서도 기꺼이 충성을 바칠 것이라고 믿는다.(Gayn, 1948, p391)

이 말에는 미국이 남조선을 점령한 목적이 일본이 조선을 식민지로 만든 목적과 같다는 암시가 들어 있다. 일본이 항복했을 때, 일제 식민 경찰력의 약 40%가 조선인으로 구성되어 있었는데(앞의 책), 1947년 9월까지 이 중 약 80%를 미군정이 재고용했다.(FRUS, 1947, vol.6, p802)

미군정 기간에 경찰 숫자가 급속히 늘어났는데, 맥린 경무부장은 1946년 10월에 게인 기자와의 회견에서 이렇게 말한다.

우리가 작년에 인수했을 때 경찰 2만 병력 중 1만2천 명이 일본인이었다. 일본인을 보낸 후 우리가 한 일은 조선인을 진급시키고 그 경찰을 도운 청년을 모두 고용했다. 이런 방법으로 우리는 경찰력을 2만 명에서 2만5천 명으로 늘렸다.(Gayn, 1948, p391)

여기서 이전의 2만 명이라는 숫자는 조선반도 전체 경찰력을 나타낸 것인데, 새로운 숫자인 2만5천 명은 단지 남조선에만 국한한 것이다. 식민지 경찰력의 약 3분의 2가 남쪽에 있었다고 감안해도 미국인이 거의 두 배로 늘렸음을 알 수 있다. 경찰을 이렇게 늘린 것은 식민지에서 해방한 남조선이 혁명적 분위기에 휩싸여 있으니, 이런 상황을 통제하려면 더 강력한 힘이 필요했음을 나타낸다.(Cumings, 1981, p166)

이렇게 급속히 늘어난 경찰에는 북쪽에서 혁명가들에게 쫓겨난 일제 경찰과 남쪽 지방에서 직업을 잃고 일자리를 찾아 서울에 모여든 일제 경찰이 많았다. 그들은 대부분 부패와 잔인성으로 점철된 경력을 갖고 있었다. 북쪽 출신 경찰들은 8·15 이후 일본인에게서 상당히 많은 돈을 받았는데, "서울에 와서 경찰에 취직하는 데 그 돈을 사용했고", 남쪽 지방에서 온 경찰들은 "고향 사람들이 자기들의 재산을 몰수할 것이므로 고향으로 돌아갈 수 없었다." (USAFIK, 1946B; Cumings, 1981, p187에서 재인용) 이런 사정을 아는 국립경찰 수사국장 최능진은 국립경찰을 "일본이 훈련한 경찰과 반역자들의 피난처"라고 불렀다.(Cumings, 1981, p187)

전에 식민지 경찰 노릇을 하던 사람들은 해방한 조선의 정치 투쟁 결과에 따라서 생사가 결정되는 처지였다. 근심에 싸이고 위협에 처한 사람이라면 어디서나 마찬가지로, 일단 기회가 생기면 자기의 이익을 지키려고 행동하는데, 그들의 자기방어적 행동은 종종 적나라한 야만성을 드러낸다. 공식적인 미국 자료에 따르면 경찰들은 구타 없이 경찰 업무를 수행하기란 매우 어려웠다고 고백했다.(HDP; Kim, Jinwung 1983, p115에서 재인용)

미국인 부영사 데이비드 마크는 경찰의 잔인성에 희생된 전형적인 사람들을 이렇게 표현했다.

[남조선 경찰은] 경찰과 정부 정책에 반대하는 정적에 대해서는 어떤 개인이나 집단을 포함해 그들의 가장 먼 사돈의 팔촌까지도 극도의 복수를 일삼곤 했다.(Mark, 1947; Kim, Jinwung, 1983, p114에서 재인용)

최능진은 한 사람이 얼마나 쉽사리 희생자가 될 수 있는지를 지적한다.

매일 아무 증거도 없이 그저 개인 감정으로 여러 사람이 체포된다. 누가 저 사람이 나쁘다고 지적만 하면 그대로 잡아다 두들겨 팬다.

최능진은 "경무국은 매우 부패했으며, 인민의 적"이라고 생각했다.(USAFIK, 1946B; Cumings, 1981, p167에서 재인용)

이런 경찰의 잔혹성과 지나친 행동은 일제 식민 경찰 제도의 악습으로, 미군정이 낡은 구조를 복원하고 이전 식민지 조선인 경찰을 재임명함으로써 유지되었다.

그런데도 일부 미국인은 조선인에 대해 개인적 문화 편견을 그대로 드러냈고, 경찰의 잔혹성을 동양문화 탓으로 돌렸다. 하지 장군의 정치 고문인 조셉 제이콥스는 이렇게 주장한다. "모든 동양인과 마찬가지로 조선인도 천성이 잔인하고 권위와 권력의 지위에 오르면 이런 잔혹함을 드러내는 경향이 있다."(Jacobs, 1947; Kim Jinwung. 1983, p114에서 재인용)

더구나 미군정은 폭력을 경찰에 필요한 전술로 여겼다. 미군정 정보 전문가 존 콜드웰은 이렇게 진술했다. "많은 미국인 경찰 고문은 인종적 편견과 무지, 민족적 차이에 대한 교육 부족으로 황색 인종은 폭력밖에 이해하지 못한다고 믿었다."(Caldwell, 1962, p8)[19]

리처드 로빈슨에 따르면 미군정 당국자들이 사람을 야만적으로 취급하는 것은 "조선인이 이해할 수 있는 유일한 방식"이기 때문이라고 변명한다.(Robinson, 1947, p156), 조선국립경찰은 야만성과 지나친 행동 탓에 조선인 대부분이 몹시 미워했다. 웨드마이어 장군은 경찰과 인민 간의 관계를 정확하게 묘사한다.

[국립경찰]은 극우분자를 제외한 모든 조선인에게서 가장 비판받는 대상이다……비판은 주로 조선국립경찰의 영향력 있는 상층부 사람들이 전에 일본 경찰에 고용된 적이 있다는 사실에 있다……조선인의 반감은 해방이 이렇게 저주스러운 일제 억압의 상징을 역사의 무대에서 없애지 못했고, 일본 방식인 잔혹성과 고문이 지속적으로 자행되어, 무고한 사람을 자의적으로 체포해 고문하는 행위가 없어지지 않았다는 데서 생겨났다.(FRUS, 1947, vol.6, p802)

---

19 존 콜드웰은 미군정의 민간인 정보 전문가로, 이 책이 "남조선의 미군 점령과 미국의 재외공관에 관한 일, 즉 미 국무성이 해외에 설치한 것 중에서 가장 큰 외교적 기구에 관한 이야기다"라고 했다.

그리하여 한 조선의 신문은 1948년 탈식민지화한 조선의 경찰 폭력은 조선시대 말기나 일제 식민지의 폭력 행위와 다를 바 없다고 주장했다.(Summation, 1948, 제34호 p241)

3) 남조선국방경비대

1945년 가을, 막 생겨난 남조선국립경찰은 미국 전술부대의 보조 없이는 남조선 전역의 법과 질서를 유지할 능력이 없었다. 그래서 1945년 10월에 미군정 당국자들은 경찰을 보완할 남조선군대를 창설하기로 정했다. 국립경찰을 되살리는 데 주역을 맡았던 로렌스 쉬크는 내부 분란을 진압하고 남조선 국경을 방어하는 데 적합한 군대를 창설할 필요성을 주장하면서, '남조선의 국방계획'이란 각서를 10월 31일에 작성했다.(Sawyer. 1962, p9)

남조선국방경비대 창설을 위한 첫 단계로 11월 13일 군정법령 제28호에 따라 경찰과 육군, 해군 부서들로 구성한 군사국을 총괄하고 통제하는 '국방부'를 설치했다.(미군정 관보, 1945년 11월 13일 ordinance 제28호)

그다음에 미국은 육군과 공군 약 4만5천 명, 해군과 해안경비대 약 5천 명, 국립경찰력 2만5천 명 정도를 확보하자고 제안했다. 각 군은 미군과 일본군의 잉여 무기로 무장할 예정이었다. 하지는 11월 30일 이 계획을 승인했고, 맥아더 장군은 국무성과 합동참모본부의 결정을 얻고자 이를 워싱턴으로 송달했다.(Sawyer, 1962, p10-11)

남쪽 군대를 만들려는 미국의 이런 행동은 북쪽 군대를 건설하려고 소련이 취한 활동보다 6개월 정도 앞섰다. 북쪽의 소련 당국은 중국 팔로군에 있던 조선인이 1945년 가을에 조선에 귀국했을 때 그들의 무장을 해제하도록 했다.(USAF, 1952, p6; Cumings, 1981, p171에서 재인용)

1945년 11월 5일 참모회의에서 한 미국 장교는 미국의 군대 창설 행위가 소련으로 하여금 미국이 북조선을 공격할 군대를 만든다는 의심을 줄지도 모른다는 우려를 표했다.(HUSAFIK 2(4), p41) 아마도 이런 이유로 말미암아 1946년 1월 9일에 합동참모본부는 그 계획을 거부했다.(FRUS, 1945, vol.6, p1157) 워싱턴이 명백하게 거부했는데도 남조선국방경비대 계획은 진행되었다.

미군정 당국자들은 조선의 혁명적 상황에서 워싱턴의 지시를 수동적으로 기다릴 수 없다고 생각했다. 그들은 전국에 걸쳐 산재하는 인민위원회, 농민조합, 노동조합, 기타 혁명적인 대중 조직의 존재를 명확히 이해했다. '국방부'란 명칭에 대한 소련의 거부반응 때문에 그것도 1946년 6월이 되어서야 국방부는 내무부로 이름을 바꾸었다. 그 밑에 육군과 해군 부서가 있는 군사국은 폐지되었고, 대신 조선경비대와 해안경비대를 만들었다.(Sawyer, 1962, p20-21; 미군정 관보, 1946년 6월 15일 vol.1, ordinance 제86호)[20]

미군정이 당면한 중대한 문제 중 하나는 수많은 비공식 또는 사설 군사조직의 존재였다. 그중 가장 강력한 것은 인공의 조선국군 준비대였다. 그래서 1945년 10월 말에 하지 장군은 조병옥에게 국립경찰을 이용해 사설 군대를 모조리 해산하라고 지시한다. 그러나 조병옥은 이를 거부했다. 특히 그는 국립경찰과 한민당을 돕는

---

20 국립경찰은 1946년 봄에 독자적 조직으로 분리되었다.

우익 군사 집단 해산을 꺼렸다. 우익 군사 집단이란 이응준이 이끄는 일본군 출신의 조선인 장교 집단과 원용덕이 이끄는 일본 관동군 출신의 다른 조선인 집단을 포함했다.

공식적인 한국 자료에 따르면 이 두 집단은 미국군 진주 이후에 법과 질서를 유지하는 우파 조직으로서 주요 역할을 했다. 그래서 미군정은 이 계획에 동의하는 사설 군사집단의 지도자를 새로운 국방경비대 지도자로 지명했다. 얼마 안 되어 "군사조직 약 30개가 해체되었고, 우익 조직은 대부분 차례로 경비대에 가담했다."(국방부, 1967, p248-242),

국방경비대 준비 작업은 1946년 1월에 조선국군준비대를 공격하면서 크게 전진했다.(G-2 주간요약보고서, 1946년 1월 27일-2월 3일, 제21호) 1945년에서 1946년에 조선국군준비대의 전체 군사력은 약 6만 명이었다.(G-2 주간요약보고서, 1947년 6월 15일-22일, 제93호) 1월 초에 국립경찰과 미 헌병부대는 서울의 국군준비대 본부와 양주의 훈련학교를 습격해, 이혁기 총사령관을 비롯한 간부를 체포했다. 미군정은 1월 20일에 사실상 군사 단체는 모조리 해산하라는 법령을 반포했고, 미 군사법정은 이 법령에 근거해서 이혁기 사령관에게 3년, 다른 5명 지도자에게 2년을 선고했다.(국방부, 1967, p253)

남조선 군 장교들의 모집과 훈련은 1945년 12월 초에 시작되었다. 미국인은 장교 후보로 군사 경험이 있는 사람들을 원했다. 국방경비대 장교로 내정된 사람들에게 점령군의 언어인 영어를 가르치기 위해서 1945년 12월 5일에 군사영어학교를 세웠다. 1기생으로 선발된 60명 중 대다수가 1948년 이후 한국군의 최고위층을 차지했다. 1기생 60명의 장교 후보는 세 군데 집단에서 뽑았다. 즉,

일본군 출신 20명, 일본 관동군 출신 20명, 임정 산하 광복군 출신 20명이다.(국방부, 1967, p258)

광복군 출신은 일본군 출신과 함께 국방경비대에 참여하기를 꺼렸다. 그들은 특히, 반란 진압전술을 훈련받고 만주의 항일 민족주의자인 조선인과 중국인을 진압하는 것을 주 업무로 삼던 일본 관동군 출신들을 싫어했다. 군사영어학교에 들어간 광복군 출신들은 부일 협력자들을 혐오하는 소란스럽고 불평하는 소수파가 되었다.(Materi, 1949, p89)[21] 그리하여 군사영어학교 광복군 출신 장교 20명은 대부분 국방경비대 고위직을 얻지 못했다.(Materi, 1949, p90; Kim, Se-jin, 1971, p43)

게다가 미국 측은 국방경비대 장교는 투옥 경력이 없어야 한다고 규정했기에 국내외에서 조선 독립을 위해 투쟁한 용사들은 배제되었다.(Kim, Se-jin, 1971, p40-41) 이렇게 국방경비대와 그 후신인 한국군은 일본 식민지의 군사적 배경을 지닌 장교들의 집합 장소가 되었다.(Kim, Se-jin, 1971, p41,48; 국방부, 1967, p277-278)

국방경비대는 군사영어학교 졸업생들을 조직의 핵심으로 삼았고, 1946년 봄에는 대대적인 신병 모집을 시작했다. 급속히 팽창하는 군대에 필요한 장교단을 양성하고자, 1946년 5월 1일 남조선 국방경비대 간부훈련학교가 군사영어학교를 대신해 설립되었다. 11월에 남조선의 국방계획이 실천되기 시작한 지 1년도 채 못 되어 남조선국방경비대는 약 6천 명이 되었다. 1948년 대한민국이 수립되기 직전에 남조선국방경비대는 소수 해안경비대를 포함해 5만

---

21   이 책을 쓴 이마 매터리의 남편 조셉 매터리는 국방경비대 훈련소 소장이고, 남조선 경찰 자문관이었다.

명이 넘었다.(Kim, Se-jin, 1971, p39)

미군정은 일본 군대에서 높은 계급에 있던 조선인을 상당히 높이 평가했다. 이들 중 가장 중요한 인물로는 1945년에 국방경비대 계획을 발전시키는 데 미국인을 도운 이응준을 꼽을 수 있다. 그는 일본군 대좌였으며 군사영어학교 입학자 선발에 중요한 영향력을 행사했고, 1948년 대한민국 초대 육군참모총장이 되었다.(국방부, 1967, p258-259; Kim, Se-jin, 1971, p44)

국방경비대 장교를 선임하는 데서 중요한 역할을 한 다른 이는 원용덕이다. 일본 관동군 중좌 출신인 그는 국방경비대의 초대 사령관이 되었다.(국방부, 1967, p258,268)

1945에서 1946년에 군사영어학교 또는 국방경비대 간부훈련학교를 졸업한 일본군 출신의 조선인 장교들은 이후 이승만 정권의 대한민국 군대에서, 그리고 1961년의 군사쿠데타에서 중요한 역할을 한다. 채병덕 장도영, 정일권, 김재규, 박정희 등이 그들이다.(국방부, 1967; Kim, Se-jin, 1971) 한 국방경비대원이 국방경비대에 존재하는 '친일 정신'을 이렇게 묘사했다.

이전 일본군 장교와 이전 일본 군대 지원병들이 거의 중요한 자리를 차지했다. 일본 정신과 일본식 사고방식이 그들에게 퍼져 있었다. 그들의 사고는 인민의 사고와 상당히 분리되어 있었다.(G-2 정기보고서, 1947년 1월 29일, 제442호)

국방경비대 장교들을 훈련할 때 미군은 폭동진압 기술을 강조했는데, 미군정이 외적 침략보다 내적인 무질서를 더 두려워한 탓

이다. 그래서 국방경비대는 경찰 예비대로서 꼭 필요하다고 생각했다.(국방부, 1967, p292-293)

미국 훈련관은 남조선에서 공산주의자들이 일으키는 사회 무질서와 게릴라식 활동은 국방경비대원이 전술적으로 훈련할 좋은 기회라고 여겼다. 국방경비대는 체포권을 부여받은 적이 없는데도 이 법적 권한을 항상 무시하면서 제멋대로 체포하고 영장 없이 수색했다. 그래서 국방경비대와 국립경찰은 1946년에서 1949년까지 미군정이 혁명적 조선 민족주의자를 탄압하는 데 주요한 무기가 되었다. 실제로 국방경비대는 1948년 제주도 민중봉기를 진압하는 데 투입되었고 여수와 순천에서 일어난 게릴라전에도 이용되었다.(Sawyer, 1962, p25-26,40)

이런 방식으로 미점령군은 낡은 일본식 사법체계와 국립경찰을 유지했고 새 군대를 창설했다. 이런 억압적 국가 기구들은 미군이 직접 담당하지 않고 주로 친미파나 이전 친일파들이 담당했는데, 남조선의 미국 군사 통치를 위장하기 위한 조선인화 정책에 근거해서였다. 이렇게 국가 기구를 준비해 놓았으니, 이제 미군정은 지지해 줄 사회 세력이 필요했다.

3

친일파에서 친미파로

제국주의 세력이 식민지를 만들거나 한 나라를 점령할 때 맨 처음 하는 것은 그 지역에서 동맹자들을 찾아내거나 만들어내는 작업이다. 일본인은 조선에서 조선 학생을 일본으로 유학 보내기, 일본에 있는 조선인 정치망명자 보호하기, 부패한 조선인 관리와 사업가 회유하기 등의 방법으로 친일 협력자를 수없이 생산해 냈다. 일본이 조선을 식민지로 만드는데, 친일파 집단인 일진회 역할은 이미 널리 세상에 알려져 있다. 친일 협력자를 지원하고, 항일 조선 민족주의자들을 억압하는 것은 조선 통치 40년 동안 일본이 지속해서 추진한 사업이다.(강동진, 1980, p115-265)

미국인도 예외는 아니었다. 미점령군은 친일파 조선인 중에서 쉽게 친미파를 찾아낼 수 있었다. 친일파는 친일 행적 탓에 해방한 조선에서 설 땅이 없었기에 일제를 대신하는 새로운 보호자가 필요했다. 이에 미점령군과 친일파는 서로 이해관계가 맞아 떨어져 쉽사리 동맹자가 되었다. 친미 조선인을 찾아내서 조선 군사 통치에 그들을 이용하고자 미군정은 조선관계정보처를 만들어 다음 일을 수행하게 했다. "조선인과 군정 사이 연결하기, 친미 조선인 단체 조직하기, 조선인에게서 정보 수집하기, 조선인에게 정보 전파하기."(HUSAMGIK주한미군정사, pt.1, p182-183; 심지연, 1984, p48에서 재인용)

국내에서 친일하던 조선인과 서양에서 고등교육을 받은 친미 협력자들이 모여서 한국민주당을 조직했다. 이승만이나 김구와 같은 상해 임시정부의 보수 지도자도 미점령군의 동맹가가 되었다. 미군정은 우선, 임시정부 주요 인물들에게 망명지에서 조선으로 돌아올 교통수단을 제공했다. 다음에 미군정은 탈식민지화한 조선의 정치 상황에서 혁명적 좌파에 맞설 대상으로 그들을 선택했다. 호의에 보답이라도 하듯이 임시정부 지도자들은 미군정의 얼굴마담이 되어, 조선 민중이 그들에게 준 민족지도자라는 신임을 미군정을 정당화하는데 빌려주었다.

여기서는 미군정이 어떻게 한민당과 임시정부를 지원했고, 남조선 점령의 목적인 반공보루를 건설하기 위해 그들을 어떻게 이용했는가를 살펴본다.

(1) 한민당 조직

일본 식민지 세력에 협력했거나 일본에 대항해 적극적으로 싸우지 않은 우익 정치인들은 식민지에서 벗어난 조선에서는 정치 조직을 만들 수 없었다. 해방한 조선에서 민중은 친일파를 미워하고 항일 투사를 존경했기 때문이다.

커밍스는 "해방한 조선에서 정치적 정당성의 가장 중요한 평가 기준은 일본 지배에서의 개인의 경력"이라고 했다.(Cumings, 1981, p80) 그래서 일부 보수주의자는 탈식민지화한 조선의 정치 상황에서 고립되지 않으려고 건준과 인공에 가입했고, 일부 보수주의자는 자신의 생명과 재산을 지키고자 건준에 금전적으로 막대한 기부를 했다.(앞의 책, p81-82; 심지연, 1982, p48)

그런데 소련이 아닌 미국이 남조선을 점령할 거라는 소식이 1945년 8월 마지막 주에 알려지자, 상황은 바뀌었다. 이것은 보수주의자들이 정치 조직을 만드는 결정적 소식이었다. 한 우리 말 자료에 따르면 한민당 대변인 송진우와 그의 지지자들은 8월 말에 미군이 9월 8일 서울에 도착한다는 소식이 확실하게 알려진 뒤에 한민당을 조직하기 시작했다는 것을 한민당 대변인 송진우가 인정했다.(김준연 1947, p7,13)

조병옥은 "한민당은 서울 인공과 남북 곳곳에 조직한 인민위원회의 강력한 반대에 직면했기 때문에 한민당의 유일한 희망은 곧 도착할 미국인들에게 달려 있다"고 진술했다.(조병옥, 1959, p145-146)

김성수와 장택상과 같이 나중에 한민당의 주요 지도자가 된 사람들은 송진우가 하지 장군과 비밀회담을 한 후에야 비로소 한민당 조직에 참여했다.(심지연, 1984, p49)

미점령군의 공식 기록은 9월 16일의 한민당 창당도 미국 요구로 이루어졌음을 알린다.(HUSAMGIK, 1946년, pt.2, ch.1, p6) 실제로 한민당 창당대회는 미 헌병의 보호 아래 열렸고, 하지 장군은 당 지도부에 조직 활동에 쓰라고 세단 9대를 내주었다.(심지연, 1982, p59)

한민당은 대지주와 부유한 사업가, 서양에서 교육받은 지식인들, 일제 식민지 관리와 친미 협력자로 구성되었다.(심지연, 1984, p26-32; Cho, 1967, p74),

일제 식믹지 시절, 일본 식민 세력에 협조한 사람들만이 대지주와 부유한 기업인으로 위신을 유지할 수 있었고, 식민지 관리들은 직접적으로 일본의 조선인 착취와 억압에 참여했다. 이 친일 협력자는 자기를 처벌하고 재산을 몰수하려는 조선 민족주의자들에 맞서 자신을 보호해 줄 바람막이가 필요했던 터라 쉽사리 친미화할 수 있었다. 1945년, 고등교육을 받은 조선인 중에 소수만이 서양에서 공부했고, 서양 교육을 받았다는 것 자체가 부의 상징이었다. 서양에서 공부한 많은 지식인은 이미 정신적으로 서양물이 들어 있어서 미군정을 돕는 데 별다른 어려움이 없어 보였다.

한민당의 성격은 그 정강에 명백하게 나타났다. 한민당의 정강과 강령은, '세계평화와 민족문화의 증진, 노동대중 삶의 향상, 토지체계의 합리적 재조직화'와 같은 모호하고 일반적인 이념으로 이루어져 있다.(송남헌, 1985, p126)[22] 거기에는 탈식민지화한 조선인의 두 가지 주요한 요구, 즉 민족 반역자인 친일 협력자들의 처벌과 생산 체계의 근본적인 변화인 토지개혁에 대한 강령이 없었다. 이것은 한민당 지도부가 대지주와 친일 협력자로 구성되었다는 사실의 논리적 귀결이다.

토지개혁에 대한 광범위한 요구가 일자, 한민당은 1945년 10월 후반에 토지개혁 강령을 만들었다. "토지는 지주에게 사서 경작하는 사람에게 파는 식으로 재분배한다. 땅을 얻은 농민은 장기나 연

22　송남헌은 김규식의 개인 비서였는데, 김규식은 자유주의적 민족주의자로서 여운형과 함께 좌우합작위원회를 이끌었고, 1946년 과도입법의회 의장이 되었다.

간 할부의 형태로 땅값을 지불한다."(심지연, 1984, p338-341)

이 강령은 인공의 강령 즉, 대지주에게 토지를 무상 몰수해, 토지를 경작하는 사람들에게 무상으로 재분배한다는 것과는 명백히 달랐다. 한민당의 토지개혁 강령은 지주들의 지배적 지위를 보장하는 기존의 토지제도를 고치지 않고 영속화하려는 노력이었다. 또 한민당 정강은 조선 정부 수립은 중국 중경에서 임시정부가 돌아올 때까지 기다려야 한다고 강조한다. 한민당은 스스로 대중 앞에 내놓을 만한 명분이 없어서, 하는 수 없이 상해 임시정부를 떠받든다는 간판으로 민중에 호소했다.(한태수, 1961, p13)

한민당은 처음부터 인공과 그 연계 집단들에 대한 반대에 사로잡혀 있었고, 강력하게 반공주의 이념을 옹호했다.(심지연, 1982, p66) 학자인 한태수는 "한민당은 당시에 유일하게 강력한 정치 세력이었던 건준에 맞서고자 반공 세력이면 누구를 막론하고 포섭하려고 했으니, 과거 친일 협력자들이 한민당 주위에 모여들었다"고 진술했다.(한태수, 1961, p13)

한민당의 반공 이념은 친일 협력자에 대한 조선인의 일반적인 감정을 모호하게 하고, 미군정과의 밀접한 연계를 확립하려는 수단이었다. 한겨레신문을 창간한 송건호는 "일제 시절에 민족적 오점이 있는 사람일수록 발작적으로 반공주의자가 되려 했고, 그 당연한 결과로 이들이 공산주의의 위협으로부터 민족을 보호하는 민족주의 세력처럼 되었다"고 언급했다.(송건호, 1980, p29)

이런 강령을 가진 한민당은 미군정에 깊은 의존 때문에 '친미 협력자'라고, 일반적 토지개혁에 반대하기 때문에 '지주의 대변인'이라고, 식민지 협력자 처벌 문제에 모호한 태도 탓에 '친일'이라고

비판받았다.(송남헌, 1985, p128),

게다가 모호한 당 강령과 당 지도부들의 친일 경력으로 대중적 지지를 얻을 수 없었고, 당 지도부는 대중적 지지 기반을 만들거나 동원하는 과정을 거의 몰랐기에 한민당 지부는 서울에만 조직되었다. 그들은 지방 관료와 군수, 지방 경찰을 당에 가입시키고자 한 것을 제외하고는 거의 전적으로 지방 조직과 대중적 기반을 무시했다.(Cumings, 1981, p99)

이런 사정으로 한민당의 서울 지도부는 강력했지만 지방 지부 조직은 허약했다. 이것은 마치 "머리만 있고 몸이 없는 기형아" 같았다.(심지연, 1984, p15)

미군정의 지원이 없었다면 한민당은 이런 허약한 조직으로는 전국적 조직과 대중적 지지를 받고 있던 인공에 맞선 정치 투쟁에서 살아남지 못했을 것이다.

(2) 한민당 이용

미군정이 어떻게 지원해서 한민당이 만들어졌는지를 살펴봤으니, 이제 미군정 관료제도에 한민당원이 어떤 형태로 고용되었는지를 보면, 미군정이 한민당을 어떻게 이용했는지를 알 수 있다.

한민당을 보는 미군정의 감정은 하지의 정치자문 베닝호프가 워싱턴에 보내는 보고서에 잘 나타나 있다.

정치 정세에서 가장 고무적 사실 중 하나는 서울에서 고등교육을 받은 나이 든 사람 중에 보수주의자가 수백 명 존재한다는 점이다. 그들 대부분이 과거에 일본에 협력했지만, 그런 오명은 결국 없어질 것이다.(FRUS, 1945, vol.6, p1050; Kim, Jinwung, 1983, p74)

또 다른 보고서에서 베닝호프는 자신이 한민당원을 좋아하는 이유를 밝힌다.

[그들의 상당수는] 미국이나 조선의 미국계 선교 기관에서 교육받았고, 그들의 정강 정책에서 서구 민주주의를 따르고자 하는 희망을 보았다."(FRUS, 1945, vol.6, p1050)

더군다나 베닝호프는 한민당이 조선의 독립을 희생시키면서까지 미국을 지지할 것이라는 사실을 알아챈다.

보수 집단은……군정에도 협력적이다. 그들은 대부분 조선이 일정 기간 신탁통치를 받아야 한다는 것을 잘 알고 있고, 그 경우 소련의 지배보다는 미국의 지배를 더 바란다.(FRUS, 1945, vol.6, p1070-1071)

1945년 10월 5일, 남조선에 자치 행정부와 유사한 것을 마련하려는 어줍잖은 노력으로 하지는 원래 한민당이 제시한 자문위원 11명을 임명했다.(심지연, 1984, p55) 자문위원 중 9명은 한민당 출신이고, 그중에서 의장이 나왔다. 그러나 2명의 인공 대표 중에서 조만식은 북쪽에 있었고, 여운형은 친일 협력자들이 지배하는 위원회 참여를 거부했다.

사실 부유한 지주이자 사업가인 자문위원회 의장 김성수는 조선총독부 고문으로 활동한 적이 있고, 전국에서 미움과 불신을 받았다. 한민당의 당수인 송진우는 동경 헌병사령관의 첩자였다. 이용설은 내선일체 운동에 적극적이었고, 전용순은 조선인에게 몰핀을, 일본 군대에 의료기를 팔아 부자가 되었고, 김동원은 일본 통치 아래에서 평양 상공회의소 회장을 지냈다.(Roth, 1946, p221; 길진현, 1984, p235)

그래서 미군정의 '자문위원회'는 유명한 친일파들로 구성된 일제의 중앙자문위원회와 유사했다.(Scher, 1973, p18)

이런 부류 사람들 자문을 받는 미군정은 부유한 친일파와 한민당 지도자들이라는 정선된 집단에 에워싸였다. 1945년 가을, 이전 조선총독부 관리였던 사람들은 한민당과 미군정이 동맹자라는 걸 확인했고, 한민당 지도자들은 미군정 관료 조직의 핵심을 통제하게 되었다. 즉, 조병옥이 경무부장, 장택상이 수도경찰청장, 김용무가 대법원장, 이인이 검찰총장이 되었다. 이 4명은 이 직위를 1948년까지 유지했고, 남조선에서 혁명적 민족주의자들을 탄압하는 데 핵심 역할을 했다.

한민당은 이런 법과 질서유지를 위한 주요 기구들뿐만 아니라, 다른 주요 조직에서도 장 지위를 차지했다. 농업과 교통, 교육, 사법, 공공보건 등의 부서, 사법부 7개국, 경찰부 8개국과 외무, 물가행정처, 인사행정처 등의 장 자리를 차지했다. 한민당은 서울의 관리뿐만 아니라 도청과 군청 관리까지 영향력을 뻗쳤다. 경기와 전남, 경북, 경남 도지사, 대구와 광주 시장도 차지했다.(Cumings, 1981, p154-155; 심지연, 1984, p56-58)

1946년 초, 전라남도에서는 군수 21명 중에서 17명이 한민당원이었다(G-2 주간요약보고서, 1946년 2월 17일-24일, 제24호, p321) 그래서 "남조선 미군정 직원의 8할이 한민당과 그 관련자들이다"라는 말이 나올 정도였다.(심지연, 1984, p58) 미군정은 자리 약 17만 개를 결국 친미 조선인으로 채웠다.(Lee, Won Sul, 1961, p84)

한국 현대사를 연구하는 저명한 미국인 학자 커밍스는 이렇게 썼다. "나는 미국인이 조선 좌익 인사를 책임자로 임명한 예는 하나도 찾아낼 수 없었다. 비 한민당계 사람도 식민 체제에 봉사했든지, 식민지 기간에 친일한 유명 인물이었다."(Cumings, 1981, p155)

이것은 조선에 와 있던 선교사의 아들이고 하지의 고문이었던 조지 윌리엄스가 철저한 반공주의 신념과 강력한 실천적인 능력을 지닌 애국적 조선인을 골랐기 때문이다.(조병옥, 1959, p149; Lauterbach 1947, p202)

미군정의 이런 지지에 힘입어 한민당은 허약한 정치 집단에서 미군정 시대의 여당으로 상승할 수 있었고, 미군정을 도와 정치 라이벌 인공을 탄압했다. 인공은 사실상 조선 정부에서 일개 정당으로 변했다가 결국 강제로 해산되었다.

(3) 임정 지도자 귀국

미군정은 한민당 창당을 돕고 한민당 지도자를 미군정 관료로 두루두루 고용한 뒤에도 몹시 불안했다. 미군정의 동맹자인 보수 국내 우익들이 과거에 친일했다는 경력 탓에, 대중의 지지를 얻지 못해 활력 있는 정치 조직을 만들 수 없었기 때문이다. 그래서 미군정 당국자들은 겉으로는 민족주의적인 색채를 띠면서 속으로는 미군정을 도울 인물을 찾으려고 애썼다 이런 사람이 있다면 거대한 관료 조직의 제일 높은 자리에 앉히고 싶었다.

사실 미군정은 이승만 정권에 권력을 인계할 때까지 미국이 만든 관료 조직에 정당성을 부여할 믿을 만한 조선인 지도자를 샅샅이 찾았다. 이런 상황에서 중경에 있는 임시정부 지도자들이 미군정의 지지를 얻었다.

미군정의 이런 태도는 조선의 정치 집단들, 특히 임시정부를 향한 미국 정책의 변화를 의미했다. 이전 미국 정책은 아래와 같았다.

김구 집단(임시정부)과 같은 어떤 집단……또는 이 박사와 같은 어떤 개인에게 다른 조선인보다 더 지지한다는 인상을 주는 어떤 조치도 미군정이나 사령관이 해서는 안 된다.(FRUS, 1945, vol.6, p1114)

당시 미국은 아래 이유로 임시정부 인정을 거부했었다.

임시정부는 조선의 어떤 분야에서도 행정 권위를 가진 적이 없고, 현재 조선 인민 대표로 인정할 수 없다. 하물며 망명 조선인 중에서도 추종자는 일부에 지나지 않는다.(앞의 책, p1030)

그런데 임시정부에 대한 미군정의 시각이 바뀌었다. 바뀐 시각은 미국첩보국OSS 관료로 중경에 있다가 임정과 비슷한 시기에 조선에 온 클라렌스 웜스 2세가 준비한 비밀보고서에 잘 나타나 있다.

임시정부 지도자는 반공주의자로, 미국의 일시적인 조선 보호가 조선 정부를 세우는 데 도움이 된다고 생각하고, 미국과는 진정한 우의를 유지할 것이다.(Weams, n.d.; Cumings, 1981, p187에서 재인용)

하지 사령관도 미국이 극동에 반공보루를 건설하는 데 임시정부가 중요한 역할을 할 것이라고 생각했다.

조선의 정치 정세는 단순히 극동 지역, 특히 중국 정치의 반영에 지나지 않는다. 장개석은 중국에서 공산주의와 싸우면서 그의 이웃에 민주 조선이 있기를 바란다. 그래서 그는 김구를 지지한다.……문제의 핵심은 극동 전체가 공산주의화 되느냐 마느냐이다.(Journal, 1945년 11월 12일; Cumings, 1981, p192에서 재인용)

1945년 9월 15일, 메릴 베닝호프는 임정 지도자들의 귀국을 미군정이 공식적으로 환영해야 한다는 하지 사령관의 의견을 워싱턴에 보고했다.(FRUS, 1945, vol.6, p1053)
일본에서 맥아더 장군의 정치자문으로 활동한 조지 애치슨은 10월 중순에 하지와 대화한 후에 하지의 의견을 워싱턴에 다시 제시했다.

우리는 미군정의 협력과 지도 아래에서 장차 행정적 정부 기구로 발전할 조직의 핵심으로 어느 정도 진보적이며 존경받는 지도자나 소규모 집단을 이용해야 한다.(앞의 책, p1091)

그러고 나서 애치슨은 이 기구를 이끌 세 사람을 추천했는데, 모두 임정 사람들로, 임정 주석 김구, 부주석 김규식, 임정 대통령 이승만이다.

　　미군정이 임정 지도자들을 이용하기로 한 결과, 이승만이 1945년 10월 16일에 귀국했다. 이승만은 40년 동안 미국에서 살았고 프린스턴 대학에서 박사학위를 받았다. 하지의 정치자문 굿펠로우는 "이 박사는 다른 조선인 지도자보다 더 미국적 관점을 가졌다"고 진술했다.(Henderson, 1968, p128)[23] 이승만의 정적들은 그를 조선의 천성을 잃어버린 '미국화한 조선인'이라 불렀다.

　　미군정은 이승만에게 특별한 지위와 특권을 주었다. 하지가 동경에서 맥아더와 논의한 후에, 이승만은 10월 16일 맥아더 전용기로 서울에 왔다.(HUSAFIK, vol.2, ch.1, p33; Cumings, 1981, p188에서 재인용). 이승만은 김구보다 먼저 비행기 편의를 제공받았는데, 아마 김구는 보수적이긴 했지만, 중국과 밀접한 관계에 있었고, 그의 임정에 좌파 인물이 몇 명 섞여 있어서였다.(Roth, 1946, p221)[24]

　　미군정은 좌파 정당에는 아예 방송할 기회를 주지 않고, 우파 정당 2곳과 중도 정당 2곳에는 매달 15분씩 방송 시간을 할당했고, 이승만에게는 방송에서 견해를 피력하도록 주당 15분씩 주었다.(Meade, 1951, p262)

　　10월 20일, 하지는 이승만 환영 집회를 열고 이승만을 마치 망명에서 돌아온 민족 영웅처럼 소개했다. 이 집회에서 이승만은 소

23　헨더슨은 1947년 외교 업무 전문 장교로 남조선에 파견되었고, 그 후에 서울과 부산의 미국 대사관, 영사관에서 7년간 일했고, 미 국무성에서 3년 더 일했다. 그의 책은 10여 년 동안 남한에 몰두한 경험을 반영한다.(헌팅턴이 쓴 머리말에서)

24　맥아더 지시로 하지는 이승만에게 조선호텔 방 세 개를 제공했고, 최고 미국 장교 대접을 했으며, 미국인 장교가 신변 보호로 따라다녔다.(Cumings, 1981, p189; Roth, 1946B, p221; Scher, 1973, p19)

련이 북쪽을 점령한 것을 비판하는 연설을 했다.(Scher, 1973, p19)

이승만은 이미 워싱턴에서 "민주주의와 공산주의는 공존할 수 없다." "미래의 미국인 세대들은 대일전에 소련을 참전시킨 데 대해 대가를 지불해야 할 것이다"라고 말하면서 그의 러시아 혐오를 명백히 드러낸 터라, 서울 집회의 반소 발언은 놀랍지 않다.(Roth, 1946, p221) 더구나 11월 7일, 서울의 미군정 방송국에서 방송 연설을 시작한 이승만은 조선인민공화국과 좌익에 대해 신랄하게 비판했다.(송남헌, 1985, p237-238)

이승만은 '무조건 단결'과 '친일파와 민족 반역자 처벌은 독립 후에'라는 모호한 슬로건으로 정치적 통일을 주장했다. 10월 23일에 그는 한민당과 다른 우익 집단을 끌어모아 조선독립촉성중앙위원회를 만들었는데, 1946년 2월에 한국독립촉성전국회의(이하 독촉)로 개칭했다.(국회도서관, 1980, p10,17; 송남헌, 1985, p238)

그러나 이승만의 통일이란 무원칙한 주장이고, 친일 조선인과 극단적 우익은 포함하고 좌익 항일 투사는 배제했다.(송남헌, 1985, p238)

이승만은 한민당의 거대 세력을 무시할 수 없었기에 한민당과 제휴했고, 한민당은 당에 애국자 집단이라는 마스크를 씌우려면 이승만이 필요했다.

김구와 임정 중요 인물 14명은 11월 23일에, 김원봉과 다른 임정 중요 인물은 12월 3일에 미국 정부 비행기로 서울에 왔다.(송남헌, 1985, p239; 재미한족연합위원회, 1948, p14)

하지 사령관이 김구의 우파가 김원봉이나 김규식의 파들보다 먼저 서울에 도착해야 한다고 요구했기에, 임시정부 지도자들은 따로따로 서울에 도착했다.(HUSAFIK vol.2, ch.1, p36; Cumings, 1981, p192에서 재인용)

하지는 미군정을 위해 김구가 얼마나 소중한지는 "고깃국에 필요한 소금 같다."(Journal, 1945년 11월 2일; Cumings, 1981, p192에서 재인용)라고 표현할 정도였으니, 김구에게도 특별한 지위와 특권을 주었다. 김구가 서울에 온 다음날, 군정장관은 사령관실에 서울의 신문기자들을 모아놓고 김구를 소개했다.(Robinson, 1947, p60)

미군정은 덕수궁에 임시정부 본부를 마련해주고, 미군 헌병이 경비를 섰다. 또 교통수단을 제공하고 미군정이 다른 단체에는 무기반납을 명령하고는 김구 개인 수행원이 무기를 지니는 것은 허용했다.(Scher, 1973, p19; Robinson, 1947, p66)

리처드 로빈슨은 미군정이 인공보다 임정을 더 좋아했다는 증거로 다음의 예를 지적했다.

1945년 늦은 가을과 겨울 사이에, 서울에 있는 방송국JODK을 이용하는 시간을 인공과 그 지부에게는 매달 30분만 할당하면서, 임정과 임정을 지지하는 정치 집단에는 매달 4시간 30분을 할당했다. 물론 방송국은 미군정이 운영했다.(Robinson, 1947, p66)

김구는 서울로 돌아오기 전에 임정은 절대로 정부 행세를 하지 않겠다고 서약했지만, 그는 서울에서 "내가 돌아왔으니 임시정부도 돌아온 것이다"라고 발표했고, 12월에 임정은 이승만이 참여한 가운데 내각회의를 열었다.(HUSAFIK, vol.2, ch.2, p51; Cumings, 1981, p192에서 재인용; Scher, 1973, p19)

인공에게는 미군정이 유일한 정부라고 주장하던 것과 모순되게 미국인들은 임정을 인공의 경쟁자 수준으로 끌어올리려고 임정이 '정부'나 '내각'이라는 단어를 사용하도록 허용했다. 그러면서 미군정은 조선인민공화국의 체면을 깎아 내리려고 '공화국'이라는 단어를 사용하지 못하게 했다.(Scher, 1973, p19)

비록 임정이 미군정에서 중요한 자리를 차지한 친일 협력자들을 비난하고 나섰지만, 임정은 효율적인 정치 조직이라기보다 파당의 집합체로 매우 허약했기에 친일 협력자들이 제공한 돈과 편의를 받아들였다.(심지연, 1986, p38-39) 김구의 숙소인 경교장은 친일해서 부유한 지주가 된 광산 소유주 최창학이 기부한 것이다.(Cumings, 1981, 513)

1946년 4월 16일, 임정 지도자들은 1930년 상해에서 창당되어 임정의 집권당이던 한국독립당(이하 한독당)을 다른 우익 정당인 한국민족당과 신한민족당과 합해 재조직했다. 한독당은 한민당과 독촉과 더불어 강력한 우익 정당으로 등극했다.

(4) 임정 지도자 이용

임정 지도자들이 서울에 돌아왔으니, 미군정은 한민당과 임정을 통합해 그들을 이용하려 했다. 그 첫 번째 결과는 굿펠로우와 이승만, 하지가 설계한 대한국민대표민주의원(이하 민주의원)이다. 1946년 2월 14일, 민주의원은 그 첫 모임이 서울의 수도빌딩에서 경찰들이 10보 간격으로 둘러싼 가운데 열렸다.(Journal, 1946년 2월 14일; Cumings, 1981, p235에서 재인용)

28명으로 구성한 민주의원은 임정 지도자들이 의장단을 차지했는데 이승만이 의장직을, 김구와 김규식이 부의장직을 맡았고, 위원 대다수가 한민당과 독촉, 임정 출신이다. 민주의원은 선출된 좌파 3명이 민주의원 소집 당일로 사임해서 우익만 모인 집단이 되었다 (HUSAFIK, vol.2, ch.2, p5; Kim, Jinwung, 1983, p84에서 재인용)

공식적인 미국 소식통에 따르면 민주의원은 "원래 중도 우파와 좌파 사이 실질적 제휴를 달성하려는 노력으로 탄생했고, 그 목적은 정치적 사건에서 하지 장군을 보조하는 자문 집단"이었다. 궁극적으로 민주의원은 공산주의가 지배하는 북조선에 맞서 미소공동위원회에서 남조선을 대표하게 하려는 것이었다. 이런 목적으로 미군정은 "주로 인공의 조직적 힘을 통하여 좌파 집단들이 남조선 인민을 대표한다"는 엄연한 사실을 인정하지 않고, 민주의원 우위를 추구했다.(G-2 주간요약보고서, 1946년 2월 10일-17일, 제23호 p296) 미군정은 민주의원에 자동차와 창덕궁을 사용하게 했고, 의원 개인마다 매달 3천 원을 지원했다.(HUSAFIK, vol.2, ch.2, p85; Cumings, 1981, p235에서 재인용)

하지는 미국의 남조선 계획에 충성했기에, 민주의원을 1946년 11월에 과도입법의원이 발족할 때까지 자문기관으로 계속 이용했다. 그러나 미군정 중위 레너드 버치는 이렇게 진술했다. 민주의원은 "국민을 대표하지 못하고 민주적이지도 못하고 자문도 제대로 하지 못했다"(Cumings, 1981, p235)

남조선과도입법의원은 실제로는 하지의 말을 잘 들으면서도 겉으로는 합법적으로 보이게끔 조선 사람으로 구성된 또 다른 상징적 조직이었다. 민주의원마저 실패한 이후에 미국의 정책입안자들은 남조선에서의 미군 정치를 정당화할 수단으로 민주적 선거 절차만이 남았다고 보았다. 1946년 6월 초에 서울에 도착한 미국의 남조선 정책에 관한 문서는 미군정이 "광범위한 선거 절차를 통해 현재의 민주의원을 대체할 입법 자문기구를 설치할 것을 제안했다."(FRUS, 1946, vol.8, p694)

미 국무부 극동국 관리 윌리엄 랭던은 이번 선거는 "비공산주의자가 주도하는 당이 지방에서 조직 활동을 활발히 하도록 자극할 것"(FRUS, 1946, vol.8, p690)이라고 국무장관에 보고했다.

8월 24일, 군정법령 제118호는 과도입법의원의 선거를 공고했다. 과도입법의원은 90명이었는데, 그중 45명은 하지가 임명하고 나머지 45명은 선거로 뽑혔다.(미군정 관보 1946, vol.1, p261)

과도입법의원들은 4가지 단계, 즉 리, 면, 군, 도를 거치는 간접선거에서 선출되었다. 각 낮은 단계에서 선거인들은 다음 높은 단계의 대표 두 명씩을 선출했고, 결국 군 단위의 선거인들이 과도입법의원에 보낼 도 단위의 대표자들을 인구수에 따라 선출했다. 미군정은 조선총독부가 지방 자문위원 선출에 사용한 선거법을 이 선거에 적용했다. 그래서 지방의 여러 지역에서 오직 납세자와 지주만이 투표했다.(Meade, 1951, p187)[25] 리와 면에서는 일반적으로 보수 성향의 마을 연장자들이 선거권자들을 대신해 투표했고, 단지 군 단위에서만 비밀투표가 이루어졌다. 이렇게 복잡한 선거 체계의 목적은 좌파 후보자들의 의원 선출을 막기 위함이었다.

선거는 1946년 '10월 대항쟁' 기간에 실시되었는데, 너무 빨리

---

25 그랜트 미드는 미군정의 민사 관계에 참가한 장교로서 미국의 남조선 통치에 참여했다. 이 책은 그가 1945년 10월부터 1946년 10월에 걸쳐 전라남도에서 겪은 경험에 근거한다.

진행되어서 선거 사실조차 알지 못한 사람이 많았다.(Robinson, 1947, p176) 미국인 관리는 "전략적으로 지금이 우익이 선거를 치를 적당한 시간이다. 모든 좌익은 감옥에 있거나 산속에 숨어 있다."(Gayn, 1948, p395)고 논평했다.

더구나 선거를 관리하는 업무가 대개 우익의 수중에 있어서, 선거가 '고무도장 찍는 일'처럼 되어버렸고(Meade, 1951, p189), 압도적 다수의 우익 인사가 선출되도록 "이미 승패가 결정된 게임"이었다.(FRUS, 1946, vol.8, p763)

선거는 간단히 우익의 압도적인 승리로 나타났다. 한민당 21석, 이승만의 독촉 13석과 김구의 한독당 6석, 우익 성향 무소속 5석(McMahon, 1964, p45; Cumings, 1981, p262에서 재인용) 선출된 과도입법의원 45명 중 제주도 출신 좌익 2명을 제외하고는 모두 우익이었다. 그러나 그 2명도 서울에 도착하자마자 재빨리 제거되었다. 나중에 그 2석은 우익 인사로 채워졌다.(USAFIK, 1947A; Kim, Jinwung, 1983, p223에서 재인용)

과도입법의원은 자유 이념을 가진 명망 있는 임정 지도자 김규식이 의장을 맡았지만, 조선 민중의 지지를 얻을 수는 없었다. 대다수 조선 인민은 과도입법의원이 남조선 단독 정부로 발전하고, 미군 점령 기간을 연장할지도 모른다는 생각에서 과도입법의원 수립 자체를 반대했다. 그래서 유권자 30%만이 선거에 참여했다.(재미한족연합위원회, 1948, p31-32) 선거는 조작되었고, 인민의 소망을 반영하는 데 실패했기에, 과도입법의원은 민족국가 건설에 도움을 주는 법률을 거의 제정하지 못했다.

4

혁명적 민족주의자 탄압

정복자로서 남조선을 점령한 미군은 정복한 조선 민족을 지배하는 데 쓸 억압적 국가 기구를 정비하고, 친일파를 중심으로 친미 협력자를 모으더니, 목적 달성에 방해가 되는 혁명적 민족주의자를 탄압하기 시작했다. 조선인민공화국은 미점령군이 서울에 도착해서 남조선에 군정을 공표할 당시, 사실상의 조선 정부였다. 인공의 기본 목표는 외국 간섭에서 독립하고 노동자와 농민의 이해를 대변하고 일본 식민지배에 협력한 자들을 배제 한 채, 통일 조선을 건설하는 것이었다. 그러나 미국이 남조선을 점령한 목적은 보수적 조선인 동맹자들의 지지에 기초해 혁명적 조선 민족주의자들을 파괴하고 반공보루를 건설하는 것이었다. 인공과 미군정 사이의 이런 모순을 보고 점령군 사령관 하지는 이렇게 말했다. "솔직히 말해서 우리 임무 중 하나는 이 공산주의 정부(인공)를 분쇄하는 것이었다."(Hoag, 1970, p312; Cumings, 1981, p194에서 재인용)

그래서 미군정은 인공이 독립적 조선 정부라는 것을 인정하지 않았고, 조선 민족주의자의 반탁운동을 왜곡해 반공주의 운동으로 만들었고, 인공이 붕괴된 후의 좌익연합체인 민주주의민족전선을 파괴했다.

(1) 조선인민공화국 부정

미군정 장관 아놀드는 1945년 10월 10일에 인공을 부인하는 성명을 발표한다.

남조선에는 단 하나의 정부만이 존재한다. [미군정]은 정부의 모든 측면에서 절대적 통제와 권위를 행사한다.…… [인공]은 어떤 권위나 세력, 실체조차 존재하지 않는다.

그러고 나서 아놀드는 인공지도자들은 "유치하고 타락했고, 자기들이 조선 정부 기능을 합법적으로 수행할 수 있다고 생각할 만큼 어리석다"고 비난했다.(HUSAFIK, vol.2, ch.2, p29-31; Kim, Jinwung, 1983, p45에서 재인용)

아놀드의 발표는 대다수 조선인을 분노하게 했고, 미군정에 대한 그들의 혐오감을 심화했다. 미국 정보 기구는 점령군에 대한 조선인의 일반적 감정을 벽보 몇 개를 번역해 보고했다.

그가[아놀드] 포고문에 사용한 단어는 우리가 본 것 중 가장 나쁘고 저급한 언어였고, 오히려 일제의 법령보다도 더 나빴다. 여러분은 군정 장관 아놀드의……모욕적인 포고문을 아는가? 우리는 작은 적 일본을 몰아내고, 대신 거대한 적 미국을 받아들인 셈이다. 그는〔아 놀드〕 3천만 인민을 욕보였고 '사기꾼, 배우, 꼭두각시인형'란 말로 일본 제국주의에 맞서 싸운 우리 선구자들을 모욕했다.(G-2 정기보고 서, 1945년 10월 18일, 제38호, p169, 10월 30일, 제50호, p210)

아놀드는 인공에 대한 그의 성명이 1945년 10월 10일자 모든 신문 1면에 실리도록 명령했다. 그러나 신문들은 모두 그 성명을 비판했고 그중 일부는 인쇄를 거부했다. 그래서 미군정은 아놀드 의 성명서 인쇄를 거부한 좌익 신문인 매일신보를 탄압하기로 했 다. 미군정의 결정을 지지하기 위해 하지의 보좌관인 조지 윌리엄 스는 서울의 기자들은 "더럽고 배워먹지 못한 무책임한 무리"이며, 서울의 신문 중 하나를 제외하고는 모조리 "무책임하고 극단적으 로 과격한 인쇄물"이라고 비난했다. 그는 매일신보를 공산주의자 들이 지배하는 노동자위원회가 운영한다고 비난했고, 보수주의자 들을 향해 "분발해서 다른 면도 보도하는 신문을 만들라"고 요구했 다.(Journal, 1945년 10월 13일)

11월 첫째 주에 매일신보를 조사하라는 명령이 내렸다. "이 조 사는 이 신문을 통제하려는 합법적 근거가 될 잘못을 찾으려는 것 이었다."(HUSAFIK vol.2, ch.l, p 26; Kim. Jinwung, 1983, p48에서 재인용)

마침내 11월 10일 매일신보는 발행 중지 명령을 받았다. 당시 서울에서 매일 신문 수천 부를 찍어낼 현대적 윤전기는 단지 3대 뿐이었다. 매일신보에 하나, 미군정에 다른 하나, 한민당 당보인 동 아일보(1945년 11월 16일부터 사용함)에 마지막 하나. 폐간된 매일신보는 11월 23일에 서울신문으로 개편되었고 보수주의자들이 관리했다. 다른 인공계 신문은 계속 발행이 허용되었으나, 그들은 더는 능률 좋은 윤전기에 접근할 수 없었다.(국회도서관, 1980, p11-12; Cumings, 1981, p194-195)

아놀드의 인공 부인은 여운형과 그의 지지자들이 조선인민당을 조직하는 결과를 낳았다. 그들은 인공을 떠나지는 않았으나, 정부가 되려는 희망을 포기하고 하나의 정당으로 행세하라는 하지의 요구에 동의했다. 조선인민당은 건국동맹에서 유래했으며 한민당과 공산당하고는 다르다고 주장했다.

> 한민당은 자본가를 대표하는 계급 정당이고, 공산당은 프롤레타리아트를 대표하는 계급 정당이다. 그러나 인민당은 노동자와 농민, 소자산가, 자본가, 지주를 모두 포함하는 대중 정당이다. 인민당은 오직 반동적 요소만 제외한다.(조선인민당, 1946, p2)

여운형은 아마 자신의 타협적 태도가 군정 당국자를 한민당과 임정에서 떼어낼 수 있기를 희망했을지도 모른다. 그러나 그런 결과는 나오지 않았다. 인공과 인민당이 어떻게 분리되는지는 명확하지 않으나, 인민당은 인공의 좀 더 자유주의적인 요소를 빼냄으로써 인공을 약화시켰다. 리처드 로빈슨은 인민당의 창당은 "인공의 마지막을 예언하는 일격"이었다고 했다.(Robinson, 1947, p59)

인공은 조선인민공화국에서 '국'자를 떼어내고 대신 '당'자를 붙이라는 하지 요구에 대응책을 마련하고자, 전국 인민위원회 대표회의가 1946년 11월 20일에서 23일까지 서울에서 열렸다. 대체로

도, 군, 읍의 대표와 서울의 다양한 인공 조직의 대표자 1천여 명이 참석했다. 회의에서 대표자들은 미군정의 주요 임무가 일본 군대를 무장해제하고 일본인을 물러가게 하는 데 있으니, 인공은 미군정의 이런 임무에 협조하고 이를 지지한다고 반복적으로 언급했다. 그러나 참석자들은 하지의 요구는 거부하기로 했다.

인민위 대표자들은 세 가지의 주요한 이유를 근거로 이 결정에 도달했다. 첫째, 인공은 이제 막 일제에서 해방한 조선 인민 대다수(80%)의 지지로 조직되어서, 인공의 명칭은 오직 조선 인민만이 고칠 수 있는 것이니, 미군정이 그걸 고치라고 요구할 수 없다.

둘째, 인공은 남과 북을 합친 조선 전체에 조직되어 있고, 남북 조선 인민이 지지한다. 또 북쪽에는 소련 군대가 점령하고 있는 상태에서 미국 군대가 일방적으로 인공에 정부가 될 권리를 포기하라고 요구할 수 없다. 그러므로 인공의 지위에 관해서는 미국 군대가 소련 군대와 협의해야 한다. 셋째, 지금까지 도·군 인민위원회 대표자들이 인공의 이름으로 군을 통치했기에, 만약 인공이 정부의 지위를 잃으면 그들은 별안간 비합법적 권력 남용자가 될 것이며 기소의 대상이 될 수 있다.(조선인민공화국, 1945, p76-100)

인민위 대표회의는 이틀 후인 11월 23일 끝났고, 하지는 맥아더에게 인공이 여전히 강력하다는 것이 염려된다는 내용의 전보를 보냈다.

이 정당은 조선에서 가장 강력하며 공산주의자 지지를 받는 집단이고, 진짜 공산주의자가 아닌 상당수 좌익도 포함하고 있다……〔그들이 정부라는 주장은〕교육받지 못한 사람과 노동계급 사이에서 많은 추종자를 얻었고, 인공의 명령이란 구실로 각 도에서 과격한 행동을 조장한다.(FRUS, 1945, vol.6, p1133)

하지는 인공이 미점령군을 "전적으로 지지하고 협조하겠다"고 말한 것을 인정하면서도 인공의 정직성을 의심했다. 따라서 인공을 반대하면 많은 어려움에 부닥칠 것까지 다 알면서도 인공에 반대하지 않을 수 없다고 판단했다.

[인공을 반대하는 것은] 사실상 조선의 공산주의자들에게 선전포고하는 것과 같아서, 잠시 사회적 무질서를 초래할지도 모른다. 그리고 지역 빨갱이와 빨갱이 언론들은 인공 반대는 '자유 국가'에서 정치적 차별이라고 비난할지도 모른다.(앞의 책, p1134)

하지는 맥아더에 논평을 요구하면서 그의 전문을 끝마쳤다. 같은 날 맥아더는 응답을 보냈다. 지금까지 그랬던 것처럼 그 문제를 하지의 재량에 맡긴다는 내용이다.

귀관의 최선의 판단을 이용하라……본관은 귀관에게 현명하게 자문할 만큼 지역 상황에 매우 익숙하지 않다. 그렇지만 본관은 귀관이 이 문제에 관해서 어떤 결정을 내리든지 지지한다.(앞의 책)

맥아더 지지에 힘입어 하지는 12월 12일 인공을 공식적으로 불법화했다.

인공은 어떤 의미에서도 '정부'가 아니며 어떤 경우에도 정부로 행동하는 것을 법으로 허락하지도 않는다. 남조선에서 실제 정부는 미군정뿐이다. 정부 역할을 시도하는 어떤 정치 조직의 활동도 불법으로 취급한다.(HUSAFIK vol.2 ch.19)

이렇게 해서 인공 사람들은 공식적으로 미군정의 적이 되었다. 하지의 성명은 인공의 활동을 불법화해 인공을 공식적으로 파괴하는 치명적 타격이었다. 이제 인공은 서울에서 형식적으로 파괴되었지만, 인공 세력을 사실상 붕괴하기 위해서는 미군정이 2년 더 지방의 인민위원회와 처절하게 싸워야만 했다. 하물며 지방보다도 인공의 힘이 약했던 서울에서도 미군정은 1946년에 인공 세력의 강력한 저항을 경험했다.

(2) 반탁운동 왜곡

미군정이 인공을 조선 정부로 인정하지 않을 뿐 아니라, 인공의 활동을 불법화한 것은 혁명적 민족주의 세력 탄압의 서곡이었다. 미점령군은 모든 기회를 이용해 혁명적 민족주의자는 탄압하고 반혁명적 사대주의자는 지원했다. 조선을 신탁통치한다는 강대국들의 계획은 미군정이 민족주의적 반탁운동을 왜곡해 그것을 반공주의 운동으로 변질시키면서 민족주의 세력을 탄압하는 기회를 제공했다.

신탁을 둘러싼 혁명적 민족주의자와 반동적 친미파 사이의 투쟁은 남조선 정치에서 민족주의자 우세에서 친미파의 지배로 바뀌는 계기가 되었다. 신탁 문제를 둘러싼 투쟁은 1945년 12월 28일에 모스크바선언을 발표하면서 시작되었다. 미국, 영국, 소련 외상이 서명한 이 선언에 앞으로 5년 동안 미국, 영국, 중국, 소련이 조선을 신탁통치한다는 구절 때문이다.

모스크바협정은 세 가지 이유로 하지 사령관을 아주 곤란한 처지에 놓이게 했다. 첫째, 미군정이 남조선을 지배한 이후 줄곧 하지는 친미 반소 단독 정부를 남조선에 세우는 정책을 추구했는데, 모스크바협정은 통일 조선 정부를 건설하기 위해서 미국과 소련의 협력을 요구했다. 둘째로, 그는 이미 10월 중순부터 미국이 조선의 일방적인 신탁통치를 지지했기에, 조선을 다국적으로 신탁한다는 것에 반대했다. 셋째로, 1945년 10월 21일, 국방성 동아시아 담당자 존 빈센트의 신탁 성명 이후에 조선인 사이에는 강력한 반탁 감정이 존재했다.(Cumings, 1981, p219)

비록 제2차 세계대전 동안에 형성된 미국 전후 정책이 조선에 대한 다국적 신탁통치를 포함하나, 그 정책이 조선 사람들에게 처음 알려진 것은 존 빈센트가 10월 21일에 발표한 성명서를 통해서였다.

오랫동안 일본의 식민지였던 탓에, 조선은 당장 자치 정부를 세울 준비가 되어 있지 않다. 그래서 우리는 조선이 자치 행정부를 인수하고자 준비하는 동안 신탁통치를 제안한다.

(미 국무부 공보, 1945년 10월 21일, vol.13, p57)

극우에서 극좌에 이르는 남조선의 모든 정치 단체가 신탁통치에 반대하고 나섰다. 그들은 미국의 계획을 듣고는 비슷한 일본 정책을 연상했다. 신문은 연이어 대규모 사회적 소란을 보도했고, 모든 신문이 매일 신탁통치에 반대하는 논평을 실었다.(해방일보, 1945년 10월 31일)

상황이 이렇다 보니, 미군정은 조선인의 반대를 워싱턴에 보고하면서 신탁통치에 대한 계획은 포기해야 한다고 주장했다. 워싱턴의 승인도 받지 않고 미군정은 조선인이 단결해서 미군정을 지지하면 신탁통치를 피할 수 있을 거라고 조선인을 고무했다. 미군정은 어떤 형태의 신탁통치가 실시된다고 해도 그것은 미국식 신탁통치가 될 것이라고 암시했다. 10월 30일 군정장관 아놀드는 신탁통치에 대한 빈센트의 성명은 그의 개인적 생각이지 절대로 미국 정책이 아니니, 조선인은 그 성명을 무시해도 된다고 발표했다.(매일신보 1945년 10월 31일; Cumings ,1981, p218에서 재인용)

그러나 신탁통치를 반대하는 하지의 동기는 조선인의 동기와는 달랐다. 하지는 미국이 혼자서 하는 신탁통치를 지지하면서 소련을 포함하는 다국적 신탁통치에 반대했다. 말을 바꾸면, 하지는 신탁 자체를 반대한 것이 아니라 소련을 반대한 것이다. 반대로 조선인은 즉각적인 조선 독립을 원해서 어느 나라든 신탁통치 자체를 반대하고 나섰다.

모스크바협정을 향한 조선인의 반응은 즉각적이고도 적대적이었다. 모스크바협정의 자세한 내용을 모르면서 부정확하게 전달한 신문 기사가 사회 혼란을 더 초래했고, 조선의 신문은 모조리 조선을 신탁통치하겠다는 결정을 맹렬히 비난하면서, '제2의 뮌헨', '대리통치', '조선에 대한 모욕', '국제적인 노예제'라고 불렀다.(Summation, 1945, 제3호 p189).

조선 사람들은 '신탁'이라는 용어를 특별히 싫어했다. 일본이 조선에서 행한 식민지 통치를 변명하면서 신탁이란 말을 사용했기에 그 말은 조선인의 마음에 심리적 반발을 유발했다. 조선인은 신탁이란 아무리 임시적이라 하더라도 결국 조선 독립을 연기하는 일이라고 믿었다. 정치적으로 좌익이든 우익이든 모두 즉각적으로 신탁을 반대하고 나섰다. 파업과 시위가 연달아서 격렬하게 일어났다.(앞의 책, p189-190; Green, 1950, p78-80)

모스크바협정에서 조선에 관한 항목을 주의 깊게 읽어보면, 대다수 조선인은 협정 구절을 잘못 이해하고 있었다. 모스크바협정 첫째 문단과 두 번째 문단을 간추리면 이렇다.

결국 조선을 독립국가로 재건할 것을 생각하고서……임시 조선 민주 정부가 수립될 것이다. 조선의 임시정부 수립을 돕기 위하여……남쪽의 미국 군사령부와 북쪽의 소련 군사령부의 대표자로 구성한 공동위원회를 세울 것이다.

그리고 셋째 문단의 내용은 다음과 같다.

공동 임무는 조선의 임시 민주정부와 조선의 민주적 단체를 참여하게 해서 조선인의 정치적, 경제적, 사회적 진보와 민주적 자치 정부의 발전, 조선의 민족 독립국가 수립을 원조하기 위한 방책을 세우는 것이다. 공동위원회 제안은 조선의 임시정부와의 협의를 거쳐서 최고 5년 동안 조선의 4개국 신탁에 관한 협정을 만들고자 미·소·

영·중의 공동 심의에 붙여질 것이다.(FRUS, 1945, vol.6, p1150-1151)

　여기서 강조점은 조선의 임시정부를 건설하는 데 있다. 신탁통치란 말은 셋째 문단에 가서야 나온다. 통일 임시정부를 수립하고, 공동위원회와 협의한 후에 4대 강국이 문제의 신탁통치를 고려한다는 내용이다.

　4대 강국의 신탁통치는 강제 귀결 아니고 공동위원회를 통해서 세울 미래의 조선 정부는 신탁통치를 거부할 권리가 있는 것으로 해석할 수 있다. 그러니 신탁통치는 거치지 않을 수도 있다는 것이 암시되어 있다.

　당시 상황에서 조선이 하루빨리 독립하고 통일하는 문제는 모스크바협정을 어떤 방식으로 실행하는가와 그것을 조선에서 어떻게 받아들이는가에 달려 있었다. 우리가 독립하고 통일되려면 미국과 소련이 신중한 자세로 서로 협력하고 모스크바선언에 충실하게 따랐어야 했다.

　모스크바선언문을 주의 깊게 검토한 뒤, 1946년 1월 3일에 공산주의자 박헌영의 조선공산당, 사회민주주의자 여운형의 인민당, 하물며 자유자본주의자 김규식까지도 모스크바협정 반대에서 지지로 태도를 바꾸었다. 그들은 신탁통치를 지지한 것이 아니고 모스크바선언 내용 전체를 지지했는데, 그 이유는 이렇다.

　첫째, 일본 식민지가 된 후 강대국이 조선의 독립을 지지한다고 처음으로 약속한 1943년 카이로선언이 '적당한 시기에 조선은 독립해 자유롭게 될 것'이라고 모호하게 한 구절을, 모스크바선언은 구체화했다.(FRUS, 1945, vol.6, p1008)

둘째, 우리 민족이 그 무엇보다도 원했던 조선의 임시 민주 정부를 건설할 것을 강조하고, 조선의 통일을 위한 필수조건인 미국과 소련의 협조를 강조한 것을 보면, 모스크바선언은 민족 독립과 통일에 대한 조선 인민의 갈망을 정확히 반영한 셈이다.

셋째, 일본 식민주의와 민족 분단 탓에 무너진 조선 경제가 회복하려면 무엇보다도 민족이 통일해야 하고, 외국의 원조도 절실히 필요했다. 물론 우리 민족은 즉시 독립을 원하지만, 4대 강국의 신탁통치는 미국과 소련 때문에 두쪽으로 분단된 현실을 타파하고, 통합된 경제 건설을 쉽게 이룩할 수도 있다.(해방일보, 1946년 1월 6일; 돌베개, 1986, vol.5, p79)

좌익은 우익의 반탁운동이 초래할지도 모르는 즉각적이지만 분단되고 형식적 조선 독립보다는 비록 5년 연기될지언정 통일된 실질적 독립을 더 원했다.

보수적 민족주의자 김구의 한독당, 부일 협력자들의 한민당, 친미파 이승만 집단을 포함한 우익은 전적으로 모스크바협정에 반대했다. 그들은 조선 통일과 독립에 대한 모스크바협정의 긍정적인 측면을 무시하면서, 5년간 신탁통치한다는 부정적인 측면만을 과장해 모스크바협정의 실제 의미를 왜곡했다.

모스크바협정은 미소가 협력하면 조선 점령을 빠르게 종결할 것이라는 일종의 암시였다. 모스크바선언은 미국과 소련의 협력만이 조선 통일이 성취할 유일한 길이라는 것을 인정한 것이다. 자주 정부를 세울 수 있는 조선인의 능력을 의심하지 않았다는 점에서 이 협정은 절대로 신탁통치에 관한 협정이라고 볼 수 없다.

우익은 신탁통치란 말을 4대 강국의 준식민지를 의미한다고 잘

못 해석해서 조선 대중을 잘못 인도했다. 그러나 그 진정한 의미는 셋째 문단에서 언급했듯이, "민주적 자치 정부의 발전과 조선의 민족적 독립을 위해 애쓰는 조선인을……돕고 보조하는 것"이었다.

김구의 반탁운동은 이승만의 반대운동과는 달랐다. 김구는 조선의 민족주의를 나타냈지만, 이승만과 한민당은 미군정의 반소와 반공 이념을 나타냈다.

반탁운동의 첫 결과는 김구가 유도한 연이은 공장 파업과 시위였다. 김구의 반탁운동은 주로 미군정과 미군정 편에 선 조선 사람을 겨냥했는데, 친미파 송진우는 조선의 즉각적 독립을 희생시키고 미국의 신탁통치를 주장했기 때문이다. 12월 29일에 김구는 전국 파업을 선동하며 미군정에서 일하는 조선 사람에게 자신을 따를 것을 요구했다. 서울과 여러 도시에서 대규모 거리시위가 연달아 일어났다.

김구는 12월 31일, 남조선 정부를 인수하려는 직접적 시도에 해당하는 일련의 성명을 발표했다. 그러나 그 시도는 쉽게 격퇴되었고, 김구와 임정은 그 후 끝내 회복하지 못할 정도로 미군정에 체면을 잃었다 (Hoag, 1970, p291; G-2 정기보고서, 1946년 1월 2일, 제112호)

강력한 반탁 운동에 직면하자 하지는 미국인도 신탁통치를 반대한다는 모습을 보이려고 조선의 즉각적 독립을 주장한다. 그는 또 조선인에게 워싱턴 사람들 중에서 친러시아인, 빨갱이, 공산주의 동조자만이 신탁통치를 찬성한다는 말을 퍼뜨리고 다녔다. 미육군성 역사 연구원 레너드 호그는 "미군정 당국자들은…조선을 신탁통치하자고 했으니 비난받아야 할 나라는 소련이라고 조선 민중이 믿도록 내버려두었다"고 보고했다.(Hoag, 1970, p352),

1946년 1월 22일, 미군정의 이런 태도에 소련은 <타스통신>에 "미국 정부도 참여한 모스크바회담 결정에 반대하는 대중 시위를 고무하는 태도를 취했다"고 미군정 당국을 비난했다.(New York Times, 1946년 1월 22일)

3일 후에 <타스통신>은 오랫동안 조선의 신탁통치를 주장한 것은 미국이고, 조선의 신속한 독립을 주장한 것은 소련이라는 내용의 성명을 발표했다. 소련은 조선에 신탁통치가 확립될 때까지 "조선의 정부를 세우자고 제안했고, 모스크바선언에 대한 미국 초안에는 없던 내용 즉, "4대 강국의 조선 신탁통치는 조선의 임시정부와 그 부속기관을 통해서 실시하자고 주장했다"고 <타스통신>은 밝혔다. 그리고 미국은 조선의 신탁통치를 10년으로 하자고 제안했으나, 소련은 5년만 제안했다는 것도 밝혔다.(FRUS, 1946, vol.8, p617-619)

소련 주재 미국 대사 해리먼은 신탁이 미국의 생각이었음을 하지 사령관에게 환기시키고자 서울에 왔다.(Journal, 1946년 2월 6일; Cumings 1981, p225에서 재인용)

미 국무성 장관 번즈는 타스통신문은 "사실상 옳다"고 말했다.(FRUS, 1946 vol.8, p622) <타스통신> 발표문은 남조선에 있는 군정 당국과 미국의 위신과 진실성에 치명적인 타격을 주었다. 하지는 <타스통신>이 많은 조선인이 "미국이 전에는 일본에 조선을 팔아먹더니, 이번에는 소련에 팔아먹었다고 느끼게 했다"고 말했다.(앞의 책, p629)

그래서 하지는 1월 25일 <타스통신> 보도를 남조선 신문에 보도하지 못하게 검열하라고 명했다.(HUSAFIK, vol.2, ch.2, p53)

<타스통신>이 밝힌 진실을 외면한 채 이승만과 한민당은 계속해서 반탁운동을 이끌었고, 미군정의 정책을 지지했다. 그들은 신탁 논쟁을 신탁통치를 강하게 반대하는 조선 대중의 민족주의 감정을 이용해서 대중적 지지를 얻을 절호의 기회로 삼았다.

이승만과 한민당은 모스크바선언을 지지하는 좌파를 소련과 연결해서 대중이 그들을 외세의 하수인으로 여기도록 작전을 세웠다. 그들은 모스크바협정으로 마련된 미소공동위원회 아래에서는 자신들의 장래가 불안하다는 것을 잘 인식했다.

1946년 초, 좌익과 우익의 진정한 연합은 미소 협력의 필수조건이었고, 좌익은 여전히 남과 북 양쪽에서 지배적인 위치에 있었다. 그런데 우익은 반탁운동을 미국과 소련 사이에 쐐기를 박는 수단으로 간주했다. 반탁운동을 통해서 반공 반소 운동이 꽃을 피우게 되었고, 친미 협력자 집단은 처음으로 그들의 정책에 대한 대중적 지지를 동원할 수 있었다.

한민당과 이승만 추종자들은 신탁통치에 관한 논쟁을 신탁통치를 주장하는 소련과 조선의 독립을 지지하는 미국, 둘 중 하나를 선택해야 하는 문제로 왜곡했다. 우익 통제의 영자신문 <서울타임즈>에 실린 모스크바 결정에 관한 첫 번째 보도는, 미국인은 조선의 독립을 지지한 반면에 소련은 신탁을 주장했다고 했다.(Seoul Times, 1945년 12월 27일)

1946년 1월 10일 한민당이 발행한 간행물에 "소련은 신탁통치를 강조하고 미국은 즉각적인 독립을 주장하였음"이란 제목의 1면 기사를 게재했다.(한국민주당, 1946; Cumings. 1981, p222에서 재인용)

이승만의 독촉은 트루먼과 번즈, 맥아더, 하지 "모두 신탁에 반대하며 조선의 독립을 옹호했으나, 미 국무성에 있는 일부 공산주의 동조자들이 소련의 신탁통치 제안에 동의했다"라는 내용의 결의안을 1월 초에 통과시켰다.(심지연, 1986, p284-286)

미국인뿐만 아니라 조선의 우익도 좌익이 모스크바협정을 반대하다가 지지로 돌아선 것은 모스크바나 평양에서 온 명령 때문이었다고 주장했다. 이런 도발적인 비난은 이미 신탁통치에 대해 반대 감정을 가진 조선인을 매우 당황하게 했고, 조선의 모스크바협정을 절망적으로 왜곡시켰다.

좌익 민족주의자를 불신하게 하려는 우익 사대주의자들의 시도를 도와준 중요한 사건이 터졌는데, 그것은 조선공산당 지도자 박헌영이 1946년 1월 5일에 내외신 기자들과 한 기자회견이었다. 조선 주재 <뉴욕타임스> 기자 리처드 존스턴은 박헌영이 조선을 소련이 장기간 신탁통치하고 나서 결국 소련 연방에 가입시킬 것을 주장했다고 보도했다. 이 기자회견에 참석했던 다른 미국인 기자들은 박헌영이 "조선인을 위하고 조선인이 통치하는 조선" 이상의 것을 원한 바 없다고 주장했고, 많은 조선인 기자도 이런 성명을 뒷받침했다.(Seoul Times, 1946년 1월 18일)

미군정 내부 보고서도 박헌영이 "즉각적인 독립"을 주장했고, 그의 진술은 "완전히 오역되었다"고 적고 있다.(G-2 주간요약보고서, 1946년 1월 13일-20일, 제19호)

그러나 한민당은 존스턴의 보도를 널리 알리고자 "박헌영을 타도하라"는 전단을 뿌렸다.(Seoul Times, 1946년 1월 19일) 이후에 조선 우파는 공산주의자를 "매국적 소련 괴뢰" "조선을 소련의 일부로 만들려는 놈들"이라고 불렀다. 하지가 나중에 말한 것처럼, 신탁통

치, 소련의 지배, 공산주의는 동의어가 되고 말았다.(USAFIK, 1947A)

며칠 만에 우익의 선전은 효력을 발휘했고, 박헌영 명성은 이 사건으로 심하게 손상되었다. 좌익은 소련과의 공모라는 비난을 반박하기가 거의 불가능하다는 것을 깨달았고, 그 결과 일시적이기는 하나 남조선에서 현저하게 대중의 지지 감소를 경험했다.

(3) 민주주의민족전선 탄압

혁명적 조선인 민족주의자 또는 좌파를 탄압하려는 미군정의 노력은 반탁운동 왜곡에서 그치지 않았다. 다음 차례는 인공 붕괴 후에 새로 생긴 좌파연합 민주주의민족전선(이하 민전)의 파괴였다.

민전의 창립총회는 1946년 2월 15~16일에 서울에서 좌익 정치 조직 50여 곳에서 2천여 대표자가 참석한 가운데 개최됐다. 민전은 여운형의 인민당과 박헌영의 조선공산당, 노동자들의 전평, 농민들의 전농, 다른 인공의 대중조직을 포괄했다.(G-2 주간요약보고서, 1946년 2월 10-17일, 제23호, p305; 민전, 1946B)

윌리엄 랭던은 민전의 본질을 정확하게 묘사했다. "그들이 조선 정치에 참여하는 것은 매우 바람직하다. 진실로 애국적이고 진보적인 다수가 민전을 지지한다는 사실은 부정할 수 없다."(FRUS, 1946, vol.8, p687-688)

민전의 조직은 2월 14일 남조선 우파가 민주의원을 만들었고, 같은 날에 김일성이 지도하는 북조선 임시인민위원회가 수립된 것에 대응하는 행위였다.

민전은 인공의 직접적 계승자였다. 서울에서 민전은 서울 중앙

인민위원회를 인수했고, 지방 민전 지부들은 인민위원회에 기초했다.(민전, 1946B, p91-92)

민전의 정강과 정책은 인공과 비슷했다. 1946년 2월 15~16일 총회에서 모든 연설자는 북에서는 소련군이 행정관리를 인민위원회에 인도한 것을 칭찬했고, 미국인이 남쪽에서 똑같이 한다면 조선은 빨리 통일될 수 있다고 말했다.

남조선의 인공과 인민위원회가 그랬던 것처럼 민전은 남조선의 자생적 좌파의 산물이다. 민전 구성원은 좌파에게만 국한한 것이 아니라 종교집단과 산업, 문화, 사회 조직을 포함하는 사회생활 여러 측면을 대표하는 이들에게 열려 있었다. 그러나 미군정은 민전을 공산주의자가 통제하고 "북한 인민위원회가 제시하는 구호와 정강, 정책을 되풀이해 주장하는 조직"으로 규정하고 탄압했다.(Brief History)

미국인들이 민전을 탄압하는 데 사용한 주요 무기는 1946년 2월 23일에 발표한 군정법령 제55호 「정당 등록법」과 5월 4일의 법령 제72호 「미군정을 해치는 행위법」 위반이다. 법령 제55호는 "3인 이상이 모인 집단이 어떤 형태든지 정치활동을 할 경우" 정당으로 취급한다고 규정하고 모든 정당은 미군정에 등록하고 아래 자료를 제출하라고 했다.(미군정 관보, 1946, 2월 23일, vol.1, Ordinance 제55호)

· 정당 목적에 대한 설명.
· 정당이 사용하는 모든 장소의 정확한 주소.
· 당에서 어떤 기능을 수행하거나 영향력을 행사하거나

사무실이 있는 경우 그 지위와 칭호.

- 당에 가치 있는 물건이나 기금을 기부한 사람 이름과 주소, 액수.
- 당의 모든 자금과 자산의 정확한 명세서.

(미군정 관보, 1946, 2월 23일, vol.1, Ordinance 제55호)

미군정의 정보 보고서는 "법령 제55호에 대한 언론 반응은 신탁통치안 발표 이후의 그 무엇보다도 더욱 강렬했다.……격렬한 비난이 군정 지도부에 퍼부어졌다"라고 기록했다.(G-2 주간요약보고서, 제25호, 1946년 2월 24일-3월 3일)

조선인민보는 법령 제55호가 일본의 치안유지법보다도 더 고약하다고 주장했고, 한민당은 이 법령 발표는 당연하다는 성명을 발표했다. 리처드 로빈슨은 이 법령에 대해 이렇게 보고했다.

[그 법령은] 매우 증오받은 과거 일본의 「사상통제법」 냄새가 났다. 실제로 이 법령의 단 하나 목적은 공산당 활동을 재정적으로나 다른 면에서 공개시키자는 것이다.(Robinson, 1947, p88)

군정법령 제72호는 미군정을 해치는 죄 82가지를 열거한다.

- 폭력, 공갈, 협박, 청탁……및 거부를 행사해……점령군 공무집행에 영향을 주거나 주려고 의도하는 행위.
- 점령군 안전이나 재산에 해로울 수도 있는 정보를 전달하는 행위.
- 점령 지역 외부(북한) 사람과 허가받지 않은 형태의 통신하는 행위.
- 점령군이 해체하고 불법이라고 한 점령군 이익에 반하는 단체나

운동을 지지하거나 그런 조직과 운동 결성에 참여하는 행위.

· 점령군에 해롭고 불경한 인쇄물을 출판, 수입, 보급하는 행위.

· 허가 받지 않은 공공집회, 행진, 또는 시위를 조직, 선동, 선전,
  지원, 또는 참석하는 행위.

(미군정 관보, 1946년 5월 4일, Ordinance 제72호, 1946년 5월 4일)

이 두 법령의 목적은 조선국립경찰이 혁명적 민족주의자와 좌익을 색출·체포할 수 있는 법적 근거 제공이다. 미군정 여론국 내부 보고서에 따르면, 법령 제72호는 많은 지역에서 경찰이 "좌익에 대한 전면적인 공격을 시작해도 된다는 백지위임장으로 사용되었다."(USAFIK, 1946A)

다른 공적 자료에 따르면, 1946년 5월이 되어 "남조선 전역을 돌아다니는 미국인 정보원들이 보기에, 좌익 지도자들을 체포하라는 명령이 조선 경찰에 하달된 것이 명백해 보였다."(HUSAFIK, vol.2, ch2, p67)

5월 초에 조선국립경찰은 조선공산당 간부와 당원 16명이 관련된 위조지폐단을 적발했다고 발표했다. 경찰은 해방일보와 공산당 본부 빌딩에서 위조지폐 약 3천만 원을 압수했다고 했다. 조선공산당 최고 지도자들을 체포하라는 영장이 발부되었다. 7월 29일, 위폐범 재판은 무죄를 주장하는 군중의 폭동을 불러일으켰다. 그러나 3명이 결국 종신형을 받았다. 조선공산당은 경찰이 조작한 사건이고 재판은 한민당계 판사들이 주도했다고 비난했다. 그들은 기소 근거가 된 증거 제시를 요구했으나, 그 증거는 제시되지 않았다. 미국 정보 보고서는 이 사건에 조선공산당이 관련한 직접 증거는

없다고 보고했다.(G-2 주간요약보고서, 1947년 8월 3-10일, 제100호)

미군정은 이 위폐사건을 구실로 "행동을 개시했고, 남조선 전역에 걸쳐서 여러 좌익 본부를 수색했다."(HUSAFIK, vol. 2, ch 2, p345) 8월 16일에는 서울 전평 본부를 습격해서 회원 기록, 재정장부, 기타 문서를 압수했다.(G-2 주간요약보고서, 1946년 8월 11-18일, 제49호)

9월 7일에는 미군정이 조선인민보와 중앙신문, 현대일보를 폐간했고, 좌익 신문은 모조리 '선동적 성명'을 게재한다고 지탄받았다. 이 성명에는 권력을 인민위원회에 넘기라는 요구와 정치범 석방 요구가 포함되었다.

9월 초에는 점령군 사령관 하지가 조공의 박헌영, 이강국, 이주하를 체포하라는 영장에 서명했다. 그들은 "미군의 안전을 위태롭게 했다"는 죄목으로 수배되었다. 3명 모두 체포를 피해 지하로 잠입했다.(HUSAFIK, vol.2, ch.2, p119, p349-351; Seoul Times, 1946년 9월 6일, 9일) 그리하여 9월 말에 이르러서는 조공지도자 대부분이 체포되거나 수배를 받게 되었고 조선공산당은 불법화되었다.

이렇게 미군정의 혁명적 민족주의 세력 탄압은 결국 조선 민중을 정치적으로 억압하고 경제적으로 착취하는 하나의 수단에 불과했다.

우리 민족이 바라는 독립국가 건설, 사회관계의 민주화, 민족통일에 반대되는 정책을 편 미군정을 향해서 우리 민족은 아무것도 못하고 그저 당하지만은 않았다.

1946년 9월에 부산노동자의 총파업운동, 곧이어 10월 대구에서 시작해서 그해 말까지 지속한 민중대항쟁이 있다. 그러나 이런 항쟁 역시 미점령군에 잔인하게 탄압되었다. 9월 총파업 진압은 전평을 무력하게 만들었고, 10월 민중항쟁을 진압하면서 혁명적 민족주의 세력 조직을 거의 다 파괴했다.

미군정은 1947년에도 3월 총파업을 탄압하고, 7월에는 조선 민중이 존경한 여운형을 암살하게 해, 그가 주도한 좌우합작운동을 좌절시켰고, 1948년에는 4월에 시작한 제주도 민중 무력항쟁을 제주도 전체를 초토화하면서 진압했다. 이렇게 혁명적 민족주의 세력을 철저하게 탄압한 뒤에 미점령군은 목표인 친미 반공정권을 수립했다.

5

형식적 독립, 이승만 정권 수립

　미군정은 인공을 세운 혁명적 민족주의자를 탄압하면서 동시에 반동적 협력자들의 성장을 지원하느라고 3년 세월을 보냈다. 1948년 8월 15일에 미군정은 친미 반공정권을 수립해, 그 권력을 보수적인 이승만이 이끄는 반혁명적 사대주의자들에 넘겨주었다. 남조선을 형식적으로 독립시킨 다음에도 미점령군은 즉시 떠나지 않았고, 여전히 강력한 반혁명 세력에 대항해 허약한 이승만 정권을 보호하려고 10여 개월을 더 머물렀다.

　관변 역사가들은 이승만 정권의 수립이 한국의 진정한 해방을 뜻한다고 말한다. 이런 견해를 받아들여, 어떤 학자들은 미국의 남조선 점령에 대한 그들의 연구를 이승만 정권 수립에서 끝맺는다.(Lee, Won Sul, 1961; Kang, Han Mu, 1970; Rhee, Insoo, 1981; Kim, Jinwung, 1983)

　그러나 다른 학자들은 이승만 정권의 수립은 진정한 해방이 아니라 형식적 독립이라고 주장한다. 이승만 정권이 형태는 민주적 독립 정부라 해도 실제로는 독재적이고 종속적 정부였다.

따라서 여기에서는 이승만 정권이 얼마나 미군정 유산을 유지했고, 얼마나 미국에 종속되었는지를 살펴본다.

(1) 미군정 법률 계승

미군정의 계승자라는 이승만 정권의 본질은 대한민국과 미국 사이에 맺은 협정서와 대한민국 최초 헌법을 살펴보면 확연히 드러난다. 1948년 7월 17일 국회를 통과한 헌법은 제100조에 "기존의 법률과 행정명령이 헌법에 저촉되지 아니하는 범위 안에서 계속해서 효력을 가진다"고 규정했다.(ROK, 1959, p28)

1948년 9월 11일에 맺은 한미간 재정 및 재산에 관한 최초협정 제11조에서 대한민국은 "모든 기존 법률, 행정명령, 공공법률이나 규칙이 계속해서 유효한 것으로 인정할 것이다"라고 미국에 약속했다.(U.S. State Dept., 1972, p488) 1945년 11월 2일 군정법령 제21호가 조선총독부가 만든 법률의 지속적 사용을 인정했으니(미군정 관보, vol.1), 독립 정부라고 주장하는 이승만 정권의 법률은 미군정만이 아니고 조선총독부까지 계승한 셈이다.

실제로 조선총독부와 미군정 법률은 1948년 헌법제정 이후에도 1962년 기본법전 다섯 개가 완성될 때까지 14년 동안 유지되었다. 형사법전은 1953년에 완성되었고, 형사소송법전과 민사법전은 1954년에, 민사소송법전과 상법전서는 1962년에 완성되었다.(김병화, 1979, p191,263) 더구나 새로 만든 한국 법률은 조선에서 사용한 기존 일본법과 미국법을 많이 본떴다.

법률뿐만 아니라 미군정 사람도 이승만 정권에 계승되었다. 한국 헌법 제103조는 "이 헌법 시행 시 재직 공무원은 이 헌법에 의하여 선출 또는 임명된 자가 그 직무를 계승할 때까지 계속 직무를 행한다"(ROK, 1959, p29)라고 규정했다.

이 법에 따라 이승만 재임 기간에 많은 미군정 관료가 중요한 직위를 차지했다. 미군정의 서울시 경찰청장 장택상은 외무부 장관이 되었고, 미군정 경찰부의 악명 높은 부장 조병옥은 이승만의 워싱턴과 런던, 파리 주재 친선대사가 되었다. 민희식은 미군정 시절 교통부 장관 자리를 그대로 유지했고, 미군정의 검찰총장 이인은 법무부 장관이 되었다.(Choy, B. 1971, p257-258)

이렇게 미군정 관료 대부분이 조선총독부 관리들이었으니, 이승만 정권의 관료는 미군정뿐만 아니라 조선총독부까지 계승한 셈이다.

대한민국 대통령은 헌법 제61조에 규정한 국군 사령관이라는 그의 헌법적 권한을 행사할 수 없었다. 미점령 사령관이 그 권한을 갖고 있었기 때문이다. 1948년 8월 24일 대한민국 탄생 9일 뒤에 이승만은 한국에 주둔하는 미 육군총사령관과 한미군사안전잠정협정을 체결했다(U.S. State Dept., 1972, p477)

이 협정은 "미점령군이 완전히 철수할 때까지 한국에 주둔하는 미군 총사령관은 국방경비대와 해안경비대, 국립경찰을 포함하는 대한민국의 전 병력을 통제할 권력을 보유한다"고 규정했다.(앞의 책, p478)

미국 장군의 지휘 아래 한국 국립경찰과 국방경비대는 1948년

10월 여수 순천 봉기를 진압했고, 혁명적 민족주의자를 5천 명 이상 죽였다.(Kim, Se-jin, 1971, p55) 그래서 이승만 정권 군대는 1949년 6월 30일 미점령군이 철수할 때까지 독립적이지 못했다.(World Culture, 1954, p22)

미군정을 계승한 이승만 정권의 본질은 법률과 관료, 군 통치뿐만이 아니라 경제에서도 드러난다. 1948년 9월 11일에 한국과 미국 사이에 조인한 한미간 재정 및 재산에 관한 최초협정 제5조는 이렇게 규정하고 있다. "대한민국 정부는 군정법령 제33호에 따라 미군정에 귀속한 일본의 공적·사적 재산을 미군정이 처분한 대로 사실 확인하고 법적으로 비준한다."(U.S. State Dept. 1972, p484)

이 규정은 미군정이 미국에 종속시켜 놓은 경제구조를 이승만 정권이 그대로 받아들이고, 미군정이 남한 전체 자본의 80%나 되는 일본 자산을 친일파에서 친미파가 된 사업가들에게 넘겨주어, 이들이 이승만 정권의 경제적 지도자가 되었다는 것을 의미한다.(안병직, 1979, p322)

이 협정 제12조는 "이제까지 남조선에서 합법적으로 활동한 미국 사람과 회사가 누리던 권리와 특별대우는 계속해서 인정될 것이다"라고 규정했다.(U.S. State Dept, 1972, p488) 따라서 한국에 있는 미국인과 회사들은 미군정이 법령으로 인정한 상업적 권리와 특전을 이승만 정권 아래서도 계속해서 누리게 되었다. 그리고 제9조는 "미국 정부가 필요하다고 생각하면 동산이나 부동산, 유형이거나 무형의 한국 재산을 살 수 있다"라고 규정했기 때문에 미국인은 한국에서 어떤 재산이든 소유할 수 있었다.

이 협정은 미군정이 만든 한국 경제구조와 지도자들, 한국에서 미국인이 가진 경제적 권리와 특전을 유지하게 했을 뿐만 아니라 미군정이 진 빚까지 이승만 정권이 물려받았고, 미군이 한국에서 사용하는 시설이나 물건을 유지하고 수리하는 비용까지 이승만 정권에게 부담시켰다. 이 협정 제1조는 "미군정이 진 빚, 보증 빚, 현재와 미래에 발생할 미군정에 대한 손해배상 청구"를 모두 이승만 정권이 책임진다고 규정했다.(앞의 책, p482) 이 협정 때문에 한국 정부는 미군정의 빚 515억 원을 떠맡았다.(이재석, 1983A, p85)

제1조는 "대한민국은 미군이 사용하던 자산을 무료로 계속해서 사용하도록 허용할 것이며 그러한 자산의 보수와 유지를 위한 모든 비용을 부담할 것이다"라고 규정했다. 이 협정은 한마디로 새로 수립한 한국 정부가 미국의 경제적 도움이 필요했고, 그래서 미국에 종속되었다는 것을 의미한다.

(2) 미군정 정책 계승

미군정의 계승자라는 이승만 정권의 본질은 정권의 친미적이고 반민족주의적 정책에서도 나타난다. 일본에서 해방한 조선의 민족주의자 사이에서 가장 중요한 쟁점은 민족 반역자와 친일 협력자에 대한 재판이었다. 그러나 미군정은 남조선을 점령한 목표를 달성하고자 친일파를 보호하고 이용하는 정책을 추구했다. 미군정 정책을 답습해 이승만 정권도 권력 유지를 위해 친일파를 보호하고 이용했다.

미군정과 대한민국은 민족 반역자 처벌에 대한 강한 압력을 무시할 수 없었다. 하물며 미군정 아래의 보수적인 과도입법의원까

지도 1947년 7월 2일에 친일 협력자들을 처벌하기 위한 특별법을 통과시켰다. 그러나 이 법은 미군 사령관이 서명하지 않아서 실행될 수 없었다.(김대상, 1979B, p287,289)

대한민국 헌법 제101조는 "이 헌법을 제정한 국회는 단기 4278년(서기 1945년) 8월 15일 이전의 악질적인 반민족 행위를 처벌하는 특별법을 제정할 수 있다"고 했다.(ROK, 1959, p28)

이 헌법에 기초해 한국 국회는 1948년 9월 7일에 압도적 다수 국회의원의 지지로 「민족 반역자 처벌법」을 통과시켰다.(길진현, 1984, p33)

이 법은 민족 반역자를 "일본이 조선을 식민지로 만들 때 도운 사람, 일본 귀족이나 국회의원이 된 사람, 항일 조선인 지도자나 그 가족을 탄압한 사람"이라고 정의했다.(앞의 책, p38)

이 법에 따라 1948년 10월 23일에 민족 반역자 조사를 위한 국회특별위원회가 설치되었고, 1949년 1월 8일 민족 반역자 체포가 시작되었다. 2월 6일에는 특별 검사와 판사가 임명되고, 3월 28일에는 드디어 민족 반역자 재판이 시작되었다.(앞의 책, p34-77)

그러나 대통령 이승만이 이끄는 대한민국 행정부는 민족 반역자나 친일 협력자의 체포와 재판을 여러 가지 방법으로 방해했다. 이승만은 '경험 있는 관료 부족'이라는 핑계로 친일파를 보호하려 했는데, 똑같은 변명을 전에는 미군정이 써먹었다. 그러나 이승만은 김구의 임정 계열과 김성수의 한민당 계열에 맞서는 자신의 정권을 유지하려고 친일파를 이용했다.(오익환 1980, p110)

친일파는 이승만의 지지를 등에 업고 민족 반역자 조사와 재판에 참여한 사람들에게 폭력을 가했다. 첫째로 1948년 10월 말에 노덕술이 이끄는 일본 경찰 출신들은 친일 협력자 처벌을 지지하는 15명 정치지도자 살해를 공모했다. 이 음모는 노덕술이 1949년 1월 24일 체포되면서 실패했다.(앞의 책, p126) 다음날 이승만은 노덕술 석방을 요구했고, 노덕술은 해방 이후에 한국국립경찰의 수립과 치안유지, 질서 확립에 중요한 기여자라고 주장했다.(길진현, 1984, p55) 국회는 이승만의 요구를 거부했다.

둘째로, 민족 반역자 재판을 강력하게 주장하던 국회의원 3명이 반공 이념에 근거한 국가보안법을 위반했다는 죄명으로 1949년 5월 17일, 18일에 경찰에 체포되었다.(앞의 책, p168) 이것은 이승만이 미군정과 똑같이 민족주의자를 억압하기 위해 반공 이데올로기를 이용했다는 것을 의미한다. 정부는 경찰 간부와 검사, 헌병으로 구성된 민족 반역자 특별조사위원회를 구성했다. 위원 가운데 헌병 대장 최봉덕과 육군 소령 김정채는 국회 반민특위의 민족 반역자 명단에 올라 있었다. 민족 반역자의 재판을 주장한 국회의원의 체포는 1949년 8월까지 계속되어 국회부의장인 김약수까지 모두 15명이 체포되었다. 1950년 3월 15일에 그들은 모두 기소되었고, 3년에서 10년을 선고받았다. 그들은 한국전쟁 기간에 한 명을 제외하고 모두 북으로 피신했다.(앞의 책, p171)

셋째로, 1949년 6월 6일에 내무부 차관의 허락으로 서울 경찰은 반민특위 사무실을 습격했고, 민족 반역자에 대한 문서를 탈취했으며, 35명의 사무직원과 경비병을 체포했다. 그들 대다수는 경찰서에서 고문을 당했다.(오익환, 1979, p128-129; 김대상, 1979, p303) 다음날 이승만은 연합신문 기자들에게 반민특위 위원들이 자신의 정책에 반대하고 경찰을 체포했기 때문에, 경찰에 반민특위 위원들을

공격하라고 지시했다고 말했다.(오익환, 1979, p132)

이승만 정권의 방해 탓에 친일 협력자들을 처벌하려는 민족주의자들의 노력은 실패했다. 민족 반역자 처벌법은 1949년 8월 31일에 무효가 되었고, 특별위원회와 특별법정은 9월 22일에 해산되었다. 민족 반역자 처벌을 위한 노력이 민중의 강력한 지지로 시작되었는데도, 305명 체포, 221명 기소, 종신형 한 명과 사형 한 명을 포함한 투옥 7명으로 끝났다. 7명 투옥자도 1950년 6월 한국전쟁 발발 전에 석방되었다. (길진현, 1984, p193-197)

이처럼 한국의 민족 반역자 처리는 다른 나라와 비교할 때 정말로 어처구니 없음을 알 수 있다. 제2차 세계대전이 끝나고 프랑스에서는 민족 반역자와 나치 협력자 2,071명이 사형을 받았고, 약 3만9,900명이 투옥되었다. 벨기에는 5만5,000명을, 네덜란드는 5만 명 이상을 투옥했다. 하물며 일본도 전쟁범 21만 명을 공적 지위에서 추방했다.(앞의 책, p17-18)

(3) 계속해서 미국에 종속

이승만 정권은 1948년 8월 15일 이후 3개월 이내에 미국과 협정 세 개를 맺었다. 1948년 8월 24일에 한미군사안전잠정협정을 조인하고, 1948년 9월 11일에는 한미간 재정 및 재산에 관한 최초 협정을 조인했는데, 두 협정의 효력은 1949년 미군이 철수할 때까지 지속되었다. 두 협정이 끼친 중요한 영향은 대한민국을 미군정의 계승자로 만든 것이다. 또 1948년 12월 10일에 조인한 한미원조협정이 세 번째인데, 1961년 2월 28일에 폐기될 때까지 13년 동안

남한 경제와 정치에 엄청난 영향을 끼쳤다.(U.S. State Dept, 1972),

한미원조협정의 주요 영향은 한국 경제에 대한 미국의 직접 개입과 미국에 대한 대한민국의 심한 종속이었다. 미국은 대한민국이 "한국 고유의 자원과 미국이 한국에 제공한 원조를 가장 효율적으로 사용하도록 돕기" 위하여 원조대표단을 임명할 것이라고 협정에 규정했다. 이렇게 해서 미국은 미국 원조뿐만 아니라 한국 고유의 자원을 사용하는 문제까지도 간섭하게 되었다.

이승만 정권은 원조대표단에게 외교적 특권과 면책권을 주었다. 그 특권에는 '남한의 자유로운 이동' '한국인 고용' '설비와 용역의 취득' '대한민국의 미국 원조 사용을 자유로이 관찰' '미국 원조의 더욱 효율적인 사용을 위한 충고' 그리고 한국 정부에 '원조 사용에 관한 자료와 기록을 유지하고 그 기록과 자료를 (원조대표단에게) 보고하도록 요청하는 것'이 포함되었다.(앞의 책, p494)

이런 협정 내용을 보면, 한국에 있는 미국인이 미군정 아래에서 누리던 것과 똑같은 특권을 이승만 정권 때에도 향유했다는 것을 알 수 있다.

한국 경제는 미국이 원하면 언제라도 중단할 수 있는 미국의 경제 원조에 전적으로 의존했기 때문에 매우 허약했다. 경제개발 계획도 세우지 않고, 오로지 미국의 경제 원조에만 의존했기에, 이승만 정권의 경제를 '원조경제'라고 불렀다. 이승만 정권은 1948년에 1억7,960만 달러, 1949년에 1억1,650만 달러를 미국에서 원조받았는데, 이 금액은 2년 동안 정부 예산의 약 48%에 해당했다. 1948년에 남한은 수입의 86.3%를, 1949년에는 87.3%를 미국 원조로 지불했다.(김양화, 1985, p239-245)

한미원조협정은 미국 대통령이 대한민국이 "이 협정 약정을 지키지 않는다"고 생각하거나, 미국 원조가 "더 이상 미합중국 이익에 일치하지 않는다"고 느끼면 미국은 대한민국에 대한 원조를 즉시 중지할 수 있다고 규정했다.(U.S. States Dept, 1972, p499) 이 경제 관계는 미국의 지배와 한국의 종속을 보여준다.

미국은 직접적으로 남한을 통제하는 수단으로 이 협정에서 대한민국이 지킬 몇 가지 의무를 구체적으로 제시했다. 미국에서 경제 원조를 받는 조건으로 이승만 정권은 다음과 같은 일을 해야만 했다.

예산의 균형, 통화발행과 신용제도의 통제, 외국환거래 규제와 외국무역 통제의 확립, 한국 통화에 대한 외국 환율의 확립, 통제된 가격으로 최소 적정량의 생필품 확보, 바람직한 투자환경 조성, 가능한 빠른 한국 수출 산업의 발전.(앞의 책, p493)

외국에 이런 의무를 지닌 국가를 누가 독립국이라고 부르겠는가? 여기서 우리는 미국과 한국의 지배와 종속의 기본 틀이 마련된 것을 알 수 있다.

6
결론

여기서는 조선인과 미국인 사이에 빚어진 민족 갈등에 초점을 맞추었고, 미점령군이 어떻게 조선의 민족해방운동을 파괴했는지를 고찰한다. 그 결과 이런 주장이 반박되었다.

미국은 제2차 세계대전 후 1945년에서 1948년에 이르는 시기를 통해 한국에서 적극적으로 미국의 국가이익을 추구한 적이 없다⋯⋯ 미국 정책의 기본 목적은 한국 독립을 성취하는 것이었다.(Chung, Manduk, 1976, p8253)

미국의 한국 개입은 순진한 의도로 시작되었으나, 비극으로 끝났다. 이것은 착하고 훌륭한 사람이 한국이 가진 곤란에 부딪혀 혼란에 빠진 경우다.(Dobbs, 1978, p1058)

미점령군이 남조선 땅에 도착하기 전에 우리 민족이 스스로 세운 조선인민공화국은 남북 전체를 대표하는 통일 정부로서 민중의 압도적 지지를 받았음을 살펴보았다. 이런 역사적 사실은 조선 민족이 자기 문제를 스스로 해결할 능력이 없으니, 열강의 신탁통치를 받아야 한다던 미국의 주장이 틀렸다는 것을 증명한다.

1945년 9월, 중무장한 미국군이 전함 21척을 끌고 적국인이라고 생각한 남조선에 도착했다. 미국의 목표는 북조선과 소련을 겨냥한 반공보루를 남조선에 쌓는 것이었는데, 우리는 미국이 민주적이고 독립된 새 조선 정부를 수립하게 도와줄 것으로 믿었다.

미국 군인들은 조선총독부 기구와 인원을 이용해 미군정을 수립했고, 주로 이전에 친일한 조선인을 고용해 사법기구, 경찰, 군대 등과 같은 억압적 국가 기구를 재조직했다. 미군정은 조선총독부와 크게 다를 바 없었고, 둘 다 조선인에 대한 군사독재였다.

점령군은 인공이 조선 민족을 대표하는 통일 정부라는 것을 인정하지 않았다. 그렇기에 조선인은 미국인이 해방자라는 환상에서 깨어나 새로운 외국 침입자에 대한 투쟁을 시작했다. 그리하여 아시아 전문 영국인 역사학자 존 할러데이의 말처럼, "남한은 1950년 6월에 북한에 침공당한 것이 아니라 1945년 9월에 미국에 침공당한 것이다."(Halliday, 1983, p47)

이런 역사적 증거는 미국이 조선의 해방자이고, 1945년 8월 15일이 진정한 해방의 날이라는 관변 역사의 두 가지 신화를 깨뜨린다. 1980년대 들어서면서 진보적인 한국 역사가들은 1945년 8월 15일 이후의 역사를 '분단시대'라고 옳게 부르기 시작했다.(강만길, 1978)

미군정이 3년 동안에 걸친 남조선 통치 기간에 주로 행한 활동은 친미 조선인은 지원하고 민족주의 조선인은 적이라고 탄압해 결국 조선 민족을 서로 싸우는 두 집단으로 갈라놓는 일이었다. 친일파를 친미파로 변신시키고, 서양에서 교육받은 지식인과 임정의 보수 지식인을 친미파로 포섭했다.

미군정의 도움으로 한민당과 이승만 집단이 조직되었고, 친미 조선인이 미군정의 관료가 되어 조선 민족주의자들을 억압했다. 친미 조선인이 지주와 자본가 계급의 이익을 대변했다면, 민족주의자들은 조선 노동자와 농민의 이익을 대변했다. 그래서 미군정에 맞서는 조선 민중의 투쟁은 조선 노동자와 농민이 주도하는 계급투쟁의 성격과 조선 인민이 치르는 민족투쟁의 성격을 다 가졌다.

이런 역사는 이전에 친일 조선인은 민족 반역자지만, 이전에 친미 조선인은 그렇지 않다는 관변 역사의 주장을 반박한다. 조선총독부나 미점령군은 모두 제국주의 세력이고 조선의 독립과 민주주의에 적이기 때문에, 이전의 친미 협력자도 친일 조선인과 마찬가지로 조선의 민족 반역자들이다.

일제 강점기에는 항일 투쟁하다가 미군정 시기에는 조선의 독립과 사회혁명, 통일을 주장하던 정치 조직들을 미군정은 반공이란 이름으로 파괴했다. 그리하여 인공, 조공, 인민당, 민전 등이 소멸했고, 그 조직의 지도자들은 투옥되거나 살해되거나 38이북으로 쫓겨났다.

이런 역사적 증거는, 관변 역사에서 모든 좌익은 공산주의자이고 모든 우익은 민족주의자라는 주장을 반박한다. 이 주장은 공산주의자는 민족주의자가 아니라는 의미이다.

그러나 1945년 조선이 일본 식민지에서 벗어났을 때, 공산주의자들 혹은 사회주의자들은 일제에 대항한 그들의 용감하고 지칠 줄 모르는 투쟁으로 말미암아 민족적 애국자로 존경받았다. 미군정과 그 뒤를 이은 대한민국 정권이 반공 정책을 추구했기 때문에 공산주의자는 나쁜 사람이고 반공주의자는 좋은 사람이라는 하나의 허상을 만들어냈다.[26]

1945년 12월 강대국 외상 세 명이 모스크바에서 회담했을 때, 미국은 조선이 5년 동안 4대국의 신탁통치를 받아야 한다고 주장했다. 우리 민족이 모스크바회담에서 결정한 신탁통치 계획에 반대하는 대중 시위를 벌이자, 미군정과 그 동맹자들은 그 운동을 왜곡시켜 반공반소운동으로 몰아갔다.

신탁통치에 반대한다는 핑계로 한민당과 이승만 집단의 친미분자들은 모스크바협정을 반대했는데, 이런 행동은 그들이 미소공동위원회 성공과 조선의 통일을 두려워해서이다.

이와는 대조적으로 조공과 인민당, 민전에 속한 조선인 민족주의자들은 신탁통치 계획에는 반대했지만, 통일 조선 정부를 수립하고자 미소공동위원회의 성공을 원했다. 이런 역사적 사실은 소련이 조선의 신탁통치를 주장했고, 오직 신탁통치를 반대한 사람들만이 조선의 애국자라고 하는 관변 역사의 또 다른 신화를 깨뜨린다.

친미 집단을 양성하면서 조선인 민족주의자를 분쇄하느라고

---

26 한민당 당원 김종범과 김동운은 "해방한 조선에서 공산주의자는 보통 항일 애국자로 인식되었다."(김종범 김동운, 1945, p68)라고 했다. 하물며 악명 높은 반공주의자인 이승만도 1945년 12월 19일 방송에서 말했다. "공산주의라 불리는 사람들은 조선의 독립을 위하여 일한 애국자이다."(앞의 책)

3년이란 세월을 보내고 나서, 미국 군인들은 조선 민중의 강력한 저항에도 남조선에 이승만 정권이라는 반공보루를 구축했다.

이승만 정권은 미군정을 이어받았고 미군정의 정부 기구, 관리, 법률, 심지어 빚까지 떠맡았다. 이승만 정권은 형식상으로만 민주적이고 독립적이었으나, 사실상 독재정권이고 미국에 깊이 종속되고 있었다. 형식적으로 독립된 한국 정부가 수립된 이후에도 미군 사력은 한국에서 철수하지 않았고, 대한민국의 정치, 경제, 군사 문제에 간섭했다.

미군사력은 1948년 여·순에서 민중항쟁이 일어나 전라도 지방으로 확산했을 때, 이승만 정권의 몰락을 막았다. 미군은 남한 전역에 걸친 광범한 '좌익소탕', 특히 한국 군대에서의 좌익 숙청을 끝마친 후에야 비로소 한국에서 철수했는데, 그때도 미군사고문단을 잔류시켰다. 이와 같은 역사는 1948년 대한민국이 수립됨으로써 한국이 미국에서 진정으로 독립되었다는 신화를 반박한다.

결국 미점령군과 조선 인민의 관계는 제국주의 국가와 그 식민지 국가 간의 관계에 지나지 않았다. 미점령군은 인공을 파괴했고, 일제의 식민 통치 구조와 인맥을 지속시켰으며, 다시 대한민국으로 이월시킴으로써 미국에 깊숙이 종속하게 했다. 그리하여 남조선은 일본 속박에서는 벗어났지만, 미국 신식민지가 되고 말았다.

3장

사회민주화운동 파괴

1945년 이래 조선 땅에서 전개한 자주, 민주, 통일을 위한 사회·정치운동 가운데 사회 민주화운동이 가장 오랜 역사를 지닌다. 1876년에 조선이 세계 자본주의 체제로 편입하기 전부터 계급적 지배와 착취의 기초인 사회·경제 구조의 근본적인 개혁, 즉 사회 민주화가 주요한 민족운동이었다.

　　이미 제1장에서 살펴본 것처럼, 1894년 동학농민혁명은 조선 왕조의 계급지배와 착취의 문제를 해결해 사회 민주화를 달성하려는 첫 번째 큰 시도였다. 농민 혁명은 통치 계급과의 투쟁에서 패배한 것이 아니라 일본 제국주의 군대의 간섭 때문에 실패했다.

　　1910년에 일본이 조선을 식민지로 만들었을 때, 사회 민주화운동은 민족해방운동에 흡수되었다. 일본인 지주와 자본가에 대한 조선 농민과 노동자의 투쟁은 곧 민족해방운동이 되었다. 제2차 세계대전이 끝나고 조선이 일본에서 해방했을 때, 허약한 조선 지주와 자본가에 대한 농민과 노동자의 계급투쟁이 폭발했다.

　　그러나 미국의 남조선 점령은 조선을 남북으로 갈라놓았고, 점령군은 당시 현상을 그대로 유지하려는 정책을 폈다. 그래서 조선의 사회·정치적 구조를 근본적으로 개혁하려는 농민과 노동자의 노력은 온갖 장애에 부딪혔다. 미군정은 일제 통치 아래서 반半프롤레타리아화한 농민들이 착취적 토지체제를 근본적으로 변혁하려는 노력외에도, 일본인과 친일파 조선인이 소유한 공장을 인계받으려던 노동자의 노력까지도 억압했다.

　　미군정의 반혁명적 정책에 맞선 노동자와 농민의 저항은 1946년 9월 폭발적 총파업과 10월 민중봉기로 이어졌고, 이들의 지속적 투쟁은 1948년에 미군정 아래 제주도 봉기와 이승만 정권 아래 여수·순천 민중항쟁으로 나타났다.

미군의 남조선 점령과 관련한 기존 연구는 이런 정치적 역사를 충분히 설명하지 못하고, 몇 가지 한계점이 있다. 기존 연구는 1945년 8월 일본이 항복한 때부터 1948년 8월 대한민국이 성립되기까지 3년을 하나의 시기로 취급하여, 1945년 8월 이후 두 시기 (1946년 말까지의 짧은 해방 기간과 그 뒤 미군정이 남조선 전체를 사실상 통치한 시기) 사이의 중요한 차이점을 무시한다.

첫 번째 시기에 조선인은 자발적 민주적 독립국가를 건설하려고 혁명적 활동을 시작했고, 두 번째 시기에는 미점령군이 조선의 혁명적 활동을 억눌렀다. 기존 연구는 이 두 시기를 구분하지 않아서, 조선 사람은 자치 능력이 없다는 미국의 가정을 지지하고, 조선과 미국 사이의 민족적 모순을 희미하게 만들었다.

또 기존 연구는 미국 정책이 형성되는 과정이나 조선 지도자의 활동에 연구 초점을 두어 민중의 활동을 무시하는 경향이 있다. 이런 접근으로는 남조선 통치 계급과 그들의 동맹자인 미국인에 대한 노동자와 농민의 계급투쟁을 명확히 설명할 수 없다.

조선 역사가 중요한 일관성을 보여주는데도, 그들은 사회 민주화에 대한 미군정과 이승만 정권 사이의 정책적 차이를 가정한다. 이런 결점은 한국과 미국 사이의 계급과 민족 모순을 소련과 미국 사이의 이데올로기적 모순으로 대체하는 냉전적 접근법으로 이 시기를 연구했기 때문이다.

이런 기존 연구의 약점을 보완하려고 이번 3장에서는 이런 의문에 답하려 한다. '미국이 억압하기 이전에 노동자와 농민은 사회 민주화를 위해 무엇을 했는가?' '미점령군은 조선의 사회 민주화운동에 어떤 영향을 끼쳤는가?' '조선인은 미국 정책에 어떻게 대응했는가?' '사회 민주화를 위한 정책에서 이승만 정권은 미군정과 얼마나 다른가?'

이런 질문에 대답하려고 다음 과제를 다룰 것이다. '한국 노동운동에서 전평의 지도적 역할' '좌익 농민 지도자의 인민위원회의 조직' '노동과 토지, 쌀에 대한 미군정 정책의 특징' '9월 총파업과 10월 항쟁, 미점령군에 대한 제주도 봉기와 여수·순천 봉기를 통한 조선 민중의 계급투쟁과 민족투쟁' '조선인의 저항에 대한 미국인들의 무자비한 진압' '미군정 계승자인 이승만 정권의 특징'

1
미완성 혁명

남조선 엘리트가 서울에서 민족 통일과 해방을 추구하는 동안에 남조선 민중은 공장과 농촌 마을에서 사회·경제 구조의 혁명적 변화를 추구했다. 일제 강점기 말기에 지하에 숨었던 조선 노동자와 농민의 혁명 운동은 1945년 8월 15일 조선이 해방하면서 그 실체를 드러냈다. 1946년 8월, 1,936만 남조선 인구는 농업에 64%, 임시고용 농업에 13%, 비농업 직업에 23%가 종사했다.(USAMGIK주 한미군정, 1947, p1)

당시 남조선은 여전히 농업을 중심으로 삼는 사회였으나, 사회 관계는 일본 통치 시기에 상당히 자본주의화 되었다. 해방한 조선에서 사회 민주화운동은 인민위원회 주도로 진행되었다. 인구의 20% 정도로 추산하는 노동자가, 70% 이상으로 추산하는 반‡프롤레타리아트화한 농민보다 수적으로는 적었으나, 농민보다 더 조직적이었다. 그래서 노동자들은 일본인 소유 공장들의 노동자자주관리를 목표로 사회 민주화운동[1]을 이끌어나갔다.

(1) 노동자자주관리운동

여기서는 먼저 노동운동을 다루고, 인민위원회를 통한 농민운동은 뒤에서 따로 다룬다.

여전히 조선은 압도적 업사회였지만, 해방 전 20년 동안의 산업발전은 노동자 수를 상당히 증가시켰다. 1944년에는 조선 인구의 20% 정도인 약 5백만 명이 광산과 공장, 수송, 상업회사에 종사하는 임금노동자였다.(미참, 1947, 김금수 역, p217)

해방 직후 노동조합은 조선 전국에 걸쳐 공장과 일터에서 조직되었다. 서울과 인천, 부산, 함흥, 흥남, 원산과 같은 주요 산업도시에서는 감옥에서 풀려난 지 얼마 안 되는 노동운동 지도자들이 노동조합을 재조직했다. 그들은 대부분 일본인과 조선인 자본가로부터 크고 작은 공장과 기업을 접수하는 데 성공했다. 한 미국 당국자는 '실제로 거의 모든 큰 공장'은 이런 방식으로 접수되었다고 말했다.(앞의 책, p235)

당시 조선 노동운동은 경제적으로 발전한 나라에서처럼 단지 노동환경을 개선하거나 임금을 인상하라는 요구만 한 것은 아니었다. 그들은 황폐한 경제에서 생존을 도모하며, 일본 식민 세력이 남기고 간 사회·경제 구조를 혁명적으로 고치는 투쟁에 착수했다.(김

---

1 민주주의는 자유와 평등을 기초로 삼는데, 자유와 평등은 상호보완적이라서 자유 없는 평등이나 평등 없는 자유는 다 반민주적이다. 성차별, 인종차별 등 인간 차별은 형태야 어떻든 모두 반민주적이다. 특히 계급 차별은 민주주의에 가장 심각한 방해 요소라서, 여기서는 계급적 탄압과 착취에서 해방하려는 사회적 노력을 사회 민주화운동으로 본다.

낙중, 1981, p54; 김태성, 1987, p327)

해방한 조선은 "자본가 없는 자본주의 사회"였다.(나까오, 1984, p5) 일본 식민주의는 강력한 조선인 자본가 계급의 성장을 허용하지 않았고, 조선 산업의 80~90%를 장악한 일본인 자본가는 조선 사회에서 자본주의 경제 관계를 폭넓게 확대했다. 일본인 자본가들이 조선을 떠났을 때, 조선 경제를 회복하는 데는 두 가지 방법이 있었는데, 공장과 기업을 노동자가 직접 관리하거나, 조선 자본가를 새로 키우는 일이었다. 조선의 남과 북에서는 똑같이 첫 번째 방법을 택해, 36년 동안 일본이 착취로 파괴한 경제를 회복하기 시작했다. 조선 북쪽에서는 노동자의 자주관리운동을 소련 점령군이 지지했으나, 남쪽에서는 새로운 자본가 계급을 키우려는 미점령군 정책 때문에 노동자의 자주관리운동이 파괴되었다.(앞의 책, p 5,16)

남조선에서는 노동자자주관리운동이 2단계를 거쳐서 발전했다. 초기 운동은 중심 조직이 없었고, 노동자 생존을 위한 투쟁을 강조하다가, 조선노동조합전국평의회(이하 전평)가 조직된 후에는 사회·경제 구조의 혁명적 변화를 강조했다.(민전, 1946B, p 319-320)

미군정의 노동운동 탄압을 경험하면서 노동자는 민주적이고 독립적인 조선 정부를 건설하지 않고는 그들의 삶을 완전히 개선할 수 없다는 것을 깨달았다. 운동 초기에는 일본인이 소유한 많은 공장과 기업에서 조선 노동자들은 떠나는 일본인 고용주에게서 퇴직수당을 얻어내려고 싸웠다. 이런 활동은 대다수 조선인 노동자 생존에 필수적이었다. 일본인 소유주가 떠난다는 것은 공장이 폐쇄되고 노동자가 일자리를 잃게 됨을 의미했기 때문이다. 다른 공장에서는 공장 문을 닫으려는 친일 조선인 고용주에게 대항해 노동자가 공장을 살려서 계속 가동하려고 투쟁했다. 이런 투쟁은 대개 노동자의 자주관리운동으로 발전했다.(김태성, 1987, p327-329)

일본인 자본가와 친일 조선인 자본가를 상대한 노동자들의 투쟁은 평화 시위나 파업이 아니라, 일본인 군인까지 개입하는 격렬한 투쟁이었다. 민전이 펴낸 『조선해방연보』는 노동자의 투쟁을 이렇게 묘사한다.

서울 영등포의 노동자들은 일본인의 상점 열쇠와 금고 열쇠를 얻고자 그들의 집과 공장에서 일본인의 칼과 총에 맞서 싸웠다. 서울 노량진과 용산 노동자들은 곡물을 한강에 버리려는 일본 군대에서 곡물차량을 빼앗았다.(민전, 1946B, p320)

노동자들의 이런 활동은 일본인 자본가와 군인, 또는 부일 조선인과 부정축재자들이 식량과 산업설비, 원료, 생산재와 소비재에 불을 지르고 파괴하고 팔아치우려는 것을 막는 일반 조선인의 노력과 연결되어 있었다. 이런 노동자들의 활동은 개인적 이기심에서 나온 것이 아니고, 일본이 40년 동안 조선을 착취했다는 사실에 대한 그들 나름의 계급적 민족적 의식에서 싹튼 것이다. 그들은 "그동안 우리가 일본인 밑에서 열심히 일하던 공장은, 이제는 마땅히 우리 것이 되어야 한다"고 주장했다.(나까오, 1984, p17)

노동자가 사회·경제 구조의 혁명적 변화보다 생존을 위한 투쟁을 더 강조한 것은 파괴된 경제에서 생긴 비참한 삶의 여건 때문이기도 하다. 당시 노동자가 당면한 두 가지 주요한 문제는 높은 실업률과 인플레이션이었다. 1946년에 고용 노동자 수는 약 743만 명으로 전체 인구의 약 38%였고, 경제활동은 가능하나 일자리가 없는 사람은 약 105만 명이었는데, 전체 인구의 약 5.4%고, 경제활동인구 848만 명으로, 약 12.4%에 해당한다.(조선은행 1948, vol.1, p9; 김준보, 1977, p401에서 재인용)

이 실업자 대부분이 과거의 농민이고 미래의 임금노동자라고 가정하고, 1944년에 고용 임금노동자 212만 명과 비교하면, 1946년에는 임금노동자의 절반이 실업자였다고 할 수 있다.(조선경제사, 1948, p134; 한국노동조합총연맹, 1979, p224) 남조선의 고용된 공업노동자 수가 1944년 1월에서 1946년 11월 사이에 59%나 줄어서 30만1천 명에서 12만2천 명이었다. 그 이유는 많은 공장(4,074개, 약 44%)이 해방 후에 주로 원료 부족으로 문을 닫은 탓이다.(조선경제사, 1949, p153; 김태성, 1987, p315에서 재인용)

높은 실업률에 더하여 비싼 생활필수품이 노동자에게는 큰 문제였다. 전체 통화량이 1945년 7월 47억 원(북한 포함)에서 1945년 9월에는 87억 원(남한만)으로 증가했다. 주된 이유는 일본인이 자신의 안전을 지키려고 조선인에게 '특별상여금'을 지불하느라고 막대한 지폐를 발행했기 때문이다.(McCune, 1950, p336)

1945년 농업생산은 1940년과 1944년 사이의 평균보다 30%나 감소했고, 1946년 공업생산은 1939년도 생산보다 71%나 감소했다.(USAMGIK, 1947, p10; 고현진, 1985, p185)

더구나 만주와 북한, 일본에서 돌아온 동포가 많아서, 남조선 인구는 해방 첫해에 220만 명(13.8%)이나 증가했다.(고바야시, 1982, p448; U.S. State Dept, 1948, p26)

막대하게 증가한 통화량과 농업과 공업 생산의 감소, 인구의 급속한 성장은 위험한 인플레이션을 초래했다. 1945년 7월에서 9월까지 노동자 임금이 5배 올랐는데, 생활필수품 값은 무려 21배나 올랐다. 이렇게 높은 실업률과 인플레이션은 해방 후 남조선 노동자가 겪은 비참한 생활 여건의 한 측면을 보여준다.

노동자자주관리운동의 몇 가지 예는 노동자가 생존을 위해 어떻게 투쟁했는지를 보여준다. 일본인이 소유한 서울 영등포에 있던 조선피혁 공장에서는 해방 전에 1,300명의 조선인 노동자가 군수품을 생산했다. 1945년 8월에 일본이 항복한 후, 그 공장 사무직 노동자 10명과 육체노동자 25명이 자주관리위원회를 조직하고, 일본인에게서 소유권을 양도받았다. 자주관리위원회는 10월 8일에 공장을 다시 움직여 물품 생산을 재개했다. 하루 8시간 노동과 주말 휴일, 건강보험, 소비조합 등 개선된 노동환경 아래에서 노동자는 낡은 기계를 수리해 신발 생산을 100%, 가죽 생산을 200% 증가시켰다. 그러나 1946년 4월 10일 미군정은 노동자들이 선출한 위원회 위원장 박인덕을 해고하고 체포했다. 그리고 조균훈을 새로운 경영자로 임명했다. 조균훈은 노동자위원회를 폐지하고, 비효율적이고 비민주적 경영으로 노동생산성을 67%나 하락시켰다. 노동자는 새로운 경영자에 맞서 파업을 일으켰다.(해방일보, 1946년 4월 22일; 성한표 1984, p591-592; 고현진, 1985, p209-210)

또 다른 예는 경성방직이다. 1945년 8월 30일 서울 영등포의 한 공장에서 여성노동자가 회의를 열고 노예적 노동조건의 중지를 요구했다. 그들은 하루 8시간 노동과 야근철폐, 식사개선, 동일노동 동일급료, 방문객을 만날 자유, 1년 동안 체불한 임금 즉각 지급, 노동자의 자주관리를 요구했다.(해방일보, 1945년 10월 25일)

해방일보는 노동자의 노예적인 작업환경을 이렇게 묘사했다. "어린 여성노동자의 비참한 삶을 보라! 썩은 호박죽과 영하 20도에서 맨발과 얇은 옷, 하루 2교대 12시간 노동, 하물며 부모도 볼 수 없는 방문객 금지법."(앞의 신문)

경성방직 소유주 김연수는 전형적인 친일 협력자로, 공산주의자가 선동해서 노동자가 폭동을 일으켰다고 미군정에 보고했고, 9월 25일에 미국 군대가 공장에 나타나서 공포탄을 쏘면서 노동자들을 위협했다. 김연수는 노동자의 요구를 거부하고, 파업 중인 노조 지도자 5명을 해고하고, 식량과 원료 부족 핑계로 공장 조업을 중단했다.(해방일보, 1945년 10월 22일)

공장을 폐쇄하라는 김연수의 지시에도 노동자들은 자주관리위원회를 조직해 8시간 노동과 야근철폐 등 개선된 작업환경 아래서 공장 조업을 계속했다. 개선된 작업환경과 노동자자주관리는 생산을 20%나 증가시켰다.(해방일보, 1945년 10월 25일)

노동자자주관리운동이 특정된 해방 후 조선의 노동운동은 1945년 11월 6일에 전평이 조직되면서 새로운 단계에 들어섰다. 지역을 중심으로 자발적으로 조직해서, 주로 생존을 위해 싸우던 노동자들의 투쟁은 전평의 지도 아래 전국적 조직이 되었고, 혁명적 사회 변화를 위한 운동으로 바뀌었다. 1945년 11월 5~6일에 노동조합 대표자가 분산된 노동조합을 한 조직으로 통합하려는 목적으로 남북 조선을 망라한 40개 지역 대표자들이 서울에 모였다. 이 모임에서 출현한 중심 조직이 한국노동조합전국평의회인데, 전평으로 더 많이 알려졌다. 전평을 만들 때 노조 대표 몇 명이 모였고, 전평 밑에 노동조합 몇 개와 노동조합원 몇 명이 있었는지는 정확히 알기 어려우나,[2] 모임 의사록에 따르면, 노동자 21만7천 명과 1,194개 지역조합을 대표하는 505명이 모임에 참석했다.(고바야시, 1982, p454)

전평은 조선 전국 16개 산업 부문별 조합과 남조선 주요 도시 17개 지역평의회, 북조선 총평의회가 지지했다.(민전, 1946A, p161-163) 전평 조직은 1945년 12월 당시 223개 지부와 55만3천 명 조합원을 대표하는 1,757개 지역조합으로 급속히 확대되었다.(현대일보, 1946년 9월 3일; 김낙중, 1982, p56에서 재인용)

진평의 정치적 입장은 그 지도자와 정강에 나타났다. 일본 식민 통치 아래서 노동운동은 좌익이 지도했다는 전통에 따라, 일본 감옥에 있던 사회주의자들이 노동조합 중앙 조직의 지도적 지위를 차지했다. 전평 의장 허성택은 16세에 항일운동을 시작하고, 1937년부터 1945년 해방까지 감옥에 있었으며, 조선공산당원이었다. 집행위원회 10명은 다 정치범으로 일본 감옥에 있었다.(김낙중, 1982, p61; Cumings, 1981, p198; 김성태, 1987, p320)

전평의 정강은 다음 내용을 포함한다. "통일된 민족전선과 함께 친일 협력자들에 맞서 싸우면서 독립적이고 민주적인 조선 정부 건설에 참여하려는 계획, 양심적 민족 자본가와 함께 조선의 민족 경제를 재건해 노동자 이익을 보호하려는 계획, 하루 8시간 노동, 최저임금제, 같은 노동에 같은 임금, 어린이노동 금지, 일본인과 친일파 조선인 소유 공장에 대한 노동자의 자주관리."(민전, 1946A, p161)

---

2   약 50만 조합원을 대표하는 대의원 615명이 참여했다.(민전, 1945A, p158) 40여 지역에서 1,194 노동조합 50만 명을 대표하는 대의원 505명이 참여했다.(전국노동자신문, 1945년 11월 16일; 나까오, 1984, p43에서 재인용)

이 정강에 따라 전평은 행동강령을 발표했다. 전평은 정치 투쟁을 무시하던 조합주의(현실 이익만 추구)와 대중에게서 노동조합을 고립시킨 모험주의(과격한 투쟁만 강조)를 비판하면서 기존 노동운동의 오류를 수정하려고 시도했다. 전평은 경제투쟁과 정치 투쟁의 결합을 주장했다. 그래서 전평은 노동자를 위한 당장 눈앞의 이익과 민족해방과 경제적 재건을 포함하는 장기적 조선 민족의 이익을 동시에 추구했다.(민전 1946A, p159-160; 나까오, 1984, p49-52)

이렇게 전평은 건준이나 인공 등 다른 모든 좌익 민족주의 조직이 한 것처럼 노동자 계급 이익뿐만 아니라 민족 이익을 대표하려고 했다.

더욱 구체적으로 전평은 퇴직수당과 노동자공장자주관리를 위한 투쟁 전략을 제시했다. 전평은 노동자의 생존을 위한 퇴직수당을 얻으려는 투쟁을 지지하면서, 퇴직수당을 받는 것은 40년 동안 빼앗긴 것을 되찾는 것이라고 했다. 그러나 어떤 경우에는 퇴직수당을 받아낸 것이 이미 심각해진 실업문제를 더 악화시켰다. 그것은 공장을 문 닫게 하고 조합을 해체하는 결과를 초래했기 때문이다. 그래서 전평은 노동자들이 모은 퇴직수당으로 원료와 다른 필요한 생산재를 구입해 공장을 가동하자고 주장했다. 다시 말하면, 퇴직수당을 얻기 위한 투쟁은 노동자자주관리운동으로 이어져야만 했다.

노동자자주관리운동에 대한 전평의 관점은 조직부장 현훈이 발행하는 <전국노동자신문>에 잘 나타난다.(전국노동자신문, 1945년 11월 16일; 12월 1일; 1946년 1월 16일)

현훈은 노동자들의 자주관리운동은 모든 조선인의 생활 여건을 개선하는 것이 의무라고 믿는 혁명적 노동자의 올바른 행위라고 했다. 그는 일본인 소유 공장과 기업 경영에 노동자가 참여하지 않으면 반혁명적인 친일파 조선인과 외국인 자본가가 공장과 기업을 빼앗아 갈 것이라고 말했다.

일본 공장의 경영 권리를 노동자가 요구하는 것이 당시 남조선 상황에서 옳고 정당한 행위라 하더라도, 그것 자체가 노동자운동의 궁극적 목표가 될 수는 없었다. 노동자자주관리운동은 조합 조직을 확장하고 노동자의 계급의식을 높이려는 노력의 한 부분이어야만 한다. 이것은 조선 민중이 자주적 권력을 확립하는 데 꼭 필요했다. 민중이 정치 권력을 얻지 못하면 노동자들의 생활 여건은 근본적으로 바뀔 수 없었다.

이런 전제에서 현훈은 노동자자주관리운동을 위한 실천 전략을 밝혔다. "노동자들은 민중이 정치권력을 확립할 때까지 일본인이나 친일 조선인의 공장이나 기업을 보호하고 경영하도록 해야 한다. 심지어 미군정에 빼앗긴 공장이나 기업에서도 노동자들은 공장경영권을 얻고자 노력해야 한다. 그러나 조선 민족주의자 소유의 공장 노동자들은 전체적인 자주관리를 요구하기보다는 공장경영을 같이하든지 공장 경영에 참여해야 한다. 공장은 노동자와 기술자, 양심적 민족 자본가를 포함하는 공장관리위원회를 조직해야 하고, 이 위원회는 인민위원회와 협력해야 한다. 부정축재자나 투기꾼과 같은 새로운 민족 반역자의 공장 노동자들은 그들의 비행을 폭로하고 노동자자주관리를 위해 공장을 접수해야 한다."(나까오, 1984, p540-560)

여기서 전평이 노동자자주관리운동을 민중의 자주 권력을 확립하기 전의 임시 과정으로 여긴다는 것을 알 수 있다. 말을 바꾸면, 노동자의 계급적 이해는 민족적 이해와 분리할 수 없다는 것이다. 이런 견해는 당시 조선의 사회적 상황이 노동자와 농민, 진보적 지식인, 소규모 민족 자본가를 포함하는 통일된 민족전선이 이끄는 부르주아 민주주의 혁명을 요구한다는 민주주의민족전선의 주장과 유사하다.(민전, 1946A, p28-35)

전평의 지도에 따르는 노동자는 잘 조직되어 있었기에, 오랫동안 지연된 사회혁명을 추진할 준비가 되어 있었다. 그러나 그들에 대한 미점령군의 간섭과 반혁명적 부일분자의 공격 탓에 그들은 목적을 달성할 수 없었다.

미국과 친미 조선인에 맞선 노동자의 투쟁을 살펴보기 전에, 인민위원회의 지도에 따라서 그들이 오랫동안 갈망했던 사회 민주화를 달성하고자 애쓴 조선 민중 대다수를 차지하는 농민 대중의 노력부터 살펴본다.

(2) 인민위원회 조직

해방 조선에서 가장 중요한 두 가지 정치적 문제는 친일 협력자의 처벌과 근본적 토지개혁이다. 토지개혁은 농업을 주로 하는 남조선 사회·경제 체계에 근본적 변화를 의미한다. 토지개혁이 탈식민지화한 조선에서 필수적인 이유와 어떤 방법으로 농민이 인민위원회를 통해 토지개혁을 추구했는가를 살펴본다.

탈식민지화한 조선은 지주와 소작인 사이의 착취적 사회관계를 민주화하고, 농민의 비참한 빈곤 문제를 해결하기 위해 광범위한 토지개혁이 필요했다. 1947년에 미군정의 농업부 관리는 남조선의 생산액과 수출액, 투자 자본, 노동자고용, 인구의 분포, 민족적 이해 또는 자원의 성질로 볼 때, "남조선은 전형적 농업사회" (USAMGIK, 1947, p1)라고 말했다.

남조선 농업은 일본 지배 36년의 결과로 심각한 문제를 양산했다. 일본 식민 세력은 지주를 조선 농민의 착취 수단으로 이용했다. 그 결과로 전체 농민 중 소작인 비율은 1913년의 35%에서 1941년에는 54%로 증가했다. 반소작인(24%)을 포함해 조선 농민의 75% 이상이 지주에게 착취당했다. 전체 농업가구의 3%밖에 안 되는 일본인과 조선인 지주가 일본 지배 기간을 통해 전체 경작 토지의 50% 내지 60%를 소유했다.(조선은행, 1948; 황한식, 1985, p251-263에서 재인용)

소작인은 대개 1정보(3천평) 미만의 소규모 땅에서 재배한 주요 곡물의 50~70%를 지대로 지불해야만 했다. 일본 식민주의자들은 조선 농민의 독립적 성장을 허용하지 않았다. 1940년에 독립 자영농의 72%가 1정보 미만의 소규모 땅을 소유했고, 그들이 소유한 땅을 모두 합해도 전체 경작 면적의 10.4%밖에 되지 않았다.

소작농이건 자영농이건 조선 농민은 비참한 가난 속에서 살았다. 1930년에 전체 농민의 48.3%와 소작인의 68.1%가 기아 상태였다.(박경식, 1986, p507) 더구나 일제에서 해방한 남조선에는 만주와 일본에서 동포가 돌아와 인구가 급속히 증가했는데, 그들은 대부분 과거 농민이라서 농토를 원했다. 그렇기에 지주와 소작인 사이의 착취적 관계를 민주화하기 위해서도, 조선 경제를 회복하고 광범위한 실업과 비참한 농민의 빈곤 문제를 해결하기 위해서도, 일본인과 조선인 지주가 소유한 토지를 경작 농민에게 재분배하는 것이 필요했다.

노동자가 노동조합 전평을 조직했듯이, 농민은 일본 속박에서 벗어난 직후에 농민조합을 조직했다. 1945년 가을에 이런 조합은 어디나 존재했다. 어떤 사람들은 재빨리 일본인과 조선인 지주의 땅을 빼앗으려 하고, 어떤 사람들은 소작 관계와 소작료 등을 개혁하려고 활동했다. 또 많은 농민조합은 가을 수확기에 쌀의 수집과 저장, 분배를 조직적으로 운영했다. 1945년 12월 8일에서 10일 사이에 조선 전역에 걸친 239개 농민조합의 576명 지도자는 서울에 모여서 전국농민조합총연맹(이하 전농)을 조직했다.(전농, 1945, p3)

농민의 생활 여건을 반영해, 전농의 강령에는 일본인과 조선 지주의 토지를 몰수해서 경작 농민에게 배분하고, 지대는 30%로 내리며, 강제 쌀 공출을 금지하고 농민이 단체로 협상하고 계약할 권리 요구 등을 포함했다.(앞의 책, p91-92)

전농과 인민위원회의 지도 아래 농촌에서는 "소규모 혁명이 발생했다."(Cumings, 1981, p272) 예를 들면, 일본인 토지는 그 토지를 실제로 경작한다는 근거로 소유권을 주장하는 무단 정착자들이 점유했는데, 대개의 경우 지방 인민위원회는 그 토지를 그들에게 나누어 주었다.(Mitchell, 1952, p8)[3]

광범위한 토지개혁은 장기 계획과 정부 정책의 지지가 필요했는데, 전농은 곧 미군정의 강력한 반대에 직면했다. 그래서 남조선 농민은 혁명적으로 토지개혁을 실시하고자 활동을 시작했으나, 일

3 　C 클라이드 미첼은 미군정청 토지 행정국장이었고, 1998년 부분적인 토지개혁에 관여했다.

제 속박에서 벗어남과 미군정의 계획된 공격 사이의 짧은 기간에 혁명을 완수할 수 없었다.

이제 노동조합과 농민조합의 지지를 받은 인민위원회가 어떻게 착취적 사회관계의 혁명적 변화를 준비해나가는가를 살펴본다.

1945년과 1946년에 조선 전역은 도, 시, 읍, 마을 단위에 존재하는 인민위원회로 뒤덮여 있었다. 9월 6일 조선인민공화국이 수립된 후에 지방 건준 지부는 인민위원회로 이름을 바꾸었다. 11월 20일 서울에서 전국인민위원회 대표자회의가 열릴 당시에 인민위원회는 모두 13개 도, 218개 시, 2,244개 읍에 존재했고, 단지 남한의 3개 시와 13개 읍만이 인민위원회 조직을 갖추기 못했다.(전국인민위원회, 1945, p32)

인민위원회가 급속히 확산한 것은 조선에서 농민 봉기의 역사가 오래고, 일본 지배에서 토지관계와 관련한 사회 부정의와 농민의 박탈감이 강했기 때문이다. 자기 고향으로 돌아온 학생과 군대에서 풀려난 군인, 석방된 죄수는 인민위원회를 조직하는데 중요한 역할을 했다.(Cumings, 1981, p271-272)

지방 인민위원회 구조와 정강은 조선인민공화국의 구조와 정강과 비슷하다. 그들은 조직과 선전, 질서유지, 식량공급, 재정을 위한 부서를 갖춘 일종의 내각 구조를 지녔다. 그들의 정강 기본 목표는 친일 부역자 처벌과 광범위한 토지개혁 요구였는데, 다음의 요구도 포함한다. "모든 일본인 재산은 조선인에게 넘겨준다. 모든 토지와 공장은 노동자와 농민에 속해야 한다. 모든 남성과 여성은 동등한 권리를 가진다."(앞의 책, p270-271)

커밍스는 조선의 각 도道에서 인민위원회가 지닌 힘에 관해 상세하게 연구했는데, "조선 전체의 시와 군 절반을 인민위원회가 지배했다. 시와 군에서 지배적이든 아니든 간에 인민위원회는 매우 짧은 기간에 조선 전역에 퍼졌다"고 결론지었다.(앞의 책, p275)

각 도에서 인민위원회 세력의 성장은 미점령군이 각 도에 도착한 시기와 관련 있다. 인민위원회는 결국 미점령군에 파괴될 운명이었기 때문이다. 미점령군은 각 도의 중요한 지역 상황을 파악하려고 미국 장교로 구성한 탐색반이 9월 16일 부산에 도착하면서 시작되었다. 다음에 전술부대가 남조선의 모든 도를 점령했다. 전술부대 11사단은 경기도와 강원도, 충청도에 머물렀고, 6사단은 전라도에, 4사단은 경상도에 주둔했다. 많은 지역에서 전술부대는 당시 다른 지방 정부 조직을 이용할 수 없었기 때문에 편의상 지방 인민위원회를 인정했다. 그러고 나서 1945년 10월에서 12월까지의 기간 중 서로 다른 시간에 군정 운영을 위해 특별히 훈련받은 군정 중대가 전술부대를 대체했다. 미군정은 1946년 1월 14일에 확립되었고, 따라서 인민위원회에 대한 미군정의 전면적 공격도 이때부터 시작되었다.(Cumings, 1981, p290-292)

미군정 확립 이전에 각 지방 인민위원회 활동에 대한 문서가 드물어서, 인민위원회에 대한 정보가 상대적으로 많은 전라남도에서 사회 민주화를 위한 인민위원회의 활동을 살펴보겠다.

반도의 가장 남쪽에 위치한 전남은 조선의 곡창으로 불렸다. 다른 지방보다도 더 넓은 경작지가 있고 쌀 생산에서 모든 지방을 앞섰기 때문이다.(Summation, 1946년 8월 11일, 제11호, p33-34) 전남은 또 다양한 해산물 어장이 있다. 전남 인구 290만 중 약 82%가 농업에 종사했다.(Meade, 1951, p19,23; USAMGIK, 1946A, p35)

미점령군이 상대적으로 늦게 도착했기 때문에 전남의 인민위원회는 다른 도보다 성장할 시간이 많았다. 전술부대는 10월 8일까지 광주에 도착하지 않았고, 군정 중대는 10월 22일에 도착했다. 미군이 도착했을 때 그들은 인민위원회가 실제로 전남 전체를 통제하는 것을 보았다.(Cumings, 1981, p296)

전라남도 도민은 기독교 목사 최흥종을 의장으로 임명하고 1945년 8월 17일에 도 건준을 조직했다. 건준의 첫 번째 활동은 1,400명에 달하는 정치범 석방을 보증하고, 다음날 치안대를 조직했다. 며칠 내로 전남의 각 군은 제각기 지역 인민위원회 지부를 조직했다. 지역 건준 지부 지도자를 선출하는 수단으로, 주민 100명당 대표 한 명을 선출했고, 선출된 사람은 1,000명당 군 대표 한 명을 선출했다.(Meade, 1951, p55-56)

전라남도 전체 인민대표자회의는 9월 3일 광주에서 열렸고, 전남 건준 의장에 좌파 박준규가 친미적인 최흥종을 대신해 취임했다.(광주부, 1946, p20; 김창진, 1987, p114)

전남인민대표자회의가 다시 10월 10일에 열렸는데, 전남건준이 전남인민위원회로 바뀌었다. 여기서 선출한 인민위 핵심 지도자 71명은 동학도, 공산당, 다양한 농민과 어민조합, 지역 노동조합 등 독립적인 집단 출신이었다.(Meade, 1951, p57)

그래서 좌파와 우파 연합체이던 전남건준은 좌파의 혁명적 조직 전남인민위원회가 되었다. 따라서 군정 중대가 10월에 도착했을 때, 그들은 상황을 완전히 통제하고 있는 좌파를 보았다. 어느 미군정 관리는 군정 첫해에 전남인민위원회는 전남에서 "도의 모든 구역과 마을을 관장하는" 가장 큰 정치집단이었다고 말했다.(앞

의 책, p158,160)

어느 미국인 목격자에 따르면, 인민위원회는 모든 군 지역에 존재했고 "거의 모든 군"에서 정부 역할을 했다.(Meade, 1951, p369) 조선이 일제에서 해방한 첫 2개월 동안에 전남의 신문은 5개에서 15개로 늘었다. 광주와 목포를 비롯한 대다수 시는 최소 한 개의 신문을 발행했다. 그중 가장 큰 것은 일본도청 기관지였으나, 광주인민위원회가 접수해 전남신보가 되었다.(Meade, 1951, p105)

10만 인구의 광주건준 지부는 좌익계 의장 양창수와 우익계 부의장 서우석을 중심으로 8월 30일에 조직되었다. 지도자는 한 가구에 한 표씩 던진 보통선거로 선출되었다. 10월 중순에 11년 감옥살이에서 풀려난 김석의 지도 아래 약 300명 치안대 청년과 학생이 광주를 통제했다.(Cumings, 1981, p298; 김창진, 1987, p110)

10만3천 명 인구에 도에서 가장 상업화한 항구도시 목포는 실제로 인민위원회의 주요한 근거지였고, 목포의 지위는 주위 모든 도시의 정치적 색채를 지배했다. 목포인민위원회는 청년동맹, 조선과학노동자연합, 조선학생단체, 목포동지청년연합과 같은 보조조직의 지원을 받았다. 인민위원회는 또 주도적 신문사 두 곳, 영화관 두 곳, 소비자조합, 목포기름보급주식회사, 목포면실유주식회사, 목포화학주식회사, 목포벽돌공장을 소유하고 경영했다. 이것은 모두 일본인으로부터 접수한 것이다.(Meade, 1951, p170-171)

나주, 화순, 보성, 장흥 같은 군郡에서는 인민위원회 지도자를 선출하려고 8월 15일 직후에 선거를 실시했다. 일본에 봉사했던 기존 관료는 선거에서 배제했다. 탈식민지화한 조선에서 정치적 정당성의 주요한 시험대는 일본 식민지에서 지도자들이 수행한 역할이었기 때문이다. 지대와 교육, 구호를 위한 하위 조직이 인민위원회 아래에 조직되었다.(Cumings, 1981, p298)

1945년 11월 23일에 제45 군정 중대가 도착했을 때, 진도와 해남, 완도군에서 인민위원회는 확고히 자리 잡고 모든 정부 기능을 수행했다. 8월 15일 직후 인민위원회는 법과 질서를 유지하고 지역 수송과 통신시설들을 움직이고, 상점과 학교를 운영했다. 해남인민위원회는 지역버스 사업, 군 해초 사업, 초등학교 21개를 운영했다.(앞의 책, p303-304)

간단히 말하면, 도 인민위원회 활동은 치안유지와 일상생활에 필요한 서비스 제공, 일본인 재산의 경영이었다. 지역 인민위원회는 민주적이고 독립적인 인공을 강화하려 했고, 인공이 사회·경제적 구조를 혁명적으로 바꿀 것을 기대했다. 인민위원회 활동에 대한 저항은 거의 없었다. 인민위원회 활동에 대한 적극적인 반대는 미국 군대의 도착, 더 정확하게는 전남에 군정이 확립되면서부터이다.(Meade, 1951, p57) 남조선의 다른 지방 상황 역시 전라남도 상황과 비슷했을 것이다.

2

반혁명적 미군 점령 정책

1945년, 미점령군은 일본이 40년 이상 착취하던 남조선 경제를 통제하기 시작했다. 그들은 조선에서 일제 강점기가 초래한 온갖 경제적 문제에 직면했다. 더구나 미국은 가련한 조선 경제를 두 개로 쪼개서 공업 우위 북조선과 농업 우위 남조선 사이의 상호보완적 관계마저 파괴했다.

일본 식민지였던 조선의 경제는 자주적인 단위가 아니라 일본 경제의 일부분으로 발전해 왔다. 조선 경제는 일본을 위해서, 특히 일본의 전쟁 목적을 위해서 운영되었고, 대부분이 일본인 소유였다. 1940년 당시 일본인은 조선의 공장 94%와 광산 90% 이상을 소유했다.(정윤형, 1981, p134) 또 일본인은 100정보(30만평) 이상을 소유한 거대 지주의 53.7%를 차지했다.(장상환, 1985, p86)

조선은 일본 경제에 통합되어 기계설비와 부품 공급을 전적으로 일본에 의존했다. 실제로 1944년에 조선의 생산 공장은 부품과

설비 75.3%를 일본에 의존했다.(김윤환, 1978, p62)

일본 지배에서 조선인은 기술적으로 훈련받지도 못했고, 책임 있는 자리에 앉을 기회도 거의 없었다. 그래서 1945년 당시 기술자의 80%는 일본인이었다.(이종훈, 1981, p122) 일본에서 분리한 조선 경제는 자본과 원자재, 기계 부품, 기술자가 턱없이 부족했다.(McCune, 1946, p5, 1950, p38-40)

따라서 일본의 압제에서 벗어난 조선 경제의 주요 문제는 전시 경제를 평화경제로 바꾸고, 일본인의 욕구를 채우는 것에서 조선인의 필요를 채워주는 것으로 바꾸는 것이었다.

38선으로 나라가 분단되어 남북 간의 경제적 조화가 파괴되니, 조선 경제의 회복은 더욱 어려웠다. 일본 식민 통치는 조선의 남쪽과 북쪽을 경제적으로 아주 불균형하게 만들어 놓았다. 북쪽은 풍부한 전력(94.1%)과 광물, 산림자원에 근거해 중공업(86%)이 대부분을 차지하고, 남쪽은 기름진 농업용 토지(63%)와 경공업(74%)이 대부분을 차지했다. 북조선은 펄프와 철, 석탄과 전기를 남조선 경공업에 공급했고, 화학비료를 남조선 농업에 공급했다. 곡류(75%)와 직물(87%) 생산 대부분을 차지하는 남조선은 북조선에 식량과 의복을 공급했다.(McCune, 1950, p57; Henderson, 1974, p56-57,91)

그렇기에 조선의 두 부분은 놀라울 정도로 상호보완적이었다. 그러나 38선이란 장벽은 이런 물품 교역을 불가능하게 했다. 특히 화학비료와 전력은 북쪽에 풍부한데 반해, 남쪽에는 부족한 상태라서 경제에 큰 곤란을 겪었다.

일본 식민지 상태에서 벗어난 조선 경제는 오랫동안 일본 경제에 종속되었다는 사정과 조선이 남북으로 분단되어 경제적 상호보완 관계가 파괴되었기에, 경제 구조의 근본적 개혁이 필요했다. 그런데도 미군정은 남조선 경제가 요구하는 개혁은 무시하고, 현상 유지 정책과 보수적 조선인을 지지하는 정책을 추진했고, 이것은 노동자와 농민 즉, 조선 민중의 혁명적 활동과 정면으로 충돌했다.

(1) 노동정책

미군정의 남조선 경제 지배는 군정법령 제2호와 제33호에 따라 남조선의 일본 자산을 미군정에 귀속하면서 구체화되었다. 일본 자산의 귀속으로 미군정은 남조선 자본의 80%와 공업 투자금의 94%, 경작지의 13.4%를 직접 통제하게 되었다.(고바야시, 1982, p435,438; 정윤형, 1981, p134)

1945년 9월 25일에 발표한 군정법령 제2호에는 미점령군이 일본의 공공재산을 접수하고, 미군정이 사전에 거래조사를 한다는 조건에서만 일본인 사유재산의 매매를 허용한다고 했다.(미군정 관보, 1945-1948, vol.1)

이 법령은 사유재산 보호라는 미국 자본주의적 원리에 근거했다. 11월 6일에 군정장관 아놀드는 "미국은 적의 재산이라도 국제법에 따라 사유재산을 존중한다"고 발표했다.(매일신문, 1945년 11월 7일; 나까오, 1984, p30에서 재인용)

미국 군인은 남조선에 도착한 직후에 사적·공적 일본 자산을 접수하기 시작했다. 그들이 접수한 주요 자산은 에너지 생산회사(경성전기, 조선전기, 조선석탄), 방송사(라디오국 10개, 동명통신), 신문사(경성과 매일), 주식회사(조선주택공사, 조선식품, 조선생필품), 은행(조선, 제국, 안전, 삼화), 그리고 동양척식회사를 포함한다.(나까오, 1984, p31-32) 10월 9일에 아놀드는 미군정은 회사와 공장 42개를 접수했다고 말했다.(성한표, 1984, p60)

일본 자산을 접수하는 미군정의 활동은 일본 공장을 스스로 경영하겠다는 조선 노동자의 활동과 직접적으로 부딪혔다. 미군정은 이런 대결은 피하면서 노동자의 자주관리운동을 막기 위한 방법으로 일본인의 사유재산을 사고팔라고 명했다.

1945년 10월 23~30일 동안 미점령군은 일본인 재산 양도를 규제하는 법률조항 4개를 연이어서 공포했다. 그 내용은 이렇다.

일본인 재산은 미군과 남조선 경찰이 보호한다. 불법으로 산 일본인 재산은 모두 가까운 미군정에 보고하고 반납해야 한다. 조선인은 계약서를 작성하고 미군정 당국에 적당한 가격을 내야 그 재산을 합법으로 살 수 있다.(매일신문, 1945년 10월 24일; 나까오, 1984, p32에서 재인용)

당시는 친일에서 친미로 바꾼 사람들만이 일본인 재산을 살 여유가 있었다. 그렇기에 이런 정책은 미국이 조선인 친미 협력자를 돕기 위한 행위였다. 이런 미군정 행위는 '조선의 일본인 재산은 40년 동안 착취해 모은 것이니 원래는 조선인 재산이라는 생각'하고는 사뭇 다른 행동이었다. 이런 규제에도 노동자자주관리운동은 점점 더 퍼져나갔다. 11월 8일 전평이 조직된 후 노동자 운동은 더욱 강력해졌다.

미점령군은 전평 주도로 노동자자주관리운동이 퍼져나가는 것은 친미 협력자들을 바탕으로 반공보루를 건설한다는 자국 목표에 위협이라고 생각했다. 그래서 1945년 12월 6일, 노동자자주관리운동을 통제하고자 미군정은 조선에 남은 일본인 재산 귀속권에 관한 법령 제33호를 발표한다. 이 법령은 "모든 일본인 재산과 거기서 생기는 이익은……1945년 9월 25일부로 미군정에 귀속되어 미군정 소유가 된다."고 선언한다.(미군정 관보, 1945-1948, vol.1)

이 법령은 노동자가 경영하는 공장과 노동조합에 대한 미국의 통제를 강화하려는 조치로, 일본인 공장을 접수해 가동하는 노동자의 활동을 또다시 불법화했다. 당시 미국인은 자국의 이익을 증진하는 가장 좋은 방법은 일본인 공장을 직접 경영하는 것이라는 결론을 내렸다. 법령 제33호에 따라 미군정 재산보호국은 12월 14일 훈령을 발표한다. "모든 〔일본인의〕 산업과 금융, 상업, 농업, 주택, 그 외 자산이나 기업은 미군정 재산관리인이 인정할 때만 운용과 점유, 사용할 수 있다."(앞의 책, vol.2)

그래서 미군정은 "공장과 관련이 있고 훌륭한 인격과 능력, 경험 또는 부를 지닌 사람들" 가운데서 공장 경영자를 뽑았고(나까오, 1984, p67), 1946년 2월까지 공장과 작업장, 사업 경영자 375여 명을 임명했다.(HUSAMGIK, 1946, vol.3, p24-25; Cumings 1981, p200에서 재인용)

새로 임명된 조선인 경영자는 대부분 일본인 소유 회사의 고용인이었는데, 노동자자주관리운동에 대항하는 강력한 투사 노릇을 했다. 그들은 대부분 이승만 정권이 들어섰을 때 그 회사의 소유주가 되었다.(McCune, 1950, p100; 성한표, 1984, p602)

군정장관 아놀드는 법령 제33호의 목적은 "조선 재정과 경제를 일본인이 통제하는 것을 막기 위한 것"이고 "일본인 재산을 미군정이 소유하는 것은 그 재산을 관리할 자격 있는 조선인을 찾을 때까

지 일시적"이라고 말했다.(중앙신문, 1945년 12월 15일; 나까오, 1984, p65-
66에서 재인용)

그러나 조선의 노동자와 농민은 "전쟁에서 진 일본 제국주의를
대체한 강력한 미점령군이 적이라는 걸 깨달았다."(앞의 책, p65)

결국 일본 재산을 소유하고 그 재산의 경영자를 임명한 미국인
과 노동조합을 조직해 일본인 공장을 경영하려는 조선인 노동자와
의 관계는 전형적인 자본가와 노동자 관계가 되었다.

미군정 경영자와 조선인 노동자 사이의 분쟁을 해소하려고 미
군정은 1945년 12월 8일에 법령 제34호를 발표하고, 서울과 각 도
에 노동중재국을 세웠는데, 군정법령 제19호가 선언한 "노동보호
와 노동분쟁의 중재"를 맡았다.(미군정 관보, 1945-1948, vol.1)

그러나 법령 제19호에 규정한 "노동자의 일할 권리"는 "노동자
가 함부로 해고 안 될 권리"를 주지는 못했다. 게다가 그 규정은 "고
용주와 고용인 사이의 노동관계에 제3자 개입"을 금지했다. 바꾸
어 말하면, 그것은 "공개적 노동 갈등에 관련 안 되게 하는 보호"
(Cumings, 1981, p199) 또는 "사업가와 전문가가 내세운 조건에서 일할
권리 보호"일 뿐이었다.(미챰, 1947, 김금수 역, p236) 그리고 노동분쟁이
중재국에 의해 해결될 때까지 "생산은 계속되어야 한다"는 규정은
노동자의 파업금지를 의미했다.(나까오, 1984, p101)

전국노동중재국은 단지 형식상 고용주와 고용인 사이의 분쟁
에서 중립적이고 미군정에서 독립적이었으나, 실제 기능 면에서
는 미군정의 통제를 받았다. 법령 제34호 1조와 4조에서는 "중재국
고문은 미군정 노동부 관리가 맡고, 중재국은 노동부와 광산 산업
국이 미리 정한 절차를 지켜야 한다"고 규정했다.(미군정 관보, 1945-

　중재국에 임명된 조선인은 "임금노동자나 그들의 대변인이 아니라,……대부분 사업가나 전문 고용주"였다.(미챰, 1947, 김금수 역, p236) 그러므로 노동중재국의 실제 기능은 고용주와 고용인 사이를 조정하는 것이 아니라, 노동자에게 압력을 넣어서 고용주의 말을 잘 듣게 하는 것이다.

　노동자자주관리운동을 억압하려는 미국 군대의 또 다른 노력은 1946년 7월 23일에 발표한 노동부 설립에 관한 군정법령 제97호에도 나타난다. 그 법령은 이렇게 선언한다.

　　미군정은 민주적 노동조합의 발전을 장려한다. 노동자는 노동조합을 형성하거나 조합에 가입하는 권리와 다른 노동조직에 도움을 주고 받을 권리, 그들의 대표자를 스스로 선출할 권리를, 자발적 조직을 통해서 가진다.(미군정 관보, 1945-1948, vol.1)

　이 법령은 공개적으로 미군정이 노동조직을 권장한다고 말하지만, 그 뒤에는 숨겨진 의도가 있다. 여기서 민주적인 노동조합이란 단지 순수한 경제적 투쟁만을 추구하는 조합을 말하고, 정치적 투쟁에 참여하는 조합은 배제한다.(성한표, 1984, p602) 즉, 민주적 노동조직은 조선공산당 지도를 받은 조합을 제외한 노동조직을 의미한다.(나까오, 1984, p106)

　여기서 "자발적 조직"은 경영주에게서 독립한 조직이 아닌 전평을 의미하는 제3자에게서 독립한 조직을 의미한다. '다른 노동조직' 언급은 전평의 지도력을 빼앗으려고 우익 대한노동조합총연맹

(이하 대한노총)을 조직하려는 준비로, 한 공장 내에 복수 조합 존재 장려이다. 그리고 '스스로 선출'이라는 구절은 후에 대한노총이 전평을 파괴할 때 중요한 무기가 되었다.(앞의 책, p367)

간단히 말하면, 법령의 주요 목적은 좌익 전평을 억압하고 우익 대한노총을 지지하기 위한 것이었다.

대한노총은 1946년 3월 10일에 지역 노동조합의 지지 없이 우익 청년단과 정당원으로 조직되었다. 그 정강은 공개적으로는 민주적 독립정부의 수립과 노동자와 고용주 사이의 협조를 요구했으나, 숨겨진 목표는 반공산주의 이름 아래 전평 지도의 노동조합을 파괴하는 것이었다.

결국 대한노총은 정치 조직일 뿐 진정한 노동조합이 아니었다. 대한노총은 비노동자로 구성되었고, 목표는 노동자의 생활 여건을 개선하는 것이 아니라 공산주의에 대한 투쟁이었기 때문이다.(노총, 1979, p278-281)

이 시기부터 노동분쟁 역사는 미군정의 지지를 받는 대한노총과 노동자의 지지를 받는 건평 사이의 투쟁으로 채워진다.

(2) 토지정책

농민을 향한 미군정의 정치적 정책이 인민위원회 탄압이었고, 경제적 정책은 토지제도 개혁과 쌀 시장 조절이었다. 조선 왕조와 일본 식민주의 유산인 착취적 토지제도의 근본적 개혁과 친일 협력자 처벌에 대한 바람은 일본 패망 후 조선에서 가장 중요한 정치적 쟁점이었다. 워싱턴에 소재한 한국문제연구소 김용진 소장은 "광범위한 개혁 없이는 조선에서 건강한 경제와 안정된 정부 그 어느 것도 유지될 수 없다.……남조선에 철저한 토지개혁이 긴급히 요구된다"고 말했다.(The Voice of Korea, 1948년 1월 17일)

비록 혁명적 민족주의자와 반동적 사대주의자가 토지개혁 범위에 있어서는 의견이 상당히 달랐지만, 정치 집단은 모두 토지개혁을 주장했다. 전자는 일본인과 조선인 지주 토지를 전부 무상 압수해서 경작자에 무상으로 나누어주는 토지개혁을 요구했고, 후자는 일본인 소유 토지는 무상 압수하고 조선인 소유 토지는 돈으로 사서 소작인에게 유상으로 분배하는 토지개혁을 원했다.(조선경제연보, 1948, vol.1, p345-346; 정영일, 1967, p95-96에서 재인용)

혁명적 집단은 "역사적으로 조선인 지주는 대개 기생계급으로, 예외는 더러 있겠으나, 토지를 강탈이나 사기 수단으로 얻어냈고, 그들 대부분은 의식적으로 조선총독부와 협력했다고 주장했다.(The Voice of Korea, 1948년 1월 17일)

미군정은 반동 집단이라 할지라도 토지 소유의 커다란 불평등과 그 결과인 소작인의 비참한 생활 여건을 무시할 수 없었다. 1945년 당시 농민의 83.5%가 소작인이나 반소작인이었고, 쌀 경작지 70%를 소작인이 경작했다.(조선경제연보, 1948, vol.1, p27-29,36; 정영일, 1967, p93에서 재인용)

더구나 소작 가구의 91%가 가구당 2정보 미만을 경작했고, 그 중 70%는 가구당 1정보 미만이라는 작은 땅을 경작했다.(조선경제연보, 1948, vol.1, p1-31; 황한식, 1985, p267)

이런 사정을 무시하고, 미군정은 구질서를 그대로 유지하고자 했다. 어느 미군 대령이 미군정 정책을 이렇게 평했다.

조선에서 우리가 할 사명은 부재지주가 쫓겨나는 것을 막는 것이었다. 조선 대중은 농지를 직접 경작하는 사람들에게 나누어주기를 원했다. 우리가 할 일은 이 소작인에게 소작료를 내라고 강요하는 것이었다.(Journal, 1945년 10월 27일; Cumings, 1981, p209에서 재인용)

미점령군이 지주 집단인 한민당을 조선에서 동맹자로 택한 탓에 근본적 토지개혁 기대는커녕, 오히려 인민위원회가 소작인에게 분배했던 토지마저 빼앗아, 농민이 일으킨 '작은 혁명'을 파괴했다.

토지를 개혁하라는 조선 민중의 압박이 점점 강해지자, 미군정은 지대를 낮추는 조치라도 하지 않을 수 없었다. 1945년 10월 5일 군정법령 제9호는 "형태야 돈이건 실물이건 상관없이 지대는 이제부터 자연적 수확량의 3분의 1을 넘지 못한다"고 규정했다.(미군정 관보, 1945-1946, vol.1)

물론 이런 조치는 일본 식민주의 아래에서 소작인이 전체 수확량의 50~80%를 지대로 지불한 부담을 덜 수 있었다.(Mitchell, 1952, p6) 그러나 이 법령은 효과적으로 실행되지 않았고, 지주는 대부분 이 법령을 지키지 않았다.

미군정 토지행정국장 미첼은 이렇게 말한다. "다양한 특별선물과 뇌물, 소작권 구입 등의 수단으로 지주는 소작인에게서 법정 최고액보다 더 많은 지대를 지속해서 받았다."(Mitchell, 1952, p7)

군정법령 제9호는 인민위원회가 이미 실시한 토지분배를 불법화했고, 토지제도에서 지주와 소작 관계를 유지하려는 미국인의 의지를 분명하게 나타냈다.

1945년 9월 25일, 미군은 군정법령 제2호로 몰수한 모든 일본인 소유 토지를 측정하고 관리할 신한공사를 만들기로 계획한다. 신한공사는 법령 제52호로 1946년 2월 21일에 공식적으로 창설되었으나, 이미 1945년 11월에 활동을 시작했다.(Cumings, 1981, p205)

1945년 12월에서 1946년 봄까지 신한공사는 조선의 모든 세무서와 토지기록부를 샅샅이 뒤져서 일본인이 소유한 토지 약 24만 5천 정보를 찾아냈다.

이 조사는 결국 인민위원회가 분배한 일본인 토지를 소작인에게서 도로 빼앗는 일이니, 농민의 강력한 반대에 부딪혔다. 미첼은 신한공사가 고용한 조선인 9명이 토지조사 작업 중 폭도들에게 살해되었다고 보고했다.(Mitchell, 1952, p9)

신한공사는 일본 동양척식회사가 소유한 모든 토지에 다른 일본인 회사나 개인이 소유한 약 4만2천 정보 토지까지 감독하고 통제하게 되었다. 이렇게 해서 1948년 2월 당시 신한공사가 경영하던 토지는 농장과 과수원, 산림을 포함해 약 32만4천 정보나 되었다.(Michell, 1948, p2,8)

이것은 신한공사가 남조선 전체 토지의 13.4%를 관리했고, 전체 농가의 27%를 통제했다는 의미이다. 양질의 토지가 풍부한 전라도의 경우 신한공사는 전체 농토의 26%와 전체 농가의 43%를 통제했다.(황한식, 1985, p279)

이리하여 신한공사는 남조선에서 가장 큰 지주가 되었다. 212개 지역 지부 3,300명 신한공사 고용인은 씨앗과 비료를 제공하고, 소작인 감독과 가장 중요한 쌀 수집 등 지주와 마름의 기능을 수행했다.(Mitchell, 1952, p13-14)

미첼은 신한공사를 이렇게 설명한다.

신한공사의 가장 성공적인 행위는 소작인의 곡물을 재빠르고 효과
적으로 수집하는 능력이었고,……신한공사가 수집한 양은 1947년
전국적으로 생산한 쌀의 32.5%였고,……농부들에게 막대한 영향력
을 미쳤다.(Mitchell, 1948, p9-10)

신한공사는 토지대여와 쌀 수집에서 나오는 막대한 이윤을 챙
겼다. 신한공사는 시장가격이 1,000원일 때, 쌀 1묘(54kg)당 660원
만 지불했고, 1947년 4월부터 1948년 3월까지 순이익 약 5억8천
8백만 원을 남겼다. 또 토지대여에서 번 수입은 약 13억5천7백만
원에 달했는데, 이것은 신한공사 전체 수입의 90%에 해당한다.
1948년 미군정 연간 예산 3억1천3백만 원과 비교해 볼 때, 신한공
사 순이익과 토지대여에서 번 수입이 얼마나 큰지를 짐작할 수 있
다.(김준보, 1977, p45,397,411)

신한공사는 동양척식회사처럼 간신히 최저 생존 수준에서 일
하는 소작인에게서 잉여를 뽑아내는 효과적인 조직으로 기능했다.

서울의 엘리트와 지방의 민중이 함께 토지개혁을 지속적으로
요구하니, 미군정은 1946년 1월에서 3월에 걸쳐 세 개 토지개혁안
을 고안했으나, 실제로 그 중 어느 하나도 실행하지 않았다. 그해
1월, 농업 전문가이며 미 국무성 재무 담당 번스가 일본인이 소유
하던 토지의 재분배 계획을 세웠다. 번스는 이 계획은 단지 일본인
소유 토지만 대상으로 삼았지만, 소련에서 실행한 토지개혁법보다
더욱 우수하다고 생각했다. 그러나 미군정은 이 계획을 '번스의 어
리석음'이라 칭하며 거부했다.(Gayn, 1948, p432-433)

2월에는 미 국무성 경제위원단이 소작인이 점유한 토지를 그

들에게 나누어주는 '토지분배법'이라는 계획을 제안했다. 이 법에 따르면, 소작인은 1년간 생산한 가치의 3.75배를, 달리 말하면, 15년 동안 매년 작물의 25%를 땅값으로 지불하면, 토지 권리를 인정받았다. 그러나 이 계획은 만 2년이 지날 때까지 실행되지 않았다.(McCune, 1950, p129-130)

1946년 3월 북조선에서 급진적 토지개혁이 이루어진 이후 토지개혁에 대한 압박은 점점 거세졌다. 북조선의 토지개혁은 일본인과 조선인 지주가 소유한 토지를 모두 무상으로 몰수해 소작인에게 무상으로 분배했다.(앞의 책, p202) 그래서 미군정은 3월 15일, 일본인 소유 농토를 경작자에게 판매한다고 공포했다. 토지 가격은 연 생산가치의 5배로, 15년 동안 연 수확량의 3분의 1씩 매년 지불해야 했다.(사쿠라이, 1982, p405)

그런데 미국인은 이번에도 약속을 지키지 않았다. 미군정은 1946년에 토지개혁을 실시하지 않은 것을 이렇게 변명한다. "미군정이 실시한 여론조사에 따르면……남조선 소작인은 지금 토지를 원하지 않고, 훗날 조선인이 세운 정부가 그들에게 토지를 나누어줄 것을 기대한다."(Gayn, 1948, p433)

남조선과도입법의원이라는 지주 집단이 1947년에 토지개혁을 연기할 때도 똑같이 변명했다. 그러나 1946년 3월 31일자 여론조사는 명확하게 대다수 조선인이 일본인 농토의 즉각적인 분배를 원했다는 것을 보여준다. 하지만 미국인은 부재지주의 아성이던 서울의 여론조사를 이용했고, 일본인 소유 토지의 즉각적인 분배에 찬성하는 다른 지역의 여론조사를 무시했다.(USAMGIK, 1946B; Kim, Jinwung, 1983, p151에서 재인용)

미국인들은 북쪽과 똑같은 형태의 토지개혁에 대한 지속적 요구를 무시하다가는 혁명적 좌익 세력이 가파르게 늘어날 조건을 제공한다는 것을 점차 깨달았다. 미군정은 1946년 12월에 설립되고 그 구성원 대부분이 지주와 그 지지자인 남조선과도입법의원에 토지개혁법안을 만들게 했다. 입법의원은 1947년 5월에 마지못해 토지개혁법안에 착수했고, 1947년 12월에 시안을 내놓았다.

이 법안의 요점은 일본인 소유 토지의 무상몰수와 조선인 소유 토지의 유상몰수, 소작인과 피난 귀환자에게 토지 유상분배였다. 토지 매입자는 1년 생산물의 3배에 해당하는 땅값을 15년 동안 연 생산의 20%를 매년 지불하면 되었다.

그러나 입법의원 대다수는 토지개혁을 전혀 원하지 않았기에, 새로운 조선 정부가 토지개혁을 해야 한다고 주장했다. 입법의원은 1948년 3월에 해산될 때까지도 개혁안을 법으로 만드는 합의를 이루지 못했다.(정영일, 1967, p97-98; 사쿠라이, 1982, p413-417)

남조선에서 1948년 5월 10일에 보통선거를 실시하기로 확정하자, 미군정은 더는 토지개혁을 미룰 수 없었다. 인구의 4분의 3이 농민이었기 때문이다. 더구나 미국인은 남조선 단독 선거를 강력하게 반대하는 혁명적인 민족주의자들의 부담을 덜고자 농민에게 양보할 필요가 있었다. 번스는 "토지를 지금 분배하지 않는다면 다가오는 선거에서 공산주의자 힘이 강화될 것"이라고 말했다.(Kim, Jinwung, 1983, p154에서 재인용)

미첼도 5월 선거에 앞선 3월 토지개혁의 영향을 인정했다. "일본인 농지의 처분은 조선 농민이 투표에서 공산주의를 거절하게 하는 데 어느 정도 기여했다."(Mitchell, 1948, p144)

1948년 3월 22일, 미군정은 일제 재산을 소유한 신한공사의 토지 매매를 법령 제173호로 발표하면서, 신한공사를 중앙토지행정처로 바꾸었다.(미군정 관보, 1947, vol.5) 이 토지매매 계획은 조선인 지주 소유의 토지를 제외한 것과 한 가구당 최대 토지가 3정보에서 2정보로 감소한 것을 제외하고는 입법의원 안과 비슷했다.(Mitchell, 1952, p17; 사쿠라이, 1982, p423)

그래서 결국 미군정은 부분적인 토지개혁을 시행했다. 이 토지개혁은 토지 소유의 불평등을 줄이고 농민의 생활 여건 향상에는 별반 역할을 하지 못했다. 1948년 5월에 토지 매매가 꽤 진행되었을 때, 미국 정부도 "소작료 억제나 일본인 소유의 토지매매는 남조선 토지 소유의 극단적 불평등을 해결하기에는 역부족이었다"고 했다.(U.S. State Dept., 1948B, p4; Kim, Jinwung, 1983, p 159에서 재인용)

이 토지개혁의 범위는 전체 소작 토지의 6분의 1밖에 안 되는 신한공사 소유의 토지에만 국한되었다.(정영일, 1967, p100) 그래서 토지 매매는 남한의 소작 환경을 별로 개선하지 못했다. 신한공사 소유 토지 중에서도 매매는 단지 농토에만 한정되었고 전체 신한공사 소유 토지의 82.8%에 달하는 과수원이나 산림지는 제외되었다.(Mitchell, 1948, p8)

이승만 정권이 수립된 8월 15일까지 계획된 토지의 85%만이 팔렸다.(사쿠라이, 1982, p423)

소작인이 토지 매매에서 얻은 이익 또한 크지 않았다. 김용정은 토지 가격이 너무 높았다고 주장하면서, 15년 동안 연 생산의 20% 대신에 10년 동안 연 생산의 10%나 15년 동안 7%를 적절한 땅값으로 제안했다.(The Voice of Korea, 1948년 1월 17일)

토지 구매자의 매년 지급액은 미군정 지대인 연 생산의 3분의 1보다 더 많게 되었고, 일본인 지대인 연 생산의 50%보다도 적지 않았다. 1940년에서 1942년의 평균 생산에 기초한 연 생산의 20%를 매년 분할 지불하는 것은 1948년 당시 생산의 약 30%와 맞먹었다. 조선이 해방한 이후 비료 부족과 일반적인 경제 위기로 농업 생산성이 감소한 탓이다. 토지 소유자가 된 이전의 소작인은 종자와 농기구, 비료를 비롯한 잡다한 비용과 토지와 물, 소득, 가옥 등에 대한 새로운 세금을 내야만 했다. 이런 토지 소유주의 무거운 부담 탓에 신한공사 토지를 구입한 많은 소작인이 그들의 땅을 지키고자 고리대를 빌리거나, 토지를 되팔고 다시 소작인이 되었다.(인정식, 1948, p58-72; 황한식, 1985, p284)

간단히 말하면. 미군정 토지개혁의 주요 원칙은 지주-소작 관계에 기초한 기존 소유 체계를 유지하며, 좌익 지도자와 농민 대중이 일으키는 격렬한 혁명을 방지하는 것이었다. 1947년 7월 6일에 조선신문인협회가 실시한 여론조사는 조선인 지주 소유의 땅을 무상으로 몰수하는 것을 68%가 찬성하고, 79%가 토지를 무상으로 분배하는 것에 찬성한다는 것을 보여준다.(G-2 정기보고서, 1947년 7월 11일, 제578호; Kim, Jinwung, 1983, p155에서 재인용)

이런 조선인의 압도적인 여론을 거역하면서 미국인은 일본인 소유 토지를 가난한 조선인 소작인에게 팔고서는, "우리 미국인은 어떤 사람의 재산을 다른 사람에게 무상 분배한다는 생각에 찬성하지 않는다"고 변명했다.(Choy, B. 1971, p353)

그러나 미국인은 조선인 지주 소유의 토지를 팔지 않는 이유를 설명하지 않았다. 부분적 토지개혁으로 미국인은 착취적인 지주-

소작 관계와 일본 식민주의 유산을 유지함으로써 동맹자인 한민당의 이익을 보호했고, 지주 이익을 보호하려는 이승만 정권의 미래 토지개혁의 모형을 제공했다.

남조선에서 실시한 미국 토지개혁의 결함은 일본에서 실시한 토지개혁과 비교하면 명확해진다. 일본에서의 토지개혁은 1947년에 미점령군이 실시했는데, 지주 소유지는 거의 몰수에 가까운 낮은 가격으로 매입했다. 그렇기에 소작인의 관점에서 '토지개혁은 꿈꾸지도 않은 횡재'였다.(Kim, Jinwung, 1983, p158)

조선의 토지 매매를 주관한 미첼은 일본 토지개혁의 성공과 조선에서의 실패를 인정했다.

> 미국이 후원한 토지개혁은 일본에서 1947년에 시작되었다.……부재지주 제도는 실제로 사라졌다.……조선에서 팔린 일본인 농지보다 7배나 많은 분량의 토지 매매는 일본 농촌 문화에 광범위한 변동을 일으켰다. 그런데 일본인 토지를 구입한 조선 소작인의 4분의 1에게나, 소유주가 될 기회를 부여받지 못한 4분의 3에게나, 양쪽 모두에게 행해야 할 많은 조치가 이루어지지 않았다.(Mitchell,1948, p25,28)

미군정은 조선 농민의 강력한 급진적 토지개혁 요구를 무시함으로써 1946년 10월 대구, 1948년 4월 제주, 1948년 10월 여수에서 일어난 농민항쟁의 씨앗을 뿌렸다.

(3) 쌀정책

조선 농민을 대상으로 한 미국의 반동적 정책은 미군정의 쌀
정책에도 분명하게 드러났다. 쌀은 단지 식량만이 아니라 조선 경
제의 중요한 구성 요소였다. 미군정은 1945년 10월 5일 일반명령
1호와 2호로 남조선에 자유시장 체제 수립을 공표했다.(미군정 관보,
1945-1946, vol.2) 이렇게 미군정은 일본이 항복한 이후에 인민위원회
가 지도하고 강화한 정책인 가격통제와 쌀과 상품 배급 제도를 폐
지했다.(Lauterbach, 1947, p219)

그 결과 경제는 친일 협력자이던 지주와 경찰, 미군정 관료가
지배하게 되었다.(Cumings, 1981, p203) 자유 경제 정책의 즉각적인 결
과는 투기와 사재기였다. 지주와 경찰, 정부 관료, 부자는 전반적으
로 투기에 몰두했다.

당시 미군정 관료 리처드 로빈슨은 고위 경찰간부가 "쌀을 불
법적으로 서울로 운반해 엄청난 가격에 판매함으로써 부정 축재했
다"고 말했다.(Robinson, 1947, p77) 그는 또 쌀을 취급해 '수지 맞추는
밀무역'이 조선과 일본 사이에 성행해서 1945년 수확의 4분의 1이
거래되었다고 보고했다.(앞의 책, p151) 미국 공문서에 따르면, 지방
미군정 고용인은 투기에 광범위하게 관여했는데, 한 투기꾼은 쌀
을 열차 10냥에 가득 실을 만큼 샀다고 한다.(HUSAFIK주한미군사, vol.3,
ch.3, p39-40)

더구나 높은 인플레이션에 고무된 탐욕스러운 지주들은 더 큰
이익을 바라고 쌀 공급을 중지했고, 쌀을 암시장으로 모이게 했다.
그 결과로 1945년 수확량이 1944년 수확량보다 60%나 더 늘었고,

해마다 수확량의 50%를 가져가던 일본에 쌀 수출을 중단했는데도, 쌀 수확이 끝난 지 석 달 만에 정상 시장에서 쌀이 동났다. 민중은 가격통제와 쌀 배급을 재개하고 쌀 매점매석을 중단할 근본적 조치를 요구했다. 그러나 미군정은 주요 매점매석자 단속을 꺼렸다. 그들은 미군정을 지지하고 미군정이 조언을 구하는 '존경할 만한' 조선인 사업가였기 때문이다.(Lauterbach 1947, p219)

당황한 미군정은 1946년 1월 25일 법령 제45호를 발표해, 일제의 쌀 공출제도를 부활했다.(미군정 관보, 1945-1946, vol.1) 이 법령은 각 도의 쌀 수집을 마을 연장자, 읍과 면의 관료와 경찰 손에 맡겼다. 각 농가에 공출할 쌀의 분량을 할당하는 일은 고위 경찰과 마을 연장자, 사업가, 거대지주로 구성한 미군정이 임명한 지방위원회가 맡았다. 할당된 쌀을 내놓지 못하는 농민은 감옥에 갇혀서 심하게 얻어맞고 재판도 받지 못했다.(Robinson, 1947, p149) 단 미군정은 생산비의 약 3분의 1 또는 시장가격의 4분의 1 정도의 매우 낮은 가격으로 쌀을 수집했다.(김준보, 1977, p408-412)

1945년에서 1948년까지 쌀 공식 가격이 매년 75%, 92% 267% 증가한 반면에, 시장 도매 가격은 429%, 921%, 1,300%로 가파르게 증가했다.(앞의 책, p408; McCune, 1950, p340) 이렇게 낮은 쌀 공출 가격 정책은 미군정이 저임금을 유지하는데 기여했다. 불합리한 할당량과 낮은 가격 탓에 쌀 공출 정책 반대가 확산했으나, 미군정은 이 반대를 분쇄하고자 미국 군대 동원을 허가했다.(HUSAFIK, 1948)

농민들이 쌀 공출에 강력히 반대하고 미군정은 이들을 잔인하게 진압한 결과, 농민 1,907명이 벌금을 내고, 6,357명이 체포되고, 367명이 감옥에 갔다.(고바야시, 1982, p440)

미국인은 1945년 가을에 폐지한 쌀 공출제도를 경찰을 앞세워 복구했고, 경찰은 강력한 조직과 물리적 힘을 앞세워 쌀 공출의 주요 담당자가 되었다. 미국 공식 문서에 따르면, 경찰의 쌀 공출 과정에서 수많은 나쁜 관행이 퍼져나갔고, 경찰은 종종 마음 내키는 대로 행동했다. 경찰은 공출 할당량을 채우지 못할 경우 처벌받았기에, 그들은 거칠고 야만적이었다. 경찰은 또 인민위원회나 농민조합과 관련한 사람들에게는 터무니없이 높은 할당량을 부과하는 경향이 있었다.(USAFIK주한미군, 1947-1948A)

국립경찰 수사국장인 최능진은 1946년 11월에 조선 농민의 불평을 미소공동위원회에 다음과 같이 보고했다.

여름 내내 경찰은 할당량이 얼마인지도 모르고 맹목적으로 농민들에게 가서 쌀을 내놓으라고 강요했다. 농민들이 쌀을 내놓지 않으면 경찰은 수갑 채워서 그들을 경찰서로 끌고 가서 하루 종일 때때로 전혀 음식도 주지 않은 채 억류했다.(USAFIK, 1946B)

경찰이 쌀을 공출하는 과정은 부정부패로 가득 찼다. 미국인 수사관들은 10월봉기 기간에 경찰관 집에 쌓여 있는 쌀을 발견하곤 했다.(HUSAFIK vol.3, ch.4, p52) 미군정의 쌀 공출 정책은 소작인에게 불리하고 지주에게 유리했다. 지방마다 대농에는 상대적으로 적은 할당량이, 소농에는 높은 할당량이 주어졌다. 어떤 경우에는 한 동네에 할당된 쌀이 전부 소농에게서 공출되었다.(USAFIK, 1948)

조선일보의 제안처럼, 쌀은 소작인보다는 신한공사의 토지, 즉 일본인 소유 농지나 지주에게서 공출해야 했다.(Summation, 1946,

10월 제13호 p84) 하물며 하지 중장까지도 개별적인 농민에게서 쌀을 공출하는 것이 문제가 있다는 것을 인정했다.

우리 계획에는 필수적이긴 하지만, 모든 조선인에게는 인기가 없을 수밖에 없는 쌀 공출제도는 미군정에 대한 반대를 보태는 데 이용될 수 있다.……개별 농민에게서 강제로 쌀을 공출하다가는 진짜 혁명이 일어날지도 모르겠다.(FRUS, 1946, vol.8, p750-751)

미군정 변호사 사라판은 이렇게 논평한다. "미군정이 쌀 문제를 잘못 처리해서 조선 사람은 이제 미군정을 전면 믿지 않게 되었다." (Lauterbach, 1947, p220) 쌀 공출 불만, 특히 부패하고 제멋대로이고 잔인한 경찰의 쌀 공출 방법에 분개한 농민의 불만은 10월 봉기의 주요 원인이 되었다.

(4) 인민위원회 탄압

1945년 9월 9일 미점령군이 서울에 도착해 일본의 항복을 받는 순간부터 미국은 조선총독부 구조와 인원을 그대로 사용하면서 미군정을 시작했다. 미군은 친일하던 친미 협력자와 거대 지주, 서양에서 교육받은 지식인을 모아 한민당을 만들었다. 동시에 혁명적 민족주의자 집단인 인공을 억압했다. 미군정과 한민당은 지방의 혁명 세력인 인민위원회를 억압하기 시작했고, 각 지역에 반혁명 집단을 형성했다.

미군정 요원들이 1945년 11월과 12월 지방에 본부를 설립했을 때, 그들은 지방에 새로운 정치집단을 만들려면 인민위원회를 먼저 파괴하지 않고서는 불가능하다는 것을 알았다.(G-2 주간요약보고서, 1945년 12월 2일-9일, 제13호)

그래서 미군들은 좌익 집단을 탄압할 때 그랬던 것처럼, 인민위원회는 공산주의자가 주도하고, 북의 소련군과 동맹을 맺었다는 헛소문을 퍼트리면서 인민위원회를 조직적으로 파괴하려고 시도했다. 조선에 반공기지를 건설하려는 미국의 목표에서 공산주의 색채 인민위원회는 미국의 적이었다.

각 지방에 있는 인민위원회를 파괴하면서 미점령군은 이렇게 변명했다. "조선에서 미군정 활동과 태도는 적국에서 얻은 경험과 적국에 관해서 받은 교육과 훈련을 모델로 삼았다."(HUSAMGIK, vol.3, p139; Cumings, 1981, p328에서 재인용)

그렇다면 이런 정책을 조선 지방 정치에 적용하면 조선총독부 관료는 해방된 자들이고, 인민위원회와 관련한 조선인은 적이라는 말이다.

이런 정책에 따라 미군은 인민위원회를 파괴하고는, 중앙 정부를 설립할 때 그랬던 것처럼, 지방 정부의 확립을 위하여 "일본식 총독부 정치 틀과 현직 하급 관리를 토대로 삼겠다"고 마음먹었다.(McDonald, 1948, p368)

서울에서는 일본인이 관직에서 다 쫓겨났는데도, 지방에서는 여전히 일본인이 관직에 남아 있었다. 더구나 일본인 관료는 현직에서 쫓겨난 후에도 버젓이 정부 고문으로 관청의 빈자리를 채우기 위한 조선인 추천자 명단을 제공했다.(HUSAFIK vol.3, ch3, p6-7; Cumings, 1981, p299에서 재인용)

미군정은 인민위원회와 그 지지자를 탄압하려고 국립경찰을 이용하기로 했는데, 국립경찰이 제국주의 외국 세력에 봉사하도록 잘 훈련된 식민지 시절 조선인 경찰로 구성되었기 때문이었다. 미군은 지방에서 일본 식민 정부에 봉사해서 동료 조선인에게 미움을 받는 경찰을 보호하고 이용했다.

미국이 인민위원회와 치안대를 파괴하려고 폭력을 사용했지만, 각 지방 혁명적 세력은 미군 점령 첫해에 여전히 강력한 세력이었고, 1946년의 10월 봉기를 이끌었다. 인민위원회와 치안대 지도자들은 열렬한 항일 투쟁 경력과 소작농에게 호소력을 지녔던 토지개혁 계획으로 말미암아 지방 민중에게 강력한 지지를 받았다.

이제 인민위원회 세력이 강했던 경상남북도와 전라남도에 초점을 두고 미군정이 지방 인민위원회를 탄압한 예를 살펴본다.

미군은 전라남도를 실제로 통제하는 인민위원회에 대응하면서 조선총독부 기구를 재생해 총독부에 종사하던 조선인 관료를 고용하는 정책을 썼다. 미군은 일본인 전라남도 도지사 야끼 노부오를 1945년 12월까지 유임하게 했고, 전남 재정국장이던 임문무를 내무국장으로 임명했다. 야끼와 임문무가 제출한 조선인 비밀명단이 미군정이 조선인 도지사를 고르는 데 결정적 역할을 했다.(미군정 관보, 1945-1946, vol.7, Appointment 제66호; Cumings, 1981, p300)

하급 관료는 다음의 방식으로 뽑았다. "각 사무실에서 선임 조선인 관리가 그의 일본인 상급자를 대체하려고 임시로 임명되었다."(McDonald, 1948, p367)

전라남도 경찰은 조선총독부에 있던 조선인 경찰을 거의 다 채용하고, 새로 더 뽑을 사람은 그들의 추천을 받았다. 조선 사람을 대하는 경찰의 자세는 조선총독부 때와 다름이 없었다. 어느 미국인은 이렇게 말했다.

경찰은 여러 달 동안 일제 강점기보다 약간 약화된 모양이긴 했지만, 비밀 '사상경찰' 노릇을 계속했다.……미군 점령 초기에 경찰의 활동은 좌익 집단을 부당하게 탄압하고 박해하는 일이었다. 어떤 경우엔 고문까지 하면서.(McDonald, 1948, p372)

조선총독부 출신 조선인 관료를 다시 고용해 지방 정부와 경찰이 자리를 잡으니, 미군은 경찰이 지방의 혁명적 세력을 공격하고 우익분자가 반동 조직을 만들도록 고무했다. 1945년 8월 18일에 일본 감옥에서 풀려나서 광주치안대의 지도자가 된 김석은 10월 28일에 미국 감옥에 다시 투옥되었고, 곧이어 '암살음모'라는 죄목으로 유죄판결을 받았다. 어느 미국인은 사법체계가 아주 부패해 미국인 전술 사령관이 판사에게 형량을 명령하였고 검사는 주로 풍문과 신빙성 없는 증거에 근거해 구형했다고 말했다. 그 미국인은 "김석의 재판은 자부심이 큰 정당한 앵글로-색슨식 재판을 내가 본 것 중에서 가장 우스꽝스럽게 만든 모습"이라고 말했다.(Meade, 1951, p134) 미군정은 전 일본인 전남 도지사 야끼 노부오의 이런 충고를 받고 김석을 체포한 것이다.

미군은 지방의 안녕질서를 회복하고 유지하기 위해 인민공화국의 요구를 모조리 들어주든지, 아니면 모든 요구를 단호하게 거부하고 급진적인 사람은 모조리 체포해야 한다. 그 이외의 방법은 없

다.(HUSAFIK, vol.3, ch.3, p27)

　김석의 자리는 서민호가 차지했는데, 그는 1946년 6월에 광주 시장이 되고 그해 겨울에 도지사가 되어, 강력한 반공주의자이자 청년 테러집단의 두목으로 악명을 떨쳤다.(Henderson, 1968, p140; 김창진 1987, p127)

　1945년 11월 3일, 미국 군대는 전남인민위원회를 폐지하고 11월 20일에 목사와 사업가, 지주, 한민당 지도자로 구성된 전남고문위원회를 설립했다.(G-2 정기보고서6, 1945년 11월 4일, 제17호; Meade, 1951, p158) 11월 초, 한민당의 도 지부가 미군과 경찰의 지지를 받으며 수립되었다.(김창진, 1987, p123)

　여기서 우리는 미점령군이 도착할 때까지 인민위원회가 도에서 유일한 정치 조직이었기에, 미군정은 인민위원회와 도민의 연대성을 파괴했고, 모든 반혁명적 조직은 미군과 경찰의 지지를 받으며 설립되었다고 결론지을 수 있다. 미국인 관리였던 미드는 "인민위원회 지배가 끝나고 고문위원회가 설치되면서, 조선인이 단결하던 시대는 막을 내리고 극단적인 혼란의 시대가 열렸다"라고 했다.(Meade, 1951, p159) 이와 비슷한 과정이 다른 도에서도 발생했다.

　경상남도 인민위원회는 조직력과 급진성에서 다른 모든 지역을 앞질렀다. 한 곳을 제외한 모든 군에 인민위원회가 조직됐고, 모두 19개 군 중에서 14개에서 인민위원회가 군의 행정사무를 관장했었다. 미점령군은 일본인 도지사 오사무 토미야마를 10월 6일까지 유임하게 했고, 그 후에도 그와 그의 일본인과 조선인 부하들을 여러 주 동안 고문으로 활용했다. 미군은 "미군정이 조선인에 대한 정치적 권력을 포기하면 조선 정부는 공산주의자가 차지할 것이다. 공산주의 이념은 조선인 사이에 깊이 뿌리박혀 있다"는 일본인의 충고에 영향을 받았다.(Cumings, 1981, p319)

10월 20일까지 일본인 도 경찰은 해고되지 않았고, 전남 도경에 고용된 1,600여 조선인 경찰도 제자리를 지키고 있었다.

일본의 비밀경찰 노릇하던 많은 조선인도 경남 도경에서 고위직을 차지했다. 1945년 이전 비밀경찰은 조선인의 행동을 감시하면서 일본인 상사에게 정보를 주는 것,······반일, 반전, 반제운동을 특별히 감시하고, 출판, 연설, 집회에 관한 모든 활동을 감시하고 통제하는 것이었다.(G-2 정기보고서, 1946년 3월 11일-12일, 제174호)

일본 경찰의 관리였던 조선인은 처음에는 숨어 있어서 금방 찾지 못했지만, 결국 그들을 찾아내서 일을 시켰다. 대체로 그들은 자기 의무를 수행하기 위해 미국 군대가 옆에 있는 것이 필요했다. 미군이 물러나기만 하면 인민위원회는 곧바로 권력을 탈환했고 때때로 미국인이 임명한 관리들을 투옥하기도 했다. 그래서 점령군은 다시 돌아와야만 했다. 이런 일이 하동과 통영, 양산, 고성, 하남을 포함한 여러 군에서 일어났다.(HUSAFIK, vol.3, ch. 3, p35; Cumings, 1981, p321에서 재인용)

9월 28일 경상남도 도청 소재지 부산에서 미군이 치안대를 해산시켰는데, 당시 치안대는 본부와 12개 지부에서 대원 3천 명이 경찰 기능을 잘 수행하고 있었다.(G-2 정기보고서, 1945년 10월 1일-2일, 제22호)

그리고 나서 미군은 시 인민위원회에 정당으로 재조직하고 정부 노릇을 그만두라고 명령했다. 10월 24일까지 미군은 15개 군인민위원회 해체를 시도했다.(HUSAFIK, vol.3, ch.3, p67; Cumings, 1981, p322에서 재인용).

경상북도에서는 미군이 처음에 일제 도지사이며 악명 높은 친일분자 김대우를 유임시켰다. 1945년 10월 11일 헨 대령이 그를 대신하면서, 김대우를 자기 고문으로 삼았다. 1946년 초에 헨 대령은 새 도지사 김병규와 교체되었다.(Cumings, 1981, p327) 김병규 역시 조선총독부 내무부 고위 관리를 지냈고, 미군정 내무국장과 고문관이었다.(미군정 관보, 1945-1946, vol.7, Appointment 제73호)

경상북도 도청 소재지 대구에서도 점령군은 일본 경찰 간부를 11월 6일까지 유임시켰다. 일본 경찰은 미군정 자문관으로 오랫동안 일했고, "직위가 낮은 조선인은 다시 채용되었다.……경찰 경력이 있는 사람은 다른 일을 하다가 높은 직위 경찰 책임자로 다시 등용되었다."(HUSAFIK, vol.3, ch.4, p35; Cumings, 1981, p327에서 재인용)

치안대가 조직되면서 쫓겨났던 친일 경찰은 다시 기용되었고 1946년 1월까지 경찰서를 모두 치안대 손에서 다시 빼앗았다. 그러자 도 경찰력은 2,200명에서 3,100명으로 늘었다.(앞의 책, p327-328)

미군정 요원들은 10월 29일 대구에 도착해 며칠 내로 전체 도에 퍼졌다. 그들은 조선총독부에서 일하면서 배운 경험의 분량에 근거해서 뽑은 관리로 인민위원회 관리를 대체했다.(HUSAMGIK, vol.3, p181; Cumings, 1981, p329에서 재인용) 11월에 한민당원과 이전 친일 협력자로 구성된 경상북도 고문위원회가 설립되었다.(정해구, 1987, p77)

그러나 인민위원회는 해방 첫해에는 대구와 다른 군에서 유력한 정치 세력으로 남아 있었다. 1946년 3월 미군정 당국자는 대구의 우익 정당은 아직 당원이 별로 없고 거의 활동을 못한다고 보고했다.(앞의 책, p328)

그래서 미점령군이 혁명 세력인 지방 인민위원회를 탄압하는 일은 1946년 말이 되어야 끝났다고 볼 수 있다. 여기서 우리는 미점령군이 행정적으로 점점 더 깊이 전진하면서 혁명 세력을 파괴한 독특한 유형을 볼 수 있다.

1945년에 싸웠다. 지방 도청 소재지에서는 몇 달 후 점령군이 도착하면서 싸움이 시작되었다. 1946년은 지방 군청 소재지가 투쟁의 중심이었다. 그리고 1947년은 마을 별로 투쟁한 해였다.(Cumings, 1981, p350)

3

조선 민중의 항쟁

이제껏 미군정의 조선인 노동자자주관리운동 탄압과 광범위한 토지개혁 연기, 착취적 공출제도의 강화, 혁명 세력인 인민위원회의 폭력적 파괴에서 보인 미점령 정책을 검토했다.

일제가 떠나고 미군이 오기 전부터 사회혁명을 시작한 조선 민중은 이런 미국 정책에 강력하게 저항했다. 미군정에 반대하는 조선 노동자의 혁명적 활동은 1946년 9월 총파업, 1948년 2월과 5월에 다시 분출한 총파업으로 특징지을 수 있다. 1946년 10월 항쟁은 남조선 사람이 상당수 참여해서 미점령군을 아주 혼내주었고, 제주도 4·3 항쟁은 1년 이상 지속했다.

여기서는 이 세 가지 역사적 사건을 당시 사회적 상황과 사건의 전개 과정, 사건이 일어난 원인과 주요 결과에 초점을 맞추어 검토한다.

(1) 9월 총파업

일본인 재산을 모두 몰수하고 그것을 통제할 새 관리자를 임명하는 미군정 정책은 일본인 소유 회사를 접수해서 직접 경영하려던 노동자들을 향한 공격을 의미했다. 노동자들은 미군정이 임명한 조선인 책임자와 맞서 싸웠다. 이 투쟁의 성격을 이해하기 위한 대표적 사례로 인천시에 소재한 동양방직회사의 경우를 살펴보자. 동양방직은 남조선에서 대규모 방직공장 중 하나로, 노동자는 거의 젊은 여성이었다. 이 회사에 임명된 관리인 최남은 반혁명적 지도자 이승만 계열이다.

쟁의의 발단은 노동자가 1946년 5월 1일 메이데이 행사에 참여하려고 하루 쉬었다는 이유로 공장 측이 일요일인 5월 5일에 작업하라고 강요한 데서 비롯했다. 이에 노동자들이 "돈밖에 모르는 공장장, 직공을 기계와 같이 부려 먹는 공장장"이라고 비난하자, 최남은 노조 간부 7명(여공 4명, 남공 3명)을 경찰에 넘겼다.

최남은 또 노동자들을 매수하거나 협박해서 대한노총에 가입시켰다. 이에 격분한 노동자들은 "대한노총은 이승만과 김구 일파가 노동자들의 단결을 분열하기 위하여 만든 유령단체다. 우리를 여기에 몰아넣으려는 것은 우리 노동자 계급을 이승만과 김구의 종으로 삼고 우리의 피를 빨아먹자는 수작이다"고 외치며 강력히 항의했다. 이에 체포된 노동자들이 풀려났다. 그러나 회사 측은 석방된 노동자 중 노조위원장을 서울 본사로 강제로 전근시켰고, 허가 일자보다 늦게 출근했다는 이유로 김정애를 비롯한 몇 명을 해고했다.(해방일보, 1946년 5월 17일)

그리하여 5월 25일에 동양방직 인천공장 노동자들은 미군정청에 진정서를 접수한 후 다음의 요구 조건을 내걸고 쟁의에 돌입했다.

1. 종업 후 외출 자유와 기숙사 내의 활동 자유.
2. 기숙사 사감은 노동자 선거로 임명할 것.
3. 8시간 노동제 시행.
4. 강제 전근 노동자와 해고 노동자 무조건 복직.
5. 유급휴가제 시행.
6. 기본임금을 최저 1만 5천원으로 인상할 것.
7. 물가수당을 균일하게 30원으로 인상할 것.
8. 약속한 제품 배급 즉시 실시.
9. 노동조합 활동의 자유.
10. 후생시설을 급히 개선할 것.

(현대일보, 1946년 6월 7일)

미군정 섬유국장 샤태트는 이런 노동자들의 진정서를 보고, "전평의 지시를 받는 조직은 노동조합으로 승인할 수 없으니, 노조를 재조직하고 간부 명단을 군정청에 제출하라"(앞의 신문)면서 고압적인 자세를 취했다. 사태가 악화하자, 노동자들은 파업과 공장 내 농성 투쟁에 돌입했다. 그러자 공장 측은 기계 가동을 정지하라고 명하고, 무장경찰과 미군 헌병을 출동시켜 농성 중인 노동자 600여 명을 강제로 공장 밖으로 끌어냈다.

다음날, 추방된 노동자들이 인천시청 앞에서 시위를 벌이자, 미군이 출동해 소방호스로 화학물질을 노동자들에게 퍼부었고, 공장에 다시 돌아오는 노동자들을 트럭에 강제로 태워 부평, 소사 등 인근 도시 들판에 내다 버렸다. 동양방직 노동자 600여 명은 1946년 6월 10일 서울에서 개최한 6·10 만세운동 기념 시민대회에 참여했다. 시민대회에서는 미군정에 노동자들의 요구 사항을 들어달라고 요구하는 결의안을 발표했다. 이에 6월 12일 미군정 당국자들이 전평 간부와 협의한 결과 합의점에 도달했다. 다음날 노동자들은 작업장으로 돌아갔다.(해방일보, 1946년 6월 10일, 6월 12일; 현대일보, 1946년 6월 14일; 고현진 1985, p211-213에서 재인용)

그러나 전평의 힘이 점점 쇠퇴함에 따라 노동자들의 투쟁은 온갖 고난에 직면했다. 반혁명 세력인 대한노총이 경찰과 우익 청년 테러 집단과 손잡고 미군정청의 보호 아래에 이들을 공격했기 때문이다.

미군이 남조선을 점령한 동안 일어난 가장 중요한 노동자 투쟁은 1946년 9월 총파업이다. 총파업은 임금인상, 해고와 감원 반대, 미군정 관리인 거부 등을 내세웠고, 노동쟁의 발생 수가 6월에는 7건, 7월에는 11건, 8월에는 25건 등 증가 추세에 있을 시기에 발생했다.(조선은행, 1948. vol.1, p208-209; 나까오, 1984, p13에서 재인용)

노동자들의 행동은 높은 인플레이션과 실업률 등 비참한 생활 여건을 반영한 것이다. 파업의 발단은 미군정 당국이 혁명 세력을 탄압하기 위한 노력을 증가시킨 데서 비롯했다. 경찰이 1946년 8월 16일 전평의 서울 본부를 습격했다.(G-2 주간요약보고서, 1949년 8월 11일-18일, 제49호)

미군정 당국은 9월 6일 조선공산당의 박헌영과 이강국, 이주하

체포령을 발표했고, 다음날 좌익계 신문 인민보와 현대일보, 중앙신문을 포고령 위반으로 폐간시켰다.(Seoul Times, 1946년 9월 7일, 9일; Cumings, 1981, p252)

전평은 "공장 관리자와 경찰, 미군이 노조를 향해 소모전을 펼쳐오자, 노조 존립 자체가 위기에 처했다는 것"을 감지했다.(미챰, 1947, 김금수 역, p264)

이런 미군정 정책에 대응하려고 전평은 이제껏 미군정에 협력적 태도를 취한 것을 근본적으로 바꾸고, 적극적이며 폭력적인 '신전술' 노동운동을 발표했다. '신전술'은 미군정 당국에 정부 권력을 인민위원회로 이양할 것을 요구하면서 미 제국주의와 친미 반혁명 세력에 대한 폭력적 공격을 강조했다.(김남식, 1984, p235-236)

9월 총파업은 노동운동뿐만 아니라 전체 인민의 혁명운동에 일대 전환점을 가져왔다. 파업의 결과로 전평은 힘이 쇠퇴했고, 반대로 대한노총은 성장했으며, 결국 10월 항쟁이 일어났다. 높은 인플레이션과 쌀 부족이 초래한 비참한 생활 여건 탓에 1946년 9월 13일 서울 용산에 있는 경성철도공장 노조 약 3,000명[4] 노동자는 미군정 운수부 철도국장 맥크라인에게 진정서를 제출했다. 그 요구 조건은 다음과 같다.

1. 일급제 반대.

2. 기본급 인상.

3. 가족수당 일인당 600원 지급.

4. 물가수당 1,120원을 2,000원으로 늘릴 것.

4　성한표(1985, p378) 논문에선 3,700명이나 여기선 노총(1979, p319)에서 발표한 수를 채택했다.

5. 식량은 본인에게 4홉, 가족에게 3홉씩 배급할 것.

6. 운수부 직원도 같은 대우를 할 것.

(전국노동자신문, 1946년 9월 24일; 나까오, 1984, p115; 노총, 1979, p318)

경성철도 노조의 행동은 철도 고용인 30%를 해고하고 월급제에서 일급제로 바꾸라는 9월 1일자 군정법령 제55호에 대응한 것이다.(G-2 주간요약보고서, 1946년 9월 22일-29일, 제55호)

미군정 당국은 노조의 요구 조건을 무시했고, 운수국장 코넬슨은 "인도인은 굶고 있는데, 조선 사람은 강냉이라도 먹을 수 있으니 행복하지 않은가"라는 폭언을 퍼부었다.(동아일보, 1946년 9월 10일; 김낙중, 1982, p67에서 재인용)

9월 23일 남조선에서 가장 큰 항구도시인 부산에서 철도 노동자 8천여 명이[5] 서울과 똑같은 요구 조건을 내걸고 파업에 돌입하면서 총파업이 시작되었다. 다음날 서울 철도 노동자 1만5천여 명이 부산 노동자들에 호응해 파업에 돌입했고, 남조선 전역에서 파업은 거센 불길처럼 확산했다.(G-2 정기보고서, 1946년 9월 22일-23일, 제337호; G-2 주간요약보고서, 1946년 9월 22일-29일, 제55호; 자유신문, 1946년 9월 24일)

9월 24일 철도 노동자는 더 나은 삶을 위한 투쟁위원회를 결성했고, 북조선의 민주노동법과 같은 노동법 즉각 제정 등을 포함하는 요구 조건을 미군정 당국이 이행할 때까지 파업을 지속할 것을 천명했다. 그리하여 철도노동조합 18개 지부 전체 조합원 4만

---

5 김낙중(1982, p67) 논문과 Sunoo(1979, p54)의 저서에는 그 숫자가 7,000명으로 되어 있으나, 여기서는 G-2 주간요약보고서(제55호, 1946. 9. 22-29)의 숫자를 채택했다.

여 명이 파업에 참여했고, 철로 수송이 전면 마비되었다.(노총, 1979, p320; Sunoo, 1979, p54)

파업의 주요 원인은 당시 경성출판노동조합 총파업투쟁위원회가 발표한 「시민에게 고함」이라는 성명서에 잘 나타난다.

극소수 대자본가와 대지주, 모리배, 정상배를 제외하고는 120만 시민은 돈 떨어진 지 이미 오래다. 더구나 하루 종일 땀 흘리고 일해도 아내와 자식은 죽도 못 먹고 굶고 있다. 먹지 않고는 노동하지 못하니 시민의 신문을 인쇄 못한다. 쌀을 달라는 요구와 함께 경성 전역에 걸쳐 25일 총파업을 단행한다.(노총, 1979, p321)

파업 기간에 미군서울방첩대CIC는 쌀 문제로 인민은 철도파업자들에게 전적으로 공감하고 있다고 경고했다.(Cumings, 1981, p379)

여운형은 9월 30일 기자회견에서 "파업은 미군정 당국의 식량과 인플레이션 정책 실패에 원인이 있다"고 말했다.(독립신보, 1946년 10월 4일)

며칠 사이에 체신과 전기, 화약, 인쇄공, 운송, 방직, 해운 등 모든 주요 산업의 노동자 25만1천여 명[6]이 파업에 합세하면서 총파업이 시작되었다. 서울에서만도 295개 공장에서 파업이 일어났고, 노동자 3만여 명과 학생 1만6천여 명이 가담했다. 노동자 대부분은 전평의 후원 하에 동원되었다.(조선연감, 1948, p257-258; Cumings, 1981, p353-354 재인용)

---

6 Sunoo(1979, p54)의 저서에는 이 숫자가 33만 명이다.

1946년 9월 26일, 전평은 서울 용산에 '남조선 총파업투쟁위원회'를 조직하고, 조국의 완전한 자주독립을 위하여 남조선의 4만 철도 노동자를 선두로 사생존망死生存亡의 일대 민족투쟁을 개시한다고 파업목적을 선언했다.(전국노동자신문, 1946년 11월 22일; 나까오, 1984, p116에서 재인용) 철도 노동자의 경제적 요구 조건에 덧붙여 전평은 몇 가지 정치적 요구를 내걸었다.

1. 정치범의 석방.
2. 반동 테러 배격.
3. 정간된 좌익계 신문의 복간.
4. 언론, 출판, 집회, 결사, 시위, 파업의 자유 보장.(앞의 책)

전평은 「투쟁뉴우스」를 발행하면서 파업을 이끌었다.(노총, 1979, p323) 자연 발생적으로 시작되었으나 전평이 지도하면서, 9월 총파업은 남조선 전역에 파급되었고, 모든 공장의 가동이 중지되고 운송과 통신이 완전히 마비되었다. 학생 대중도 파업에 합세했다. 신문은 대부분 정치면을 통해서 파업 노동자를 지지했다.(G-2 주간요약보고서, 1946년 9월 29일-10월 6일, 제56호) 파업 첫 주는 별다른 폭력 사태가 발생하지 않았고, 시위는 질서 있게 진행되었다.(앞의 책, 1946년 9월 22일-29일, 제55호)

그러나 미군정 당국이 파업 노동자를 잔인하게 탄압하기 시작하자, 질서 있던 파업은 폭력적 투쟁으로 변질되었다. 과거 유사한 위기 때와 같은 방법으로 미군정 당국은 북조선 공산주의자들이 파업을 일으켰다고 비난했다.(Seoul Times, 1946년 9월 24일)

9월 25일 러취 군정 장관은 라디오 특별담화를 통하여 파업은 비합법적이고, 파업자는 모조리 구속하겠다고 선언했다.(자유신문, 1946년 9월 25일; 김낙중, 1982, p67-68에서 재인용) 러취 군정 장관의 선언은 9월 27일 하지 사령관의 아래 성명으로 뒷받침되었다.

조선 철도 노동자는 급진적 선동가에게 잘못 인도되어 비합법적 파업을 일으켰다.⋯⋯파업은 조선에서 미군의 신용을 떨어뜨리고 미군을 괴롭히기 위해 선동가들이 조장했다.(Summation, 1946년 9월 제12호)

이런 미군정 당국의 정책에 따라 9월 26일 서울 경찰은 모든 지역의 파업 본부를 무자비하게 공격했고, 전평을 지지하는 노조 간부와 파업 노동자를 검거했다. 다음날 국립경찰은 남조선 전역에서 노동자를 무자비하게 탄압했고, 모든 공장과 도시에서 대량 검거 선풍이 일어났다.(민주조선사, 1949, p78-79; Sunoo, 1979, p55)

9월 28일 대구에서 무장경관이 노동자의 기숙사를 포위 공격하는 과정에서 노동자들이 살해됐다. 부산에서는 국립경찰 70여 명과 미헌병 3명이 한 공장의 노조 간부를 검거하려고서 파업 노동자를 급습했다. 10월 2일 인천에서는 우익 측 대한노총 파업파괴자 600여 명과 파업 노동자 300여 명이 충돌하는 사건이 일어나, 30여 명이 부상을 입었다. 또 다른 공장에서는 국립경찰과 미군 헌병 약 300여 명이 출동해 노동자 400명을 검거했다.(노총, 1979, p324)

미군정 당국이 파업 노동자를 가장 큰 규모로 공격한 것은 9월 30일 전평의 남조선 총파업투쟁위원회가 있는 용산 경성공장을 습격한 사건이다. 경무국장 장택상의 지휘로 약 2,000명에 달하는 청년단 파업 파괴분자가 시위하는 철도 노동자 2,000여 명을 공격했다. 경찰 총격과 파업 파괴분자들의 구타로 노동자 3명이 살해되고 40명이 부상당했고 총 1,700명이 검거되었다.(민주조선사, 1949, p81)

미 정보보고서는 경찰 약 2,100명이 파업 노동자를 공격해 2명 사망, 40명 부상, 1,400명을 검거했다고 기록했다.(G-2 주간요약보고서, 1946년 9월 29일-10월 6일, 제56호)

청년단을 이끌고 파업 파괴에 앞장섰던 김두한의 회고는 이날의 상황을 생생하게 그린다.

나는 일본도를 빼어 들고 2층으로 뛰어 올라갔다.……여러 곳에 숨어 있던 전평회원을 색출해 창고에 몰아넣고 점검하니, 2천여 명이나 되었다.……"너희 중에 이번 파업 간부를 뽑아내어라. 안 그러면 가솔린을 뿌리고 불을 지르겠다." 그리고 가솔린을 그들이 수용된 창고 주변에 부었다. "자, 5분 시간을 준다. 내가 가솔린에 실탄만 쏘면 그만이다. 뛰어나오는 놈은 모조리 쏴 죽인다." 나는 기관총 2대를 그들 앞에 정조준했다. 4분이 지나니 전평 간부 8명이 내 앞으로 뛰어나왔다.(김두한, 1963, p153-158; 성한표, 1985, p388에서 재인용)

대량 검거가 온종일 이어졌는데, 청년단 파업 파괴자들은 몽둥이와 곤봉으로 무장하고 시가 중심지와 공장지대로 몰려다녔다. 파업 파괴자 200여 명은 좌익계열 신문인 <자유신문> 사무소와 공산당본부도 공격했다.(서울신문, 1946년 10월 5일; G-2 주간요약보고서,

1946년 9월 29일-10월 6일, 제56호)

　미군정은 철도 노동자 파업으로 시작한 9월 총파업을 폭력적으로 탄압했다. 미군정 운수국장은 파업을 탄압한 미국 측의 방법을 이렇게 설명한다.

　우리는 전쟁에 나가는 태도로 파업장에 갔다. 우리는 그저 파업을 분쇄하러 갔기에, 그 과정에서 혹시 죄 없는 사람들이 다칠지도 모른다는 걱정은 할 겨를이 없었다. 우리는 시 외곽에 정치범 수용소를 세웠고, 감옥이 가득 차면, 그 수용소에 노동자를 수용했다. 그것은 전쟁이었다. 우리는 전쟁하듯이 파업을 진압했다.(미챰, 1947, 김금수 역, p264)

　9월 총파업에서 노동자 총 1만1,624명이 검거되었는데, 전평에 가입하지 않고 파업에 가담하지 않겠다고 서약한 사람은 직장에 되돌아갔으나, 서약을 거부한 사람은 해고되었고, 쌀 배급도 받지 못했다.(조선연감, 1948, p258; 미챰, 1947, 김금수 역, p265-266) 파업 간부 150여 명이 군사재판에 회부되었다.(성한표, 1985, p388),

　10월 3일에서야 남조선 열차의 약 45%가 다시 운행을 시작했다.(Seoul Times, 1946년 10월 4일) 10월 4일에 파업을 시작한 용산 경성공장의 3,700명 철도 노동자 중에서 약 2,500명이 복귀했고, 약 700명은 여전히 투옥 상태였다.(노총, 1979, p323)

　10월 14일 미군정 당국은 전평을 대신해 철도 노조를 이끄는 대한노총과 협정을 체결해 적어도 서울에서는 총파업 주도자인 철도 노동자 파업이 일단락되었다.(노총, 1979, p326)

그러나 철도 노동자 파업이 끝났다고 해서 미군정 탄압 정책에 대한 조선 민중의 혁명적 저항이 끝난 것은 아니었다. 식량부족과 높은 인플레이션 탓에 노동자와 똑같이 비참한 생활에 놓인 농민이 노동자에 합세하는 바람에 총파업은 지방으로 확산하면서 민중 대항쟁으로 발전했다.

미군정이 총파업을 폭력으로 탄압해서 생긴 제일 중요한 결과는 혁명적 전평 조직 간부와 조합원이 대량 피살되고 구속되어, 조직이 전반적으로 약화되었고, 미군정 보호 아래 파업 파괴자로 활약한 반혁명적 대한노총은 강화된 것이다.(앞의 책, p326)

9월 이후 대한노총은 공장이나 작업장에서 미군정이 임명한 관리인을 노동조합장으로 선출해, 전평 주도권을 수월하게 탈취했다. 미군정 노동고문관 미챰은 "두세 군데를 제외한 공장 노동조합 간부는 전부 관리직 직원이었고, 대한노총의 통제를 받았다"고 말했다.(미챰, 1947, p167)

대한노총의 빠른 성장에는 우익 청년 테러 단체의 도움도 작용했다. 대한민족청년단(이하 민청)은 극우 단체를 제외한 세력, 특히 전평에 테러를 자행했으나, 경찰은 그들에게 면책특권을 주었다. 그러나 이 단체의 테러는 극도로 극단적인 탓에 군정 장관은 1947년 4월 22일 민청을 해산하라는 명령을 내릴 수밖에 없었다.(미챰, 1947, p268)

대한노총과 우호적 관계에 있던 또 다른 단체는 중국 장개석의 국민당 청년 단체와 긴밀한 관계인 이범석이 지도한 한국민족청년단(이하 족청)이다. 미군정 당국은 이 단체를 재정적으로 지원했고 미군 장교들이 이 단체의 고문관이 되었다. 족청의 회원들은 군복을 입었고 군대 훈련을 받았다. 이 단체의 훈련과 조직은 나치청년단 방식과 유사했다. 즉 대한노총은 준準관료이며 군복을 착용한 사설 군인으로 가득했다. 대한노총의 성격은 노동조합이 아니었다.(앞의 책, p271-273)

1946년 9월 총파업 이후 전평은 남조선 노동 운동에서 지도력을 잃었다. 그래도 여전히 노동자들에게 영향력이 있었고, 1947년 3월 22일에는 24시간 시한부 총파업을 이끌었다. 이 파업의 직접적 원인은 2월 19일에 불법집회를 개최했다는 구실로 전평 중앙집행위원 51명을 미군정 당국이 검거한 데 있다.(미챰, 1947, 김금수 역, p273; 김낙중, 1982, p73)

파업은 1947년 3월 22일 새벽에 시작했고, 서울에서 철도와 전기회사, 인쇄공장 등 공장 40여 곳에서 작업을 중지했다. 곧이어 인천과 부산, 대구, 광주와 다른 주요 도시 노동자가 합세했다.

1947년 3월 총파업 규모와 영향력은 9월 총파업보다 작았으나, 이번에는 전보다 정치 투쟁을 더 강조했다. 파업자들이 내건 요구사항은 이렇다.

1. 전평 간부 즉시 석방.
2. 폐간한 좌익 신문 재발행 허가.
3. 테러 집단의 해체.
4. 노동조합 운동의 자유 보장.
5. 쌀 배급 인상과 실업자 취업 보장.
6. 정부 권력을 인민위원회로 이양.

  (노총, 1979, p328-331; 김태성, 1987, p345)

미군정은 파업을 불법이라고 선포하고, 총파업과 관련해 2천여 명에 달하는 노동자를 검거했다.(한성일보, 1947년 3월 30일; 노총, 1979, p332)

1947년 6월 미군정 노동부장은 "정치색을 띤 노동조합은 정당한 단체로 인정하지 않겠다"는 담화를 발표해, 전평의 합법성을 공식적으로 부인했다.(동아일보, 1947년 6월 8일; 김낙중, 1982, p75에서 재인용) 이리하여 전평의 활동은 점차 비합법 지하 투쟁으로 변했다.

1948년에도 노동자들은 미점령군에 반대하는 투쟁을 벌였는데, 지하 전평 지도부는 2·7파업과 5·8파업을 선동했다. 1946년 9월 총파업은 경제적 요구로 시작되어 정치 투쟁으로 발전했지만, 이번 파업은 처음부터 정치 투쟁이었다.

1947년 말까지도 미소공동위원회는 모스크바협정에 따른 임시 정부를 수립하는 데 실패했다. 그래서 미국 영향을 받던 유엔은 유엔조선임시위원단의 감시 아래 남조선만의 단독 선거를 시행하기로 결정하고, 1948년 1월 8일부터 남조선에서 작업에 착수했다. 노동자들은 남조선 단독 정부 수립을 위한 유엔조선임시위원단 활동을 반대한다는 의사 표시로 2·7파업을 일으켰다.

1948년 2월 7일 아침, 서울과 남조선 전역 노동자는 통신과 운송설비 가동을 중지시키고, 미군정의 행정기능을 마비시키면서 총파업에 돌입했다. 파업의 구호는 이렇다. "쌀을 다오. 임금을 인상하라. 공출을 중지하라. 토지제도를 개혁하라. 미소 양군을 즉시 철수하라. 유엔위원단은 조선에 오지 마라."(독립신보, 1948년 2월 26일; 노총, 1979, p342에서 재인용)

전평 보고서에 따르면, 서울에서는 철도 노동자의 약 60%, 영등포의 방직 노동자 약 5천 명, 용산·서대문·동대문 지역 29개 공장 노동자들, 일부 신문사를 제외한 인쇄 노동자 대부분이 파업에 참여했다. 경상남도를 살펴보면, 부산에서는 7개 공장과 23척 선박에서 노동자 1만5천여 명, 진주에서는 7천여 명, 동래에서는 학생과 시민 1천여 명, 마산에서는 노동자와 농민 1만2천여 명이 파업에 합세했다.(독립신보, 1948년 2월 26일; 노총, 1979, p333-334에서 재인용) 2·7파업의 특징은 통신과 운송시설 파괴와 야산대라는 빨치산 조직이 만들어진 것이다.(김남식, 1984, p307-308; 이태, 1988)

5·8파업은 전평 지도의 마지막 총파업이다. 1948년 5월 8일 전평은 남조선에 단독 정부를 수립하려는 5·10선거를 반대하는 투쟁위원회를 결성하고 총파업 선언문을 발표한다.

우리는 미 제국주의 침략에서 조국과 민족을 구출하려고 남조선 전 노동계급이 1948년 5월 8일 남조선 단독 선거를 반대하는 총파업에 들어감을 선언하는 동시에, 전 근로 인민과 전 애국 동포에게 협조를 호소합니다.(독립신보, 1948년 5월 9일; 노총, 1979. 343-345에서 재인용)

선언문은 아래 요구 사항을 내세우며 전국 애국 동포의 지지를 호소했다.

1. 5·10선거 거부.
2. 친미 대행 기관 유엔조선임시위원단을 우리 강토에서 추방.
3. 미소 양 점령군의 무조건 즉각 철수.
4. 인민위원회로 정부 권력 이양.

5. 토지제도의 민주적 개혁과 민주 노동법 제정,

6. 민주 세력에 대한 폭력적 탄압 중지.

7. 구속된 민주투사 석방.

8. 미 제국주의자 충복인 민족 반역자 이승만과 김성수 일당 처단.

(앞의 책)

5·8파업도 남조선 전역으로 급속히 확산되었으나, 여기에 참여한 사람들과 영향력은 이전에 있었던 파업보다 작았는데, 그 이유는 앞선 파업에서 미군정 탄압 탓에 전평 정책을 따르는 노조들이 계속해서 힘이 약해졌기 때문이다. 미군청 당국은 경찰과 극우 청년 단체, 대한노총을 투입해 파업을 간단히 진압했다. 5·8파업 이후로 전평은 완전히 와해되었다.(노총, 1979, p335)

요컨대 미군정 탄압 정책에 반대하는 노동자 저항은 미군정 당국이 임명한 공장 관리인을 상대해 노동자 스스로 생존하려는 경제 투쟁에서 시작해서, 점차 독립과 통일정부 수립을 요구하는 정치 투쟁으로 발전했다.·이런 변화는 지속적으로 노동자들이 투쟁하는 과정에서 노동자의 계급의식과 민족의식이 점점 더 명확해졌기 때문이다.

남조선 산업체의 대부분을 차지하는 일본인 재산을 미군정청이 소유하고 관리하게 되니, 노동자들은 미군정에 협력하는 기업인과 미점령군을 상대로 계급투쟁과 민족투쟁을 동시에 치를 수밖에 없었다.

또 노동자들은 국토분단과 남조선 단독 정부 수립이 제국주의 외세와 그들의 조선인 동맹자들의 정책이기에, 통일을 위한 투쟁도 전개했다. 즉, 미군 점령 아래 조선인 통일운동과 민족해방운동, 사회 민주화운동은 노동자 투쟁에 모두 결합되었다.

(2) 10월 민중항쟁

해방된 조선에서 주요 혁명 세력인 농민은 민주 독립정부를 세우기 위한 토대로 인민위원회를 조직했다. 농민들은 독립정부가 일제 잔재를 제거·청산하고 급진적 토지개혁을 포함하는 사회혁명을 수행하길 기대했다.

그러나 반혁명 세력 미군정은 인민위원회를 탄압했고, 인민위원회가 소작인에게 분배한 토지를 몰수했고, 토지개혁도 연기했다. 다시 말해서, 도시에서 노동자가 미군정과 조선인 반동 집단에 반대해 총파업을 시작하자, 농민은 이에 합세해서 파업을 민중항쟁으로 전환했다. 미군정 통치 기간에서 가장 중요한 봉기는 1946년 10월 대구항쟁과 1948년 4월 제주도 민중항쟁이다.

1946년 가을, 조선의 농민과 노동자는 미군 점령 1년 동안의 결과를 역전하고자 시도했고, 그들의 항쟁은 석 달 동안 남조선 전역을 휩쓸었다. 미군정을 반대하는 목소리는 인민위원회 힘이 강력한 경상도와 전라도에서 가장 활발하게 전개되었다. 항쟁을 통해 조선 사람은 미국 지배에 강한 불만을 나타냈고, 미군정의 정치와 경제 정책 실패에 초점을 맞추었다.

그러나 미군정이 항쟁을 잔인하게 탄압한 결과 인민위원회와 대중 조직이 거의 파괴되었고, 반동적인 조선인 집단 특히, 국립경찰이 각 도에서 헤게모니를 잡았다.

남한의 관변 역사는 "10월 민중항쟁은 북한에서 지령받은 공산주의자가 선동한 농민 폭동"으로 설명한다.(국방부, 1977, p12; 송효순, 1978, p62)

브루스 커밍스는 풍부한 역사 자료를 통해 항쟁의 자발성을 증명해, 공식적 역사 해석의 오류를 지적했다.(Cumings, 1981, 제10장)

브루스 커밍스는 농민이 주도한 10월 항쟁을 고전적 농민 반란으로 보았다.

그러나 항쟁의 목적은 토지개혁이나 공출과 같은 농민 문제 해결만이 아니었고, 공격 대상도 지주만이 아니었다. 항쟁의 주요 목적은 노동자와 농민의 계급해방과 민족해방이었고, 그들의 주요 공격 목표는 미군정의 반동적이고 탄압적인 정책과 잔인무도한 미군정 경찰이었다.

10월 민중항쟁은 조선인 노동자와 농민의 계급적·민족적 이익에 기초한 혁명운동이었다. 항쟁의 목적이 조선인 노동자와 농민이 일제 통치 때부터 지금까지 꾸준히 추구한 민주와 자주였으니, 10월 민중항쟁은 '미완성 혁명'이었다. 마크 게인은 이렇게 말했다. "이 항쟁은 수백만 명은 아니더라도 수십만 명이 참여한 대규모 혁명이었다."(Gayn, 1948, p388)

10월 민중항쟁은 노동자의 9월 총파업에 뒤이어 1946년 10월 1일 경상북도 도청 소재지 대구에서 시작했다. 9월 30일에 대구의 40여 개 공장과 작업장 노동자 3천여 명이 파업에 참여했다. 10월 1일에 투쟁하는 노동자를 지지하는 5천여 시민은 대구 시가를 행진하면서 '우리에게 쌀을 달라'고 구호를 외쳤다. 이날 경찰은 시위대를 진압하는 과정에서 한 명을 사살했다.(G-2 주간요약보고서,

1946년 9월 29일-10월 6일, 제56호.)[7]

다음 날 아침, 군중 2천여 명이 전날 피살된 시위자의 시체를 짊어지고 대구 시가를 행진했다. 군중이 대구 중앙 역전 광장으로 몰려드니, 경찰은 옷을 벗어 던지고 도망쳤다.(앞의 책)

시위자 2만여 명이 파업 본부에 집결해 연설을 듣고 있는데, 경찰 150여 명이 군중을 공격해 연설자 두 명을 사살했다.(민주조선사, 1949, p82)

성난 군중은 경찰서와 교도소를 모조리 습격해 죄수를 풀어주고, 조선인 관료와 경찰의 집을 습격했다. 그리고 대구 전역 행정기관 건물과 일본인 가옥을 파괴했다. 대구 시민의 3분의 1에 해당하는 5만여 명이 봉기에 참여했다.(Gayn, 1948, p389)

오후에 미군은 탱크와 기관총으로 무장하고, 파업 간부와 선동자들을 체포하려고 했고, 국립경찰의 증원부대가 대구에 도착했다. 그날 저녁 7시에 미군정 당국이 계엄령을 선포했고, "밤새 총소리가 그치지 않았다."(G-2 주간요약보고서, 1946년 9월 29일-10월 6일, 제56호; 박헌영, 1946, p439)

한 국제 통신사는 이렇게 보도했다. "24시간에 걸친 피의 폭동이 일어나, 경찰 38명이 죽고 확인할 수 없는 많은 시민이 사살되었다. 이 도시는 마치 전쟁터 같았다."(Sunoo, 1979, p56에서 재인용)

10월 3일, 대구시 봉기는 군 단위 지역으로 확산하면서 봉기의 주체는 시민에서 농민으로 바뀌었다. 그들은 경찰에 공출미 내놓기를 거부했고, 지주 집과 경찰서를 공격했다. 농민들은 체포된 농

---

[7] 시위자 총수가 HUSAFIK주한미군사(vol.2. pt.23)에는 200명 내지 300명이고, 『민주조선사』(1949, p81)에는 2만 명으로 기록되어 있고, 『박헌영』(1946, p439)에는 6명이다.

민을 풀어주려고 교도소 문을 뜯어냈고, 공출기록부와 토지소유대장을 불태우고 무기를 집어 들었다. 그러나 봉기한 농민들은 기관총 등으로 무장한 경찰과 미군에 밀렸다. 어떤 지역에는 미군 1개 분대가 각 경찰서에 배치되었다. 검거된 사람들로 감옥이 가득 차서, 연이어 검거된 사람들을 수용하려고 학교를 사용했다.(G-2 주간 요약보고서, 1946년 9월 29일-10월 20일, 제56-58호; Gayn, 1949, p388-390)

농민 봉기의 확산은 한 가지 유형을 나타냈다. 봉기는 모든 도에서 동시에 발생한 것이 아니라 일주일 정도 간격을 두고 발생했다. 10월 1일 대구에서 시작한 봉기는 10월 3일에는 경상북도로 확산했고, 10월 7일에는 충청남도에서 발생했고, 10월 20일에는 경기도와 강원도, 황해도 등 조선반도 중부 지역으로 확산했다. 마침내 10월 30일에 전라남도가 봉기 사태에 돌입했다.(독립신보, 1946년 11월 3일)

봉기는 약 3개월 동안 지속했다. 강력한 집단 세력의 농민 봉기는 인민위원회 조직이 강한 경상남도와 경상북도, 전라남도에서 발생했고, 인민위원회 세력이 약한 충청북도와 전라북도는 단지 몇 개 군에서만 봉기가 일어났다.(Cumings, 1981, p353; 커밍스, 김자동 역, 1986, p440)

이런 봉기 형태는 모든 봉기가 조선공산당이 계획하고 선동했다는 미군정의 주장이 거짓임을 말해준다. 10월 민중항쟁은 자연발생적이었고, 어떤 중심 조직이 통제하지는 않았다. 이 항쟁에는 남조선 전역을 통제할 본부가 없었고, 각 도 항쟁을 지도할 중심체도 없었다. 다시 말해서, 10월 민중항쟁은 각 군 단위별로 따로따로 발생했고, 학생과 인민위원회원, 농민조합원이 선구적 역할을 수행했다. 각 군 단위의 봉기가 경찰과 미군에 진압되면, 비공식적 민중의 통신 수단으로 그 소식이 이웃 군에 알려져서 새로운 봉기가 일어나는 식으로 전파했다.

봉기에 참여한 사람은 농민과 노동자뿐만 아니라 학생, 지방행정의 하급공무원, 여성과 어린이도 많았다.(Gayn, 1948, p388; Cumings, 1981, p367; 정해구, 1987, p95)

따라서 우리는 10월 민중항쟁은 미군정이 주장하듯이 소수 공산분자의 음모라기보다는, 소수 친일·친미 협력자를 제외한 모든 남조선 민중의 자발적 저항이라고 결론 내릴 수 있다.(Summation, 1946년 1월 14일, 제13호)

당시 서울의 혁명적 민족주의자는 여운형의 좌우합작 전략을 지지하는 세력과 박헌영의 급진적 반미군정 투쟁 전략을 지지하는 세력으로 분리되어 있어서, 10월 민중항쟁을 지도할 수 없었다. 이들은 또 혁명적 민족주의 정당인 여운형의 인민당, 백남운의 신민당, 박헌영의 조선공산당이 남조선노동당으로 합당하는 일에서도 의견을 달리했다.(김남식, 1984, p247-272; 정해구, 1987, p94)

조선공산당은 전평 조직을 통해 9월 총파업에는 어느 정도 영향력을 행사했지만, 10월 민중항쟁에는 영향력을 행사하지 못했다. 9월 총파업에서는 상대적으로 소수 노동자들, 특히 철도 노동자가 각 공장과 작업장에서 노동조합으로 잘 조직되었고, 도시에 있는 운수와 통신시설을 이용할 수 있었다.

그러나 10월 민중항쟁에서는 시골에 광범위하게 흩어져 사는 농민을 조직하기가 어려웠고, 또 도와 군 간의 통신망을 설치하기도 어려웠다.

조선공산당이 농촌의 광범위한 지역에서 일어난 봉기를 직접 계획하거나 조직하지는 못했지만, 노동자·농민의 지방 봉기는 식민지 시절 노동자·농민 투쟁을 조직한 경험이 있는 좌익계 인사들이 지도했다. 9월 총파업이 쌀과 임금 인상, 인민위원회로 권력 이양 등을 수동적으로 요구했다면, 10월 민중항쟁에선 경찰서와 지주의 가옥, 지방 행정 건물을 적극적으로 공격했다.

10월 민중항쟁의 혁명 세력은 주로 경찰서와 경찰, 지주, 지방 정부 건물과 관료, 신한공사의 직원과 쌀 창고 등을 공격했다. 이런 점에서 혁명 세력은 일제 경찰과 지방 관료 출신 친일 분자의 처벌을 원했고, 인민위원회를 탄압하고 토지개혁을 연기하며 공출제도를 강화하는 반동적인 미군정 정책을 반대했다고 주장할 수 있다. 이런 주장은 여러 지방에서 발생한 봉기의 몇 가지 사례를 검토하면 뒷받침할 수 있다.

인구가 320만인 경상북도에서 노동자와 농민 총 77만3,200여 명이 민중항쟁에 참여했다.(USAMGIK, 1946, p45; 박헌영, 1946, p454)

10월 3일, 군중 약 1만 명이 영천경찰서를 습격해 군수를 죽였고, 경찰 40여 명을 납치했다. 농민들은 '반동과 악질 지주' 20여 명을 죽였고, 그 지방의 대지주이며 한민당 요인인 이활의 아버지 이인석의 웅장한 저택을 파괴했다. 이 지역에서 10월 봉기 이전 몇 달 동안 경찰이 혁명적 민족주의자를 탄압한 사례가 45건 발생했고, 140명을 체포했었다. 지역 주민 총 6만1,200명이 이 봉기에 참여했다.(G-2 주간요약보고서, 1946년 9월 29일-10월 6일, 제56호; 박헌영, 1946, p454; Cumings, 1981, p358, 1986, p447)

10월 3일 선산군에서는 농민 약 2천 명이 대나무창과 농기구,

곤봉으로 무장하고 공출된 보리를 빼앗아 현지 주민에게 나누어주었다.(U.S. Army, 1945-1946, 제99중대, 1946년 10월 3일; Cumings, 1981, p359, 1986, p448)

포항에서는 청년 약 700명이 포항 시가지를 행진했고, 현지 미군정 관리에게 이런 내용의 편지를 전달했다. "민주주의를 건설하라. 우리는 굶주리고 울부짖는 인민을 구출해야 한다. 이 나라를 반역자의 것으로 만드는 것을 거부한다."(Cumings, 1986, p448)

경상남도에서는 인구 320만 명 중에서 약 60만8,900명 주민이 항쟁에 참여했다.(USAMGIK, 1946, p56; 박헌영, 1946, p455)

10월 7일, 진주에서는 경찰이 시위 군중에 발포해 두 명이 죽었고 다수의 군중이 부상당했다. 그리고 시위자 약 100명이 체포됐다. 7일 후에는 격렬한 충돌이 발생해 군중 10명이 피살되고, 11명이 부상했다.(G-2 주간요약보고서, 1946년 10월 6일-13일, 제57호)

체포된 시위자들을 조사하자, 그들은 대부분 농민과 임금노동자, 행상인이었다. 시위자들은 군정에 특권층과 악질지주, 모리배에만 도움이 되는 양곡 공출제도를 폐지하라고 요구했다. 그들이 나누어준 소책자는 경찰을 "일본의 충견들"이라고 비난했고, 경찰에 "당신들은 조선 사람이 아니오? 우리와 같은 혈육이 아니오? 어째서 우리에게 발포하는가?"라고 물었다.(USAFIK, 1945-1947, 1946년 10월 24일, Chinju; Cumings, 1981, p361; 1986, p450에서 재인용)

미국 측 자료에 따르면, 10월 8일과 11일 사이 하동에서는 18세 내지 35세 농민으로 구성한 군중이 경찰과 기타 관리들을 여러 차례 공격했다. 그들은 "피억압 계급의 분노 폭발을 상징하는 혁명의 불꽃이 남조선 전역에 퍼져나갔다"는 내용의 전단을 뿌렸다. 또 다른 전단은 이렇다. "농민들에게, 우리 손으로 독립국가를 건설하자. 모든 권력을 인민에게 넘기자. 토지를 인민에게 균등하게 나누어 주자. 모든 양곡 공출을 반대하자."(USAFIK, 1946C; Cumings, 1981, p361-362, 1986, p451)

전라남도에서는 약 36만1,500명이 9월 총파업과 10월 민중항 쟁에 참여했다.(박헌영, 1946, p455) 미군정 보고서를 보면, 11월 첫 2주 사이에 개별적 사건 50여 건 이상이 보고되었고, 그 대부분은 곤봉과 창, 낫, 호미, 칼, 갈퀴 등으로 무장한 농민이 경찰지서를 공 격한 사건이다. 시와 읍, 면 총 47군데와 군 3분의 2에 봉기의 불길 이 번졌다. 5건은 500 내지 1,000명이 참여했고, 8건은 1,000 내지 5,000명이 참여했다. 그리고 1건은 5,000명이 넘는 인원이 참여했 다. 미군정 보고서는 대부분 농민의 사망 통계를 기록했다.(USAFIK, 1946C; Cumings, 1981, p364)[8]

미군정은 국립경찰과 청년 테러 집단, 미군을 이용해 10월 민 중항쟁을 무자비하게 진압했다. 국립경찰은 조직이 짜임새가 있고 물리적 힘의 자원을 대부분 독점하고 있었지만, 일제 식민 통치에 봉사하면서 민족을 배반한 과거 경력 탓에 어떤 군에서는 성난 농 민을 강력하게 저지하지 못했다. 따라서 기관총과 탱크로 무장한 미군 배치가 필요했다. 1946년 가을 총파업과 민중항쟁 시기에 경 찰이 반동적 청년단체들과 긴밀하게 연결되었다는 건 누구에게나 뚜렷이 보였다. 미군정 역사는 민중봉기를 진압하는 데 이승만의

---

8 예컨대 "인민위원회 부류의 군중이 경찰 주재소를 습격했다." "경찰이 군중에게 발포해 6명을 사 살했다." "1천여 명이 경찰 주재소를 습격했다……경찰이 군중을 향해 총을 100여 발 쏘았는데, 사 망자는 확인되지 않았다." "경찰이 군중 3천 명에 발포해 5명 사살" "경찰이 군중 60명에게 발포하 고…… 부대가 동원됐다." "600~800명이 경찰을 향해 행진했는데, 경찰이 4명을 사살했다."(USAFIK, 1946C; Cumings, 1981, p364, 1986, p453)

청년단체인 대한독립촉성청년연맹이 도왔다고 말하면서, "모든 소요 지역에서 경찰을 지원하기 위해 청년단체 회원으로 구성한 의용 경찰을 이용한 것이 아주 유효했다"고 기록했다.(HUSAFIK, vol.2, pt.2, p9)

미군정은 민중봉기를 진압하는 데 국립경찰에 주로 의존했다. 미군정은 우선 도경 소속 경찰을 파견하고, 더 필요하면 서울 경찰이나 미군의 전술부대를 파견했다. 전라남도의 경우, 미군 전술부대의 지원을 받는 도경 소속 경찰을 신속하게 배치해서 소요를 진압했다고 했다.(앞의 책, p13)

그러나 경상북도에서는 도 경찰과 전술부대로는 민중의 저항을 통제할 수 없어서, 경찰과 보조 병력 수백 명이 서울에서 수송되었다. 10월 5일에는 서울에서 경찰 411명을 태운 기차가 대구에 도착했다. 다음 날에도 미군정 교통부와 수도 경찰 고관들이 인솔하는 '파업 진압대' 약 80명을 태운 기차가 도착했다.(Journal, 99th Co.; Cumings, 1981, p370, 1986, p460에서 재인용)

경찰은 미군이 깜짝 놀랄 정도의 잔인한 폭력으로 시위 군중에게 보복했다. 미군정 역사는 "혼란한 틈에 경찰의 극단적인 잔학 행위가 꽤 발생했다"고 시인했다.(HUSAFIK, vol.2, pt.2, p23; Cumings, 1981, p370, 1986, p461)

미군 전술부대의 잔악 행위도 국립경찰의 잔혹성과 크게 다르지 않았다. 10월 31일 전라남도 목포에서는 전술부대가 시위 군중 사이로 트럭을 몰고 지나가 많은 사람이 다쳤다.(USAFIK, 1946C; Cumings, 1981, p365에서 재인용) 미군정은 10월 민중항쟁이 공산주의 선동가 때문에 일어났다고 간단히 설명했다.

요점을 말하면, 공산당의 선동과 지시가 없었다면 10월 2일의 유혈 사태는 일어나지 않았고, 그에 뒤이은 심각한 소요도 없었을 거라는 증거가 많다. 한마디로 말해서, 10월 봉기는 공산당이 조종한 것이지, 결코 민중이 자발적으로 일으킨 게 아니다. (HUSAFIK, vol.2. pt.2, p24; Cumings, 1981, p371)

미군정은 10월 민중항쟁은 박헌영에 대한 명령과 북쪽에서 온 간첩을 통하여 북조선이 직접 조장했다고 주장했다. 이렇게 주장하는 근거는 국립경찰과 우익 신문의 기사에서 얻은 정보였다.(Cumings, 1981, p25,372)

그러나 당시 남조선 공산당은 경상도와 전라도 농민에게 봉기를 일으키라고 서울에서 명령할 능력이 없었다. 로빈슨은 이 주장을 뒷받침해 "9월 총파업과 10월 민중항쟁 기간에 체포된 수만 명중에서 실제로 남조선에 거주하지 않는 사람은 하나도 발견되지 않았다"고 말했다.(Robinson, 1947, p163)

10월 민중항쟁 원인은 처음 1년의 미군정 역사에서 찾아야 한다. 조선이 40년 동안의 일제 지배에서 해방했을 때, 조선 민족은 친일 민족 반역자를 처단하고 급진적 토지개혁을 실시할 민주 독립정부를 세우고 싶었다.

그러나 이런 조선 민족의 열망을 무시하고 미군정은 조선인민공화국과 인민위원회를 탄압했고, 친일 모리배를 미군정청의 관리와 경찰로 재고용하였고, 근본적인 토지개혁을 연기하였으며, 일제의 공출제도를 부활했다. 이런 반동적 미군정 정책이 1946년 가을에 일어난 민중봉기의 실제 원인이다.

정치적 결사체에 따라 봉기에 참여한 조직을 분류한다면 인민위원회, 농민조합, 노동조합과 기타 인민위원회 계열 단체가 봉기에 참여했다는 사실을 되풀이해서 찾을 수 있다. 한국 측 공식 자료에서도 지방 인민위원회와 노동조합, 농민조합이 사람들을 동원하는데 중요한 역할을 했다고 인정했는데, 미국 측 공식자료는 이것을 인정하지 않고 공산주의자 짓이라고 우긴다. 그러나 브루스 커밍스는 이렇게 결론을 내린다.

> 미군정 1년 동안에 인민위원회와 농민조합, 노동조합, 그 관련 집단을 조직적으로 탄압한 것이 가을 봉기의 씨앗을 뿌린 셈이고, 최후까지 결사적으로 저항하게 만들었다.(Cumings, 1981, p375; 커밍스, 김자동 역, 1986, p466)

조선의 경제는 쌀을 기본으로 삼고 움직였는데, 미군정 자유시장 정책에 발맞추어 부당한 이윤추구, 투기, 매점 활동이 번성하는 바람에 1945년 쌀농사는 풍작이었는데도 삽시간에 쌀이 동났다. 쌀 가격은 1946년 추수기 직전에 폭등했고, 이렇게 혼란한 쌀 경제는 인플레이션과 실업을 늘렸다. 1945년 8월 물가와 임금을 100으로 했을 때, 1946년 10월 물가지수는 891이었는데, 임금지수는 391에 지나지 않았다.(김준보, 1977, p398)

직장에 다니는 사람도 생계를 이어갈 길이 막막했다. "조선의 임금 실정은 절망적이다. 생계비가 엄청나게 상승했다."(미참, 1947, 김금수 역, p252) 1946년 12월 조선에는 1백만 명이 넘는 노동력이 직업을 구하지 못했다.(한국은행, 1948, vol.1, p203; USAMGIK, 1946B, p2)

미군정의 무자비한 인민위원회 탄압과 미곡 정책이 초래한 대혼란과 더불어, 쌀 공출이 농민을 가을 봉기에 가담시킨 중요한 자극제였다. 공교롭게도 미군정이 일제의 공출제도를 부활한 1946년 봄은 북조선에서 토지개혁을 실시한 시기라서, 미군정을 향한 남조선 농민의 불만이 심화한 시기였다.

쌀 공출에서 주요한 역할을 담당한 미군정의 신한공사는 봉기 농민에게 자주 공격당했다. 1946년 11월 3일, 전라남도 칠성리에서는 농민 약 380명이 신한공사 창고를 습격해 모든 공출 기록을 불태웠다.(USAFIK, 1946C)

미국 자료에 이렇게 기록되어 있다. "군중은 모든 공식 기록을 손에 닿는 대로 파기했고, 특히 쌀과 보리 공출에 관한 기록은 남김없이 파기했다.……신한공사의 쌀 공출 기록도 마찬가지로 파기되었다."(앞의 책)

더욱이 양곡 공출 책임은 국립경찰에 넘어간 터라, 1946년 가을 추수기에 경찰은 민중저항에서 주요 공격대상이었다. 경찰에 대한 증오가 어찌나 심한지, 경상북도의 어느 병원에서는 다친 경찰관의 치료를 거부했다.(HUSAFIK, vol.2, pt.2, p23)

일제에서도 없었던 보리 공출을 자행한 경찰의 무자비한 방법은 가을 봉기의 기본 요소였다고 미군정 농업 담당관이 말했다.(Cumings, 1981, p378에서 재인용)

<코리아 헤럴드>의 선우학원은 봉기 원인을 이렇게 요약했다. "기본 원인은 식량이 부족한 데다 미군정이 악랄한 조선총독부 관리를 다시 기용해 조선 민중의 신망을 얻지 못했고, 기본 자유를 억압한 정책에 있고, 직접 원인은 경찰이 파업자와 시위자를 잔인하

게 죽인 것과 농민들을 기아로 몰아넣은 보리 공출에 있다."(Sunoo, 1979, p56-57)

실제로 10월 민중항쟁의 피해와 영향은 엄청났다. 약 230만 명이 봉기에 참여해서 미군을 경악하게 했다.(박헌영, 1946, p455; Cumings, 1981, p351)

경찰 200명이 넘게 죽었고, 관리자와 노동자, 농민의 사망자 수는 1천여 명이었다. 석 달 동안 검거된 수가 3만 명이 넘을 것으로 추산하는데, 경상북도에서만 7천-8천여 명이 검거됐다.(Cumings, 1981, p379)

1946년 말, 혁명적 민족주의 세력의 패배가 명확해졌다. 농민은 이익을 보호해줄 지방 조직을 상실했다. 조선반도 최남단에서 약 80킬로미터 떨어진 섬 제주도를 제외한 남조선 전역에서 인민위원회와 농민조합은 거의 파괴되었다.

중앙과 지방의 중요한 혁명 단체 간부는 대부분 사망과 투옥, 수배되었고, 일부는 지하로 잠적했다. 따라서 농민들의 지지 세력은 정치를 아예 포기하거나, 아니면 더욱 급진화되었다. 10월 항쟁이 진압되고 제주도를 뺀 남조선 전체를 미점령군이 사실상 통치하게 되었다.

10월 민중항쟁이 무자비하게 탄압된 후 1947년이 되어, 조선 민중은 다시 열린 미소공동위원회에 관심을 두고 조선반도 전체를 관장하는 임시정부 수립을 기대했다. 그러나 공동위원회에서 미국과 소련은 조선 임시정부를 세우는 절차에 합의하지 못하고, 미국은 조선 문제를 유엔에 넘겼다. 유엔은 1948년 5월 10일에 남조선만의 단독 선거 실시를 결정했다. 이런 상황에서 1948년 4월 3일에 단독 선거에 반대하는 제주도 민중항쟁이 일어났다.

(3) 제주 4·3 민중항쟁

제주도는 조선에서 가장 큰 섬이며, 조선반도 최남단에서 약 80킬로미터 떨어져 있다. 이 섬은 전라남도에 속했으나, 1948년에 도로 승격되었다. 약 30만 명 제주 도민의 약 85%가 농업에 종사했는데, 평균 2정보의 작은 땅을 경작하는 빈농이 대부분이었고, 땅이 기름지지 못해서 쌀보다는 잡곡 농사를 주로 지었다.

제1차 세계대전 이후 일제가 제주도에 해군기지를 건설하려고 주민을 강제노동에 동원했기 때문에 제주도는 반제국주의 투쟁의 전통을 갖고 있었다. 더욱이 제주도는 일본과 가까워서 많은 주민이 징용되어 일본에서 강제노동하다가 해방 후 고국에 돌아왔다. 제주도는 해방 후 좌익 계열의 인민위원회가 통치했다.(아라리연구원, 1988)[9]

제주 4·3 민중항쟁은 세 가지 중요한 의미가 있다. 첫째 게릴라 전투가 진행되었다. 그래서 다른 대중운동 즉, 반탁운동과 9월 총파업, 10월 민중항쟁과는 사뭇 달랐다. 이 시위는 작업 거부와 대창과 농기구를 든 군중의 경찰서 공격, 평화적 시위 등이 주된 행동이었으나, 제주 항쟁에는 총격전이 있었다. 제주 항쟁 연구가 존 메릴은 제주도 민중항쟁은 좌익과 우익 사이의 무력투쟁이라는 의미에서 한국전쟁의 기원이라고 보았다.(Merrill, 1982)

---

9   이 책에는 제주도 민중항쟁에 관한 주요 자료가 많아서 주로 이 내용에 의존했다. 아라리연구원은 제주도 민중항쟁에 관한 좌익 관점과 우익 관점을 가리지 않고 모든 주요 저작물을 수집한다.

둘째, 제주 4·3 항쟁은 제주도 민중의 4분의 1이나 되는 7만 내지 8만 명이 죽었으니, 미군 점령 기간의 계급투쟁과 민족투쟁에서 제일 많은 희생자를 냈다.(김봉현·김민주, 1963, p149)[10] 이 뿐만 아니라 제주도 총 169개 마을 중에서 77%에 달하는 130개 마을이 파괴되었다.(고창훈, 1988, p372)

셋째, 제주 4·3 민중항쟁은 이승만 정권 수립을 위한 1948년 5·10선거에 반대하고, 이승만 통치가 시작된 1948년 10월 여수·순천 항쟁의 원인이 되었다는 점에서, 이승만 정권이 반민중적이고 반민족적이라는 점을 폭로했다.(Merrill, 1980, p179)

남한의 관변 역사는 일제에서 해방한 후에 일어난 다른 모든 대중운동처럼, 제주 4·3 민중항쟁도 공산당이 선동해서 무장봉기가 일어났다고 설명한다.(국방부, 1977, p13; 송효순, 1978, p113)

반공 이데올로기가 지배한 분단 40여 년 동안 제주도 항쟁에 관해 공개된 이야기는 정부 측 역사 기록뿐이었다. 그러다가 1988년 자유화 물결이 시작된 남한의 정치적 분위기를 타고 제주 4·3 민중항쟁에 관한 문헌자료와 연구가 출간될 수 있었다.(고창훈, 1988; 아라리연구원, 1988)

제주 4·3 민중항쟁 연구가 존 메릴은 제주항쟁은 좌우 세력 간에 일어난 내전의 전형이라고 보았다. 그는 제주항쟁이 한국전쟁의 기원이라고 하면서 역사적으로 아주 중요한 사건으로 취급했다.(Merrill, 1980, 1982, 제2장)

---

10   『제주도 인민의 4·3 무장투쟁사』의 저자 김봉현과 김민주는 제주도 태생이고, 4·3 민중항쟁을 겪었다. 남한보다는 4·3 민중항쟁에 관해서 말할 자유가 더 많은 일본에 거주하면서 그들은 이 민중항쟁 역사를 썼다. 김봉현과 김민주(1963, p149)의 저서에는 사망자 총수가 7만 명으로 기록되어 있으나, 김남식(1984, p378)은 2만5천 내지 3만 명이라고 한다.(서중석, 2007, p47) 또 제주도 인구도 문헌에 따라 다르다. 송효순(1978, p113)에는 30만 명, 조덕송(1948, p91)에는 33만 명으로 나온다.

그러나 소련 측 지지를 받는 조선의 좌익과 미국 측 지지를 받는 우익 간의 갈등에 초점을 맞추는 메릴의 냉전 논리 접근법은 제주항쟁의 계급투쟁과 민족항쟁 본질을 적절히 설명하는 데 실패했다. 제주도 게릴라 세력의 적은 미군정이라는 제국주의적 외세와 이에 협력하는 친미 조선인 즉, 전통적 지배계급이었다. 메릴은 서로 싸우는 좌·우익 조선인의 이데올로기가 다르다는 점만을 강조하느라, 남한을 점령한 외세이자 군정의 지배자인 미국의 중요한 역할을 무시했다.

이제 제주 민중항쟁의 전개 과정을 간단히 설명하면서 항쟁의 기원과 결과를 계급투쟁과 민족투쟁이란 관점에서 고찰한다.

제주 4·3 민중항쟁은 1948년 4월 3일 이렇게 주장하며 시작한다. "미제는 즉시 물러가라. 매국 단선 단정 절대 반대. 유엔조선위원단은 돌아가라. 미제 주구들을 타도하자. 조선 통일 독립 만세!" (아라리연구원, 1988, p142-143)

1948년 4월 3일 아침, 인민자위대와 여맹원(조선민주여성동맹 회원) 등 일부 무장한 제주 도민 3천여 명은 제주 도내 15개 경찰지서 중 한 곳만 제외한 14개 지서를 기습·점령했다. 그들은 관공서 건물과 악질·반동·관리의 집, 테러청년단 사무실에 불을 지르고, 친일파 악질 지주와 테러청년단 간부, 경찰을 사살했다.(김봉현·김민주, 1963, p83-84)

인민무장대는 경찰과 청년단을 향해 호소문을 발표한다.

너희는 누구를 위하여 싸우는가? 조선 사람이라면 우리 강토를 짓밟는 외적을 물리쳐야 한다! 나라와 인민을 팔아먹고 애국자를 학살하는 놈들을 거꾸러트려야 한다! 총부리를 놈들에게 돌려라! 너희 부모·형제에 총부리를 돌리지 말라! 양심적인 경찰관, 청년, 민주 인사들이여! 어서 빨리 인민의 편에 서라! 반미 구국 투쟁에 호응 궐기하라!(앞의 책, p84-85)

1948년 4월 3일 하루 동안 투쟁 피해 상황은 양측에서 사상자 33명과 부상자 35명이 났다.(아라리연구원, 1988, p144)

4월 15일 제주도 혁명을 지지하려고 남조선노동당은 모든 군 단위 대표가 참여한 남로당 제주도당부대회를 개최했고, 인민자위대를 해체하고 각 면에서 30명씩(마을마다 10명) 선발해 인민유격대(속칭 인민군)를 조직했다.(앞의 책, p146)

1948년 4월 5일 인민자위대 공격에 직면해, 미군정은 각 도 경찰국에서 1개 중대씩 차출해 1,700명으로 경찰토벌대를 구성하고 비상경비사령부(총지휘관 김태일 경무관, 작전참모 최치환 총경)를 설치했다.(앞의 책) 제주도 최고지휘관 브라운 대령은 "나는 봉기 원인은 관심 없다. 내 사명은 진압뿐이다"고 말했다.(조덕송, 1948, p94)

4월 6일 서귀포에서는 혁명적 민족주의 세력을 진압하려는 미군정 정책에 고무되어, 다른 도 출신 반동적 청년단(서북청년단, 대동청년단)과 국방경비대(대장 김병환)는 무고한 주민과 임산부가 속한 일반인 30여 명을 고문하고, 이 중 15명을 '빨갱이 가족'이라고 누명을 씌워 사살했다.(김봉현·김민주, 1963, p195-196)

미군정은 인민자위대의 거대한 저항과 광범위한 봉기의 심각성을 인식하고, 5월 10일 제주도 일원에 계엄령을 선포하고 야간 통행금지를 강화했다.(아라리연구원, 1988, p146)

계엄령 속에서 5·10선거 준비가 진행되었다. 국회의원 의석 중 제주도에 3석이 배당되어, 총 13명 후보가 5월 16일 등록했다.(G-2 정기보고서, 1948년 4월 21일, 제814호)

그러나 게릴라 세력은 제주 전역의 선거사무소와 투표소를 습격하고 선거 기록부를 탈취했다.(G-2 정기보고서, 1948년 4월 22일-23일, 제815-816호)

4월 중순경, 주한 미 고문단의 초대 단장이자 미 국방부 내 극우파 로버트 준장이 제주도에 파견되었다. 그는 대규모 증원 부대를 미군 상륙함정으로 수송 배치했고, 미군 방첩대의 본격적 활동에 도움을 받아, '미국식 빨갱이 토벌전'을 전개하기 시작했다.(아라리연구원, 1988, p148)

4월 27일, 국방경비대 제9연대가 게릴라 토벌을 막 시작하려는데, 그동안 게릴라에 비밀리 무기를 공급하던 문성길 중위가 100여 명 군인과 함께 봉기했다. 4월 30일 9연대장 김익렬 중령은 9연대 전체에 반란이 일어날 것이 두려워, 유격대장 김달삼과 비밀리에 휴전회담을 하려고 만났다.(아라리연구원, 1988, p149) 이때 김달삼은 4가지 조건을 요구했다.

① 단선 단정 수립 반대.
② 경찰의 완전 무장 해제와 토벌대 즉각 철수.
③ 반동 단체 즉각 해산과 서북청년단 즉각 철수.
④ 피검자의 즉각 석방과 검거·투옥 즉각 중지.

(아라리연구원, 1988, p149)

그러나 토벌대장은 '유격대의 무조건 항복'을 요구하며 유격대

의 요구 조건을 거절했다. 따라서 회담은 실패했다.(앞의 책)

이것이 1년 이상 지속하게 되는 제주 민중항쟁 첫 한 달 간의 간단한 상황 묘사다.

제주 4·3 민중항쟁은 2단계에 걸쳐 진행되었다. 1948년 4월에서 8월까지가 1단계인데. 이 기간에 미군정은 항쟁을 진압하려고 준비했고, 반면에 유격대는 우세한 투쟁을 전개했다. 유격대는 남로당과 인민위원회 지도 아래 훌륭한 조직을 갖췄고, 30만 제주 도민의 80%가 지지했다.(Merrill, 1980, p157; 김남식 외, 1971, p403)

민중항쟁은 제주 5·10선거를 성공적으로 방해했고, 국회의원 2석에 대한 재선거는 1년 뒤인 1949년 5월 10일에야 시행되었다.(아라리연구원, 1988, p187)

그러나 1948년 9월부터 1949년 5월까지 2단계 동안, 미군정은 유격대뿐만 아니라 유격대에 동조하는 제주 도민까지 폭력으로 진압했다. 초기에 500 내지 2천여 명으로 추산한 총 유격대 수에 비해(홍한표, 1948, p110), 사망자가 7만 내지 8만 명이 되었다는 것은 미군정이 유격대와 싸운 것이 아니고 제주 도민을 대량 학살했음을 보여준다. 미군정은 제주도 혁명 세력 탄압에서 미군 전술부대, 국방경비대, 국립경찰, 반동극우청년단(특히 북한에서 넘어온 청년들로 구성된 서북청년단)을 이용했다.

1949년 5월 15일 진압 본부가 해산되었지만, 잔여 유격대의 산발적인 경찰지서 공격은 지속되었다. 한반도 본토와 유격대 활동의 연계를 보면, 제주도의 뜨거운 유격 투쟁은 1950년 6월부터 1953년 7월까지의 한국전쟁 기간에 재가동되었다.(아라리연구원, 1988, p191-193)

제주 4·3 민중항쟁의 본질적 원인은 5·10선거로 남한에 단독 정부를 수립하려는 미군정의 국토분단 정책이었다. 이것은 1948년 4월 3일 유격대의 호소문에 명백히 표현되어 있다.(김봉현·김민주, 1963, p84-85)

최초 반미 시위는 1946년 5월에 제주시 중고생 1,000여 명이 개최했었다. 그들의 구호는 이렇다.

- 양과자는 조선을 좀먹는 미제 침략자의 독약이다!
- 양담배를 비롯한 미제 상품을 사지 말고 팔지 말라!
- 미제와 결탁해 사리사욕을 채우는 모리배들을 일소하자!
- 학원 자치의 관권 간섭 절대 반대한다!
- 미제에 추종하는 친일·친미 반동을 단호 배격하라!

(앞의 책, p30)

제주 4·3 민중항쟁은 남한을 점령한 외세를 배격하는 민족해방운동이었다. 항쟁의 직접적 원인은 일제 식민 통치에 부역한 경찰과 반공 이데올로기를 신봉하는 반동 극우청년단이 일반 민중과 혁명적 민주주의자를 무자비하게 탄압한 것에서 비롯했다. 경찰과 청년단은 일제 식민 통치와 미점령군 아래에서 조선인 지배계급인 보수 협력자의 지원을 받았다.

한국과 미국 측 자료에 따르면, 민중항쟁의 기원은 1947년 3·1절 기념행사에 참여한 사람들을 경찰이 공격한 데서 찾을 수 있다.(Merrill, 1980, p153; 김봉현·김민주, 1963, 제2장)

1947년 3월 1일 제주시에는 3·1민족해방운동 기념행사에 3만여 명이 참여했다. 기념행사가 끝나고 군중은 통일 독립정부 수립과 미점령군의 철수를 요구하며 시가행진 시위를 시작했다. 이때 경찰이 군중을 향해 발포해 시위자 중 7명이 사망하고 10명이 다쳤다.(Merrill, 1980, p153-154; 김봉현·김민주, 1963, p42-45)

제주도 노동자들은 발포 경찰의 처벌을 요구하면서 5월 5일 총파업에 돌입했고, 1주일 후에는 관공서 총파업이 발생해 4만여 명이 파업에 가세했다. 그래서 정부는 경찰 60명을 처벌하겠다고 발표했다.(아라리연구원, 1988, p134-137)

제주도 농민과 노동자를 향한 경찰의 잔혹한 행위는 일제 식민 통치 기간에서 미점령 기간까지 지속적으로 자행한 폭력이다. 경찰의 잔혹성은 1947년 3월 22일 총파업과 1948년 본토에서 2·7구국 투쟁에 동조한 2월 7일 투쟁 때 다시 드러난다.(Merrill, 1980, p160-165; 김봉현·김민주, 1963, p68-81)

제주 봉기의 주요 참여자들은 생활 여건이 비참한 농민과 어민이었다. 제주 도민의 대다수(70 내지 90%)가 농업에 종사하지만, 토지생산성은 낮은 편이다.(아라리연구원, 1988, p80; 조덕송, 1948, p91)

쌀을 생산할 수 있는 논은 전체 농지의 1% 내외를 차지할 뿐이고, 그나마 여름철에 주로 생산물을 수확한다. 농민 대부분(93%)은 2정보 미만의 농지를 소유하고 있었다.(아라리연구원, 1988, p80-82)

어업은 두 번째로 중요한 직업이었으나, 선박은 소형이거나 낡았고, 어업 장비는 원시적이었다. 농민과 어민은 착취적이고 억압적 지배계급과 외세에 맞서 오랫동안 투쟁해 왔다.(Merrill, 1980)

그러므로 제주 4·3 민중항쟁을 계급투쟁으로 부를 수 있다.

제주 4·3 민중항쟁은 3만 내지 7만여 명 희생자와 마을 77%가

파괴되는 결과를 초래했을 뿐만 아니라, 억압적이고 사대적인 이승만 정권의 본질을 폭로했다. 제주 4·3 민중항쟁은 이승만 정권을 수립하려는 5·10선거를 향해 조선 민족이 강력하게 반대하고 있음을 확실하게 표현했고, 제주도 선거를 방해하는 데 성공했다. 또 제주 4·3 민중항쟁은 이승만 정권 통치 아래 1948년 10월 여수·순천 항쟁의 원인이 되면서 다시 한번 이승만 정권의 반민중성을 폭로했다.

4

반혁명적 이승만 정권과
민중항쟁

　이승만 정권이 미군정 정책을 추진한 것은 미군정이 이승만 정권을 수립했으니 놀라운 일이 아니다. 대한민국 대통령 이승만은 자신을 지지하는 정치 엘리트 미군정 관료들이 있었으나, 정치적 기구들을 유지하기 위한 경제적 토대는 없었다.

　따라서 이승만 정권의 기본적 경제 정책은 반공의 보루로서 자본가계급을 확립하는 것이었다. 이 목적을 위하여 이승만 정권은 남한 총자본의 80%를 넘게 차지하는 일본인 소유 재산을 미군정에 고용된 조선인에게 저렴한 가격으로 팔아넘겼고, 지주들에게는 자신들의 토지를 처분할 기회를 주면서 그들이 자본가 기업인으로 변신할 시간적 여유를 주고자 토지개혁을 미루었다.

　미군정은 이승만에 정부 권력을 이양하기 이전 1948년 6월 12일, 군정법령 제210호에 따라서 일본인 소유 재산을 친일·친미 조선인에게 팔아넘기기 시작했다. 미군정은 남조선 통치 마지막 몇 달 동안에 기업체 513건, 부동산 839건, 기타 재산 916건을 처분했다.(강만길, 1984B, p230)

이승만 정권은 1948년 9월 11일 '한미간 재정 및 재산에 관한 최초협정'에 서명함으로써 미군정의 귀속재산 처분을 인정했고, 나머지 귀속재산은 이승만 정권이 계속 처분해, 1949년 12월 19일까지 총 33만 건이나 처분했다.(앞의 책; 한국민중사연구회, 1986, p249)

정부는 일본인 귀속재산 매입자에게 세금감면 혜택과 시중금리보다 현저히 낮은 은행 자금을 주어, 대미의존적 관료 독점 자본이 한국 자본주의 전개 과정에서 지배적 위치를 차지하게 했다.(앞의 책, p250)

또 이승만 정권이 토지개혁을 미루어주는 바람에, 지주들은 토지를 높은 가격으로 팔아 저렴한 가격으로 귀속재산을 살 수 있었다. 그래서 지주들이 기업인으로 변신하는 기회를 주었다. 이런 정부의 우호적인 정책 탓에 친일 기업가와 지주들이 남한 경제의 지배자가 되었다.(김병태, 1981, p47; 조용범 외, 1984;45)

이승만 정권이 반동적 미군정 정책을 이어받았기에, 새로 출범한 단독 정부에 대한 남한 민중의 저항은 미군정을 향한 저항과 별반 다르지 않았다. 이승만 정권은 지주와 기업가의 이익을 증진하는 정책을 추구하면서 노동자와 농민의 경제 문제를 해결하려는 노력은 거의 하지 않았다.

대한민국 정부는 하늘로 치솟는 인플레이션과 기아 상태의 식량부족, 비참한 주거 환경, 대량 실업 등을 해결할 의지도 능력도 갖추지 않았다. 가난한 노동자와 농민을 보살피려는 의지나 능력 결여는 노동 정책과 토지 정책에 그대로 나타났다.

조선 민중은 전체 조선을 대표할 민주 독립정부를 수립하려는 지속적 열망이 있었으나, 외세가 남조선에 이승만 정권을 세운 탓에 그 열망은 산산이 부서졌다. 따라서 경찰과 반동 극우청년단이 민중의 혁명 활동을 무참히 탄압해 그 활동이 지하로 잠적했다.

그렇다 하더라도 반동적 이승만 정권을 향한 민중의 저항은 여전히 강경했다. 이승만 정권 수립 2개월 후에 발생한 여수·순천 항쟁은 민주적 자주 정부를 희망하고 반동적 외세 의존 정부를 반대하는 민중 감정이 폭발한 것이다.

이번에는 이승만 정권의 반동적인 노동정책과 토지정책과 이승만 정부에 대항한 민중의 저항인 여수·순천 항쟁을 검토한다.

(1) 이승만 정권의 노동정책과 토지정책

미군정이 그랬듯이 이승만 정권도 다수 노동자와 농민보다는 소수 자본가와 지주의 이익을 대변했다. 이승만 정부는 법률로 제정한 노동법과 노동 정책이 없었고, 대한노총을 그의 개인 조직으로 전락했다.(김낙중, 1982, p133)

또 이승만은 이 핑계 저 핑계로 토지개혁을 연기하다가, 1950년 3월이 되어서야 시행했는데, 개혁 대상인 토지 면적은 1945년 8월에 조선인 지주가 소유했던 소작지 총면적의 21.6%에 불과했다.(한국민중사연구회, 1986, p246)

대한민국 대통령 이승만이 노동자들을 어떻게 생각하는지는 노동조합을 대하는 태도를 보면 알 수 있다. 진보적인 전평을 미군정이 파괴한 이후에 근로 대중의 이익을 실제로 대변할 노동조합이 없었다. 다만 대한노총이 형식적 노동자 대표 기관으로 존재했으나, 사실상 소수 노동 귀족만의 이익을 추구했다.

대한노총 간부들의 이기적 목적 추구는 파벌 싸움으로 이어졌다. 1948년 8월 26일과 27일에 열린 대한노총 임시 전국대의원대회에서 그들은 대한노총 위원장 전진한 지지파와 반대파로 분열했다. 전진한은 반공 투쟁과 이승만 정권 수립에 세운 공헌으로 이승만 내각의 사회부 장관과 국회의원이 되었다. 노동 귀족들의 파벌 싸움은 다음 해까지 이어져, 결국 대한노총에 위원장 두 명이 생기게 되었다. 1949년 3월 전진한 반대파는 총대의원 483명 중 427명이 참석한 가운데 제3차 정기대의원대회를 열어 위원장에 유기태(전진한 195표, 김중렬 2표, 유기태 219표)를 선출했다.

그런데 전진한 지지파는 3월 대회를 부정하고, 1949년 4월 21일과 22일에 대의원 483명 중 363명이 참여한 대의원대회를 다시 열어 전진한을 위원장으로 선출했다. 이런 사태에 대한노총 총재인 대통령 이승만은 1949년 7월 19일에 이 문제에 개입해 직접 대표들을 불러 조정한 끝에, 양측에서 5명씩 최고위원을 선출해 최고위원제로 하자는 합의 서약을 하게 했다.(노총, 1979, p347-349; 김낙중, 1982, p112-120) 이렇게 해서 대한노총 간부의 파벌싸움은 일시적으로 중단됐다.

이승만 총재 아래의 대한노총은 노동자 삶을 위한 투쟁보다는 무력 통일이란 정부 정책에 더 협조했다. 다시 말해서, 대한노총은 사실상 노동조합이 아니라 이승만을 위한 정치적 도구에 불과했다. 대한노총은 1949년 7월 1일 서울운동장에서 노동자와 농민 총궐기대회를 열고나서, 정부를 지지하는 시가행진을 하고 결의문을 발표했는데, 그 요점은 이렇다.

1. 국토방위 강화의 기초인 우리 노동자와 농민은 대한민국 정부
   주위에 뭉쳐 이 과업의 승리 완수에 총궐기하자.
2. 미국에 대한 방위 의무의 일부 실천인 군사원조를 실질적으로
   의미하는 군사고문단 설치를 지지한다.
3. 미국은 민주주의와 평화를 보장하기 위한 성벽이니, 극동 유일한
   민주보루인 한국에 무기와 장비를 주어 방위 임무를 다하라.
4. 유엔은 북한 소련군 철퇴를 감시할 것이고, 북한반도를
   즉시 해산해 국군의 북한 진주를 보장하라.
5. 유엔 결의에 따른 통일 과업을 완수하기 위해
   대한민국 정부를 기초로 한 북한 자유선거를 시행하라.

(노총, 1979, p350)

1949년 10월 22일, 대한노총은 정부에 애국기愛國機를 헌납하기
위한 위원회를 구성했고 결의문을 채택했다. 「전국 맹원 동지에게
고함」이라는 결의문은 반공과 민족통일을 구현하는 과업에서 국
방력의 중핵적 세력인 공군 건설을 위해 하루치 임금을 비행기를
구입하는 데 헌납하기로 했다.(앞의 책)

반혁명적 대한노총 노동자들은 혁명적 전평이 지도할 때처럼
노동자의 이익을 위한 투쟁을 제대로 전개하지 못했다. 이승만 정
권이 발전소와 철도, 은행, 광산 등 주요 산업체를 소유하고 관리하
고 있었기에, 노동자 투쟁은 대개 개인 기업체가 아닌 정부 기관을
상대하는 것이었다. 이승만 정권 초기인 1948년과 1949년의 전형

적 노동운동은 교통부를 상대한 철도 노동자 투쟁과 상공부를 상대한 조선전업朝鮮電業 노동자 투쟁이었다.

1948년 11월, 남한 철도노동자조합은 정부에 단체교섭권을 요청했으나, 사회부 압력으로 교통부는 이를 허용하지 않았다. 교통부는 국가공무원법이 국회에서 토론 중인데, 그 법은 국가공무원의 노동운동을 금지한다고 주장했다. 국회의원 전진한이 이끄는 대한노총의 로비활동에도 국가공무원법은 1949년 8월 22일에 국회를 통과해 법률 제44호로 공포되었다.(김낙중, 1982, p125)

대한노총 간부들은 대한노총이 이승만의 대한민국 정부 수립과 좌익 파괴 활동에서 커다란 공을 세웠다는 점을 강조하는 청원서를 이승만에게 제출했다. 9월 18일 이승만은 철도 노동자에게 적용하려던 국가공무원법을 적용하지 말라고 교통부에 지시했다. 이에 그들은 단체교섭권을 얻을 수 있었다.(앞의 책, p123-126; 노총, 1979, p356-358)

또 다른 사례는 조선전업노동자 200여 명이 노동조합을 결성하려고 전개한 투쟁이다. 1949년 2월 12일, 노동자들은 노조 결성을 선언하고 위원장에 최용수를 선출했다. 그러나 회사 측은 2월 24일자로 이 회사가 정부 소유·관리 아래 있다는 이유로 노조는 불가하다고 주장했다. 회사 측은 노조 간부 2명을 해고하고, 최용수 위원장을 포함한 노조 간부 4명을 지방으로 발령했다.

노동자들은 2월 29일, 투쟁을 결의했고, 회사 측은 지방에 발령한 노조 간부들을 해고하는 것으로 대응했다. 이에 노조 측은 3월 11일 노동쟁의 조정 신청을 사회부 노동국에 제출했고, 4월 2일에 사회부는 군정법령 제19호에 따라 노동쟁의 중재위원회를 열었다.

4월 15일, 중재위원회는 회사 측이 노동조합을 인정하고 해고한 노조 간부를 복직하라고 결정했다. 그러나 한민당 간부이며 회사 대표 서민호는 중앙노동조정위원회 판정은 법적 효력이 없다는 이유로 이에 불복했다.

정부 측 견해는 노동조정위원회 판정을 지지하는 사회부와 회사 측 주장을 지지하는 법무부·상공부로 나뉘었다. 이에 노조원 2천여 명은 1949년 5월 14일 오전 9시부터 10시까지 한 시간 단전하겠다고 위협했다. 이 시점에서 이승만은 양측 대표 5명씩을 경무대로 초청해 중재했다. 5월 15일 협상에서 이승만은 회사 측에 노조 결성을 인정하고 해고한 노조 간부 복직을, 노조 측에는 전력 공급을 제안했다. 7월 17일 회사 측은 노조를 인정하고 해고한 노조 간부를 복직시켰다.(노총, 1979, p358-359; 김낙중, 1982, p126-131)

이런 방법으로 이승만은 갈등하는 노동자와 회사를 상대로 제3자 입장에서 중재자 역할을 했다. 그러나 행정부 수반인 이승만은 국영기업을 상대로 하는 노동쟁의에서 제3자일 수는 없다. 다만 그는 강력한 경찰과 군대 조직을 갖추자, 대한노총이 필요 없어졌고, 행정기관이 극우 노조 힘을 빼도록 허용했다. 노동자의 압력이 강할 때는 가끔 어느 정도 양보도 했다.(김낙중, 1983, p132)

이렇게 이승만 정권 초기에는 대통령 의지가 노동법과 노동정책이었다. 노동법은 이승만 정권의 중반기인 1953년에야 제정되었다.(앞의 책, p172)

식민지에서 해방한 조선 민중의 긴급한 요구 사항인 토지개혁은 미군정이 부분적으로 시행했으나, 나머지는 이승만 정권의 수중에 넘겨졌다. 그러나 대부분이 친일 부역자 정부 관료와 국회의원은 가능한 한 토지개혁을 안 하거나 연기하고자 했다.

대한민국 정부는 강력한 토지개혁 요구를 무시할 수 없었고, 1949년 2월 5일 국회에 토지개혁안을 제출했다. 국회 산업위원회는 미군정의 토지개혁안에 맞추어 정부안을 수정해서 1949년 3월 10일에 제2회 정기국회 제5차 본회의에 상정했다. 국회 산업위원회안 주요 골자는 이렇다.

"지주의 지가 보상은 연간 농지 주 생산량의 300%를 10년간 지불한다. 정부는 농지를 강제로 판 지주에게 국가 경제발전 사업에 우선 참여하게 알선한다."(김병태, 1981, p45)

연간 농지 주 생산량의 300%라는 토지보상액은 정부 토지개혁안의 2배였다. 당시 국회의원 이성학은 "이 토지개혁법을 지주의 토지처분법이라고 하자"(앞의 책, p46)라고 비꼬았다.

이것은 국회 산업위원회안이 소작 농민 이익을 대변하는 것이 아니라 지주 이익을 대변하고 있음을 보여준다.

정부는 토지개혁법을 제정하는 과정에서도 소작 농민의 이익을 지켜주지 못했다. 정기국회에서 뜨거운 논쟁 끝에 수정안이 통과되었고, 1949년 4월 28일 정부에 제출되어 시행 규칙이 공포되었다.

수정안은 정부가 지가 상환액을 연간 생산물의 150%를 지주에게 보상하고, 소작 농민에게서는 125%를 받도록 했다. 정부는 지가 보상과 소작인이 내는 땅값 차액 25%를 부담하는 것은 국가 재정상 곤란하다며 수정안 승인을 거부했다. 국회에서는 그 차액은 미군정이 매매한 적산 농지의 지가 상환액이 국가 재정으로 들어오면 가능할 것으로 보았다.

그러나 정부로부터 끊임없는 압박을 받은 국회는 10월 25일, 지가 상환액을 연간 생산량의 150%로 인상해 토지개혁안을 다시 개정했다. 마침내 정부는 이 안을 채택하고 1950년 3월 10일 토지개혁법을 공포했다.(앞의 책, p46-47)

행정부와 국회가 논쟁하느라고 토지개혁이 연기되는 사이에 지주들은 소작 농민에게 토지를 비싸게 팔 시간을 확보했다. 지주들은 토지를 다른 소작인에게 팔겠다고 위협하면서 자기 소작인에게 높은 가격에 토지를 사라고 강요했다. 또 소작인들은 유일한 생존 수단으로 오랫동안 경작하던 토지를 소유하고 싶은 마음이 간절했다.

1945년 8월, 일본에서 해방한 순간부터 조선의 지배적인 여론은 친일 부역자 지주에게 지가보상 없는 즉각적인 토지개혁이었다. 이런 여론을 무시하고 미군정은 토지를 판 선례를 남겼고, 이승만 정권도 미군정의 선례를 따랐다.

미군정과 마찬가지로 이승만 행정부에도 지주들은 정부 정책의 주요한 지지 세력이었다. 해방하고 5년이 지났고, 지주들에게 정권을 의지하는 정부가 실시하는 토지개혁이 전통적 토지제도를 크게 개혁하리라고 기대하는 것은 애당초 무리였다. 실제로 이승만 정권의 토지개혁은 토지 경작자의 토지 소유와 착취적인 토지제도에서 소작 농민을 해방하는 것에 실패했다.(유인호, 1975, p174-178)

⑵ 여수·순천 항쟁

조선 민중의 계급투쟁과 민족해방투쟁 과정에서 주요한 사건인 여수·순천 항쟁은 1948년 10월 19일에 시작되었다. 일제에서 해방한 후 노동자·농민의 혁명 활동은 미군 점령 세력에 탄압받았으나, 1948년에 혁명 세력은 '단선·단정 반대 투쟁'이라는 명분으로 투쟁을 멈추지 않았다.

1948년 2월 7일 총파업으로 시작한 조선 민중의 투쟁은 거리 시위와 교통·통신 시설의 태업, 학생 동맹 휴교, 경찰지서 공격 등의 형태를 취했다. 미군정이 남한 단독 정부 수립을 위한 5·10선거를 시행하겠다고 발표한 3월 1일 이후에 투쟁은 급속도로 남조선 전역에 확산했다.

노동자·농민의 5·10선거 반대 투쟁은 민족주의자 김구와 김규식이 평양에서 남북연석회의를 마치고 돌아와서, 선거 반대 성명을 발표한 5월 6일 이후 폭발적으로 전개되었다. 공장노동자는 파업에 돌입했고, 학생은 등교를 거부했으며, 농민은 거리 시위를 펼쳤고, 급진 청년들은 경찰서와 선거사무소를 습격했다. 이 외 다양한 분야에서도 여러 형태로 단선 반대 투쟁에 참여했다.(황남준, 1987, p437-442)

이런 남한의 사회적 맥락에서 1948년 4월 3일에 제주 4·3 민중항쟁이 폭발했고, 혁명 세력은 곧바로 제주도 전역을 장악했다. 제주 4·3 민중항쟁은 10월 중순까지도 진압되지 않아서, 정부는 전라남도 여수 국방경비대 제14연대를 10월 20일에 제주도로 출동하라고 명령했다. 그러나 군인들은 혁명적 제주도 인민을 살해하라는 임무를 이행할 수 없다며 출발 전날 밤에 폭동을 일으켰다. 여수·순천 항쟁은 이렇게 시작했다.(송효순, 1978, p140-145; 김남식, 1984, p381-382)

여기에서는 항쟁의 확산 과정과 이에 대한 정부 측의 진압, 항쟁군의 활동과 구호, 항쟁의 원인과 중요한 결과를 검토해 항쟁의 성격을 탐색하고자 한다.

1948년 10월 19일 밤에 군인 3천여 명이 병기고와 탄약고를 점령하고 무장했다. 다음 날 새벽에 좌익 사회단체 회원과 학생 600여 명이 무기를 제공받고 군인에게 합세해 여수 시내를 장악했다. 일부 군인은 여수시 사회질서를 유지했고, 무장군인 2천여 명은 인접한 순천시로 전진하고, 그곳 세 개 중대 병력이 합세해 그날 순천시를 장악했다. 순천에서 혁명군은 세 집단으로 재편해서 광양과 고흥, 보성, 곡성, 구례, 남원, 하동, 화순 등의 인접 군을 향해 세 방향으로 진격했다. 이 지역 경찰과 군인은 도망갔고, 지하활동을 하던 혁명 세력이 민중을 이끌고 경찰서를 공격했다. 이리하여 여수와 순천의 무장 혁명군은 정부군과 전투를 하지 않고도 이 지역들을 장악했다. 1948년 10월 22일, 전남 7개 군 전체와 3개 군 일부가 혁명군 통제에 놓였다.(황남준, 1987, p446-449)

혁명군이 통제하는 여수·순천과 기타 지역은 '인민정부'와 '인민재판'을 경험했다. 인민정부란 '민중에 의한, 민중을 위한' 지방정부 같은 것이었다. 인민정부는 부잣집 창고를 털어 쌀과 신발, 기타 재화를 빈민에게 분배하고, 중소기업인과 빈곤한 노동자·농민에게 돈을 대부해 주었다. 또 노동자의 공장 관리를 허용하고, <인민보>라는 신문을 발행하고, 지방 의용군과 인민위원회를 조직했다.(김석학·임정명, 1975, p50-80; 김남식, 1984, p383-385; 황남준, 1987, p462-466)

조선총독부와 미군정 아래에서 반동적 활동을 한 경찰과 지주, 기업인, 지방 관료, 우익청년단 간부 등을 인민재판에 회부해 처단했다. 여수 인민재판에서 처형된 사람은 김영준(천일고무사장, 한민당 여수지부장), 박귀환(대한노총 여수 지구위원장), 연창희(경찰서 후원회장), 차활인(한민당 간부), 이광선(미군방첩대 여수 주재원), 최인태(미군방첩대 요원), 김수곤(미군방첩대 요원), 박창길(사찰계 형사), 박귀남(사찰계 형사) 등 9명이었다. 체포한 경찰과 민간인 200여 명은 인민재판 후에 석방했다.(김남식, 1984, p385; 황남준, 1987, p464)

투쟁을 시작한 군인과 이에 합세한 민중의 목적은 그들의 구호와 성명서에 나타난다. 국방경비대 제14연대 저항 군인은 이런 구호를 외쳤다.

경찰을 타도하자.
우리는 동족상잔의 제주도 출동을 반대한다.
우리는 조국의 염원인 남북통일을 이룩하자.
우리는 북상하는 인민해방군으로서 행동한다.

(송효순, 1978, p142; 국방부, 1967, p452-453)

1948년 10월 20일 여수 민중은 3만여 명이 참여한 인민대회를 개최했고, 인민 의용군과 인민위원회를 조직했다. 그리고 성명을 발표했다.

우리는 조선 인민의 아들이고 노동자와 농민의 아들이다. 우리는 제주도 애국 인민을 무차별 학살하고자 우리를 제주도에 출동시키려는 명령에 거부하고 조선 인민의 권리를 보호하려고 총궐기한다.

그리고 그들은 또 이런 구호가 담긴 삐라를 살포했다.

인민위원회의 여수 행정 기구 접수, 반동적 이승만 종속 정권 타도 투쟁, 이승만 정권의 모든 법령 무효 선포, 친일파 경찰과 민족 반역자 처벌, 무상몰수 무상분배의 토지개혁 시행.(여수인민보, 1948년 10월 21일; 김봉현·김민주, 1963, p159; 송효순, 1978, p143)

이런 구호에 나타난 내용은 조선 민중의 희망을 표현한 것이고, 인민정부와 인민재판의 활동은 민중의 열망을 다소 만족시켰다. 이리하여 저항군은 혁명 세력으로 인정받고 노동자·농민은 그들을 열렬히 지지했다. 이런 민중의 강력한 지지에 힘입어 여수·순천 항쟁은 전남의 동쪽 10개 군으로 급속히 확산했다.

정부 측에서는 10월 20일 주한 미군 군사고문단장 로버트 준장이 긴급회의를 소집했는데, 국방부장관 이범석, 경비대 총사령관 송호성, 미군사고문관 여럿이 참석했다.[11] 이 회의에서 그들은 1948년 10월 21일 반란을 진압하기 위한 작전 지도부를 광주에 세우기로 정하고, 다음 날 대한민국 정부는 여수·순천 지역에 계엄령을 선포한다.

---

11   대한민국이 형식적으로는 독립국이었지만, 1948년 8월 24일 점령군 하지 사령관과 이승만 대통령 간의 군사협정이 체결되어 미국이 대한민국 군대 통수권을 쥐고 있었다.

3일 내내 전투에서 패배한 정부군은 10월 23일에 미군사고문관 지휘로 탱크와 함포사격, L-4형 경비행기 지원을 받아 여수와 순천을 집중적으로 공격했다. 미군 장비로 무장하고 미군사고문단의 지휘를 받은 정부군 토벌대는 23일에 순천을 탈환하고, 25일까지 여수를 제외한 지역을 모두 탈환했다.

여수 혁명군은 6일 동안 강력하게 저항하며 정부군과 치열하게 전투했으나, 여수가 4분의 3이 불타버렸다. 10월 27일, 결국 정부군의 무차별적 공격으로 여수가 무너졌고, 혁명군의 주력은 인접 지리산과 백운산으로 도주했다. 입산한 유격대의 끊임없는 공격으로 말미암아 이승만 정권은 1948년 11월 1일 전라남도와 전라북도 전역으로 계엄령을 확대했다. 계엄령은 다음 해 2월 5일까지 지속되었다.(황남준, 1987, p450-456)

항쟁이 진압된 뒤에 여수·순천 주민은 정부가 보호해야 할 국민이 아닌 범죄자로 조사받고 처벌받으면서 비참한 경험을 한다. 10월 23일 순천을 탈환한 즉시 경찰은 반란 참여 여부를 조사한다는 명목으로 순천 성인 남자 약 5만 명을 순천북초등학교 교정에 감금했다. 즉결재판을 기다리는 동안 이 남성들은 각목과 쇠사슬, 소총 개머리판으로 얻어맞았다.(Time, 1948, 11월 8일; Merrill, 1982, p237에서 재인용)

강제 자백과 불충분한 진술, 신체 외관상의 추측(머리가 짧은 자, 군용 팬티를 입었는지) 등에 기초한 선별심사가 자행되었다. 경찰은 이 중에서 '악질'이라고 판단한 10여 명을 교정에서 총살했다. 여수에서도 순천에서처럼 성인 남자 약 4만 명이 선별심사를 받았고, 숫자를 알 수 없는 많은 사람이 철도변 언덕에서 총살당했다.(황남준,

1987, p470; Merrill, 1982, p237)

1948년 11월 말에 미군 소식통이 발표한 바에 따르면, 약 1만 7천 명에 달하는 사람이 반란에 참여했다는 혐의를 받고 군사재판에 회부되어, 그중 866명이 사형을 언도받았다.(Merrill, 1982, p238에서 재인용)

얼마나 많은 사람이 경찰의 즉결재판에 회부되어 죽었는지 정확히 알기는 어렵다. 그러나 경찰은 확실한 합법적 증거보다는 추측으로 판단했고, 군인보다 더 잔인하게 굴었기 때문에 군사재판에 회부되어 사형당한 숫자보다는 더 많았을 것으로 추측한다.

남한의 관변 역사에서는 여수·순천 항쟁을 공산주의자와 남로당이 음모한 사건으로 설명하고, 국방경비대와 경찰의 갈등을 강조한다.(국방부, 1967, p451-453; 송효순, 1978, p141)

물론 이 항쟁에 남로당이 항쟁에 관여하긴 했지만, 그것은 항쟁의 시작에서가 아니라 마지막 단계에서였다. 남로당원은 군인들이 시와 군 지역을 점령한 후에 인민행정과 인민재판을 지도했다. 혁명군의 주요 공격 목표는 경찰이 확실했으나, 당시 경찰은 군인과 더불어 거의 모든 한국 민중의 증오 대상이었다. 따라서 한국의 관변 역사는 복잡한 항쟁 과정을 지나치게 단순화하는 오류를 범하고 있다.

일부 한국인 학자와 미국인 학자는 반란을 일으킨 국방경비대 상황에 초점을 맞추고, 그해 연말로 계획한 반란이 제14연대에 제주도로 이동하라는 명령 탓에 미처 준비도 갖추지 못하고 미리 터졌다고 주장한다.(김남식, 1984, p388-389; Merrill, 1982, p208)

비록 그 명령이 직접적 반란의 계기가 되었다 해도, 이런 설명은 사건 발생 이전 여러 해 동안 한국 민중이 혁명 투쟁을 한 사회적 맥락을 무시하고 있다. 여수·순천 항쟁을 더 잘 이해하려면 대한민국 국방경비대의 구성과 여수·순천의 지정학적 특징과 한국 민중의 경제 상황을 살펴볼 필요가 있다.

국방경비대는 일본군 장교와 중국군 사병, 일본군 학병, 항일유격대 출신 등 상이한 배경 집단이다. 1948년 5월에 국방경비대는 기존 9개 연대 위에 새로 6개 연대를 창설하면서 남한 단독 선거를 반대하다가 경찰의 지명수배를 받은 사람과 실업 노동자를 많이 뽑았다. 특히 인민위원회 활동이 활발했던 전라도와 경상도 지역에서는 미국이 남한 점령을 반대하는 혁명주의자들이 경찰의 수배를 피해서 국방경비대에 많이 들어갔다. 따라서 여수·순천 항쟁을 이끌었던 제14연대도 1948년에 창설되면서 전라남도 좌익 청년을 많이 뽑았다. 국방경비대가 이런 사람들로 구성되었기에, 반일·반미 감정을 가진 장교와 사병은 친일파 장교들을 증오했다. 특히 그들은 식민 통치 기간에 총독부에서 일한 경찰을 몹시 미워했다.(김석학·임정명, 1975, p17-20; 황남준, 1987, p417-418,445)

여수와 순천을 포함한 동부 전라남도는 1946년 10월 대항쟁 시기, 혁명적 지도자가 많이 체포된 다른 지역에 비해 큰 피해는 없었다.(G-2 정기보고서, 1946년 10월-12월; G-2 주간요약보고서, 1946년 11월 7일-12월 21일)

아마도 전라남도 도청 소재지 광주에서 멀리 떨어져 있고 산세가 험해서 고립되었다는 지정학적 조건으로, 여수와 순천 지역 좌·우익 세력은 상대적으로 평화롭게 상호 공존할 수 있었다. 이런 이유로 이 지역의 인민위원회와 관련한 다른 조직은 미군정의 폭력적 탄압을 모면했다. 따라서 1948년에는 그들의 힘이 다른 지역보다 상대적으로 더 강했다. 이런 역사적 사실은 왜 여수와 순천 민중이 반란군을 열정적으로 지지했고, 왜 반란이 인접한 지역으로 급속히 확산했는지를 부분적으로 설명한다.(황남준, 1987, p432-437)

1948년 남한 사회 상황의 중요한 국면은 민중의 생활 여건이었다. 1945년 8월 이후 인플레이션은 끝없이 악화해 1948년 1월엔 연료가 해방 때보다 15배, 식료품은 19배, 의류는 54배 올랐다. 이런 인플레이션은 1948년 노동자의 실질 임금을 1945년보다 21%나 깎았다.(홍한표, 1948, p28-31)

일본과 만주에서 돌아온 동포가 상당히 많았고, 원료와 전력이 부족해서 많은 공장이 폐쇄된 터라 여간해서는 일자리를 구할수 없었다. 실업자들은 집이나 가구를 팔아서 생존했다. 특히 농민들은 정부의 미곡 공출제도와 낮은 농업생산물 가격 정책 탓에 비참한 삶에 빠졌다. 1948년에 생산한 쌀의 36%를 정부가 수매했지만, 가격은 시장 가격의 21%, 생산 비용의 50%에 불과했다. 정부가 대량으로 쌀을 공출한 탓에 농민은 식량이 부족했고, 1948년에는 남한 농민의 약 40%가 기아 상태에 놓였다.(배성룡, 1948, p9; 신납풍, 1985, p460-461)

그러므로 여수·순천 항쟁은 이승만 정권에 착취당하고 억압받은 민중이 지배계급에서 해방하고자 하는 희망의 표시였다. 이와 동시에 일본 식민지에서 막 해방한 우리 민중은 외세 특히, 미국에서 실제로 해방하기를 간절히 바랐다.

여수·순천 항쟁 결과는 민중이 겪은 고통과 정부 정책 변화에서 찾을 수 있다. 반란과 토벌의 소용돌이에서 수많은 한국 민중은 죽거나 다쳤고, 재산 손실과 피해도 컸다. 인명과 재산 피해는 반란군보다는 토벌군이 지배하는 동안에 더 많이 발생했다. 당시 여수 국회의원 황명규는 정부가 반란을 진압하는 과정에서 약 3,400 가옥이 불탔고 이재민 약 2만 명이 발생했다고 국회에 보고했다.(황남준, 1987, p474)

1948년 11월 1일, 전라남도 보건후생국 발표를 보면, 여수에서는 약 1,300명 시민이 사망하고, 약 900명이 중상을 입었으며, 37억 원 재산 피해를 냈다. 순천에서는 1,135명이 사망하고, 103명이 중상을 입었고, 1,350만 원 재산 피해를 보았다.(호남신문, 1948년 11월 5일; 황남준, 1987, p474에서 재인용)[12]

여수·순천 항쟁 결과로 나타난 정책 변화를 지역 수준에서 살펴보면, 토벌대가 여수·순천을 탈환한 후 이승만 정권은 경찰 병력을 크게 늘렸고, 극우청년단을 재조직해서 경찰에 준하는 권위를 주었다. 극우청년단은 합법적 조직 남로당 전남 지부를 공격해서 당 간부를 체포했는데, 1948년 11월 한 달 동안에만 111명을 체포하고, 그 후에 1949년 4월에서 6월까지 57명을 더 체포했다. 이렇게 남로당 전라남도 지부는 완전히 파괴되었다.(김석학·임정명, 1975, p165-168; 호남신문, 1948년 11월 12일; 동광신문, 1948년 11월 24일, 12월 12일; 황남준, 1987, p471-473)

더 중요한 정책 변화는 국가 수준에서 일어났다. 이승만 정권은 항쟁을 빌미로 반공을 위한 국가 기구를 강화했다. 11월 하순에 대한민국 국군조직법이 통과되고, 국군 숫자는 가파르게 증가했

---

12 〈뉴욕 헤럴드 트리뷴〉은 반란과 그 진압 과정에서 약 6천 명이 사망하고 약 5천 가옥을 소실했다고 보도했다.(김봉현·김민주, 1963, p160)

다.(Sawyer, 1962, p41)

국회는 12월 1일에 국가보안법을 통과시켰는데, 이승만은 이 법을 정치적 경쟁자, 특히 혁명적 민족주의자를 탄압하는 데 두루 두루 이용했다.(World Culture, 1954, p9)

여수·순천 항쟁 결과로 미점령군 철수는 연기되고, 한국의 미국 군사원조는 증가했다.(Sawyer, 1962, p36-37)

광범위한 '빨갱이 숙청' 작업이 국방경비대 내에서 실행되고, 국방경비대와 경찰 숫자가 부쩍 늘어났다. 극우청년단이 남한 전역에서 재조직되었고, '학도호국단'이라는 준군사적 성격의 학생 조직이 모든 대학에 만들어졌다.(Merrill, 1982;245-246; 황남준, 1987, p475-476)

이런 과정을 거쳐서 1946년 6월 미점령군이 한국을 떠날 때쯤에는 이승만 정권은 강력한 반공 체제의 보루가 되었다.

5
결론

　40년 동안의 일제 지배에서 해방한 우리 민족이 독립된 민주국 가를 건설하려던 희망은 1945년 9월 8일부터 1949년 6월 30일까 지 4년 동안 미군이 남한을 점령하면서 좌절되었다. 미점령군은 남 한에 민주주의 토대를 깔고 민주적인 이승만 정부를 세웠다는 관 변 역사와는 달리, 미군정과 이승만 정권은 독립적이고 민주적인 사회를 건설하려는 한국 민중의 노력을 끊임없이 탄압했다.

　외국 군대 독재 정부인 미군정은 남한에 억압적 정부 구조를 수 립했다. 물론 미군정은 한국 국민에 민주주의 제도라는 형식을 소 개하고, 미국 헌법의 민주적 원칙을 모방한 한국 헌법을 만드는 데 도움을 주었다. 또 미군정은 보통선거로 국회의원을 선출하고 정 부 수반인 대통령을 직접 뽑는 방법도 전파했다.

　그러나 민주 정부란 적어도 대다수 국민의 지지를 받아야 하고 정치활동과 의사 표현의 자유, 법 앞의 평등이 보장되어야 한다고 할 때, 이승만 정권은 결코 민주적 정부가 아니다. 우리는 대다수 한국 민중이 총파업과 10월 대항쟁, 제주도 4·3 민중항쟁을 통해 얼마나 세차게 미군정에 반대했고, 이승만 정권이 노동 정책과 토지 정책, 여수·순천 항쟁 진압 과정에서 얼마나 반동적이고 억압적이었는지를 보았다.

일제 식민 통치에서 조선이 해방하자마자 미국 군대가 남한을 지배하기 시작했다고 말하는 학자들이 있다. 이런 견해는 일본이 조선을 떠나자, 조선 민중은 새로운 사회를 건설할 아무 능력이 없어서 민주사회 건설을 위해서는 미국의 도움이 필요했다는 주장의 암시다.

이런 주장은 일제가 항복하고 나서 미군이 사실상 남한 전체를 지배하기까지 조선 민중이 벌인 혁명적 활동을 전혀 이해하지 못하는 처사다. 서울에서는 조선 민족주의 엘리트가 조선인민공화국을 수립하고, 산업도시에서는 조선의 노동자가 노동조합을 결성해 일제가 남기고 간 공장의 자주관리운동을 전개했다. 농촌에서는 농민들이 농민조합을 결성하고 소규모 토지개혁을 시작해, 일본인이 소유하던 토지를 소작인에게 분배했다. 노동자와 농민은 민주 독립정부 수립을 위한 준비로서 남조선 전역에 인민위원회를 조직하고 조선인민공화국을 열렬히 지지했다.

미군을 해방자로 설명하는 관변 역사와는 달리, 실제로 미군은 남조선을 점령한 정복자였다. 정복자의 통치 기구인 미군정은 조선 민중이 민주 독립국가 건설을 위해 단기간에 이룩한 위대한 과업을 뒤엎어버리고, 일본과 미국 정복자를 다 함께 반대한 혁명적 조선 민족주의자를 잔혹하게 탄압했다.

미군정은 일본인 공장을 자주적으로 관리하던 노동자를 몰아내고 친일 분자를 관리자로 삼았다. 이런 행동은 노동자들의 강한 반대를 불러일으켰고, 미군정 정책에 반대하는 총파업이 일어났다. 미군정은 인민위원회를 파괴하고, 친일 부역자를 지지하고, 토지개혁을 차일피일 미루었기에 농민들에게도 강한 반대를 불러일으켰다.

그 결과로 미군정에 반대하는 10월 민중항쟁과 제주도 민중항쟁이 발생했다. 조선 민중의 총파업과 항쟁은 미국의 지배와 친일 부역자를 향한 강력한 반대 표시였을 뿐만 아니라, 민족해방과 사회 민주화를 위한 혁명을 일으키겠다는 민중의 노력을 드러낸 것이다.

많은 미국인과 한국인 학자, 남한 정부는 대한민국 정부 수립을 외세로부터 실제로 독립한 민주 정부의 시발점으로 취급한다. 그러나 역사적 증거는 우리에게 이와는 매우 상이한 의미를 말한다. 미군정이 수립한 이승만 정권은 형태에서만 한국적일 뿐 실제 내용 면에서는 미국적이다. 이승만 정권은 미군정 관료와 법률을 승계해 이용했고, 반공 이데올로기 옹호와 친일 부역자 지지, 노동자·농민 탄압, 토지개혁 연기 등 미군정 정책을 이어받았기에 미군정의 계승자에 불과하다.

대한민국은 1948년 8월 24일에 하지와 이승만 사이에 맺은 군사협정에 따라 한국 군대와 경찰은 미군 사령관의 통제를 받게 되었으니, 이승만 정권의 정치적 안정은 미군에 의존했다. 여수·순천 항쟁이 일어났을 때 이승만 정권은 군사 무기와 작전을 전적으로 미국에 의존했다. 이승만 정권이 얼마나 억압적이었는지는 여수·

순천 항쟁의 발생과 진압 과정에서 여실히 나타났으며, 얼마나 반민중적이었는지는 이승만 정권의 노동 정책과 농업 정책에서 명확히 나타났다.

4장

조선의 분단

나라의 역사에는 보통 중요한 전환점이 있다. 일제에서 해방한 이후 한국사에서 전환점은 한국전쟁도 남한의 급격한 경제성장도 북한의 사회주의 혁명도 아닌 민족 분단이다. 브루스 커밍스가 올바르게 지적한 것처럼, "분단 계기에 대한 뿌리 깊은 오해가 여전히 있고, 분단 역사와 그 책임 소재는 제대로 알려지지 않았으며, 그 원인은 빈번히 왜곡되었다."(Cumings, 1987, p5)

1945년 조선은 제2차 세계대전의 결과로 일본에서 해방했으나, 소련군의 북조선 점령과 미군의 남조선 점령으로 분단되었다. 조선의 분단은 미소 간 합의에 기초하고, 1945년 9월 2일에 발표한 맥아더 장군의 일반명령 제1호를 통해 조선 민족에 선포되었다.[1]

이번 4장에서는 이런 의문점을 검토한다.

'38선을 그은 조선 분단의 창안자는 누구인가?' '조선 민족에 끼친 민족 분단의 직접적 영향은 무엇인가?' '미소공동위원회와 유엔을 통하여 실제로 조선을 재통일하기 위해 미국은 어떤 노력을 했는가?' '조선 민족은 분단된 민족을 통일하기 위해 무엇을 했는가?' '조선민주주의인민공화국과 대한민국이라는 두 정부 수립 과정에서 미국과 소련의 점령 정책에는 어떤 차이가 있는가?' '이승만 정권은 어떻게 민족 분단을 강화하였는가?'

1　일반명령 제1호는 이렇다. "북위 38도 이북의 조선에······있는 일본의······부대는 소비에트 극동군 최고 사령관에 항복하고,······북위 38도 이남의 조선에······있는 일본의······부대는 미국 태평양 육군 총사령관에 항복한다.(Lee, Won Sul, 1982, p86)

1
분단의 기원과 직접 영향

1940년대를 전통적 입장에서 서술한 한국 역사서는 이렇게 주장한다. "분단의 책임은 미국보다 소련에 있고, 소련은 제2차 세계 대전이 끝나기 직전에 조선에 진주해, 임의로 선정한 김일성을 수반으로 하는 공산주의 집단을 지지하고, 1948년 위성 국가로 조선민주주의인민공화국을 수립했다. 실제로 분단이 이루어진 시기는 1948년이고. 소련보다 한 달 늦게 조선에 진주한 미국은 아무 정책도 없었으니, 소련의 선제 조치 반작용으로 정책을 임기응변식으로 수립했다. 통일 조선 건설을 위해서 소련 협력을 얻으려는 시도가 실패하자, 미국은 조선 문제를 유엔에 이관했고 애국적 민족주의자 이승만을 지도자로 내세워 대한민국을 수립하는 데 후원했다."(Cumings, 1987, p5-6)

이런 주장은 오늘의 한국을 제대로 설명하지 못한다. 38도 선상에 위치한 남북 간 접촉 장소인 판문점에서 여전히 양측은 대치하고 있지만, 소련군은 주둔하지 않는다. 북한 인민군이 미군과 마주하고 있다. 미군 병력 약 2만8,500명이 주둔하고, 독립국인데 전시 군대 작전권을 미국이 가진 곳은 한국이 세계에서 유일한 나라이다.(Sullivan & Foss, 1987, p2,6)

여기서는 38선의 기원과 조선 민족에 미친 분단의 직접적인 효과를 다룬다.

(1) 38선은 미국 작품

북위 38도선을 분단선으로 만든 최초 결정은 미국이 1945년 8월 10일에서 11일에 걸쳐서 국무성과 전쟁성, 해군성 조정위원회 철야 회의에서 정했으니, 이 결정은 전적으로 미국의 행위라고 역사적 증거는 말한다.(Hoag, 1970, p65; Lee, Won Sul, 1982, p83)

1945년 8월 8일, 소련이 일본에 전쟁을 선언하고, 다음 날 나가사키에 두 번째 원자폭탄 투하 결과로, 8월 10일 일본이 조건부 항복을 제의하고, 소련 군대가 조선 북동부 항구에 상륙하자, 미국 정책 입안자들은 조선의 분할선 문제를 시급히 해결해야 했다.(Cho, Soon Sung, 1967, p52)

8월 10일과 11일 밤, 전쟁 이후 미국 외교에 아주 중요한 인물이 될 존 맥클로이는 젊은 대령들 딘 러스크와 찰스 본스틸을 회의장 옆방으로 따로 보내 조선을 분할할 경계선을 그을 만한 곳을 찾아보라고 했다. 그들에게는 시간이 30분밖에 없었다. 맥클로이는 그들에게 분할선을 "최대한 북쪽에서 〔일본의〕 항복을 받고자 하는 정치적 욕구와 이 지역에 도달할 수 있는 미 군사력의 명백한 한계

를 조화할 방안"을 강구해야 한다고 말했다.(FRUS, 1945, vol.6, p1039)

러스크는 훗날 "미국 점령 지역에 수도 서울을 포함하는 것이 중요하다고 느꼈기" 때문에 38도선을 선택했다고 말했다. 그는 미군이 3주일 안에 조선에 상륙할 수는 없을 테니, 이 선은 "소련이 동의하지 않을 경우에 현실적으로 미군이 도달할 수 있었던 것보다 훨씬 북쪽이 될 것"이라는 점을 인정했다.(앞의 책)

바꾸어 말하면, 소련은 조선에서 이미 일본군과 전투에 들어간 자국의 군대가 부산까지 남진해서 조선반도 전역을 자기 통제에 넣을 수 있는 시기에, 미국이 제안한 분할선을 순순히 받아들였다. 소련 지도자는 38선에서 분할하자는 미국의 제안을 미소 간의 엄격한 영향권 표시로 해석했거나, 조선 문제를 양보해서 일본 점령에 한몫 끼려는 희망 때문이었거나, 동유럽 소비에트화에 반대하는 미국 여론을 불러일으키지 않으려는 생각이였거나, 소련은 미국의 제안을 수용했다.(Cumings, 1981, p121; Lee, Won Sull, 1982, p90)

38선에 따라 조선을 분할하기로 한 것은, 하지의 지적처럼, "조선의 분단은 일본군의 항복을 받는 편의로 결정되었다"(Lee, Won Sul, 1982, p78)는 것이 미국의 공식적인 설명이다.

아서 그레이도 "기준을 삼을 만한 것이 전혀 없으니, 38선은 틀림없이 가장 제한된 현실적 고려에서 선택되었을 것"이라고 했다. 공식 입장을 수용하는 정치학 박사 조순승은 "이 분할선은 미소 양국 간에 일본군 항복을 처리하고자 '잠정 책임 구역'을 설정할 의도로 그은 것"이라고 지적했다.(Cho, Soon Sung, 1967, p54-55)

이런 견해에 따르면, 미국의 남조선 점령은 38도선을 경계로, 그 남쪽에 주둔하는 일본군의 무장해제를 급히 처리하려는 순전히 군사적인 일시적 결정이고(Grey, 1951, p485), "38도선 결정 기저에는 강대국 이익이나 조선의 분할 혹은 통제를 위한 욕구는 없었다." (Henderson, 1974, p206)

커밍스는 "미국이 오직 일본군 무장해제를 목적으로 남조선을 점령했다면 미군은 몇 주일 안에 철수했을 것"이라고 주장한다.(Cumings, 1987, p206)

1945년 9월 8일 미군이 조선에 상륙했을 때 "일본군은 싸울 의사가 전혀 없었고 벌써 식민지에서 철수할 채비를 신속하게 갖추고 있었다."(앞의 책, p208)

그런데도 1949년 6월까지 미군이 남조선을 4년 동안 점령한 것은 미국이 일본군의 항복 외에 다른 목적이 있었음을 나타낸다. 38선으로 조선을 분할한 결정을 단지 일본군 항복을 받기 위한 것으로만 생각하면 문제의 핵심을 놓친다.

당시 동아시아 세력 관계의 핵심은 '누가 어디에서 항복을 받을 것이냐'에 달려 있었다. 이는 역사학자 가브리엘 콜코가 지적한 것처럼, "군사적 승리가 그 지역의 정치를 결정한다"(Kolko, 1968, p140)는 원칙에 근거한다. 바꾸어 말하면, 조선 분할과 남조선 점령이라는 미국의 결정은 군사적인 것이 아니라 본질적으로 정치적인 것이었다. 트루먼은 분할선은 "일본의 전시 체제가 급격히 붕괴하면서 조선에 힘의 공백이 생겨서 실행 가능한 해결책으로 제안한 것"이라고 말했다.

그러나 조선에 '힘의 공백 상태'는 없었다. 당시 조선에는 소련의 붉은 군대와 조선의 혁명 세력이 있었다. 즉 미군 점령은 단순히 일본군을 무장해제 시키는 것으로만 그치지 않고. 소련군의 남하를 막고 조선의 공산주의 운동을 뿌리 뽑는 행위로 이어졌다. 조선을 38선에서 분할하는 결정이 1945년 8월 중순의 어수선한 상황에서 성급하게 채택된 듯이 보이지만, 사실은 조선 전역을 통제할 목적으로 미리 미국이 세운 계획의 논리적 귀결이었다. 1943년 10월 초, 미 국무성 정책 입안자는 조선반도에 관한 조치를 태평양 안보와 연결했다. 그들은 북태평양 안보가 미국과 관련되어 있다며, 조선반도 전역이 소련 수중에 들어가면 미국의 태평양 안보에 위협이 되리라고 생각했다.(FRUS, 1944, vol.5, p1224,1228)

1944년 3월 미 국무성 정책 입안자들은 미국의 조선 점령을 구상하고, 조선에서 미국이 군사적 행동을 하는 것이 동아시아에 거는 미국의 전후 목적에서 중요하리라는 점을 시사했다.(앞의 책)

얄타회담을 위해 준비한 보고서는 "조선의 군사 점령과 군정에 연합군 대표가 꼭 참여하고" 미국은 "조선 점령과 군사정부에서 주도적 위치를 차지해야 한다"(U.S. State Dept., 1955, p358-361)고 밝혔다.

포츠담회담을 위해 준비한 「조선 문제의 처리」라는 계획에서는 위의 목적을 얻기 위해 세 가지 방법을 제시한다. 첫째는 행정력(점령)이고, 둘째는 신탁통치, 셋째는 미국의 정치적 목적을 실현하기 위해 유엔 이용(U.S. State Dept., 1960B, vol.1, p313)이다.

미국은 이 세 가지 중에서 조선을 통제하는 데 가장 효과적인 방법을 하나씩 선택할 수 있었고, 실제로 1945년에서 1948년까지, 점령·신탁통치·유엔 이용을 순서대로 실행했다.

브루스 커밍스는 이렇게 주장한다. "미국은 조선 분단을 주도하고 계획하고 집행한 장본인이다. 따라서 책임이 전적으로 미국에 있지 않더라도 그 중요한 책임은 미국에 있다."(Cumings, 1987, p6)

(2) 조선의 민족통일 파괴

38선은 조선 영토를 양쪽으로 분할했을 뿐 아니라, 10세기 이래로 종교·언어·정치·경제에서 하나로 통일된 조선 민족을 분할했다.(이기백, 1982, p125)

일제 지배 36년 동안에도 조선 민족 말살을 시도했지만, 조선은 통합 사회를 유지했다. 일제 식민지 세력은 다수 조선인에게서 소수 친일 조선인 협력자를 분리했고, 백만 명이 넘는 조선인을 징용 노동자나 노예 노동자로 만주와 일본에 강제로 이주시켰고, 민족 해방을 위해 투쟁한 애국 투사들을 망명시켰고, 조선어와 성씨姓氏의 사용, 조선 역사의 연구를 금지했다.(강만길, 1984B, p34-37)

천 년 이상의 민족사에서 민족 분단을 처음 경험한 조선인은 그 사실을 믿지 않았고, 일본군 항복 절차가 완료될 시점까지 임시 분할이라는 점령 세력의 설명을 받아들였다.

민족 분단이 오랫동안 이어질 거라는 사실을 조선인이 인식하지 못했더라도, 분단은 그 당시 이후 조선인 삶의 모든 측면에 걸림돌이었다. 분단은 민족해방과 사회 민주화라는 역사적으로 누적된 민족적 목표 성취를 더욱 어렵게 만들었을 뿐 아니라, 민족 통일이라는 또 하나의 과제를 더했다.

분단은 조선 영토를 양 진영으로 분할해, 민족해방운동 세력을 약화했고, 일본 대신 소련과 미국이 대체되어 적대 세력이 오히려 늘었다. 당시 북쪽에는 약 900만 명이 12만3천 평방킬로미터에 걸쳐 살았고, 남쪽에는 약 2,100만 명이 9만5천 평방킬로미터에 걸쳐 살았다.(Schnabel, 1972, p11)

조선 민족이 국내외에서 일제 식민 세력에 맞서 다양한 형태로 투쟁했지만, 일본에서의 해방은 일본에 대한 소련과 미국의 승리로 실현되었다. 그 당시 분할된 조선은 두 강대국에 맞서 싸워서 승리할 가망이 전혀 없었고, 조선 민족의 독립은 전적으로 양 점령 세력의 협력에 달려 있었다.

북쪽이 추진한 사회혁명은 친일파와 대지주, 보수 기독교 신자를 남쪽으로 추방했고, 결국엔 남쪽의 반혁명 세력을 강화하는 결과를 낳았기에, 분단은 남쪽의 사회 민주화를 더욱 어렵게 했다. 특히 남하한 식민지 시대의 경찰과 보수주의 청년들은 격렬한 반공주의자가 되어, 혁명적 민족주의 세력을 탄압하는 데 커다란 공을 세웠다. 미국 정보 보고서는 1945년 8월 15일에서 1946년 1월까지 만주 등지에서 귀환한 사람을 포함해 38선을 넘어 북쪽에서 남하한 조선인이 약 52만5천 명이라고 기록한다.(G-2 정기보고서, 1946년 1월 25-27일, 제137호)

분단이 가장 극명하게 가져온 직접적인 결과는 경제 분야였다. 일제 식민지의 종결이기도 한 조선의 분단 시점에 일본은 조선에 종속적이고 불균형한 경제를 남겼다. 당시 조선 경제는 자립 단위가 아니라, 일본 경제의 한 유기적 구성 부문이었다. 일본인 기술자와 관리인이 산업과 무역에서 주요 지위를 차지했다. 일본인은 조선인 소유의 공장을 접수하고, 토질 좋은 조선인 농지를 점유했으며, 조선인 광부를 착취했고, 조선의 외국무역을 통제했다. 조선의 농산물은 일본 시장으로 보내졌고, 산업시설은 일본 경제를 보조하려고 세워졌다. 따라서 일본 경제에서 분리되고 일본인 기술자가 본국으로 송환되자, 생필품 생산의 혼란, 기술과 관리 능력 부족, 무역 중단 등으로 조선 경제는 붕괴했다.(Chung, Kyung Cho, 1956, p97-99) 이런 상황은 조선의 민족 분단 탓에 더욱 악화했다.

일제는 또 조선 경제를 지역적으로 불균형하게 만들어놓았다. 일제가 조선에서 물러났을 때, 조선의 남과 북은 매우 다른 경제적 기반을 갖게 되었다. 북쪽은 풍부한 전력(94%)과 광물, 산림자원을 바탕으로 중공업이 대부분(86%)이었고, 남쪽은 기름진 농지를 바탕으로 농업(63%)과 경공업(74%)이 대부분이었다. 북쪽은 남쪽 농업에 필요한 화학비료와 경공업에 필요한 펄프와 철, 석탄, 전력을 공급했다. 남쪽은 식료품(75%)과 직물(87%)의 막대한 생산에 기초해 식량과 의류를 북쪽에 제공했다.(McCune, 1950, p57; Henderson, 1974, p56-57,91)

조선의 남쪽과 북쪽은 상호보완 관계에 있었고, 각자 몫을 제대로 운영해 나가려고 서로 의존했다. 그러나 분단은 양쪽 경제적 보완관계를 깨었고, 남북 모두 자력으로는 경제적 독립을 이룩할 수 없었다. 북쪽의 광산자원은 소비재로 바꿀 수 없었고, 중공업 생산물은 거래할 수출 시장이 없어져서 가치가 떨어졌다. 남쪽의 풍부한 쌀과 직물 생산물은 분단 탓에 북쪽으로 공급이 중단되었다. 남쪽은 북쪽 원자재와 전력이 필요한 제조업 공장이 많았고, 쌀 재배지는 합성비료가 필요했고, 기차는 석탄이 필요했다. 38도선의 봉쇄는 남조선에 필요한 이런 상품의 유입을 차단했다.(McCune, 1950, p54-56)

민족 단일체인 조선의 오랜 전통, 민족해방과 사회 민주화 과업, 일제 식민지의 결과인 경제적 위기, 그리고 분단은 분할된 조선의 통일을 강력하게 요구했다. 그러나 미 점령 세력은 반공보루를 수립하려는 정책을 추구해서 조선의 통일을 방해했다.

2
남북통일에 대한 미국 정책

여기서는 남북통일과 관련한 미국 정책을 소련 정책과 비교하면서 논한다. 커밍스는 조선의 분단 과정에서 미국 책임을 강조하면서도 미국은 통일 조선을 위해 몇 가지 노력을 했다고 주장한다. 커밍스는 미국이 분단 해소를 위해 가장 중요한 노력 두 가지를 했다고 하는데, 첫 번째는 1946년 미소공동위원회 회담이고, 두 번째는 1948년에 조선 문제를 유엔에 이관한 것이다 (Cumings, 1987, p11)

그런데 미국은 실질적으로 조선 통일을 원했을까? 이제 미점령 세력이 미소공동위원회 회담과 유엔에서 조선의 통일을 위해서 무엇을 했는지를 논한다.

(1) 미소공동위원회

1945년 12월 16일에서 26일까지 미국, 영국, 소련의 외상이 모스크바에 모여 제2차 세계대전 이후 연합국 사이에 발생한 여러 가지 문제를 토의했다. 조선 문제는 중요한 안건 가운데 하나였다. 사실 이 회의는 조선 입장에서는 매우 중요한 회의였는데, 미소공동위원회가 신탁통치를 통해 미래의 조선 통일을 이루기로 한 구체적인 계획이 결정되었기 때문이다. 조선에 관한 모스크바 합의서 최종안은 같은 해 12월 28일에 확정되었다.

합의서에 따르면, 조선에서 미소 점령군 사령관은 조선 임시정부 구성을 원조할 목적으로 공동위원회를 설치하고, 그 제안을 작성할 시 공동위원회는 조선의 민주주의 정당 및 사회단체와 협의해야 했다.(FRUS, 1945, vol.6, p1150-51; Kim, Se-jin, 1976, p30)

모스크바 합의서 제4조는 이렇다. "남북 조선에 관련한 긴급한 문제를 토의하고, 남조선의 미국과 북조선의 소련이 점령 업무상 행정과 경제에서 협조하고자 2주일 이내 조선에 주둔하는 미소 양군 사령부 대표 회의를 소집한다."(FRUS, 1945, vol.6, p1150; Kim, Se-jin, 1970, p30-31)

이에 따라 미군과 소련군은 경제·행정 문제를 상호 협의하고자 1946년 1월 16일부터 2월 5일까지 예비 회담을 열었다. 이 회담은 미소공동위원회 서막으로 중요했다.

그런데 남북조선 간의 우편물 교환과 무선주파수 배당 등과 같은 사소한 문제에는 합의에 도달했지만, 미군정이 북한에 쌀을 공급할 능력이 없다고 발을 빼자, 이 회담은 교착 상태에 빠졌다. 북한의 소련군 대표로 나온 스티코프 중장은 북한의 3개 도가 재해로 심각한 식량난에 봉착해 있으니, 북쪽 석탄과 남쪽 쌀을 교환하자고 미군 측에 요청했다. 그러나 남쪽 쌀은 미군정의 자유시장 정책으로 이미 동이 나서 공급할 수 없었다. 게다가 5백만 석을 일본에 밀수출한 것은 이런 상황을 더욱 악화했다.(심지연, 1986, p356)

북측은 8,900만 엔에 달하는 상품 교역을 제시했지만, 남측은 1,000만 엔 정도의 상품밖에 제공할 수 없었고, 북쪽에서 필요한 쌀을 보낼 능력이 없었다. 소련군은 미군정이 북쪽의 쌀 부족 사태를 완화해 주는 것을 거절하자, 북측 정권의 토대를 침식하고자 하는 의도가 아닌지 의구심을 품었다. 회담이 교착 상태에 빠지자, 미군정은 쌀 문제는 무시하고 소련이 남쪽에 석탄 공급을 거절한 것을 정치 문제화하기로 정했다.(HUSAFIK, vol.2, ch.4, p100-115; FRUS, 1946, vol.8, p633-636,645)

미소공동위원회가 개최되기 하루 전날인 3월 19일, 윌리엄 랭던은 "미소공동회담이 실패해서 남북을 가르는 38선이 영구화될 것을 조선 사람은 크게 걱정한다"고 미 국무장관에게 보고했다.(FRUS, 1946, vol.8, p649-650)

1946년 3월 20일, 미소공동위원회가 서울에서 개최되었다. 대표들은 미군 측과 소련군 측에서 5명씩 나왔고, 소련 측 수석대표는 스티코프 중장이고 미국 측 수석대표는 아놀드 소장이었다. 소련은 미소공동위원회 회담에서 시종일관 모스크바협정을 격렬히 비난한 정치 집단은 장래 조선 임시정부 수립을 위한 협의의 대상이 될 수 없다고 주장했다. 소련은 좌익연합인 민전에 반대하는 우익 연합과 미군정이 지원한 민주의원에 참여한 조선인이 반탁운동과 반소데모를 주도했다는 것을 알고 있었다.[2] 한편 미국 측은 민

---

2 남조선대한국민대표민주의원(민주의원) 의장은 이승만, 부의장은 김구와 김규식이다. 민주주의민족전선(민전)의 공동의장은 여운형, 박헌영, 허헌, 김원봉이다.

주의원을 임시정부 수립을 위한 남쪽의 협의 대상으로 삼자고 제안했다. 미국 측은 조선인이 신탁통치 문제는 물론이고, 다른 견해도 말할 자유가 허용되어야 한다고 주장했다. 미국 측의 해석에 따르면, 조선인의 신탁통치 반대 의견은 '완전한 언론 자유'라는 것이었다.(Summation, 1946, 제11호, p101)

이에 따라서 미소공동위원회 주요 쟁점은 사실상 반탁운동을 주도한 우익 진영인 민주의원을 신탁통치와 조선 임시정부 수립의 협의 대상으로 삼아야 하는지 말아야 하는지에 관한 논쟁이었다.

제안과 역제안의 끊임없는 논쟁 이후 같은 해 4월 6일 제10차 회담에서 미소공동위원회는 마침내 협의 대상이 될 조선의 정치단체 규정에 합의했다. 이 합의안은 4월 18일 미소공동위원회 공동성명 제5호로 공식적으로 발표되었다.

> 미소공동위원회는 다음 사항을 준수하겠다고 선언하는 조선의 민주적 정당이나 사회단체와 협의할 것이다. "우리는 조선에 관한 모스크바선언의 목적을 지지하고, 공동위원회의 결의를 준수하고, 공동위원회에 협력할 것을 선언한다."(U.S. State Dept., 1947, p19-20)

이번에 소련 측은 "이전에는 반대했지만, 지금은 (모스크바 결정을) 지지한다고 선언하는 정당은 협의 대상이 될 수 있도록"(U.S. State Dept., 1946년-1947년, 제11차 회담) 양보했다.

그러나 4월 8일, 제11차 회담에서 미국 측은 앞선 회담에서 합의한 것을 수정한다. "미소공동위원회는 진정으로 민주적이며 미소공동위원회의 결정을 준수하겠다고 선언하는 정당이나 사회단

체와 협의할 것이다."(앞의 책)

　　미국 측은 민주의원 의장이 했던 연설 때문에 협의 대상에서 민주의원이 누락되는 것을 막기 위해서 이런 수정안을 내놓았다. 연설 내용은 이렇다. "우리는 조선 임시정부 수립을 위해서 미소공동위원회에 협력하기로 한 선언에 서명했지만, 정부를 구성하고는 신탁통치에 반대하는 우리의 의사를 표시할 것이다."(FRUS, 1946, vol.8, p666)

　　미국 측 수정안에는 공동성명 제5호에 있던 "우리는 조선에 관한 모스크바선언의 목적을 지지하고"라는 내용이 빠졌다. 즉 모스크바협정 중 신탁통치에 관한 조항을 파기한 것이다. 그러나 미군정은 모스크바에서 합의한 미소 외상들 간의 협정을 수정할 권한이 없었다. 소련 측은 "이런 제안은 적절하지 않다"며 동의하지 않았다.(U.S. State Dept., 1946년-1947년, 제11차 회담)

　　이에 대해 미국 측은 소련 측이 조선인이 신탁통치와 같은 주요 문제에 관해 의사를 자유롭게 표시하고 조선인이 정부 수립을 위해 자유롭게 협의 대상이 되는 권리를 거부하고 있다고 주장했다.(FRUS, 1946, vol.8, p667)

　　이런 주장은 미국 측 점령 관할구역에서는 민주주의적 자유가 확실히 보장되고 있다는 가정을 바탕으로 한다. 그러나 사실상 미군정의 정책을 받아들이는 사람들에게만 자유를 보장해 주었다. 소련 측 대표는 남조선 전역에서 인민위원회와 여타 좌파 조직들을 미군정이 계속해서 억압하고 있는 점을 예의주시했다. 따라서 리처드 로빈슨이 말한 것처럼, 언론 자유의 문제는 "근본적 문제를 은폐하고 소련을 불신하게 하려고 조작한 문제였다"(Robinson, 1947, p98)고 결론 내릴 수 있다.

미소공동위원회 제11차 회담 중에 공동위원회는 협의 대상에 관한 논쟁으로 다시 교착 상태에 빠졌다. 6주 동안 16번이나 만났지만, 단 한 가지 문제도 해결하지 못하고, 1946년 5월 6일 결국 휴회를 선언했다. 심지어 다음 만날 날짜도 정하지 못한 채 양측 대표는 헤어졌다.

미소공동위원회가 결렬된 후 재개를 위해 북조선 주둔 소련군 사령관 치스차코프와 남조선 주둔 미군 사령관 하지 사이에 여러 차례 서신 왕래가 오갔지만, 합의점에는 도달하지 못했다. 그 후 몰로토프 소련 외상과 마샬 미 국무장관 사이의 서신 교환을 통한 오랜 교섭 끝에, 두 정부는 공동위원회를 재개하기로 합의했다.(U.S. State Dept, 1947, p38-40)

1947년 5월 21일에 소련 측 수석대표 스티코프와 미국 측 수석대표 브라운 소장이 이끄는 공동위원회가 서울에서 재개했다.

미소공동위원회가 회담을 속개하고 몇 주가 지나서 절차 합의가 이루어졌다. 1947년 6월 12일 미소공동위원회 공동성명 제12호는 협의 방법 개요를 발표했다. 미소공동위원회는 협의 대상이 될 정당과 사회단체에 신청서를 요청했고, 임시정부 헌장과 강령에 관한 조선 인민의 견해를 결정하고자 임시정부 구조와 부처에 관한 질문서를 배부했다. 463개 정당과 사회단체가 미소공동위원회에 참가 신청서를 냈는데, 남쪽이 425개, 북쪽이 38개였다.[3] 이 중 435개 정당과 사회단체가 질문서에 대한 대답을 제출했다.

---

3 총 463개 단체 회원은 모두 7천만 명인데, 남쪽 5,600만 명, 북쪽 1,400만 명이다. 남쪽 인구 1,800만 명을 감안하면 5,600만인 총회원은 한 사람이 여러 단체에 중복 등록한 것이며, 대다수는 비활동 회원이었다. 또 북조선 인구가 900만 명이라는 점을 감안하면 북쪽 회원도 과장되었다.

7월 3일에 조선의 신문기자회가 서울 거주자 2,459명을 대상으로 한 여론조사에서는 72%가 미소공동위원회 협의 대상에서 제외해야할 정당과 사회단체가 있다고 지적했고, 그 대상은 이랬다. 한민당(1,227표), 한독당(922표), 독촉국민회(309표), 남로당(174표), 대한노총(91표), 전평(14표), 민전(9표) 여기서 우리는 당시 여론이 극우파 반탁 집단을 배제하는 것에 합의하고 있음을 알 수 있다.(G-2 정기보고서, 1947년 6월 11일, 제578호; 송남헌, 1985, p485)

1947년 7월에 공동위원회는 또다시 교착 상태에 봉착했다. 로빈슨이 묘사한 것처럼, "그 배는 지난번에 난파했던 바로 그 바위에 다시 부딪혔다."(Robinson, 1947, p263)

같은 해 7월 10일 회의에서 소련은 소위 '신탁통치반대국민총동원위원회'의 구성원이던 15개 정당이 위원회에서 탈퇴를 선언하지 않는 한 협의 대상에서 제외하자고 제안했다. 그러나 미국 측 대표는 이 제안을 거부했다.(송남헌, 1985, p489-490)

소련 측 제안은 미소공동위원회가 재개된 후 김구와 이승만이 이끄는 극우파 집단의 반공위원회와 소련에 대한 반대 활동에 기초했다. 6월 24일 극우파들은 공동위원회 회담이 진행 중인 건물 앞에 집결해서 안으로 들어가는 소련 측 대표를 향해 돌을 던지거나 심한 욕설을 퍼부었다.(Kim, Jinwung, 1983, p182)

하지 사령관은 7월 2일 그의 통신문에서 이렇게 말했다. "신탁통치에 반대하는 이승만의 선전 선동은 신탁통치와 공산주의, 러시아의 통제를 동일한 용어로 만들었다."(앞의 책, p183)

1947년에 열린 미소공동위원회 실패 요인 중 가장 중요한 것은 미군정이 남조선 좌익 집단을 탄압한 데 있다. 스티코프는 8월

20일 회담에서 7월과 8월에 남조선에서 다수 좌익 지도자가 체포되었고, 좌익 정당 사무소와 미소공동위원회를 지지했던 신문사가 폐쇄되었다고 불평했다. 그리고 모스크바 결정과 미소공동위원회를 열렬히 지지한 단체들만 골라서 탄압했다고 지적하면서, 이런 억압은 미소공동위원회를 방해하는 환경을 조성했고, 미소공동위원회 사업을 결렬시킬 목적으로 추진했다고 주장했다. 스티코프 주장에 답변으로 미국 측 브라운은 소련 측 대표가 남쪽 미점령 지역의 고유 업무를 간섭한다며, 민전의 좌익 분자들은 북쪽 민전 지시를 받고 미군정 당국에 도전했다고 주장했다.(송남헌, 1985, p493-497)

결국 어떤 합의점에도 도달하지 못한 채 여러 차례 제안과 역제안의 논쟁 끝에 미국은 1947년 9월 17일 조선의 독립과 통일 문제를 유엔총회에 제출한다.(앞의 책, p504)

회고해 보면, 조선은 미소공동위원회를 통한 미소의 긴밀한 협력과 모스크바협정의 정확한 집행을 통해 통일될 수도 있었다. 그러나 미소공동위원회 회담이 시작되면서 양측은 서로 다른 목표를 가지고 있었다. 1946년 5월 20일 미소공동위원회가 개회하는 날에 스티코프는 성명을 발표했다.

조선 인민은 그동안 흘린 피와 한없는 고난으로 독립과 자유로운 삶의 권리를 얻었다. 소련 인민은 조선 인민의 이런 권리를 열렬히 지지한다. 그러나 조선 인민의 내부 전체의 점진적 민주화는 반동분자와 반反민주적 집단이 초래한 심각한 곤란에 봉착해 있다. 이들의 목적은 조선에서 민주제를 창건하고 강력히 뿌리박게 하려는 과업을 파괴하는 데 있는 듯하다. 소련은 조선이 진정으로 민주적이고 독립된 국가가 되어, 소련의 우호국으로 장차 소련을 공격하는 기지가 되지 않기를 깊이 바란다.(FRUS, 1946, vol.8, p652-653)

여기서 소련 측은 먼저 조선의 독립을 강조하고, 그러고 나서 조선에서 소련의 이익을 제기했다. 더욱이 모스크바회담에서 조선인이 임시정부를 구성해야 한다고 주장한 쪽도 소련이다. 그러나 미국은 신탁통치를 먼저 주장했고 임시정부 수립을 위한 제도는 마련하지도 못했다.(Cumings, 1981, p216)

미소공동위원회 회의에서 시종일관 소련 측 대표는 조선 독립을 강조했고 신탁통치반대국민총동원위원회와 제휴한 정당과 단체는 협의 대상에서 제외하려고 했다.

미소공동위원회가 모스크바협정에 기초하고 있어서 소련 측 입장은 논리적이었다. 더욱이 신탁통치반대국민총동원위원회는 주로 친미파가 된 이전의 친일파 대지주와 기업가, 관료 등으로 구성한 소수 엘리트 집단이었다. 즉 소련 측 입장은 이런 사대주의자와 적대 관계에 있는 노동자와 농민의 이익과 일치했고, 다른 무엇보다도 통일된 조선의 독립을 원했다.[4]

1차 미소공동위원회가 개최되는 날이 1946년 3월 20일로 정해졌을 때, 이름을 밝히지 않은 미소공동위원회 미국 측 정치고문단원이 집필한 비망록에 조선에 관한 미국 정책의 목표가 이렇게 기록되어 있다.

---

[4] 1917년 혁명 이전 러시아 제국은 조선을 놓고 일본과 경쟁했지만, 제2차 세계대전 중에 소련은 중국에서 항일 조선 민족주의자를 지원했다. 레닌은 이동휘와 여운형을 만났고, 이동휘에게 50만 루블을 주었다.(Wales and Kim, 1941, p115-117; Suh, 1967, p8,15) 미국은 항일 운동에 아무 지원도 없었다.

소련 지배에 장기간 항거할 수 있는 독립되고 민주적이며 안정된 조선 정부를 만드는 것이다. 미국 관점에서는 소련 지배에서 벗어나는 것이 조선의 완전한 독립보다 더 중요하다. 조선 독립은 2차적 목표이니, 앞으로 몇 년 내에 완전히 독립할 조선 정부 구성은 미국의 이익에 맞다고 보지는 않는다. 따라서 어떠한 조선 임시정부의 구성도 미국이 상당한 기간 적어도 최고위 수준에서 어떤 형태의 위장된 지배권을 행사한다는 전제 조건에 기초를 두어야 할 것이다.(HUSAFIK, vol.2, ch.4, p154-155; Cumings, 1981, p238-239에서 재인용)

여기서 미국은 먼저 조선에서 소련의 지배를 저지하는 일과 미국의 이익을 강조했고, 2차적 목표로 조선 독립을 다루었다. "다음 수년 내에 조선이 완전히 독립하는 것"은 미국의 이익에 반하는 것이며 몇 년 동안 조선 전역에 "기만적 통치"를 생각했다.

이런 목표를 가지고 있었기 때문에 미소공동위원회에서 미국 측은 신탁통치반대국민총동원위원회와 제휴한 우익 집단을 협의 대상에 포함하자는 주장을 계속했다. 미국 측의 주장은 모스크바 협정에 서명하면서 조선의 신탁통치에 동의했기에, 아주 비논리적이었다.

미국 측은 좌익 민전과 얼마 되지 않는 온건 정당들만 협의 대상에 남길지도 모르는 위험부담을 안은 채, 미군정에 충실했던 조선인들과 절연하든가, 아니면 소련에 반대해서 조선 문제의 미소 공동보조를 불가능하게 할 것인지의 어려운 선택에 직면했다.

미국은 후자를 택했는데, 그 이유는 전자를 택하면 미군정이 공산주의에 반대하는 보루를 쌓고자 조선 점령이 시작된 이후 집행

해 온 모든 중요한 정책이 실패로 돌아갈 것이기 때문이다.[5]

5월 18일 미소공동위원회가 해체되려 할 때, 미국의 UPI 통신은 미소공동위원회의 실패 책임을 하지에게 돌리고 이를 비난했다. 이 기사는 하지가 신탁통치에 대한 조선인의 반대를 지원한 사실을 지적하고, 그 행동이 소련으로 하여금 미국이 모스크바협정을 수정하고자 한다는 의구심을 품게 했다고 지적했다. 이 보도는 그래서 미소공동위원회가 개최되기도 전에 파괴당했다며 비난했다.(Seoul Times, 1946년 5월 18일)

(2) 유엔임시위원단

미소공동위원회에서처럼 유엔총회에서도 미국과 소련은 조선 문제 해결 방법을 놓고 제안과 역제안을 되풀이하며 논쟁했다. 유엔은 미국 측의 제안을 채택해 남쪽만이라도 전국 선거를 감시하려고 유엔조선임시위원단을 설치했다. 그렇다면 미국과 유엔은 조선의 통일을 위해 실질적 노력을 했을까?

여기서는 유엔에서의 미국의 조선 정책을 유엔조선임시위원단의 활동과 소련의 조선 정책과 비교하면서 검토한다.

1947년 9월 17일, 미국 정부는 조선의 통일과 독립 문제를 유엔에 상정했다. 미국 정부는 이런 조치를 한 이유를 이렇게 설명한다. "미국 정부는 미소 양국이 합의점에 도달하지 못했고, 독립을 향한 조선인의 긴급하고도 당연한 요구를 지연하고 싶지는 않다."(U.S.

---

5 '해방자'라기보다 '정복자'인 미국의 조선 문제 처리 과정과 남조선에 반공 체제의 보루를 구축하려는 미군정의 노력은 앞장에서 자세히 설명했다.

State Dept., 1960, p61)

미국 정부는 조선 문제를 유엔에 넘기면서 그 이유로 조선 문제를 해결하는 데 소련과의 합의에 실패했다는 것을 암시했다. 그러나 조선 문제를 유엔에 넘기기로 한 미국의 결정은 1947년 3월에 트루먼 독트린(공산주의 위협을 받는 나라에 미국 원조를 선언한 봉쇄정책) 발표와 더불어 취해졌고, 이것은 2차 미소공동위원회가 결렬되기 훨씬 이전이었다.(Cumings, 1987, p18)

조선 문제를 유엔에 제출하자는 생각은 1946년 3월에 이승만이 제안했는데, 그는 모스크바협정의 포기를 추구하면서, 미소 양 점령군을 조선에서 철수하게 하고 유엔 감시 아래 보통선거를 요구했다.(Choy, B. 1984, p50)

미국 측이 모스크바협정을 위반했고, 유엔헌장 제107조에 따라 유엔은 이전 일제 식민지국인 조선 문제를 취급할 자격이 없다며 소련 측은 유엔에서 조선 문제 토의를 반대했다.(Halliday, 1974, p113; Royal Institute of International Affairs, 1947, p174)

친미 학자들조차도 "유엔헌장 규정은 유엔총회가 조선 문제에 어떤 결정을 내릴 자격이 없다는 것을 분명히 지적했다."(Goodrich, 1956, p38)

유엔 개입 대신에 소련 측은 9월 26일 미소공동위원회 회의에서 "미국과 소련의 원조와 참여 없이, 조선인 스스로 정부를 수립할 기회를 주기" 위해서 1948년 초에 조선에서 외국 주둔군을 모두 완전히 철수할 것을 제안했다.(U.S. State Dept., 1948, p49; FRUS, 1947, vol.6, p827-828)

소련 측 제안은 미국 측과 친미 조선인에게는 매우 위험스럽게 비쳤지만, 일반 조선인은 상황을 이해하며 긍정적으로 받아들였다. 조선 공공기관이 실시한 한 여론조사는 참여자 57%가 소련 제안을 지지하는 것으로 나타났다. 그리고 '유엔이 조선 통일을 성공시킬 수 있다고 보는가?'란 질문에 참여자 83%가 '아니오'라고 응답했다고 여론조사는 지적했다.(Summation, 1947, 제26호 p248)

소련 측 제안에 반대하고자 미국 측 대표는 1947년 10월 17일, 유엔총회에 결의안을 제출했다. 이 결의안에는 조선의 중앙정부와 국회 수립의 첫 단계로, 미소 점령군 관할구역에서 유엔임시위원단 감시로 각각 선거를 치르자는 제안이 담겨 있다. 또 국회의원 수는 인구 비례에 따라서 남쪽이 전체 국회의원 수의 3분의 2를 차지하고, 새 정부는 유엔임시위원단과 협의해 국방군을 창설하고 군정 당국으로부터 모든 정부 기능을 넘겨받고, 점령군은 가급적 빨리 조선에서 철수한다고 규정하고 있다.(U.N. 1948, vol.1, pt.1, p2; Gordenker, 1959, p16)

1947년 10월 28일, 조선 문제가 유엔 의제로 채택된 후 소련 측 대표 안드레이 그로미코는 남쪽과 북쪽에서 선출한 조선인 대표들을 초청해 조선 문제 토의에 참여시키자는 결의안을 제출했다.(U.S. State Dept., 1948, p59)

이런 소련 측 제안은 좌익 정당의 지도자들뿐 아니라 우익 정당의 다수 지도자도 지지했고, 조선인도 충분히 납득했다.(U.S. State Dept., 1948, p55; Halliday, 1974, p113)

11월 13일에 유엔조선임시위원단 미국 대표 존 덜레스의 연설에서 미국 측은 소련 측 제안을 반대하면서 이렇게 주장했다.

'누가 조선인이 뽑은 정당한 대표인가'는 심각한 문제를 일으키니……이곳 뉴욕에서 의견을 듣기보다는 유엔이 조선에 위원들을 서둘러 보내, 조선인의 대표와 협의해야 한다.……조선에는 질서를 수호하고 유지할 정부가 없으니,……[점령군의 즉각적인 철수는] 확실히 혼란을 일으키고 아마도 조선에 내란이 일어날 것이다.(U.S. State Dept., 1988, p63-64)

조선 대표 초청을 반대한 미국의 태도는 미국이 신탁통치반대국민총동원위원회의 구성원을 강력하게 옹호하면서 미소공동위원회를 결렬시키기까지 했던 '표현의 자유' 주장에 모순되고, 조선 문제와 비슷한 경우인 팔레스타인 대표를 직접 초청해서 의견을 들은 유엔 정책에 위반되었다.(Halliday, 1974, p134, Note 7)

미점령군이 조선에서 독자적으로 수립한 조선인민공화국을 파괴하고서, 이번에는 미국이 '조선에서 외국 군대 모두 철수'를 반대하는 이유로, 조선에는 정부가 없으니 미점령군의 계속 주둔을 주장하는 것은 이치에 맞지 않는다. 미군이 조선에 주둔하는 동안 국회의원 선거를 치러야 한다는 미국 측의 주장은 다음 사항을 담보하기 위해서 조선의 내정간섭을 시도한 것이다.

미군정 당국이 오랫동안 의지한 사람들, 즉 조선인의 운명을 고려하기보다는 오히려 자기 이익과 외국인 보호자들 이익부터 챙기는 사대주의자들을 국회에 보내어 정부를 포섭하려는 것이다.(U.S. State Dept., 1948, p56)

바꾸어 말하면, 미국 측 결의안의 핵심은 이렇다. "조선을 두 지역으로 나누어 분리 선거를 치르고, 두 가지 선택사항을 남긴다. 즉 조선을 그대로 분단할 것인지, 아니면 더 인구가 많은 남쪽이 북쪽을 눌러 넘어뜨릴 것인지이다.……후자라면 조선과 유엔 사이에 완충적 역할을 할 기구로 유엔위원단을 조선에 파견한다."(Halliday, 1974, p113)

1947년과 그 이후 오랫동안 미국이 각 주요 사안마다 압도적 다수를 확보한 것을 보면, 유엔은 결코 중립적 조직체는 아니었다.(Cumings, 1987, p13)

따라서 11월 14일, 유엔총회는 사회주의 국가가 불참한 가운데 조선 통일에 잠정적 방해 요인이 들어있는 미국의 결의안을 다수결로 채택한다.(U.S. State Dept., 1962, p15)

유엔총회의 결의에 따라 유엔조선임시위원단은 호주와 캐나다, 중국(대만), 엘살바도르, 프랑스, 인도, 필리핀, 시리아, 우크라이나로 구성되었다. 그러나 우크라이나는 참여를 거부했다.(U.N., 1948, p5-6)

유엔조선임시위원단 구성 국가는 미국 대표 덜레스가 아무 설명도 없이 제안했다. 당연히 미국 측 입장에 호의적인 국가 비중이 높았다.(Gordenker, 1959, p31)

유엔임시위원단은 나중에 대한민국을 형성할 국회의원을 선출하는 1948년 선거 감시를 주요 업무로 삼았다.

1948년 1월 8일, 남조선에서 유엔위원단은 업무를 시작했으나, 친미적 편견은 차치하고 본연의 업무를 수행하기에도 부적합했다. 유엔 사무총장 노르웨이 출신 트뤼그베 리는 미군이 위원단 사무실과 주거지를 24시간 경호했다고 말하며 이렇게 보고했다.

> 조선인 경호원들이 같은 장소에 배치되었다.……그들은 조선인이 위
> 원단에 접근하는 것을 저지했다.……군정 당국도……조선인 경호원
> 들이 정치적 방해꾼 기능을 못하게 조처하라는 경고를 받았다.(U.N.
> n.d, p13-14; Halliday, 1974, p114 재인용)

모두 합해서 35명에 불과한 위원단은 조선에 대해 백지상태였
다. 위원단은 우익 조선인 통역관과 미군정 당국에서 얻는 정보가
다였다. 위원들은 육체적 생존과 업무 수행이 전적으로 미군정 당
국에 달렸다는 것을 눈치채고는 무력함을 느꼈다.(Gordenker, 1959,
p52; Halliday, 1974, p115)

위원단은 미군이 조선을 점령한 지 2년이 지나서 조선에 왔다.
그 2년 동안에 미군정 당국은 조직적으로 좌익 세력을 탄압해 대
다수 좌익은 불법화, 투옥, 사살, 추방으로 침묵했다. 하지와 미군
정 당국은 위원단이 어떤 좌익 분자도 만나는 것을 허용하지 않았
다. 하지는 1948년 3월 3일에 제1소위원회에 불만을 표시했다.

> "조선인들은 공산주의 정권을 수립하려는 위원들의 노력이 두렵다
> 고 한다.……그들은 수많은 공산주의자의 폭력을 치렀다.……여러분
> 은 내가 공산주의 문제에 대해 단호한 조처를 한다고 생각할 것이
> 다. 내 말은, 여러분도 나처럼 여기에 살게 된다면, 결코 산타클로스
> 도 믿지 않게 될 것이다."(U.N., 1948, vol.3. pt.1; Annex, 9, p36)

유엔임시위원단이 유엔에 제출한 두 번째 보고서에는 이렇게 기록되었다.

좌익 조직원과 접촉하는 데는 애로가 컸다. 그들은 대부분 투옥되었거나 지명수배 중이거나 경찰의 감시 아래 있었기 때문이다.(Kolko, J. and G., 1972, p295-296 재인용)

북조선은 유엔이 조선 문제를 다룰 자격이 없고, 위원단 대표는 미국 정책에 추종하는 나라들에서 선발했다고 주장하면서, 북쪽에 유엔조선임시위원단이 들어오는 것을 허용하지 않았다. 소련이 위원단 설립을 반대한 것을 생각하면 임시위원단이 북조선에서 업무 수행 허용을 받지 못한 것은 예측한 일이었다.(McCune, 1950, p224)

유엔임시위원단은 전국 규모의 선거를 감시하는 업무를 수행하는 것이 불가능하게 되었다. 결국 유엔위원단은 남쪽만의 단독 선거 가능성을 토의했다.

조선에서 개진된 의견 중 이승만 진영과 한민당, 미군정 당국만이 남쪽의 단독 분리 선거를 지지했다. 이와는 대조적으로 공산주의자와 사회민주주의자, 김구와 같은 보수주의 지도자를 포함한 조선 민족주의자들은 남쪽 단독 선거를 반대하고 나섰다. 남쪽 내에서만도 상당수가 단독 분리 선거를 반대했다.(U.N., 1948, vol.1, pt.1, p16; Choy, B. 1984, p53)

남쪽에서 이런 상황에 직면한 유엔조선임시위원단 대다수는 1948년 2월 9일에 남쪽 단독 분리 정부 구성은 "조선의 독립을 저해할 것"이므로 유엔소총회에 조선 문제를 되돌려 보내기로 했

다.(U.N., 1948, vol.1, pt.1, p25-30; Choy. B., 1984, p52)

　많은 격론과 논쟁 끝에 유엔총회는 1948년 1월 26일에 유엔조선임시위원단이 계속 업무를 수행할 것과 "위원단이 활동할 수 있는 조선의 지역"에서 선거를 감시하기로 정했다. 미국의 동맹국이자 유엔조선임시위원단 구성국인 캐나다와 호주는 소총회의 결의에 반대투표를 했고, 11개국이 기권했고, 사회주의 국가들은 투표에 불참했다.

　미국이 남쪽 단독 분리 선거를 강행하는 것은 소련과의 관계에서 단절을 의미하고, 서울에 반공 정권을 수립하려는 확고한 결의를 표시한 것이었다. 굿리치가 언급한 것처럼, "유엔이 조선의 통일을 돕는 것이 아니라, 조선의 분단을 영속화하고 나아가서는 전쟁을 조장한다고 여길 것이다." (Goodrich, 1956, p49)

　조선에 있는 유엔임시위원단은 수차례에 걸친 논란 끝에 1948년 3월 12일, 찬성 4개국(중국, 엘살바도르, 인도, 필리핀), 반대 2개국(호주, 캐나다), 기권 2개국(프랑스, 시리아)으로 5월 10일 선거 감시에 동의한다는 결정을 내렸다.

　그러나 임시위원단은 "위원단이 접근할 수 있는 지역에서 선거를 감시할 것이며, 선거는 유권자의 비밀선거를 바탕으로 언론·출판·집회의 자유 등 민주적 여러 권리가 인정되고 존중되는 자유로운 분위기에서 실시한다는 것을 미리 확인한다"(U.N. 1948, vol.1, pt.1, p29)는 조건을 첨부했다.

　호주 대표는 "이 선거는 극우 집단을 제외한 조선의 모든 정당이 거부할 것"이니, 남쪽 단독 분리 선거는 진정한 대표를 선출하는 것이 아니라며 이 결정에 반대했다. 캐나다 대표는 "소총회의 권고가 현명치 못하고 위헌적이며 남조선 단독 선거가 조선 통일을 실현하는 데 기여할 수 없다면 유엔임시위원단은 거기에 참여할 권리가 없다"(앞의 책, p28; Gordenker, 1969, p81)는 의견을 밝혔다.

선거 감시를 위하여 채택된 결의문은 유엔조선임시위원단이 북쪽에서 업무 수행이 불가능하기 때문에 유엔총회 강령을 수행할 수 없다는 초기 의견을 수정한 것이다. 유엔소총회는 법적으로 단지 권고만 할 수 있을 뿐 명령할 수 없는데, 유엔임시위원단은 이 권고 사항을 따르기로 했다.

유엔위원단은 전국 선거를 실시해 통일을 이루려는 목적은 포기하고, 미국이 제안한 프로그램만 수행했다. 미국이 일방적으로 제안하고, 대다수가 친미 위원회의 50%(임시위원단의 4개국만이 찬성했다는 면에서)만이 소총회의 결정에 따르겠다고 한 사실도 중요하지만, 위원단의 어떤 대표도 조선인의 희망과 권리 수호를 위한 결연한 태도를 취하지는 않았다.

3.
조선 민족의 통일 노력

　미점령군이 남조선에 미 군사정부를 수립한다고 발표하자, 조선인은 즉각적인 독립과 분할선 폐지를 요구했다. 40년 동안의 통치에서 이제 막 해방한 터라, 조선인은 민족 분단과 외세 점령을 믿고 싶지 않았다. 이런 대중의 감정을 아는 좌우익의 조선 엘리트는 속으로 원하지 않을지언정 겉으론 조선의 즉각적 독립과 38선 폐지를 주장했다.

　1945년 9월 29일 안재홍의 국민당과 10월 10일 32개 정당과 사회단체, 10월 23일 이승만의 대한독립촉성중앙협회,[6] 11월 23일 김구와 김규식의 대한민국 임시정부는 즉각적인 독립과 분할선 제거를 요구했다. 미점령 초창기에는 조선의 독립과 통일을 요구하는 데 있어서 친일 협력자를 제외한 조선 지도자들 사이에는 어느 정

6　1946년 6월3일 지도자 중에서 이승만이 최초로 남조선 단독 정부 수립을 공개적으로 주장했다.

도 통일성이 존재했었다.

1945년 12월, 미군이 조선을 점령한 지 3개월이 지나, 하지 사령관이 맥아더에게 보낸 「조선의 정세」 보고서에서 상황을 이렇게 묘사했다.

> 남조선에서 미국은 남북 분단의 비난을 면치 못하고 있고, 이곳 미국인에게 날로 원한이 늘어 능동적인 저항까지 생겨났다.……친일파, 민족 반역자, 부일 협력자라는 말에 친미파라는 단어가 추가되었다.……조선인은 미소 점령 아래에서 참된 자유와 독립을 말하는 것은 순전히 공허한 언사에 지나지 않는다는 사실을 잘 알고 있다.……조선인은 무엇보다도 독립을 갈망하고 그것도 지금 당장 원하고 있다.(FRUS, 1945, vol.5, p1144-1148)

그러나 미군정 당국이 서울과 지방에서 억압적 국가 기구를 공고히 하고, 주로 친일 협력자들을 모아 친미 동맹자를 조직한 결과로, 조선인 엘리트들은 미군정 정책을 지지하는 자와 반대하는 자로 점차 양극화되었다. 전자는 우익 진영의 대표 기구인 민주의원으로 결집했고, 후자는 좌익 세력의 결집체인 민전을 결성했다.

조선인 지도자들이 두 집단으로 양극화된 이후 조선인 지도자 사이에서는 양극화된 세력을 합쳐보고자 1946년 좌우합작위원회와 1948년 남북연석회담이라는 중대한 시도가 있었다. 여기서는 누가 이런 시도를 지지했고 반대했는가에 대해서, 그리고 미국은 이에 어떻게 대응했는지를 다룬다.

(1) 좌우합작운동

1946년 5월, 미소공동위원회가 결렬되고 이데올로기적으로 온
건파 정치 집단 지도자들은 통일 독립국가 수립에 기여하고, 미소
공동위원회 재개를 촉구하려고 좌파와 우파의 합작을 시도했다.
그들은 조선 임시정부 수립을 위한 노력에서 미소공동위원회가
실패한 주요 원인이 극우와 극좌 간의 이데올로기적 투쟁에 있다
고 보았다. 1946년 5월 25일에 온건 좌파를 대표한 여운형과 온건
우파를 대표한 김규식이 좌우합작을 논의하려고 첫 회합을 열었
다.(Lee, C., 1987, p668; 송남헌, 1985, p367)

일제에서 해방하고 조선 민중은 자주 통일 국가를 원했으나, 임
시정부를 수립하는 문제에서 미소공동위원회가 실패하는 바람에
크게 좌절했다. 통일을 염원한 조선 민중은 두 온건파 지도자가 추
진하는 합작 시도를 지지하고 나섰다. 특히 6월 3일 이승만의 남조
선 단독 정부 수립 발언과 이에 대한 한민당의 지지 이후, 좌우합작
시도에 대한 민중의 지지는 더욱 강력해졌다.(Lee, C., 1987, p665; 안정
애, 1987, p283)

중국의 모택동과 장개석이 좌우합작을 지지하고 나서자, 같은
시기에 미국도 좌우합작운동을 지지했다. 미소공동위원회에서 신
탁통치를 반대해서 장애물이 되었던 민주의원에 대한 대안으로,
또 조선 민중의 지지를 얻기 위해 미군정은 좌우합작을 지지하고
나섰다. 1946년 2월 28일자 미 국무성의 전문을 인용하면 다음과
같다.

우리 지역에서 김구 집단이나 소련이 지배하는 집단과 연관되지 않고 조선인 다수에 호소력을 지닌 진보적 강령을 제시할 지도자를 찾아내도록 모든 노력을 기울여야 한다.(FRUS, 1946, vol.9, p654-656)

그러나 미소공동위원회 회담이 휴회하고 나서, 5월 24일 미군정 정치 고문관 랭던이 좌우합작을 위한 더 세밀한 계획을 세워 제안했다.

모든 민주주의 정당의 진정한 합작을 구성해서……하지의 최고 권력 아래에서 모스크바 결정에 따른 통일 임시정부가 수립될 때까지 일할 조선인의 행정부와 입법부를 조직한다.(앞의 책, p685-689; Lee, C., 1987, p670)

6월 초, 국무성은 「대조선 정책」이란 제호의 비망록을 점령 사령관 하지에게 보냈다. 이 문서에는 이승만과 김구는 미국 목표를 '돕기는커녕 방해'한다고 비난했고, 그들을 제거하자는 제안을 했다.(FRUS, 1946, vol. 9, p692-699)

이런 정책에 근거해 하지는 레너드 버치 중위에게 온건파는 포함하고 좌우익 극단파는 고립시켜, 중도파 연합체를 구성해 조선 대중의 지지를 얻도록 하는 권한을 부여했다.(HUSAFIK, vol.2, ch.2, p41-44)

6월 14일, 레너드 버치는 여운형과 김규식, 허헌, 원세훈 4명을 만나도록 주선했고, 6월 30일 하지는 공식적으로 좌우합작 노력에 지지를 표명했다.(앞의 책, p108; 송남헌, 1985, p369)

드디어 1946년 7월 22일 좌우합작위원회는 제1차 회의를 개최했다. 우파에는 김규식(민주의원 부의장), 원세훈(한민당), 최동오崔東旿 (민주의원, 비상국민회의 부의장), 안재홍安在鴻(국민당), 김붕준金朋濬(임시정부)이, 좌파에는 여운형(인민당 당수, 민전 의장단), 허헌(민전 의장단), 정노식鄭魯湜(신민당), 이강국(공산당), 성주식成周寔(민족혁명당)이, 양측 대표로 참석했다. 각 5명씩 10명 대표가 합의를 이루어낸다면 합작위원회는 앞으로 미소공동위원회 회담에서 협의 대상이 될 것이다. 좌우합작위원회는 매주 2회 회합하고, 의장은 회의 때마다 좌파와 우파에서 교대로 맡기로 했다.(정경모, 1986, p61; 송남헌, 1985, p372)

1946년 7월 26일 민전 좌파 대표는 합작위원회를 지지하는 조건으로 다음 5개 항을 좌우합작위원회에 제의했는데, 여운형이 반대했지만, 민전 중앙협의회에서 통과되었다.

1. 북조선의 제정당과 협력, 미소공동위원회 재개를 포함해
   모스크바 결정을 절대적으로 지지.
2. 무상몰수 무상분배에 따른 토지개혁, 중요 산업의 국유화,
   노동법, 기타 민주적 개혁.
3. 친일파, 민족 반역자, 파시스트를 정치에서 제외,
   정치범의 즉각적인 석방과 정치 테러 종식.
4. 남조선 권력을 인민위원회로 이양.
5. 미군정 아래 조선인 고문기관과 과도입법기관 창설에 반대.

(송남헌, 1985, p373-374)

좌우합작위원회 우익 대표는 이 5개 항 요구를 거절했고, 1946년 7월 29일에 8개 항을 제안하며 이에 응수했다. 8개 항에서 그들은 신탁통치 조항을 제외한 모스크바협정을 지지하고, 조선 전역에 걸친 민주적 자유의 확립을 주장했다. 그러나 토지와 기타 사회개혁, 부일 협력자, 민족 반역자 처벌 등의 문제는 장래의 과도 입법의원에 맡기자고 했다.(앞의 책, p374)

두 제안 사이의 주요한 차이점은 토지개혁 문제와 민족 반역자 처리 문제였다. 극우파 진영인 한민당은 자신이 대지주이자 부일 협력자이기 때문에 토지개혁과 민족 반역자를 처벌하자는 좌파 제안을 거부했다. 반면에 좌파는 토지개혁과 민족 반역자 처벌 문제가 조선 민중의 즉각적 요구이기에 임시정부 수립까지 연기하려는 우파 제안을 수락할 수 없었다. 좌우합작위원회는 1946년 8월과 9월에는 열리지 않는데, 주로 미군정 당국의 좌익 세력 탄압과 좌익 정당(조선공산당, 조선인민당, 남조선신민당)의 합당 시도 때문이었다. 1946년 7월 29일, 북조선공산당과 조선신민당의 중앙위원회 확대연석회의에서 양당이 합당해 북조선노동당으로 개편했다. 남조선 좌익 세력은 8월 초 박헌영 지도의 조선공산당과 여운형 지도의 조선인민당, 백남운 지도의 남조선신민당과 합당을 시도했다. 3당 합당 과정에서 좌익 세력은 박헌영 일파와 여운형 일파로 양분되었다. 박헌영 일파는 북조선노동당의 동반자로서 11월 23일에 남조선노동당을 창당했다. 여운형 일파는 10월 16일 사회노동당을 창당했다가 1947년 4월 26일 근로인민당으로 개편했다.(김남식, 1987, p140-183)

좌익 주도권을 잡으려는 박헌영과 여운형의 경쟁을 이용해서 미군정은 박헌영과 그 일파를 탄압하고 좌우합작운동의 지도자인 여운형을 도왔다. 남조선에서 좌익에 대한 반대는 미국이 이미 조선을 점령한 이래 말이 아닌 행동으로 직접 보였다. 이런 탄압은 미소공동위원회가 휴회한 후 더욱 심해졌다. 1946년 5월 정판사 위조지폐사건과 관련해서 조선공산당 최고 지도자에 대한 구속영장이 발부되었다. 8월 16일에는 서울에 있는 전평 본부 사무실이 습격받았다. 9월 초에는 조선공산당의 박헌영, 이주하, 이강국(좌우합작위원회 좌익 대표 중 한사람)의 체포영장이 발부되었다. 9월 7일, 미군정 당국은 조선인민보, 중앙신문, 현대일보 등 좌익계 신문들을 폐간했다. 이에 따라 9월 말에 이르러서는 조선공산당 지도자 대부분이 체포되거나 수배받았다.(G-2 주간요약보고서, 제49호, 1946년 8월 11일-18일; Seoul Times, 1946년 9월 7일, 9월 9일)

좌파 대열이 분열되고 박헌영과 이강국의 체포영장이 발부된 후 좌우합작위원회가 다시 개최되었다. 우익 대표단은 그대로였으나, 좌익에서는 여운형을 제외하고 장건상, 백남운, 김성숙, 박건웅으로 교체되었다.(안정애, 1987, p289)

10월 4일에 좌우합작위원회는 좌익의 5개 항과 우익의 8개 항 강령을 절충한 7개 항을 발표했다. 이 중에서 1항, 3항, 4항이 중요하다.

제1항은 모스크바협정에 따른 임시정부를 남북조선의 '좌우합작'으로 구성하자는 내용이다. 제3항은 지주에게 조건부 보상과 소작인에게 무상분배한다는 토지개혁을 강조했다. 제4항은 민족 반역자 처리를 장래의 과도입법기구에 넘긴다는 내용이다.(송남헌, 1985, p379)

이 제안은 좌익과 우익의 절충안이었지만, 극좌와 극우는 이에 만족하지 않았다. 박헌영 일파의 급진적 좌익과 한민당 지도자의 보수적 우익이 반대했다. 그러나 합작위원회는 여운형과 김규식의 지지파는 물론 김구 진영과 한민당 인사들로부터 폭넓은 지지를 받았다. 한민당의 중진 인사 270여 명이 한민당을 탈당해 여운형·김규식 진영으로 합류하자, 합작위원회는 강력한 엘리트 집단을 형성했다.(앞의 책, p383; 안정애, 1987, p294)

좌우합작위원회의 노력은 1946년 가을 민중항쟁이 발생해 잠시 중단되었지만, 1947년 5월에 미소공동위원회가 재개되자, 다시 활동을 시작했다. 합작위원회는 종교계, 청년계, 여성계, 학계와 각 정당·사회단체 등의 인사를 포함해 그 구성을 확대해 나갔다. 1947년 7월 3일, 온건파 좌우의 정당과 사회단체 인사 100여 명이 시국대책협의회를 결성해 합작운동을 적극 지지했다. 합작운동을 지지한 온건파 진영은 박헌영의 급진적 좌파와 이승만과 한민당의 보수적인 우파에 맞서는 '제3의 정치 세력'을 형성했다.(강만길, 1984B, p201-202; 정경모, 1986, p67)

조선인의 절대적 지지를 받았는데도 불행하게 좌우합작위원회는 1947년 7월에 사실상 그 업무를 중단해야만 했다. 좌우합작위원회 실패에는 여러 요인이 있었다. 7월 19일에 좌우합작운동의 지도자 여운형이 극우파에게 암살당했다.(정경모, 1986, p66)

조선이 일제 식민지에서 해방한 그날 이후 여운형은 조선 정치의 구심이고 통일 세력을 대표했고, 이승만은 원심이고 분산 세력을 대표했다. 여운형의 사망은 극우파 소행이 직접 원인이지만, 미국과 소련의 지지를 기반으로 한 극우파와 극좌파가 좌우합작위원회를 강력히 반대한 것 또한 간접 원인이었다.

1937년 중국에서는 좌익과 우익의 합작이 일본이라는 공동의 적이 있었기에 성공적으로 이루어졌으나, 1947년 조선의 좌익과 우익은 미소 점령군을 공동의 적으로 생각하지 않았고, 좌익은 소련을, 우익은 미국을 우방으로 생각했다. 이런 태도는 두 집단의 상이한 계급적 이해관계를 반영한다.

7월 10일 미소공동위원회는 다시 교착 상태에 빠졌는데, 그 원인은 지난번과 같았다. 즉 조선 임시정부 구성을 위한 협의 대상에 소련은 박헌영 일파를 포함하고 이승만 일파 배척을 원했고, 미국은 이승만 일파를 포함하고 박헌영 일파 배척을 주장해서이다.

이것은 조선에서 미소 두 점령군의 다른 국가적 이익과 그들의 조선인 동맹 세력의 다른 계급적 이해관계의 논리적 귀결이라 할 수 있다.

좌우합작운동은 미군정의 지지로 시작되었으나, 미군정의 지지가 사라지면서 실패로 끝났다. 좌우합작위원회의 미국 정책은 좌우합작의 성취라기보다는 오히려 급진적 좌파 탄압에 있었다. 좌우합작위원회가 출발할 때부터 미군정은 강력한 조직체를 갖추어 대중의 지지를 받는 박헌영과 그 일파는 배제하고, 이승만이 합작위원회 노력에 반기를 들고 '민족통일총본부'를 수립하는 것을 허용했다.(Cumings, 1981, p258; 송남헌 1985, p62)

이런 정책은 하지의 일관된 반공주의 견해를 바탕으로 한다. 외교 문서에 따르면, 하지는 1947년에 웨드마이어 장군에게, 자신의 견해로는 좌우연립정부는 재빨리 "공산주의 정부가 될 것"으로 믿는다며, "소련과 협상을 중지하고 남조선의 공산주의자를 뿌리 뽑

을 것"을 권고했다.(USAFIK, 1947A; Cumings, 1981, p259)

이에 따라서 좌우합작운동의 실패는 이런 사실을 보여준다. 미국과 소련 군대가 점령한 조선에서 통일 독립국가를 준비하는 조선인의 노력은 맨 먼저 미국과 소련의 상호 모순되는 정책에 방해받고, 그다음엔 조선인끼리의 계급적 모순에 방해받았다.

(2) 남북회담

1948년 남조선 단독 선거를 실시한다는 유엔소총회의 결정에 절대 다수 조선인은 강력히 반대하고 나섰다. 남조선의 분리 정부 구성이 궁극적으로 통일 독립 조선의 길로 발전할 것이라고 믿는 조선인은 거의 없었다. 이것은 영구 분단과 전쟁의 원인을 내포하고 있었다.

사보타주와 파업의 거센 물결이 남조선 전역을 휩쓸며, 5·10 선거일까지 석 달 동안 지속되었다. 2월에는 남조선노동당의 지도에 따라 남조선 전역 노동자는 총파업에 들어갔다. 2월 총파업의 지속적인 활동과 3·1절 데모에 이어, 4월 3일 인민 해방군의 게릴라 조직은 제주도 24개 경찰서 절반 이상을 습격하면서 제주 민중항쟁이 시작되었다.

조선반도 전역의 좌익과 중도는 물론 우익 단체까지도 조선 민족주의에 근거해 남조선의 5·10선거를 반대했다. 유엔 감시 아래 남쪽 단독 선거를 반대하는 사람들은 분리 선거에 대한 대안으로 통일 논의를 위한 남북회담을 주장했다. 1947년 12월, 과도입법의원 의장이며 민족자주연맹 위원장인 김규식은 남북협상을 제의했

다.(새한민보, 1948년 4월, vol.2, 제9호; Choy, B., 1984, p296에서 인용)

이 제안은 김구와 남쪽의 많은 정치·사회 지도자 등이 지지했다. 김구와 김규식은 남쪽 분리 정부는 신탁통치의 가장된 형태이고, 분리 선거 반대와 남북협상 지지는 항일 민족해방투쟁의 연장이라고 생각했다. 남북회담을 지지한 남쪽 지도자들은 민족 통일 문제는 조선 민족을 위한 절체절명의 명령이고 남북 지도자의 공통된 민족성은 모든 이념과 정치적 이데올로기를 초월한다고 믿었다.(Lee, C., 1982; 265; 동아일보사, 1987, p259)

김규식과 김구는 식민 통치 기간에 상해 임시정부에서 조선인 공산주의자들과 함께 일한 경험과 일제에 대항해 투쟁한 중국국민당과 공산당 사이의 협력관계를 목격한 것에 기초해 남북협상에 희망을 걸었다.(Choy, B., 1984, p57-58)

1948년 1월 26일과 27일 유엔조선임시위원단 회의에서 김규식과 김구는 남조선 단독 분리 선거를 반대하고 유엔임시위원단 관찰 아래 남북 지도자 회담 개최를 주장했다.(U.N., 1948, vol.3, pt.1, p66,75)

2월 16일에 김규식과 김구는 북조선인민위원회 위원장 김일성金日成과 북조선노동당 위원장 김두봉金枓奉에게 "통일 민주 정부 수립을 위한 방법을 남북정치지도자회담을 통해 의논하자"고 제안하는 서신을 보냈다.(송남헌, 1985, p535, Summation, 1948, 제30호 p153)

3월 11일 김구, 김규식, 조소앙趙素昻, 김창숙金昌淑, 조완구趙琬九, 홍명희洪命熹, 조성환曺成煥 등 7인의 지도자는 공동선언문을 발표했다. 그들은 "한민족 내에서 살인을 의미하게 될지도 모르는" 남조선만의 선거를 반대하고, "우리 문제를 미소공동위원회도 해결 못하고 유엔임시위원단도 해결 못할 모양이니, 이제 우리가 민족 문제를 스스로 해결하는 길밖에 없다"고 주장했다.(송남헌, 1985, p541)

유엔임시위원단이 남조선만의 선거 감시에 합의한 후, 3월 25일 북조선 민주주의민족통일전선은 단독 선거를 반대하는 남조선의 모든 민주주의 정당과 사회단체를 조선 통일의 자주 독립을 위한, 전全조선제정당사회단체 대표자 연석회의(남북연석회의)에 초대한다고 평양 방송에 방송했다. 이때 남쪽 신문과 지식인, 민중은 남북회담의 성공을 기원했다. 남조선의 저명한 작가와 언론인 108명은 4월 14일 공동선언문을 발표했다. "우리는 조국이 독립과 예속, 통일과 분단의 갈림길에 서 있을 때 조국을 구하는 유일한 길은 남북협상이라고 생각한다."(평화도서주식회사, 1948, p3)

그러나 미군 사령관 하지와 한민당과 이승만은 북조선의 이 초청은 소련에서 사주받은 선동선전이라고 즉각적으로 반박했다.

이런 반대에도 31개 정당과 사회단체로 구성된 남조선 측 대표 240명이 평양에 가서 25개 정당과 사회단체 455명으로 구성된 북조선 측 대표와 회담했다.(McCune, 1950, p263; 강만길, 1987, p653)

남조선 측 정치 지도자 중에서 가장 두드러진 인사는 김규식, 김구, 최동오(남조선과도입법의원 부의장), 홍명희(민주독립당 대표), 여운홍呂運弘(여운형 동생, 사회민주당 대표 총무)이다. 미국인 저널리스트 존 군더의 지적처럼, "남쪽 대표는 남쪽 저명인사 중에서 이승만 박사만 빼고 거의 참여했다."(Gunther, 1950, p170)

남북 대표들의 공통 희망은 조국 통일이었다. 1948년 4월 19일부터 26일까지 평양 모란봉 극장에서 5일간(3일은 휴회) 개최한 남북연석회의는 미소 양국에 전달할 협의서를 채택했다. 미소 양국에 보낼 협의서에는 남조선 단독 선거를 반대하고, 유엔임시위원단의 즉각적인 업무 수행 중단과 신속한 철수를 요구했다. 또 외국의 간섭 없이 조선 인민의 뜻대로 선거를 실시해 통일 민주주의 국가를 수립하도록, 외국 군대의 동시 철수를 요청했다.(Soviet News, 1950, p53-54; 송남헌, 1985, p559)

이 협의서를 받은 미군 사령관 하지는 회답했다. "미국은 국제회담과 협정에서 조선인과 약속한 대로 조선 독립국을 수립하는 데 필요한 만큼만 군대를 주둔하고 그 이상은 단 하루도 지체하지 않을 것이다."(U.N., 1948, vol.1, pt.1, p21)

소련군 사령관도 협의서를 받고 의견을 밝혔다. "미소 양군의 동시 철수는 조선 인민의 자유 의지 표현을 위한 당연한 요구이니, 소련 정부는 조선에서 미점령군과 동시 철수라는 조건만 만족한다면, 당장이라도 철수할 준비가 되어 있다."(앞의 책, p55)

남북연석회의가 끝나고 1948년 4월 27일에서 30일까지 남북조선 제정당사회단체지도자협의회(남북요인회담)를 개최해, 56개 정당과 사회단체 대표가 다음 합의가 이루어져, 공동성명을 발표했다.

1. 조선에서 외국 군대가 즉시 철수하는 것이 현 상태에서 조선 문제를 해결하는 유일한 방법이다.
2. 남북 지도자는 외국 군대가 철수한 이후 내전이 발생하지 않도록 할 것을 약속하고, 통일을 향한 조선인의 열망에 배치하는 어떤 무질서도 용납하지 않을 것이다.
3. 외국 군대가 철수한 후에 전조선정치회담을 소집해 민주주의 임시정부를 수립할 것이다. 이 임시정부는 일반, 직접, 평등, 비밀투표

로 통일된 조선 입법 기관의 선거를 치르고, 선거된 입법 기관은 조선 헌법을 제정해 통일 민주 정부를 수립할 것이다.

4. 이 성명서에 서명한 제정당과 사회단체는 남조선 단독 선거 결과를 결코 승인하지 않을 것이고, 그 선거로 수립된 단독 정부도 결코 지지하지 않을 것이다.

(Summation, 1948, 제31호, p161-162; 한국현대사총서 15, 1986B, p54-55)

평양회담은 미군 점령이 시작된 후 거의 3년 동안 조선 공산주의와 민족주의 운동 사이에 협력 관계가 유지되었다는 것을 여실히 보여주었다. 5월 5일 평양에서 서울로 돌아온 김규식과 김구는 남북 지도자 사이의 미래 협력 관계에 관해 낙관적 견해를 밝혔다.

북조선 당국자도 단정은 절대로 수립하지 않기로 약속했다.……그밖의 문제도 앞으로 남북 지도자가 서로 노력하며 자주 접촉해서 원활히 해결할 수 있으리라고 믿는다. 우리는 행동으로써 우리 민족이 단결할 수 있다는 것을 증명한 것뿐 아니라 사실로도 우리 민족끼리는 무슨 문제든지 협조할 수 있다는 것을 체험으로 증명했다.

(Summation, 1948, 제32호, p146-147; 송남헌, 1985, p563)

그러나 미군 사령관 하지는 그들을 "공산주의자에 유혹" 당한 "눈먼 장님"이라고 주장했고, 이들의 권고에 따르지 말 것을 남조선 국민에게 경고했다.(평화도서주식회사, 1948, p89)

남북협상 성공을 위한 첫 번째 조건은 미소 양군 동시 철수인데, 미국은 남조선 정부를 수립한 후에 철수한다는 계획이었다. 이런 상황 탓에 남북 지도자들의 통일 노력은 실패했다.

조선 민중과 지도자들이 단독 선거를 강력히 반대하는데도 유엔임시위원단이 계획했던 대로 1948년 5월 10일 미군정은 남조선만의 단독 선거를 실시하고, 8월 15일에 대한민국을 수립했다.

결국 조선인 스스로 추구한 조직적인 통일 노력은 실패했고, 두 분리 정부 수립을 향하는 길이 열리고 말았다. 이것은 주로 미소 양 점령군이 2년 넘도록 의견 일치를 보지 못한 결과였다. 다시 말하면, 조선 문제는 근본적으로 양 강대국 협상에만 의존해서 해결할 수 있는 국제적 문제였다. 조선인은 위기에 처해 있었지만, 조선인 스스로 움직일 수 있는 행동반경이 안타까우리만치 좁았다.

4

남북에 두 정부 수립

　1945년 조선인은 38선이 조선반도를 지리적으로만 분단하고, 남쪽에서는 미국이, 북쪽에서는 소련이 각각 일본 항복을 받으려는 일시적인 조치로만 여겼다. 그런데 1948년에 두 정부가 수립되어 조국을 정치적으로 분단했다. 조선인은 이 분단이 결코 일시적인 것이 아님을 인지했다. 더군다나 1950년에 일어난 한국전쟁은 남과 북이 서로 적이 되어 싸우게 하여 우리를 민족적으로 분단시켰다.

　이때부터 남쪽 사람들은 정부의 세뇌 교육을 받아, 북쪽을 빨갱이 혹은 공산주의 집단이라고 증오했고, 북쪽은 남쪽을 미제의 앞잡이라고 증오하도록 교육했다. 그러면서 분단은 강화되었다. 여기서는 미국과 소련의 점령 정책을 비교하는 한편, 남북 조선에 수립된 두 분단 정부 수립 과정을 살펴본다.

(1) 대한민국

남쪽에서 대한민국 수립은 유엔조선임시위원단 감시 아래 실시한 1948년 5·10선거에 기초한다. 그러나 남쪽에 단독 정부 수립 생각은 미군 점령이 시작되면서부터 진전되었다. 이 부분에서는 남쪽 단독 정부와 관련한 미국 정책의 발전과 5·10선거 과정을 살펴본다.

미국의 남쪽 단독 정부 수립 정책

공식적인 한국사에 따르면, 소련이 유엔임시위원단 감시 아래 보통 선거를 통해 1948년 통일 정부를 수립하려는 노력에 협력하지 않아서 미국은 남쪽 단독 정부를 수립하기로 결정했다. 그런데 역사적 증거로 볼 때 남조선 단독 정부를 수립하려는 의도는 미군이 조선을 점령한 두 달 후인 1945년 11월 미국 정책 결정자들 사이에서 이미 나타났다. 미군정 당국의 정치고문관 윌리엄 랭던은 1945년 11월 20일 국무장관에게 보낸 전문에서 이렇게 주장했다.

……건설적인 대 조선 정책을 개괄하면 다음과 같다.
1. 사령관은 김구에게……행정위원회 조직을 지시한다.
2. 행정위원회를 군정과 통합한다.
3. 행정위원회는 군정을 계승해 과도정부가 되며, 사령관에 거부권과 함께 미국인 감독과 고문 임명권을 준다.
4. 나머지 관련 3대국에 미국인을 대신해서 행정위원회에 감독관과 일부 고문을 파견해 주도록 요청한다.

5. 행정위원회는 국가수반 선거를 실시한다.

6. 선출된 국가수반은 새로 정부를 구성해 외국과 조약을 맺고 외교 사절 신임장을 제정하는 한편, 조선은 유엔에 가입한다.······

그러나 소련 측 참여가 쉽사리 이루어지지 않는다면 38선 이남 조선이라도 이 방안을 실행해야 한다.

(FRUS, 1945, vol.6, pt.1, p1130-1133.)

미 국무성은 신탁통치가 조선에서 미국의 목적을 달성하는 데 최선책이라는 생각에 랭던의 계획을 승인하지 않았다.(앞의 책, p1137-1138)

미소공동위원회가 진행되고 있을 때인 1946년 4월 6일, AP통신은 "공동위원회가 조선의 임시정부 수립을 아직 성공시키지 못함에 따라 미군정 당국이 남조선 단독 정부를 세우려고 한다"고 보도했다.(조선인민보, 1946년 4월 7일; Kim, Jinwung, 1983, p190에서 인용)

미 국무성과 미군정 당국은 즉각적으로 이 보도를 부인했지만, 조선인들은 진지하게 이 뉴스에 관심을 보였다. 조선 민중은 이런 행위는 조선의 영구 분단을 야기할 거라며 남쪽만의 단독 정부 수립을 반대했다. 특히 중도와 좌익계 신문은 이 계획을 신랄하게 비판했다. 그들은 "정치 브로커들만이 이런 환상을 선전하고, 이런 생각은 공동위원회의 진행을 방해하려는 반동적인 음모"라고 주장했다.(해방일보, 1946년 4월 9일; Summation, 1946년, 제8호, p92)

보수주의 친미 협력자들은 남쪽 단독 정부 수립을 지지했다. 그들은 통일된 조선에서는 남북 좌우익을 포함하는 민족주의에 맞서서 정치 권력을 얻을 수 없다고 판단했기 때문이다. AP통신 보도 이후 이승만은 한민당과 함께 남쪽 단독 정부 수립을 위한 캠페인을 벌였다. 1946년 6월 3일, 이승만은 전라북도 정읍 공개 연설에서 남쪽 단독 정부 수립을 조선 사람으로서는 처음으로 주장했다. 1947년 3월 13일, 이승만은 트루먼 독트린 연설을 지지한다며 "조선은 그리스와 유사한 전략적 상황에 처해 있다.······미국 관할지역에서 과도독립정부의 즉각적 수립은 반공산주의 보루가 될 것"이라는 내용의 편지를 트루먼 대통령에게 보냈다.(FRUS, 1947, vol.1, p620)

트루먼 독트린 선언 이후 남쪽 단독 정부에 관한 생각은 워싱턴과 서울 담당자들 사이에서 활발하게 논의되었고, 미국 관할지역에서 구체적인 선거 준비를 갖추었다. 1947년 5월 9일 미 국무성 정책 결정자들은 「조선 선거-남조선 임시정부 수립을 위한 선거관리에 유엔 협조 가능성」이라는 제목의 비망록을 썼다. 미국은 남조선 단독 임시 민주 조선 정부를 수립하고자 조치하고, 남조선 임시정부 수립 선거는 부정선거나 괴뢰정부라는 비난을 피하려면 국제기구 후원 아래 실시해야 한다고 제안했다.(Kim, Jinwung, 1983, p192에서 인용)

미점령군은 미군정의 입법과 사법, 행정부서에서 일하는 조선인을 다 모아서 남조선과도정부를 수립했다. 온건 우파인 안재홍은 민정장관으로 남조선과도정부의 최고책임자가 되었고, 남조선과도입법의원 의장에는 김규식이, 보수 우파인 김용무金用茂는 대법원장에 임명되었다. 최고결정권자 하지 밑의 남조선과도정부는 남조선 단독 정부 수립을 향한 미군정 계획의 구체적인 조치였고, 이것은 그 후 대한민국 관료 체제의 근간이 되었다. 1948년 미군정 당국이 대한민국에 권력을 이양할 때 미당국자는 이렇게 말했다.

사실, 남쪽 관할구역을 지난 3년 동안 통치하면서 미군정은 완벽한 정부 구조(남조선과도정부)와 법령을 발전시켰고, 법과 정부 활동의 연속성을 저해하지 않고 권력을 이양하기 위해 세심한 주의가 필요하다.(U.S. State Dept., 1948, p19)

1947년 7월 18일 하지 장군은 워싱턴에 이런 메시지를 보냈다.

나는 미소공동위원회 실패를 확신한다. 공동위원회가 실패했을 때, 미군정 지도로 남조선 정부 수립을 위해……신속하고 대담하게 움직이지 않으면, 미국의 남조선 점령은 실패할 것이다.(앞의 책, p193-194)

1947년 8월 12일, 미군정은 남조선과도입법의원에서 선거법을 제정했고, 이 법으로 1948년 5월 10일 선거를 실시하기로 했다.(미군정 관보, 1946-1947, vol.3, Public Act 제5호)

9월 초 미군 기관지 「성조지」는 "미군정 당국이 미 국무성 계획에 개의치 않고 미국 점령 관할지역에서 선거 준비를 하고 있다"고 보도했다.(Journal, 1947)

이런 식으로 워싱턴과 서울의 미 당국자들은 유엔임시위원단 감시 하에 남조선 단독 정부를 수립하기 위한 5월 10일 선거를 오랫동안 계획하고 준비해 왔다.

따라서 이렇게 말할 수 있다. 남조선을 3년간 통치하는 동안에 미점령 당국이 벌인 활동, 특히 우익 협력자들을 지지하고 좌익과 민족주의 세력을 탄압한 활동은 친미적이고 반공적 정부를 남조선에 수립하려는 목적이었음이 분명하다.

5·10선거와 이승만 정권

1948년 5월 10일, 남쪽 단독 선거에 이승만의 대한독립촉성회와 극우계열의 한민당 추종자들이 참석했을 뿐 박헌영, 김규식, 김구 등 민족주의 진영은 선거를 거부했다. 통일된 독립 국가를 원한 좌우익의 민족주의자들은 조선의 분단과 예속을 구체화하는 이 선거를 거부했다. 그러나 부일 협력자와 친미파들은 분단되고 예속된 상태에서 권력을 잡고자 선거를 지지했다. 미점령군 관리 아래 선거에서 보수주의 친미파들의 승리는 뻔한 결과이니, 누가 선거에서 승리하는지가 아니라 선거가 자유롭고 민주적인 분위기에서 진행되는지가 문제였다.

1948년 2월 28일, 유엔임시위원단은 "위원단이 접근할 수 있는 지역에서 선거를 감시할 것이고, 선거는 유권자의 비밀 선거를 바탕으로 언론과 출판, 집회의 자유 등 민주적 모든 권리를 인정하고 존중하는 자유로운 분위기에서 실시한다는 것을 미리 확인한다"는 결의동의안을 채택했다.(U.N., 1948, vol.1, pt.1, p28)

그러나 1948년 2월 28일에서 5월 10일까지 자유롭고 민주적인 분위기는 남조선에 존재하지 않았다. 온건파와 우익 민족주의자는 선거에 참여하지 않고 수동적으로 반대했지만, 좌익 민족주의자는 선거 반대 운동 계획을 세우고 적극적으로 반대하고 나섰다. 미군정은 국립경찰과 우익 청년단원들을 좌익 탄압에 동원했다.

전국선거위원회는 사실상 이승만을 지지하는 우익 단체들로 구성되었다. 15명 위원 중 12명이 극우진영 한민당과 이승만 계열 조직에 속한 인물들이었다. 유엔임시위원단의 일부 위원들은 이 사실을 염려했다. 미 외교 문서에는 이렇게 기록되어 있다.

지방 선거위원회는 거의 우익이 차지할 것이다. 우익 단체 테러에 익숙한 주민들은 비 우익 인사에게 투표하는 유권자의 비밀이 유지되어 훗날 아무 일도 없을 것이라는 약속을 믿지 않을 것이다.

(State Dept., 1944-1947, pKim, Jinwung, 1983, p228에서 인용.)

그래서 미국인 역사학자 굿리치는 이렇게 주장했다. "조선의 지도자들과 협의해 본 결과 〔유엔임시위원단 위원〕 대부분이 당시 자유로운 분위기가 보장됐다는 확신은 하지 못했다."(Goodrich, 1956, p44)

문제의 초점은 어떤 대가를 치르더라도 분리 선거를 힘으로 밀어붙이기로 한 극우파들과 결탁한 경찰과 우익 청년단체 활동에 있었다. 수도경찰국장 장택상張澤相은 3월 22일 미 외교관과 인터뷰에서, 선거에서 낮은 투표율을 예상하기에 유권자를 설득하려면 경찰 개입이 필요하다고 주장했다. 경무국장 조병옥趙炳玉은 4월 2일 라디오 연설에서 경찰은 선거에서 중요한 역할을 수행할 것이라고 말했다.(Kim, Jinwung, 1983, p229-230)

그밖에 미군정 당국은 1948년 4월 21일, 민간인으로 구성된 경찰보조대 '향토보위단' 백만여 명을 동원하도록 경찰에 권한을 부여했다. 향토보위단 회원은 대부분 우익 청년테러단체에서 선발되었다.(Choy, B., 1971, p243; Summation, 1948년, 제32호, p182)

이런 상황에서 유엔임시위원단은 선거 기간에 선거와 관련한 법령을 적용하고 집행하는 과정에서 경찰의 역할이 중요하다는 것을 인정하고서 경찰 태도와 청년 단체의 행동에 주의를 세심히 기울였다.(U.N., 1948, vol.1, pt.1, p42; U.S. Congress, 1953, p16)

엄청난 선거 반대 운동에 직면한 미군정 당국은 대규모 선거 홍보 활동을 전개했다. 1948년 3월 7일 하지는 선거 반대에 대한 염려를 워싱턴에 보고했다.

선거를 중단시키려는 공산주의자들의 적극적인 폭동과 중도파의 반대, 우익 진영의 선거 거부,……선거의 유의미한 결과에 희망을 갖지 못한 조선 민중의 냉담함,……전망이 조금도 밝지 않다.

(FRUS, 1948, vol.6, p1157)

하지 보고의 답변으로 미 국무성은 남조선 단독 선거에서 실질적인 대중 지지의 감소를 막기 위해서 힘찬 홍보활동을 전개하라고 명령했다.(앞의 책, p1171)

그래서 미군정 당국은 많은 사람이 선거에 참여하도록 홍보에 힘을 기울였다. 미군정 정치고문관 제이콥스에 따르면, "미군정 정보과와 홍보과 직원 모두 선거 홍보에 투입되었다." 또 선거운동을 위하여 국무성 외교 담당 예비역 장교들이 조선에 급파되었다.(Kim, Jinwung, 1983, p231에서 재인용.)

이런 상황에서 1948년 4월 9일로 끝난 10일 간의 등록 기간에 전체 유권자의 79.7%인 약 780만 명이 실제로 선거인 명부에 등록했다.(U.N., 1948, vol.1, pt.1, p43)

미 당국은 선거 등록 결과는 대체로 만족하다고 논평했다.(G-2 주간요약보고서, 1948년 4월 9일-16일, 제135호)

그러나 높은 등록자 비율이 민중의 의지를 정확히 반영한 것은 아니었다. 유엔조선임시위원단은 투표자 등록에서 부정행위가 있었다고 불만을 토로했다. "미곡 배급 통장을 발급하는 지방 행정 사무실에서 등록을 받았고, 미곡 배급 통장을 몰수하겠다고 위협해서 강제 등록을 시킨 사실이 있었으며, 경찰과 청년단체가 강제적으로 등록을 권유하고 다녔다."(U.N., 1948, vol.1, pt.1, p43)

1948년 4월 말경에 남조선의 신문은 "약 500명 인터뷰 여론조사에서 91%가 선거 등록을 강요당했다"는 사실을 폭로했다.(Summation, 1948년, 제31호, p164)

4월 28일 유엔임시위원단은 '선거를 치를 수 있는 자유스러운 분위기를 확인할 수 있는가?' 하는 문제를 제기했다. 당시 유엔임시위원단 위원장인 시리아 대표 야심 머기는 "남조선은 "경찰국가일 뿐만 아니라, 선거 지지자들이 경찰과 유착해서 지방 당국을 조정해 선거를 완벽하게 좌지우지한다"며, "남조선에는 자유선거를 치를 분위기가 조성되어 있지 않다"고 비난했다.(Gordenker, 1958, p446)

이런 비난에도 친미 유엔 위원들은 "남조선에는 자유로운 분위기가 존재한다…… 미점령군 사령관이 1948년 5월 10일에 하겠다고 명한 선거를 감시하겠다"고 결의했다.(U.N., 1948, pt.1 vol.1, p37)

1948년 5월 10일 전체 유권자의 75%에 해당하는 약 7백만 명이 실제로 투표에 참가했다.(U.N., 1948, pt.1 vol.1, p44)

미국은 이 선거를 일컬어 민주주의의 대승리이자 공산주의

에 대한 거부의 표현이라고 논평했다.(G-2 주간요약보고서, 1948년 5월 7일-14일, 제139호)

그러나 미첼의 말처럼, "유엔 위원들은 가는 곳마다 탄압과 협박의 증거를 발견했다."(Mitchel, 1951, p25)

유엔임시위원단 위원장 야심 머기는 선거 과정에서 많은 위법과 부정행위가 있었다고 지적했다.

우린 투표소 주위나 안에서 향토보위단 회원을 보았다.……그들은 투표자의 자유를 제한하는 듯했다. 어느 투표소에서는 경찰이 투표소 안에 있었다. 청년단체 회원들도 투표소 주위나 안에 정복을 입고 있었다. 어느 투표소에서는 비밀 투표가 지켜지지 않았다.

(FRUS, 1948, vol.6, p1196)

조선인들의 증언에 따르면, 선거 당일 많은 선거투표구에서 청년들과 경찰이 투표자의 집을 방문해 투표했는지를 점검하고 다녔다.(Choy, B., 1971, p243)

남조선 정치 조직과 사회단체 절대 다수가 선거에서 광범위하게 부정이 있었으니. 선거는 무효라고 공공연히 주장했다. 김구는 "선거가……자유롭지 않은 분위기에서 실시되었다. 투표자들은 경찰과 향토보위단의 억압적인 태도에 명부에 등록을 하고, 투표를 강요당했다"(Summation, 1948년, 제32호, p236)고 주장했다.

자유로운 분위기가 없었다는 명백한 증거 외에도, 선거와 관련한 폭력과 위협이 상당히 있었다. 대한민국 공식 자료에 따르면, 선거 전 5주 동안 사망자가 589명 발생했고, 선거 당일에도 사망자

44명과 부상자 62명이 생겼다. 선거 기간에 1만 명 이상이 경찰서에 드나들었다고 말한 학자도 있다.(U.N., 1948, vol.1, pt.1, p44; McCune, 1950, p229~230)

수많은 목격자는 이번 선거는 테러 분위기에서 치른 부정선거였다고 주장했다. 좀 더 온건한 견해는 사실 이번 선거는 조선 민족의 의지를 자유롭게 표현한 것이 아니라고 했다.(앞의 책)

이런 견해와는 대조적으로 친미파 유엔 위원들은 "1948년 5월 10일 선거 결과는 위원단 활동이 허용되고 거주 인구가 전체 조선의 3분의 2를 차지하는 남조선 유권자들의 자유의사를 정확히 표현한 것"이라고 했다.(U.N., 1948, vol.1, pt.1, p47)

이것은 2천만 인구 남조선에서 유엔위원단 위원 35명이 투표소의 2%에 불과한 곳만 실제로 방문한 것에 기초한 것이라서 그릇된 판단이었다.(Halliday, 1974, p120~121)

다시 지적하지만 35명이란 위원단 규모는 과거 유사한 전례에 비하면 터무니없이 적은 숫자다. 예컨대 1930년 니카라과 선거에는 미국이 감시자 775명을 보냈고, 1935년 자아르에는 500명당 1명이 감시하는 비율로 약 1,000명을 파견했다. 같은 비율을 남조선에 적용한다면, 투표자가 8백만 명이니 감시자 4만여 명이 필요하다.(U.N., 1948, vol.3, pt.2, p6)

유엔위원단에게는 감옥과 정치범, 허위 등록, 공민권 박탈, 선거 절차와 개표에서 부정 등을 조사할 어떤 기관도 없었다. 35명이라는 터무니없이 적은 인원 탓에 위원단은 정보 수집을 선거위원회 관리와 미군정 당국자들의 인터뷰에만 의존했다. 더욱이 위원단은 선거를 감시하는 동안 대개 미군과 동행했다.(Halliday, 1974, p120-121)

유엔사무총장 트뤼그베 리도 이 사실을 인정했다. "사실 위원단도 선거의 실질적 지휘와 세부 감독은 미군정과 남조선과도정부, 그들이 구성한 선거기관이 담당했다고 말했다."(앞의 책, p117)

다시 말하면, 유엔임시위원단은 미군정에 이용당해서 5·10선거에 정당성을 부여했다.

민족주의자들의 선거 반대 운동과 투표 거부로 말미암아 선거에서 이승만과 그의 협력자들이 압도적으로 승리했다. 선거 이후 남조선 정부 수립은 그저 절차만 남겨 놓았다. 5·10선거에서 선출된 의원들은 하지 장군의 포고에 따라, 1948년 5월 31일 국회에 처음 소집되고, 7월 12일 헌법을 채택하고, 7월 17일 헌법을 공포했다. 이어서 7월 20일에는 이승만을 새 정부 초대 대통령으로 선출하고, 8월 15일 헌법 규정에 따라 대한민국이 공식적으로 수립되었다. 같은 날 미 군사정부는 해체되었다. 8월 12일, 미국 정부는 성명을 발표해 "대한민국을 1947년 11월 14일 유엔총회의 결의에 따라 수립한 한국 정부로 인정한다"고 명백히 선언했다.(U.S. State Dept., 1948, p19-20)

12월 12일, 유엔은 대한민국을 승인했다. "유엔임시위원단이 감시하고 협의하던 지역에 합법적 정부(대한민국)가 수립되어, 사법권을 가지고 효율적으로 통제할 수 있게 되었다."(Kim, Se-jin, 1976, p70)

미점령군은 이런 식으로 대다수 조선 민족 의지를 거역하면서 남조선에 친미 반공정권을 수립한다는 목적을 성취하고 이것을 유엔의 이름으로 정당화했다. 이승만 정권의 정통성은 대다수 국민의 지지에 근거하지 못하고 미국이 지배한 유엔 승인에 기초한다.

따라서 이승만 정권은 1945년 유엔 창립일 10월 24일을 법정공휴일로 정했고 26년 간이나 매년 유엔의 날을 기념했다.

북쪽에서는 조선민주주의인민공화국이 대한민국이 수립되고 3주 후인 9월 9일에 수립되었다. 이제 이 나라는 서로가 적대적이고 제각기 전 국토의 통치권을 주장하는 두 정부로 분단되었다. 따라서 1945년 지리적이고 임시적인 분단은 1948년에 정치적 분단으로 굳어졌다. 1948년 2월 27일 유엔임시위원단에서 한 김규식의 염려가 끝내 현실이 되었다.

> 남조선 단독 정부를 주장하는 조선인은 역사가 저주할 것이다. 일단 이 말을 입에 올리면 소련 지배의 북쪽은 이른바 인민공화국을……수립할 것이기 때문이다. 그러면 22만 평방킬로미터 남짓한 이 좁은 땅에 두 정부가 생긴다. 이것이 현실이 되면, 상당히 오래갈 것이다. 그렇게 되면 남조선 단독 정부를 주장한 사람은 조선 분단 고착화에 책임을 져야 한다.(Choy, B., 1984, p53-54; U.N., 1948, vol.3, pt.1, p80)

(2) 조선민주주의인민공화국

1948년 조선반도에 대한민국과 조선민주주의인민공화국이라는 두 정권이 수립되었지만, 이런 계기를 가져온 점령의 역사는 북쪽과 남쪽이 상당히 다르다. 이미 앞 장에서 살펴본 것처럼, 미점령군은 조선인민공화국을 파괴하고, 남쪽에 군사정부를 수립하고, 점령한 순간부터 남쪽 단독 정부 수립을 계획했다.

친미 사대주의자들은 이런 점령 정책을 지지하고 남쪽 단독 정부 수립을 공개적으로 옹호했다. 그러나 북쪽 소련 점령군은 조선 인민 다수의 이익을 대표하는 단체로 조선인민공화국과 인민위원 회를 승인하고 공식적으로 군사정부를 수립하지 않았다. 그리고 역사적 증거에 따르면, 북쪽 지도자들은 북쪽 단독 정부를 공개적 으로 옹호한 적이 없고, 남쪽이 먼저 분단 정부를 향해 움직일 때 방어적으로 대응했다.

남북 조선이 서로 다른 역사를 경험해야 했던 것은 미국과 소련 의 이해관계가 달랐기 때문이다. 일본의 승전국 미국과 소련은 조 선을 점령하며, 각자 자기들 점령지에 우호적인 조선 정부를 수립 하려는 목적이 있었다.[7] 그러나 두 점령 국가는 서로 다른 사회·경 제적 원리에 기초한 다른 수단으로 목적을 달성했다. 소련 외교정 책의 기초는 궁극적으로 세계혁명이 불가피하게 일어날 수밖에 없 다는 신념과 자본주의와 제국주의의 근본적 반대였다.(Beloff, 1953, p1) 그렇기에 조선총독부가 남긴 조선의 자본제 사회·경제 구조를 붕괴하고 소비에트 식으로 새로운 사회·경제 구조를 건설하는 것 이 사회주의 국가인 소련 이익에 부합했다.

이와는 반대로 제2차 세계대전 이후 미국 외교정책의 기초는 제3세계에서의 반혁명과 반反소비에트를 내용으로 하는 냉전이었 다.(Barnet, 1980, p20; AFSC, 1969, xiv) 그래서 자본주의 미국의 국가 이 익은 자본주의 일본 이익에 봉사한 조선의 사회·경제적 구조를 원 래대로 유지하는 것이었다.

다시 정리하면, 소련의 국가 이익은 일본의 이익과 달랐으니,

7　역사학자 로버트 슬러서는 소련이 반도 남쪽에 부동항을 획득하거나 중국과 일본에 대한 전략적 위치 때문에 조선의 중요성을 인식했다고 주장한다.(Slusser, 1977, p127)

일제에 맞서 투쟁한 조선 지도자를 지지했다. 반면에 미국의 국가 이익은 일제의 이익과 비슷해서 친일 조선 지도자를 지지했다. 일제에서 막 해방한 조선 민족은 일제가 남긴 사회·경제적 구조의 근본적 변화를 원했다. 따라서 소련 정책은 조선 민족의 요구와 일치했고, 소련 정책을 지지한 조선 지도자들은 조선 민중 대다수의 지지를 받았다. 반면에 미국 정책은 조선 민족의 요구와 대립했기 때문에 미국 정책을 지지한 조선 지도자는 조선 민중 대다수가 반대했다.(Slusser, 1977, p139)

소련의 북조선 점령 정책

조선에 대한 소련의 기본 입장은 조선 문제로 미국과 접촉하는 과정에서 드러났다. 1945년 12월, 모스크바에서 열린 소련과 영국, 미국의 외상 회담에서, 소련은 조선에 민주적 임시정부 수립을 제안하고, 미국은 40년 동안 4대국(미국, 소련, 중국, 영국) 신탁통치를 제안했다.(Cumings, 1981, p 216-217)

모스크바협정에 기초한 미소공동위원회 회담 내내 소련은 친일 협력자를 협의 대상에서 배제하자고 주장했으나, 미국은 그들을 포함하겠다고 주장했다. 유엔총회에서 소련 측 대표는 조선에서 점령군의 즉각적인 철수와 조선 문제 유엔 토의에 조선인 참여를 제안했다. 그러나 미국 측 대표는 이 두 제안에 반대했다. 결국에는 소련이 유엔조선임시위원단 감시 아래 북쪽의 단독 선거를 반대했고, 미국은 유엔임시위원단 감시 아래 남쪽만의 단독 분리 선거를 실시했다.

좌우익 민족주의 지도자들을 포함한 대다수 조선인은 소련 정책을 지지하고 미국 정책에 반대했다. 소수 조선인만이 미국 정책을 지지하고 소련 정책에 반대했다. 소수 조선인은 바로 대지주와 자본가, 일제 관료들, 친일 협력자, 미군정 관료, 친미 협력자들이었다. 다시 말하면, 조선 민중 혹은 피지배 계급은 노동자와 농민의 이익을 대변하는 사회주의 국가인 소련 정책을 지지했고, 보수적 엘리트나 지배계급은 자본가 지배 계급의 이익을 대변하는 자본주의 국가 미국 정책을 지지했다.

조선을 대하는 소련 측 태도는 1945년 10월 12일 소련군 사령관 치스차코프의 포고문에 나타난다.

> ……조선은 자유국이 되었다. 그러나 이것은 단지 새 조선 역사의 첫 페이지일 뿐이다.……조선의 행복은 조선 인민의 영웅적 투쟁과 꾸준한 노력으로만 달성된다.……붉은 군대는 조선 인민이 〔새로운 국가 건설을 위해서〕 자유롭고 창의적인 노력에 착수할 조건을 만들어주었다. 조선 인민 스스로 자기 행복의 창조자가 되어야 할 것이다.
>
> (온낙중, 1947, p6-7에서 인용; Nam, 1974, p14)

이처럼 호의적인 소련 측 태도에 비해, 미국 측의 거만한 태도는 9월 7일 조선 민족에게 보낸 미국 태평양 방면 육군 사령관 맥아더의 「조선인에게 고함」이라는 포고 제1호에 잘 나타났다.

> 북위 38도 이남 조선 영토와 조선 인민에 대한 군사 통치를 실시한다.……점령군에 반항하는 행위나 질서를 교란하는 자는 엄벌에 처한다.……군정 기간에 영어가 공용이다.(미군정 관보, 1946, 포고 제1호)

조선인민공화국을 거부하고 남조선에 군사정부를 세운 미국과는 다르게 소련은 조선인민공화국과 인민위원회를 승인하고 북쪽에 공식적인 군사정부를 세우지 않았다. 한국 연구 전문가인 미국인 학자 조지 매큔의 말처럼, "소련은 조선 혁명 세력의 행정기구 구성에 찬성했다.······소련 행정 당국은 뒤로 물러앉아서 조선 사람이 자치 경험을 할 수 있도록 최대한 편의를 봐주었다."(McCune, 1950, p45, 180)

브루스 커밍스의 말처럼, "소련은 미국의 점령 정책과 완전히 대조되는 정책을 폈다.······소련은 조선인에게 다 맡기고 뒷전으로 물러났다."(Cumings, 1981, p395-396)

미국과 소련이 점령 초기 6개월 동안 남과 북에서 한 활동을 비교해 보면 그 차이를 잘 알 수 있다. 8월 10일 소련 제25군의 10개 부대가 북조선 웅기와 나진을 공격했는데, 일본군의 저항은 미약했다. 8월 15일 일본이 항복한 후 소련군은 8월 21일 함경도 원산과 함흥에 진입했고, 3일 후 8월 24일에는 평양에 입성했다.

소련군은 어느 지방에서든지 일본인 행정 관리를 쫓아내고 인민위원회에 행정과 치안유지를 맡겼다. 남쪽과 마찬가지로 북쪽도 인민위원회와 농민조합, 노동조합, 기타 조직이 곳곳마다 결성되었는데, 정치적 색채가 좌익으로 기울긴 했지만, 그 양태는 다양했다. 시, 군, 읍, 면 단위 인민위원회를 통합하려고 소련은 도 단위 인민위원회 지부를 결성하려는 조선인 지도자들을 지지했다. 8월 26일 온건한 민족주의자이자 기독교적 교육자인 조만식曺晩植이 주도한 평안남도 건준 지부와 현준혁이 이끄는 조선공산당에서 각각 16명 위원을 선정해 인민정치위원회를 구성했다. 조만식이 위원장에, 오윤선과 현준혁이 부위원장으로 선출되었다. 8월 30일 함경남도 인민정치위원회는 조선건국준비위원회와 조선공산당에서 각각 11명 위원이 참여해 결성했다. 이와 비슷한 방법으로 다른 도에서도 인민정치위원회가 9월 말까지 다 결성되었다.(양호민, 1986, p553)

이에 따라 각 도에는 독자적 인민위원회 구조와 정책이 있었고, 소련 점령 첫 6개월 동안 지방적 성향이 발전되었다. 10월에 서울에서 조선인민공화국이 부정되자, 북쪽에서는 북조선 5도 행정국을 설치했다. 그러나 이것이 정치적 중앙기구는 아니었다. 북조선은 서울이 정치 중심지라는 것을 인지하고 있었다. 이 시기 북조선 사람들은 자신의 운명을 자기 손안에 쥐고 각 지역의 복잡한 사회 세력을 반영하면서 정치 활동을 해나갔다.(Cumings, 1981, p392-393; 1986, p486-487)

이와는 반대로 남조선 민중은 해방한 민족이라기보다 다시 정복당한 민족으로 살았고, 중앙집권화한 미 군사정부의 통제를 받았다. 미점령군은 일본 군대와 단 한 건의 교전도 없이 일본이 항복한 3주 후인 1945년 9월 8일 조선에 상륙했다. 이날 미군을 환영하는 시위에서 일본 경찰에 조선인 2명이 살해당했는데, 나중에 하지는 일본인에게 치안 유지 협조에 감사의 뜻을 표했다.(Cumings, 1981, p137)

그다음 날인 9월 9일 서울에서 하지는 일본군의 공식 항복을 접수한 후, 미국은 군사정부를 세울 것이며 모든 일본인과 조선인 관리를 포함해 총독부의 기구와 기능은 그대로 존속될 것이라고 발표했다.(앞의 책, p138)

미점령군은 부일 협력자들이 1945년 9월 16일에 한국민주당을 결성하는 것을 도왔고, 미군정 고위직에 한민당 인물을 대거 기용했다.(Cumings, 1981, p154-155; 심지연, 1984, p56-59),

그리고 10월과 11월 사이에 미국은 중국과 미국에서 망명 생활을 한 이승만과 김구의 귀국을 주선했고, 그들을 1946년 1월에 수립된 미군정 고문단인 민주의원 의장과 부의장으로 추대해서 미군정 간판으로 이용했다.(HUSAFIK, vol.2, ch.2, p5; Kim, Jinwung, 1983, p84에서 인용)

미점령군은 남조선에서 우익 친미 정치 집단을 지지하고, 좌익 민족주의 세력을 탄압하기 시작했다. 1945년 10월, 미군정 당국은 인공을 권한도, 권력도, 실체도 전혀 없는 단체라고 규정하고는 (HUSAFIK, vol.2 ch.1, p29-31), 12월 12일에 결국 인공의 모든 활동을 불법화했다.(HUSAFIK, vol.2, ch.1, p9)

이와 동시에 대부분이 부일 협력 경찰 출신인 국립경찰을 이용해 미군정은 도인민위원회를 탄압하기 시작했다.(Sandusky, 1983, p299)

김일성 정권 수립

일본에서 해방하고 나서 6개월이 지나자, 남조선과는 다르게 북조선 당국은 정치의 흐름을 역전시키기 시작했다. 도, 군, 리 등 지방에서 일어난 자발적 단체들은 중앙인 평양에서 전개되는 세련된 정치와 결합되었다. 그리하여 1946년 2월 8일에 북조선임시인민위원회가 수립되었고, 몇 년 동안 만주에서 활동한 유명한 혁명가이자 공산주의자인 김일성이 위원장으로 선출되었다.(McCune,

커밍스가 지적했듯이, 북조선임시인민위원회는 남조선에서 발생한 두 가지 사건의 대응책으로 등장했다. "첫째는 서울에서 조선인민공화국이 조직적으로 실패했고, 그에 따라 북쪽에서는 인민위원회 지도부가 필요했고, 둘째는 남쪽에서 미군정이란 분리된 행정부의 출현이었다."(Cumings, 1981, p405)

북조선임시인민위원회는 1946년 1월 16일에서 2월 5일까지 미소공동위원회의 회합이 실패하고(FRUS, 1946, vol.8, p633-636), 남쪽에서 모스크바협정을 명백하게 위반한 후에 조직되었다.

남쪽 미점령군은 차기 미소공동위원회에서 논의할 장래 조선임시정부의 모델과 협의 대상으로, 대부분 신탁통치를 반대하는 우익 인사들을 모아 2월 14일 민주의원을 조직했다. 북조선임시인민위원회는 남쪽 민주의원에 대한 대안으로, 또 미소공동위원회의 주된 협의 기구로 조직되었다.

북조선에서 정치를 중앙집권화한 목적은 남조선의 경우와는 매우 다르다. 북조선에서는 효과적인 사회혁명을 하기 위한 것이었지만, 남조선의 강력한 중앙집권적 관료제는 낡은 사회·경제적 구조를 보존하는 데 이용되었다. 1946년 3월, 북조선임시인민위원회는 조선의 정치와 경제 분야에서 일본 제국주의 유산을 완전히 청산하고, 일본인 소유 재산과 식민지와 봉건적 법률을 제거하려고 정강 20개 조항을 발표했다.(Brun & Hersh, 1976, p421)

이 정강에 따라서 북조선 임시인민위원회는 근본적인 개혁을

---

8   김일성이 권력을 잡은 과정은 이승만과 유사하다. 두 사람 모두 1945년 10월에 망명생활을 청산하고 귀국했고, 각각 점령군 사령관이 소개했다. 1946년 2월, 김일성은 북조선임시인민위원회 위원장이 되었고, 이승만은 남조선대한국민대표 민주의원 의장이 되었다.

통한 북조선 사회의 재구조화를 추진했다. 1946년 3월 5일 토지개혁법이 발표되었는데, 개혁의 목적과 범위는 이랬다.

> 토지개혁의 과업은 일본인 토지 소유와 조선인 지주의 토지 소유를 철폐하고 소작제를 폐지해서, 토지 이용권을 경작하는 사람에게 주는 데 있다.……친일파 민족 반역자의 토지 몰수 범위 규정은 첫째는 일본, 일본인, 일본인 단체 소유지이고, 둘째는 조선인 반역자와… 일제 정부 기관에 적극 협력한 자의 소유지, 일제에서 해방할 때 거주지에서 도주한 자들의 소유지이다. 지주의 토지 몰수 범위 규정은 첫째, 한 농가에 5정보 이상 소유한 조선인 지주 소유지이고, 둘째는 스스로 농사짓지 않고 전부 소작 주는 지주의 소유지이고, 셋째는 면적과 관계없이 계속 소작을 주는 토지 전부이고, 넷째는 5정보 이상을 소유한 성당, 승원, 기타 종교 단체의 소유지이다.
>
> (앞의 책, p129; McCune, 1950, p202; 송남헌, 1985, p114)

커밍스가 지적한 것처럼, "북조선의 토지개혁은 중국이나 북베트남에 비해 덜 난폭하게 수행되었다." 이는 주로 대지주들이 남쪽으로 이주했기 때문이며, 북조선에서 즉각적으로 집단농장화가 시작되지 않았기 때문이기도 하다.(Cumings, 1981, p416)

토지개혁에 이어 공장에서 행해지는 끔찍한 학대를 없앤 노동법이 곧바로 시행됐다. 1946년 6월 24일 공포한 이 법은 8시간 노동제, 사회보장 보험, 근로조건 개선, 유아 노동금지, 나이와 성별을 가리지 않는 동일노동 동일임금 등을 규정했다.(앞의 책, p209-210)

1946년 7월 30일 당시 조선 상황으로는 획기적인 여성 평등에 관한 법률이 나왔다. 이 법률은 축첩, 매음, 여아 살해 등 남쪽에서는 여전히 지속된 다양한 여성 착취 행위를 금지했다. 이 법은 가정에서 완전한 평등권과 국가, 정치, 경제, 문화생활에 참여할 기회를 여성에게도 동등하게 주었다.(김기석, 1947, p96-99) 이 법의 내용이 하루 이틀 사이에 실현되지는 않겠지만, 그 후로는 과거 오랫동안 여자들을 괴롭히던 일이 상당히 줄었다.

그다음 달에는 과거에 대부분 일본인과 부일 협력자들의 소유였던 주요 공업과 기업들이 국유화되었다. 그러나 중소기업은 도와 군 인민위원회의 허가 아래 계속 운영되었고, 투자와 생산이 장려되었다. 이런 방식과 소련인 기술자들의 도움으로 경제가 복구되어 1946년 말에는 높은 생산력을 기록했다.(G-2 주간요약보고서, 1946년 9월 8일-15일, 제53호)

이런 개혁으로 많은 지주와 기업가, 부일 협력자들이 38선 이남으로 도주했다. 1946년의 이런 근본적인 개혁이 다른 어떤 조치보다도 북쪽을 남쪽과 상당히 다르게 만들었다. 38선 이남이 여전히 지주와 자본가, 관료 등의 계급 이익을 지지하는 사회인 반면에, 북부는 노동자와 농민의 계급 이익을 지지하는 사회로 변화했다.

북조선 정부 수립을 향한 매우 큰 전전은 1946년 11월 3일 총선거와 1947년 2월 북조선인민위원회(이때부터 임시가 빠짐)의 조직이었다. 선거에서 도, 시, 군 인민위원회 대의원 총 3,459명이 선출되었다. 여기에는 여성 의원 453명도 포함되었다. 대의원 1,159명이 참여한 인민위원회대회가 평양에서 2월 17일부터 21일까지 개최되었고, 최고 입법기관으로 북조선최고인민회의가 창설되었다. 2월 21일과 22일 양일에 걸친 회의에서 인민회의는 북조선노동당 당수인 김두봉[9]을 의장으로 하는 11인의 상임의원회(최고인민의회가 설치 이후 상임위원회로 바뀜)의 위원을 선출했다. 게다가 김일성을 위원장으로 하는 최고집행기관으로 22인의 위원으로 구성한 새 북조선인민위원회를 구성했다. 22명 위원 중 16명이 노동당 간부들이고, 조선민주당과 천도교청우당 소속이 각 2명, 무소속이 2명이었다.(McCune, 1950, p176-177) 이렇게 북조선은 정부의 기본 골격을 구성했다.

이런 활동은 북조선이 먼저 추진했다기보다는 분리 정부를 구성하려는 남조선에 방어하려는 대응책으로 이해할 수 있다. 1946년 8월 24일 군정법령 제118호는 선출의원 45명과 미군정 지명의원 45명으로 남조선과도입법의원 구성을 규정했다.(미군정 관보, 1946, vol.1, p261)

남조선과도입법의원을 선출하는 선거는 10월 항쟁 기간에 실시되었고, 거의 보수주의자와 친미 협력자로 구성된 남조선과도입법의원은 1946년 12월 20일에 개원했다.(Kim, Jinwung, 1983, p223)[10]

조선민주주의인민공화국 수립을 향한 최종 단계 조치는 1948년에 있었다. 남조선의 5·10선거를 부정하는 남북회담이 김구와 김규식이 불참한 채로 6월 29일부터 7월 5일까지 평양에서 열렸다. 이 회의에서는 최고인민회의 대의원 572석을 선출하는 선거를 8월 25일 전국 총선거로 실시하기로 했다. 그러나 남측 대표는 "이 선거와 관련되었다고 의심하는 사람들에 대한 박해와 체포"

---

9 김두봉은 모택동과 함께 일본과 맞서 싸운 연안파 공산주의 지도자다. 북조선노동당은 1946년 8월 28일 김두봉 신민당과 김일성 북조선공산당이 통합한 당이다.(Kim, Joungwon, 1975, p99-101)
10 12월 12일에 개원했으나, 강원도와 서울에서 재선거하라는 하지의 결정에 한민당의 항의 거부로 정족수를 채울 수가 없어서 12월 20일 첫 회의가 소집되었다.

(McCune, 1950, p247), 그리고 "미점령 당국과 조선인 반동들의 야만적 억압과 테러활동"(Soviet Press Translation, 1948년 11월 1일, vol.3, 제19호 p579) 탓에 직접 선출할 수 없었다.

그래서 38선 바로 북쪽의 해주에서 개최된 남조선인민대표자 대회에 보낼 1,002명 대표를 남조선 민중은 비밀리에 선출했고, 8월 22일에서 24일까지의 회의에서 다시 최고인민회의에 참여할 대의원 360명을 선출했다. 212명의 북측 대표는 8월 25일 북조선의 총유권자의 99%가 참여해 선출되었다.(앞의 책, p579)

최고인민회의대표의 사회적 구성은 노동자 120명(20.9%), 농민 194명 (34.0%), 사무원 152명(26.7%), 수공업자 7명(1.24%), 상인 22명(3.84%), 기업가 29명(5.1%), 문화인 33명(5.8%), 전前지주 1명(0.02%), 종교인 14명(2.4%)이다.(앞의 책; 김남식, 1984, p346-350)

이런 구성은 대한민국 국회의원 구성과 대조적이다. 200명 국회의원 중 조선의 독립과 통일을 위해 투쟁하려는 사람은 한 사람도 없었고, 노동자나 농민도 전혀 없었으며, 북조선을 대표하는 의원도 없었다. 대신에 지주 84명, 자본가 32명, 부일 협력 관료 출신 23명으로 구성되었다.(앞의 책, p580)

남쪽에 대한민국이 수립된 후 1948년 9월 2일에서 11일까지 북쪽의 최고인민회의는 첫 회의를 소집했다. 9월 3일에는 조선민주주의인민공화국 헌법을 비준했고, 9월 9일에는 조선민주주의인민공화국 수립을 공포했다. 최고인민회의 의장으로 김두봉이, 조선민주주의인민공화국 수상으로 김일성이 선출되었다. 그리고 부수상으로 남조선노동당 총책인 박헌영, 서울의 민주독립당 의장이던 홍명희(한때 동아일보 주필과 편집국장을 역임함), 1946년 1월부터 평양의 조선민주당 당수인 김책金策을 뽑았다. 새 내각의 각료 16명 중 8명은 남쪽 출신이고, 다른 8명은 북쪽 출신이다. 이 중 10명은 국내파 공산주의자였고, 2명은 연안파 공산주의자, 4명은 김일성의 만주 시절 동료였다.(Kim, Joungwon, 1975, p167-168)[11]

물론 대한민국 내각은 친일파를 대거 기용했지만, 조선민주주의민공화국 내각은 그들을 완전히 배제했다. 10월 13일 소련은 조선민주주의인민공화국을 공식적으로 승인하고 "조선의 민주주의 발전과 민족의 재탄생을 위한 과업을 성취하길" 바란다며 축하했다.(Soviet Press Translations, 1948년 12월 1일, vol.3, 제21호)

이렇게 1948년 두 점령군의 상반된 정책 아래 서로 다른 과정을 밟아 적대적 사회·경제적 원리에 기초한 두 정부가 좁은 땅 조선반도에 수립되었다. 이제 지리적 분단이 정치적 분단으로 굳어졌다. 평화적 방법으로 민족통일을 이루려는 조선 민족의 과업은 더욱 어려워졌고, 민족 통일을 위한다는 핑계로 두 정권 간에 전쟁이 일어날 조건이 갖추어졌다.

---

11 새 내각 명단
수상 김일성, 부수상 박헌영(외무상 겸직), 홍명희, 김책(산업상 겸직), 국가계획위원회위원장 정준택, 민족보위상 최용건, 국가검열상 김원봉, 내무상 박일우, 농림상 박문규, 상업상 장시우, 교통상 주영하, 재정상 최창익, 교육상 백남운, 체신상 김정주, 사법상 이승엽, 문화선전상 허정숙, 노동상 허성택, 보건상 이병남, 도시경영상 이용, 무임소상 이극호.

5

이승만 정권의 분단 강화

1948년 남북에 두 적대적 정부가 수립되고 나서 역사는 민족 분단을 강화한 1950년 전쟁, 민족적 비극을 향해 움직였다. 대한민국은 미군정에 반공 이데올로기를 물려받아, 무력 통일을 정책으로 삼았다.

1948년 12월 1일, 이승만 정권은 반공이란 이름으로 정치적 반대자를 탄압하려고 '국가보안법'을 제정 공포했다. 이 법은 1947년의 국가보안법과 트루먼 독트린에 나타난 미국의 반공정책에 기초했다. 동시에 북진통일이란 정책에 따라서, 이승만 정권은 미국 원조로 군사력을 지속적으로 강화했다. 이승만과 그의 추종자들은 반공이라는 핑계로 그들의 정치적 반대자를 탄압하기 위해서 군사력과 국가보안법을 이용했다.

(1) 반공 이데올로기

반공은 전후 미국 정책의 기본 이념이었다.(AFSC, 1969, p33) 1947년 3월 12일 트루먼 독트린 선언은 미국의 반공주의와 반反소 정책의 좋은 보기이다. 트루먼은 공산주의 소련식 삶의 방식을 테 러와 압제의 상징으로 삼고, 미국식 삶의 방식을 자유와 민주주의 상징으로 삼아 대비했다. 트루먼은 그리스 민주주의 국가가 공산 주의자가 이끄는 수천의 군인 테러에 위협받고 있고, 그밖에 여러 국가에서도 전체주의 정권이 강요되고 있다고 주장했다. 따라서 그는 소수 군대나 외부 세력의 침략에 저항하는 자유인을 지원하 는 것이 미국 정책이 되어야 한다고 했다.(Freeland, 1972, p84-86)

1947년 7월, 트루먼 행정부는 미래 미국 안보를 위한 포괄적인 프로그램을 제공하기 위해서 국가보안법을 제정했다. 이 법에 기 초해 정부 내에서 국가안보와 관계한 정보의 교환과 평가, 제공을 공식적 임무로 삼고 중앙정보부CIA가 출범했다.(U.S. Congress, 1948, p496-498) 그 후 CIA는 미국 반공 정책을 추진하는 유용한 도구로 기능했다.

미국의 반공정책은 자민족중심주의로, 미국과 서구 문명의 우 월성에 근거했다. 이 정책은 미국은 신을 두려워하며 평화를 애호 하는 민족이고, 미국인은 자립할 수 없는 민족을 도와주는 위대한 민족이며, 서양은 기독교 문명과 자유 세계를 대표한다고 가정한 다. 반공주의자는 공산주의를 소련 공산당이 통제하는 급진혁명과 빈틈없는 음모, 독재정치, 무신론, 책략, 팽창주의, 침략 등과 동일 시했다.(AFSC, 1969, p27-30)

그렇기에 반공적인 미국인은 이런 이중 표준을 사용했다. "공산주의자들이 행하는 것은 다 사악하고, 똑같은 일이라도 미국인이하면 그것은 국가안보와 방위를 위해 필요한 일이다."(앞의 책, xii)

결국 반공주의 정책은 반혁명 정책이다. 20세기에는 여러 식민지국이 강대국에 저항해 민족을 해방하려는 혁명을 일으켰다. 트루먼 독트린이 발표된 이후 미국 외교정책의 일차적 목적은 제3세계 혁명운동의 탄압이었다. 공산주의라는 용어는 "사기업 특히 외국인 기업 국유화, 급진적 토지개혁, 자립 무역정책, 소련이나 중국의 원조를 받는 것, 반미정책이나 비동맹 외교정책"을 채택하는 혁명적 내지 급진적 정권에 미국 개입을 정당화하는 데 이용되었다.(Barnet, 1980, p20)

반공주의 독트린은 공산주의를 주적으로 삼는데, 그 이유는 전체주의나 독재 정치 때문이 아니라 현 상태의 도전 세력이기 때문이다. 이른바 자유 세계에 속하는 미국의 많은 동맹국은 철저하게 전체주의 국가였다. 그 대표적인 예로 "중국의 장개석, 한국의 이승만, 포르투갈의 살라자르, 이란의 샤, 절반이 넘는 라틴 아메리카 국가들"이다.(AFSC, 1969, xiv)

한편 공산주의는 식민주의나 신식민주의 세계체제에서 벗어나려는 민족과 지도자들에게 전략을 제공한다. 미국 반공정책은 원칙적으로 서구 무역에 의존하지 않는 세계 경제 환경을 창조하고, 미국 자본이 투자할 방대한 지역을 떼어내고, 당시 세계 질서를 요동치게 할 변화를 막으려는 미국의 욕망을 반영했다.(앞의 책)

따라서 반공주의는 공산주의뿐 아니라 중립주의와 민주주의 혁명과도 싸우는 정치적 전략이었다. 반공주의는 공산주의 문제와는 관련이 없는 보수적인 군사 및 정치적 정책에 대한 지지를 얻고자 일반 대중에 공산주의 공포를 조장하고는 그것을 이용했다.(앞의 책, xiii. xv)

미국 반공정책은 조선에 그대로 적용되었고, 조선에 반공산주의 보루를 수립하는 것이 바로 미점령군의 목표였다. 전후 조선 현대사는 민족주의 혁명의 공포가 어떻게 미국 정책과 보수적 친미파가 동맹을 맺게 되는지를 잘 보여준다.

하지는 조선 민족주의 혁명 세력이 수립한 조선인민공화국 승인을 거부하고, 대다수 조선인이 반대하고 소수 부일 협력자와 친미파만이 지지하는 이승만 정권을 수립하기 위해 3년이란 세월을 보냈다.

반공은 이승만 정치 권력의 기본 이데올로기가 되었다.(최봉대, 1985) 이는 이승만 정권이 미점령군 세력의 도움으로 수립되었기에 놀랄 일도 아니다. 이승만의 반공주의는 미국 정부에 매우 잘 알려진 사실이고, 이것이 미국 정부가 그를 대한민국 대통령으로 선택한 주요 이유 중의 하나였다.

이승만의 주요 지지자인 부일 협력자는 민족의 적인 공산주의에 대항해 싸우는 애국자로 자처하면서 반공주의를 주창했다. 그러나 그들의 목적은 식민 통치 기간에 그들이 행한 부일 협력 활동에 대한 조선 민중의 적개심을 은폐하려는 데 있었다. 그리고 부일 협력자들은 항일 조선민족해방운동을 지도한 조선 공산주의자를 조선총독부가 탄압할 때 이에 참여했기 때문에 반공주의는 그들의 행동에 일관성을 부여했다.

이승만 정권의 반공주의는 1948년 12월 1일 공포한 국가보안법에 확실하게 표현되었다. 이 법은 안보라는 명목으로 공산주의를 불법화하고, 공산주의에 대한 정의와 처벌 규정이 아주 모호해서 행정부가 정적을 제거하는 데 이용하기가 쉬웠다. 이 법은 "국가의 안위를 어지럽히거나 헌법을 위배한 자나 단체는 무기형에 처한다"는 조항을 두었다.(ROK, 1949, p32; Henderson, 1968, p162-163)

대한민국 외무장관 장택상은 유엔한국위원단에 1948년부터 1949년 4월 사이에 소위 국가보안법으로만 체포한 사람이 89,710명이라고 보고했다.(U.N., 1949, p129) 1948년 12월 27일, 법무부장관 이인은 "감옥 수감 능력은 약 15만 명인데, 수감자가 4만여 명"에 이른다고 발표했다.(동아일보, 1948년 12월 28일; Henderson, 1968, p163에서 인용)[12] 국회조사단은 수감자의 약 50 내지 80%가 국가보안법 관련자들이라고 폭로했다.

남한의 주요 단체들은 국가보안법의 호된 적용을 통해 반공주의 캠페인 영향을 받았다. 1948년 12월 7일, 문교부장관 안호상은 좌익 세력을 발본색원하려고 교사들의 신상기록을 작성하라고 모든 교육 기관장에 명령했다. 군대는 1,500명의 장교와 사병을 숙청했고, 초급장교와 하사관 3분의 1을 체포, 구금, 처형, 또는 제대시켰다.(Sawyer, 1962, p40)

1948년 9월과 1949년 5월 사이에 정부는 7개의 주요 일간지 신문사를 폐간하고 통신사 한 곳의 문을 닫게 했다. 반공법으로 많은 기자가 체포되었고 발행인과 편집자들이 제거되었다.(Henderson, 1968, p163)

---

12 앤드류 그라즈단제프의 『Modern Korea』(1944, p254)에 따르면, 일제 식민 통치 기간에는 1만 명의 정치범과 기타 죄수 2만 명 이하를 수용했다고 한다.

유엔한국위원단의 보고에 따르면, 국회는 이런 이유로 이승만을 고발했다.

국민의 비참한 생활과 요구를 대수롭지 않게 생각하고, 국민과 멀어졌으며, 잔인한 억압 수단의 사용, 대대적인 체포와 고문, 국민을 신뢰하지 않고, 친일 부역 관료를 동원해 지방 업무를 통제하고자 했다.(U.N., 1949, p129)

1949년 6월 2일 국회는 82표 대 61표로 이승만 정권 내각 사퇴를 요구했으나, 행정부는 이를 받아들이지 않았다. 6월 6일 89표 대 59표로 내각 사퇴를 다시 결의했으나. 행정부는 입법부 결의를 무시했다. 이는 이승만 정권의 본질을 보여준다.(앞의 책)

반공과 국가안보라는 이름 아래 이승만 정권이 저지른 가장 중요한 범죄는 1949년 6월 26일 민족주의 지도자로 추앙받은 김구의 암살이다. 김구 암살자는 한민당의 당원이며 육군소위 안두희였다. 그를 배후 조종한 암살 모의는 한민당 소속 국회의원 김준연과 그의 비서 김지웅, 초대 내무부장관 윤치영, 한국전쟁 때 국방부장관을 지낸 신성모 등 이승만 지지자들이었다.(정경모, 1986, p71)

안두희가 김구를 암살했을 때, 김구의 숙소인 경교장 부근의 자운장紫雲莊에 헌병 10여 명이 대기하고 있다가 범행과 함께 수사를 차단했다. 헌병들은 안두희를 안전한 헌병대 본부로 데려갔고, 달려온 의사도 안으로 들여보내지 않았다. 안두희는 범행 1년도 안 되어 석방됐고, 군대에 복귀해 대위로 진급했다.(앞의 책)

암살 음모의 주요 인물인 김지웅은 부일 협력한 스파이 출신으로 안두희를 조종했다. 김지웅이 김구 암살 음모를 성공적으로 수행할 수 있었던 것은 배후에 김준연과 한민당, 궁극적으로는 이승만이 있었기 때문이다. 이승만 정권이 1960년 4·19혁명으로 붕괴하자, 김지웅은 일본에 밀입국했고, 일제 때 그의 공적이 커서 일본인의 도움을 받았다.(앞의 책, p73)

김구 암살은 김구를 추종하는 청년 민족주의자 국회의원들이 주동이 된 반민 분자 처벌과 반외세 운동이 세차게 벌어지던 정치적 맥락 속에서 발생했다. 국회는 1948년 10월 13일, 국회의원 46명이 미소 양군 철수안에 동의했고, 1949년 2월 4일 더 많은 국회의원의 동의를 얻어 재발의했다. 3월 18일 국회의원 63명은 한국에서 미국 전략부대의 조속한 철수안을 유엔한국위원단에 보냈다.(Henderson, 1968, p165)

1948년 9월 7일 국회는 '반민족행위처벌법(22일 공포함)'을 통과시켰고, 1949년 1월 8일 민족 반역자의 체포를 시작했다.(길진현, 1984, p33-77)

이승만 정부는 반민 분자 처벌과 반외세 운동에 반대하고, 1949년 5월 17일과 18일 국가보안법 위반 혐의로 반민족행위자 처벌을 강력히 주장한 급진적 의원 김약수, 노일환, 김진웅을 구속했다. 국회의원 체포는 1949년 8월까지 이어져, 국회부의장 김약수를 포함해 총 15명이 체포되었다. 이것이 국회프락치사건이다.(앞의 책, p168,171)

이승만과 그의 지지자들은 공산주의를 대한민국 제일의 적이라고 규정하고, 친일파와 미점령군을 철저한 반공주의자로 생각했다. 따라서 이승만과 그의 지지자 입장에서는 미군 철수와 부일 협력자 처벌 주장은 친공산주의 정책이고 그들은 대한민국의 적이 된다. 결국 이승만 정부는 국가보안법을 이용해 급진적 소장파 의원들을 친공산주의 정책을 옹호한 간첩으로 체포했다. 그러나 이승만 정권은 국가보안법을 김구에게 적용하지는 못했다. 비록 김구가 미군 철수와 부일 협력자, 반민족행위자의 처벌을 주장한 급진적 소장파 국회의원을 강력하게 지지했지만, 한국인 대부분이 김구가 공산주의자가 아니라는 것을 잘 알고 있기 때문이었다. 그래서 이승만과 그의 지지자들은 김구를 제거하는 방법으로 암살을 선택했다 (Kim, Joungwon, 1975, p127)

1945년 12월 30일 새벽, 한민당 총재 송진우가 반탁운동 집단에 암살되었다. 그리고 1947년 7월 19일 건국준비위원회의 위원장, 조선민주당 당수, 민전 의장, 인민당 당수, 근로인민당 위원장을 역임한 여운형이 남조선 단독 선거를 지지하는 자들에게 암살당했다. 1949년 6월 26일 대한민국 임시정부 주석을 지낸 김구는 반공 집단에 암살당했다. 이 암살 사건 3건은 이승만의 정치노선을 추종한 인물과 집단이 저지른 것이다.(심지연, 1988, p58-63) 이런 식으로 이승만은 정치적 경쟁자들을 제거했다.

(2) 군사력 증강

이승만 정권의 통일정책은 반공 이데올로기를 바탕으로 하고 있어서, 공존모형도, 연방모형도 아닌 무력통일모형이다.(이상우, 1982, p426)

이승만 정권의 주장에 따르면, 대한민국은 한반도 전역에서 유일한 합법적 정부이므로, 조선민주주의인민공화국은 정통성이 없는 반란 집단이라서 파괴할 대상이었다.(Reeve, 1963, p61) 따라서 이승만은 공산주의자들은 무력만을 중시한다고 주장하고, 평화통일론을 이단으로 취급하면서 무력 통일을 주장했다.(Choy, B., 1971, p 252) 이승만 대통령 고문이며 오랜 친구인 올리버는 1949년 10월 10일 이승만에게 편지를 썼다.

여기 워싱턴에 있는 우리는 한국이 북한을 공격해서는 안 된다는 의견을 바꾸어 보려고 계속 노력하겠지만, 그 의견이 바뀌기 전에 남한이 북한을 공격하거나 공격하겠다는 생각을 보인다면, 미국이나 유엔의 원조를 잃을지도 모른다.(Sunoo, 1979, p101)

이승만과 올리버는 남한이 선제공격하는 전쟁 가능성에 대해 일련의 논의했다는 것이 이 서신에 명확하게 나타난다. 이승만이 생전에 통일을 이루겠다는 욕심을 가진 것을 남한 국민은 거의 알고 있다.(Choy, B., 1971, p253)

일본에 주재한 미 국무부 대표 윌리엄 세발드는 이승만에 대해 이렇게 썼다. "공격에 필요한 군사력이 갖추어지면, 이승만이 즉각 38도선을 넘어 북진할 것이 우려된다."(Simmons, 1974, p150)

많은 한국군 장교는 가까운 장래에 무력을 사용할 때가 올 것이라고 믿었다. 1948년부터 50년까지 주한 미 대사관 문정관으로 활동한 헨더슨 교수는 젊은 장교 집단과의 인터뷰 내용을 이렇게 보고했다. "김백일 대령은 군대에서 북으로 침략할 거라는 강한 분위기가 느껴진다고 주장했다." 헨더슨은 젊은 다른 장교가 확신에 차서 다음과 같이 진술했다고 했다.

대체로 [한국]군은 북한을 절대 공격하지 않고, 오히려 공격을 받는다고 말한다. 이것은 사실이 아니다. 대부분 우리 군대가 먼저 공격하고 더 세게 공격한다. 우리 병사는 우리가 더 우세하다고 느낀다.

이 인터뷰는 한국전쟁이 일어나기 10개월 전인 1949년 8월 26일에 했다.(The Voice of the People, 1946년 7월 vol.4, 제7호.; Sunoo, 1979, p102에서 인용)

예견된 미군 철수 준비와 무력 통일 정책에 따라서 이승만과 그의 참모들은 상당한 군사력 증가를 계획한다. 이 계획은 1948년 8월 24일 이승만과 하지 사이에 맺은 한미군사협정에 따른 미국 지원을 받아 실행되었다. 이 협정은 이렇게 규정했다. "미군이 완전히 철수할 때까지, 치안대, 해안경비대, 국립경찰을 포함한 한국 무력을 통제하는 권한은 미군 사령관에 있다."(U.S. State Dept., 1972, p478)

1948년 11월 30일 이승만 정부는 국군조직법을 발표해, 합참의장과 육군총참모장, 해군총참모장의 직제가 창설되었다. 이 법은 또 14개의 부속 병과를 설치하고, 7개 여단을 모두 사단으로 승격하고, 새로운 장성 5명이 대한민국 육군에 임명되었다.(Kim, Se-jin, 1971, p39)

1949년 2월에 미 국방장관 로열과 워드마이어 장군이 주한미군 철수 문제와 한국군 훈련 문제를 협의하려고 서울에 왔을 때, 이범석 국무총리는 정규군 10만 명, 예비대 5만 명, 해군 1만 명에 필요한 군수장비를 미국 측에 요구했다. 이승만 대통령은 6주 이내에 한국군 10만 명을 충원할 수 있다고 믿었다. "남한에는 군사 경험이 있는 장정이 15만 내지 20만 명이 있고" 남한이 북한을 침략한다면 많은 북한 사람이 남한 군대로 도망 올 것으로 믿었기 때문이다.(Lee, Young-woo, 1984, p145)

1949년 3월, 미국이 무장시킬 한국 군대의 상한선이 6만5천 명으로 결정되었지만, 한국 군대는 가파른 속도로 계속해서 증가 모집했다. 따라서 대한민국 육군은 1948년 8월 15일 창립 당시 5개 연대 5만 명에서, 1949년 7월 1일 시점에 대한민국 군인은 8만 1천 명 넘게 늘었고, 한 달 후에는 거의 10만 명에 육박했다.(Sawyer, 1962, p58; ROK, 1977, p77-78)

주한미군 마지막 부대가 유엔한국위원단 감시 아래 6월 29일에 떠남으로써 4년 동안의 남한 미군 점령은 1949년 6월 30일 공식적으로 끝났다. 그러나 다음 날, 대한민국에 남한의 육군과 해안경비대, 국립경찰을 훈련하고 교육하는 고문 역할을 하고 국내 안보를 증진하기 위해 500명 규모로 미군사고문단이 창설되었다.(Sawyer, 1962, p57)

미군 철수 후에도 군사고문단 지도 아래 대한민국 군사력 충원과 교육은 계속되었다. 1949년 미군사고문단은 대한민국에 군사 원조로 총 57만 달러를 지급했고, 13개 군사학교에서 한국인 장교와 사병을 훈련했다.(앞의 책, p87,96)

미군사고문단 활동의 결과로, 1950년 6월 한국전쟁이 터졌을 때, 남한 군대는 북한 군대와 비슷한 숫자였다.(앞의 책, p107-108) 미국방성 볼테 장군은 1949년 6월 미의회에서 "이제 남한 군대는 북한 군대보다 더욱 훌륭한 장비를 구비하고 있다"고 증언했다.(U.S. Congress, 1949, p137) 이렇게 준비해놓고 대한민국 국방부장관 신성 모는 1949년 10월 이렇게 말했다.

> 우리는 북진해서 며칠 내로 평양을 장악할 힘이 충분하다.······우리 마음대로 할 수 있었다면, 우리는 벌써 시작했을 것이라고 확신한 다. 그러나 우리는 미국인들이 준비를 마칠 때까지 기다려야 한다. 그들은 계속 우리에게 '안돼, 안돼, 안돼 기다려, 너희는 아직 준비가 안돼 있어'라고 말한다.(New York Herald Tribune, 1949년 11월 1일)

이승만 정권은 무력 통일 뿐 아니라 남한의 좌익 게릴라 세력을 탄압하기 위해서도 군사력을 늘리는 것이 필요했다. 역사학자 존 메릴의 주장대로, 한국전쟁의 시작은 남한에서 우익 내지 사대주 의적 친미파와 좌익 내지 혁명적 민족주의자 사이의 폭력적 정치 투쟁의 맥락에서 검토되어야 하며, 이 투쟁은 조선 해방에서 전쟁 시작까지 사상자 10만여 명을 냈다.(Merrill, 1983, p126)

미군정 통치 기간에 가장 극심한 정치 폭력은 1946년 10월에 시작되어 3개월 이상 남한 전역에 파급한 10월 민중항쟁과 제주 도 인구 30만 명 중 4분의 1에 해당하는 7만여 명의 사망자를 낸 1948년 4월 제주 4·3 민중항쟁이다. 정치 폭력 수준은 1948년 남 북에 두 적대적 정부가 수립된 이후 더욱 심해졌고, 대한민국 정부 수립 두 달 후인 10월에 여·순 민중항쟁이 일어났다.

여·순 민중항쟁은 대한민국 정부를 위기로 몰아넣었다. 1948년 10월 19일 제14연대 국군경비대 2천여 명이 반란을 일으켰다. 대한민국 군대와 경찰이 한 달여 동안 투쟁 끝에 반란을 진압했는데, 사망자 3천여 명을 냈다.(Merrill, 1983, p144)

여·순 항쟁에 참여한 사람들은 대부분 지리산으로 들어가 빨치산 세력과 합류했다. 1949년 7월부터 12월까지 6개월 동안 한국군과 빨치산은 542회에 달하는 교전을 벌였는데, 이는 하루 평균 3회에 달하는 것이다.(Sawyer, 1962, p74)

남한에서 빨치산 투쟁이 심해진 1949년부터 38선을 따라 대규모 군사행동이 일어나기 시작했다. 1949년 6월부터 6개월 동안 분단선을 따라 400회 이상 교전이 일어났다.(앞의 책, p73)

1949년 봄과 여름에 이승만 정부의 북한에 대한 호전적인 정책 탓에 38선에서 충돌과 전투가 급증했다.(Merrill, 1983, p139)

이에 따라서 이런 결론 내릴 수 있다. 미국의 군사 원조로 대한민국 군사력 증강, 소련의 군사 원조로 북한 군사력 증강, 혁명적 빨치산 세력과 대한민국 정규 군대의 교전, 38선에서의 충돌 등 1948년 대한민국 정부 수립 이후에 일어난 이 모든 사건이 1950년 6월 25일 한국전쟁 발발에 지대한 영향을 주었다.

6

결론

　지금까지 4장에서 미국이 어떻게 한국분단을 제안하고 유지했나를 검토했고, 조선 민족이 민족 통일을 위하여 어떤 노력을 했는지를 살펴보았다. 4장의 분석은 공식적인 한국 현대사의 여러 신화를 벗겨놓았다. 미국은 한반도 전역을 점령하지 못하게 되자, 38선으로 조선 분단을 제안하고, 소련이 이것을 수락했다. 따라서 분단은 관변 한국 현대사와는 달리 소련이 아닌 미국이 제안했음을 알았다. 조선인은 분단이 일시적이고 단지 조선 영토에서 일본군 항복을 접수하기 위한 것으로만 알고 있었으나, 미국은 조선에 일본군이 완전히 퇴각했을 때도 철수하지 않았다.

　남쪽의 미점령군은 미소공동위원회에서 조선의 독립과 통일을 협의하고자 북쪽 소련 점령군과 접촉했으나, 공동위원회는 조선의 임시정부를 수립하는 데 실패했다. 실패의 주요 원인은 공동위원회의 바탕인 모스크바협정을 반대하는 세력들을 협의 대상에 넣으려는 미국 측의 주장이었다. 물론 모스크바협정을 반대한 이들은 한민당과 이승만 진영이다. 이렇게 미국 측은 스스로 서명한 국제 협정을 위반했다. 미소공동위원회가 실패하자, 미국 측은 마치 실패를 기다리고 있었다는 듯이 조선 문제를 유엔에 이관했다.

그러자 소련 측이 미소 양군 동시 철수와 유엔 조선 문제 토의에 조선의 민족 대표를 합류시키자고 제안했으나, 미국이 통제하는 유엔에서 미국 측 대표는 소련 측 제안을 거부했다. 소련 측 제안은 친미 세력을 제외한 조선인의 지지를 받았다.

이런 미국의 행위는 미국이 미소공동위원회와 유엔조선임시위원회를 통해 조선의 통일을 위해 노력했다는 신화를 벗겨놓았다. 사실 이 조직들에서 미국의 활동은 통일 조선을 위해 노력한 것이 아니라, 미국 국익을 위한 것, 즉 조선 분단을 유지하고 남쪽에 반공보루를 수립하려는 것이었다.

1946년 5월 미소공동위원회가 중단되자, 이를 재개하려는 온건파 좌우익의 지도자들은 좌우합작위원회를 조직했다. 그러나 조선인의 절대적 지지를 받았던 좌우합작위원회는 실패했다. 좌우합작위원회 노력의 주요 결과는 역설적으로 미군정의 조선공산당 파괴와 이승만과 한민당 집단의 여운형 암살이었다.

일부 학자들은 좌우합작위원회가 조선 통일을 위한 중요한 노력이었다고 주장한다. 그러나 이 위원회는 극좌파나 조선공산당을 배척하고 온건파를 지지하는 척했던 미국 측의 지지로 시작되었다. 좌우합작위원회는 조선의 민족주의에 호소했으나, 좌우익의 모순적 계급 이익을 경시했다. 우익은 자신의 계급 이익과 모순되기 때문에 조선의 민족주의를 버렸다. 미국과 소련 간의 민족모순과 조선 좌우익의 계급모순 때문에 좌우합작위원회가 미소공동위원회 재개를 성공시킬 가능성은 희박했다.

대한민국 임시정부의 핵심 인물인 김구와 김규식은 1948년 남북협상을 시도했으나, 그 노력도 실패했다. 그들은 조선의 민족주의에 호소해서 민중의 절대적 지지를 받았다. 김구와 김규식이 보수적 민족주의자라도 조선의 민족주의에 기초하여 독립된 조선 정부를 세우는데, 사회주의자와 협력할 수 있다는 가능성을 보였다.

그런데 그 노력은 시기가 너무 늦었다. 이미 남조선에는 한민당과 이승만 집단이 미군정의 비호 아래 정치 권력을 쥐고 남조선 단독 정부를 수립하려는 준비를 거의 마친 상태였다. 게다가 김구와 김규식이 일제와 미점령 아래에서 성장하지 못한 민족자본가의 계급 이익을 대변했기에, 사회 계급 기반이 약한 데 반해, 이승만과 한민당은 대지주와 매판자본가 계급의 지지를 온통 받았다.

남북연석회의는 북한 측 지도자의 배반으로 1948년의 남북협상이 실패했다는 신화가 있다. 그러나 사실 실패의 주요 원인은 조선 민중의 강력한 반대에도 미군정의 남한 단독 분리 선거 시행이다. 1948년 미군정과 그의 조선인 동맹 세력인 한민당과 이승만 집단은 5월 10일 남조선 단독 선거를 실시해, 8월 15일 이승만 정권을 출범시켰다. 3주일 뒤에 소련과 북조선은 9월 9일 조선민주주의인민공화국을 수립했다.

이런 역사적 사실은 소련과 북조선이 유엔임시위원단 감시 속에 조선 전역에 걸친 총선거에 참여하지 않아서 조선에 두 분리 정부가 생겼다는 주장을 반박한다. 당시 유엔은 미국 정책을 증진하는 도구였다. 오랫동안 미국은 남쪽만의 단독 선거를 계획했고, 남쪽 사대주의자들도 단독 선거를 주장했다.

관변 역사는 이승만 정권이 국제 조직인 유엔의 승인을 받은 유일한 정부이기에 한반도 전체를 대표한다고 주장한다. 바꿔 말하면, 이승만 정권은 그 정통성을 한국 국민의 지지에 기초하지 않고 유엔 권위에 기초하고 있다. 이런 인연으로 그 후 4반세기 동안 10월 24일 유엔의 날은 한국 법정공휴일로 지정되어 기념했다. 그러나 유엔은 한국 국민의 이익이 아닌 미국의 이익만을 지지했다. 유엔이 조선에 행한 여러 사실이 알려지면서 유엔의 날은 휴일에서 제외되었다.

서로 다른 과정을 통해 1948년 두 적대적 정부가 이 땅에 수립되었다. 북쪽에서는 1946년 광범한 토지개혁과 중요 산업의 국유화를 통해 사회혁명을 이룩했다. 부일 협력자들은 정부 참여에 배제되거나 처벌을 받았고, 일제에 대항해 무장투쟁한 민족주의자들이 정치 권력을 얻었다. 따라서 조선민주주의인민공화국은 조선의 민족 이익과 노동자·농민의 계급 이익을 대변했다.

그러나 남쪽에서는 미국 측이 사회·정치적 구조의 근본적인 변화를 허용하지 않고 1948년 부분적인 토지개혁만 했다. 더욱이 미국은 대한민국 권력을 이전의 친일파와 새로 생긴 친미파에 인계했다. 따라서 이승만 정권은 미국 국가 이익과 대지주와 매판자본가 계급의 이익을 대변했다.

결과적으로 1945년의 지리적 분단이 1948년에 두 정부 사이의 계급모순과 민족모순에 기초한 정치적 분단이 되었다. 많은 한국인 학자는 분단이 타 민족에 의해 생겼고, 통일에 대한 열망이 한국 민족주의에 기초한다는 의미에서 남북분단을 단순히 민족문제로

만 본다. 그러나 미래 남북통일은 민족모순뿐 아니라 분단으로 야기된 계급모순까지 해결해야 할 것이다.

이승만 정권은 민족주의 혁명 세력을 탄압하고, 민족 분단을 강화하는 수단으로 반공 이데올로기를 이용했다. 반공이라는 명목 아래 이승만 정권은 군사력을 늘렸다. 이런 역사적 증거는 이 나라가 공산주의 북쪽과 자본주의 남쪽으로 분단된 특수한 상황이 반공 이념을 필요하게 만들고, 또 반공 이념은 국산이라는 신화를 반박한다. 이런 신화는 한국전쟁으로 더 강화되었다.

사실 반공주의는 냉전정책을 내세우고 매카시즘을 경험한 미국이 만들었다. 반공주의의 구체적 표현인 1948년 한국 국가보안법은 1947년의 미국 국가보안법을 모델로 삼았다. 한국 공산주의와 관련해서, 미점령군은 민주적 민족주의자들을 지지하고 전체주의적이고 친소 사대주의적인 공산주의자를 탄압했다는 신화가 있다. 그러나 역사적 증거는 이 신화를 파괴한다. 반공주의와 반소 이데올로기는 제3세계에서 혁명적 민족해방운동 세력의 탄압을 정당화하려고 세계 전역에 걸쳐 광범위하게 사용되었다. 반공주의는 제2차 세계대전 동안 독일 나치즘을 증대하는 데 이용되었고, 1950년대 미국의 매카시즘도 반공주의를 이용했다. 세계체제이론에 따르면, 반공주의는 제국주의 중심부 국가의 자본가계급 이데올로기이다.(Wallerstein, 1984)

1948년 이후 김일성 정권과 이승만 정권은 분단모순을 해결하는 수단으로 전쟁을 생각하고 1950년의 비극을 향해 움직였다. 이런 역사적 사실은 전쟁은 전혀 예상하지 못한 일로, 1950년 6월 25일 갑자기 터졌다는 신화를 반박한다. 한마디로 역사적으로 누적한 두 문제, 즉 억압적이고 착취적인 사회·정치적 구조와 조선의 정치·경제에 대한 외국 간섭에 더하여 미점령군은 조선반도를 분단하고 조선 민족의 통일 노력을 탄압해서, 새로운 민족적 문제를 하나 더 보탰다.

요약하면 남북 분단은 몇 단계를 거치면서 심화되었다. 1945년 우리나라 지도에 38선이 그어지면서 남과 북으로 통하던 사람과 물자 왕래가 중단되었다. 그러나 당시만 해도 남쪽과 북쪽에 일제 유산이 그대로 남아 있어서 양쪽의 사회·경제 구조는 크게 다르지 않았다. 그러므로 1945년은 단순히 지리적으로만 분단되었다.

그러다가 1946년이 되어 북조선에서 광범한 토지개혁과 철저한 친일파 처벌을 바탕으로 한 사회혁명이 일어났다. 농민과 노동자 계급이 사회의 중추가 되어 사회주의 건설을 목표로 삼는 사회가 되었다. 그러나 남쪽은 일제 유산이 청산되지 않아 자본가와 지주가 중심인 자본주의 사회·경제 구조가 그대로 남았다. 이제 남과 북은 계급 구성과 사회 구조가 서로 다르게 되어 사회적으로도 분단되었다.

그러나 조선 민족은 여전히 미소공동위원회나 좌우합작위원회를 통해 통일된 민족국가를 수립하겠다는 희망을 잃지 않았다. 1948년에 남쪽은 5·10 단독 선거를 거쳐 8월 15일에 이승만 정권을 세우고, 북쪽은 9월 9일에 김일성 정권을 세웠다. 한 나라에 사회 계급 구성과 지배 이념이 다른 두 정부가 생겨서 제각기 전 국토에 대한 지배권을 주장하는 상황이 되었다. 결국엔 정치적으로도 분단되었다.

그런데도 남과 북의 민중은 같은 민족이라는 생각에는 변함이 없었다. 그러다가 1950년 6월 25일에 전쟁이 터지니, 남과 북은 상대편에 총부리를 들이대는 적이 되었다. 남쪽은 미국과 한편이 되고 북쪽은 중국과 한편이 되어 서로 싸우니, 남과 북은 같은 민족으로 운명공동체라는 의식이 깨어졌다. 이렇게 되니 우리는 민족적 분단을 겪었다. 그리하여 1945년 지리적 분단이, 1946년의 사회적 분단, 1948년의 정치적 분단을 거쳐, 1950년에는 민족적 분단으로 심화되었다.

통일이 곧 분단의 해결을 의미한다면 순서야 어떻든 지리적, 사회적, 정치적, 민족적으로 겹겹이 쌓인 분단 문제를 다 풀어내야 할 것이다.

결론

혁명 파괴

이 장에서는 앞에서 연구의 편의상 따로 취급한 자주·민주·통일이 서로 밀접히 연관되어 있다는 것을 보여주고, 미군 점령의 잔재를 설명한다.

1
자주·민주·통일은 하나의 과제

일본이 항복한 1945년 8월, 조선은 혁명적 상황에 놓여 있었다. 1894년 동학농민혁명이 좌절되고 일제 식민 통치를 받는 동안 조선의 사회혁명은 미루어졌다. 당시 다시 시작한 혁명 주체 세력은 일제에 맞서 싸운 민족주의자와 일본인에 가장 심하게 착취당한 노동자와 농민이었다.

혁명의 주된 목표는 자주 국가와 민주사회 건설이었다. 자주 국가 건설은 식민지 잔재들, 특히 억압적 국가 조직의 폐지와 과거 친일파의 추방을 요구했고, 민주사회 건설은 광범위한 토지개혁, 대규모 산업체의 국유화와 노동 조건 근본적인 개선을 요구했다. 그래서 조선 민족주의자들은 전국에 걸쳐 행정력을 갖춘 조선인민공화국을 수립했고, 노동자와 농민은 거의 모든 지역에서 인민위원회를 조직해 조선인민공화국을 지지했다.

그러나 미군이 남조선을 점령해 조선인민공화국과 각지의 인민위원회를 파괴하고, 대신 미군정을 거쳐 이승만 정권을 수립했다. 미국의 점령이 없었더라면, 조선 민족은 정치·경제 구조의 민주화와 외국 간섭의 해방을 포함한 일련의 사회혁명을 이루어냈을 것이다.

요컨대, 미군의 점령은 조선의 사회 민주화와 민족해방을 가로막았을 뿐만 아니라 우리 민족을 분단시켰다. 다시 말해서, 조선과 미국 간의 민족 모순이야말로 조선 사회의 민주화와 민족 통일의 진전 과정을 결정하는 것이었다. 특히 미국의 직접 점령이나 조선에 대한 간섭을 통해 노동자와 농민 계급을 억압하는 동시에 지주계급과 자본가계급을 지지함으로써 조선 내 계급 갈등을 더욱 악화했다. 그리고 조선과 미국, 소련 사이 즉, 주변국과 중심국 간의 민족모순과 미국과 소련이라는 중심국 간의 민족모순이 우리 민족을 분단한 원인이다.

또 한편, 서로 다른 계급적 성격을 갖는 미국과 소련은 조선반도 내에 다른 사회 계급구조를 갖는 두 정부를 만들어냈다. 이리하여 조선 분단의 기원은 민족모순에 있다고 하더라도, 우리 민족의 통일은 계급모순과 민족모순이 섞여서 만들어낸 문제를 해결해야만 이룰 수 있게 되었다.

미군이 남조선을 점령하면서 생긴 우리 민족의 삼중적 과제 또는 세 가지 기본 과제는 그 후 서로 영향을 주면서 복합적 형태로 나타났다. 이승만 정권의 계급구조는 억압적이고 착취적인 정치·경제 체계를 유지했을 뿐만 아니라, 한국의 대미 종속을 더욱 강화하고, 나아가 분단을 더욱 굳혔다.

과거의 친일파와 친미파로 구성된 지배계급은 친미 정책을 일관되게 추구했다. 친미 지배계급은 미군을 돕기 위한 목적으로 한국 군대를 베트남에 보냈고, 미국의 압력 아래 일본과 다시 외교 관계를 수립했다. 나아가 미국의 근대화이론에 기반을 둔 경제발전 정책을 추구하면서 동시에 미국이 남한에 미군을 오래 주둔하게 했다.

이런 정책은 미국의 한국 문제 간섭을 증가시켰다. 이승만, 박정희, 전두환, 노태우로 이어지는 남한의 정권은 반공과 반북 이데올로기를 조장하는 데 억압적인 국가 기구를 이용했고, 값비싼 미국 무기 구입을 통해 군사력을 증강시켰을 뿐만 아니라, 학생과 지식인, 민중의 민족 통일운동을 탄압했다.

민족 분단은 한국의 대미 종속과 억압적이고 착취적 정치·경제 체계 강화에도 일조했다. 호전적인 북한을 향한 국가안보라는 미명 아래 남한 정권은 미군이 남한에 주둔할 것을 요구할 뿐만 아니라, 한국전쟁 이래 미국의 한국군 지휘권까지 용인했다. 민주적 정치와 경제 체계를 요구하는 노동자, 농민, 도시 빈민, 학생의 민중운동은 반공과 반反북한 이데올로기에 기초한 반공법과 국가보안법으로 탄압받았다.

또 한국의 대미 의존은 독재 정부와 불평등한 사회관계, 민족 분단을 강화했다. 미국이 정치적 자유를 요구하는 시민운동과 경제적 평등을 요구하는 노동운동을 탄압하는 독재자들을 지지한다는 사실은 이미 잘 알려졌다. 독재자들은 국내 자본가 계급과 미국과 일본 자본가들의 이해를 증진하기 위해 정치와 경제 등 사회활동의 영역에서 한국 민중을 배제했다.

전형적인 예로, 많은 시민이 학살된 1980년 5월 광주항쟁을 진압하는 과정에서 미국이 맡은 역할을 살펴보면 이 점이 잘 드러난다. 한미연합군의 미국인 사령관은 정치적 민주화를 요구하는 시위대를 한국 정부가 탄압하는 데 연합군 병력 사용을 허용했다. 한반도 통일의 주요한 방해물은 한국 영토의 미군 주둔과 핵무기이다. 한국 민주화와 통일에 대한 미국의 부정적 영향 탓에, 광주항쟁 이후 한국인 사이에는 반미 감정이 급속도로 성장했다.(LA Times, 1987년 3월 15일)

요약하면, 한국이 당면한 세 가지 기본 문제는 서로 얽혀 있어서, 어느 하나에 대한 설명은 단지 복잡한 문제 일부에 관한 설명일 뿐이다. 다시 말하면, 자주, 민주, 통일은 하나의 삼중적 과제이다. 그러므로 문제를 해결하는 데는 미점령군이 파괴한 하나의 사회혁명이 요구된다.

그러나 굳이 우선순위를 말한다면 외국에 대한 종속 극복이야말로 가장 먼저 해결해야할 과제이다. 종속 문제 해결 없이는 다른 두 가지 과제, 즉 사회 민주화와 민족통일 달성이 거의 불가능하기 때문이다.

이런 사정은 미군 점령 이후 지금까지 크게 변하지 않았다. 남한 군사 독재 정부가 미국의 지지를 받았고, 미국과 일본이 한반도 통일을 방해하고 있다는 점에서 한국의 민족모순은 계급모순을 제약한다. 1990년대와는 달리 현재 윤석열 정권은 친미뿐만 아니라, 친일까지 하는 정책을 추진하니, 자주를 실현하기에는 매우 비관적이다.

2
미군 점령 4년의 잔재

4년 동안 남조선을 점령한 미국인은 일본 식민지 잔재를 그대로 유지해서 그것을 이승만 정권에 전달했을 뿐 아니라, 미국인 스스로 잔재를 만들어냈다. 미국이 한국에 남긴 그밖의 잔재는 다음 5가지를 지적할 수 있다.

- 사대주의자인 친일파와 친미파를 한국 지배계급으로 계속 지지.
- 억압적 국가 기구와 착취적 사회·경제 구조 유지.
- 한국의 대일 의존을 대미 의존으로 바꿈.
- 민주적인 민족주의자들 억압 수단으로 반공 이데올로기 이용.
- 민족 분단과 전쟁 형성.

미점령군은 친일파를 친미파로 바꾸어서 혁명적 민족주의자들을 탄압하고 반공보루로 이승만 정권을 세우는 데 그들을 이용했다. 그 결과로 이승만 정권은 일제 잔재를 유지하고, 미국 문화 확산 정책을 추구했다. 남한의 교육 정책을 통제하게 된 과거 친일파 지식인들은 초등학교와 중·고등학교 교과서에 친일파 글을 싣고 혁명적 민족주의자의 글은 배제했다. 특히 친일파 역사학자는 공식적인 한국 역사를 쓰면서 민족해방과 사회혁명, 민족 통일을 위해 싸웠던 민중과 좌파 지식인들에 관한 역사적 사실을 왜곡했다.

일제의 전통을 이어받은 한국 경찰은 해방 직후 남한 내 혁명가들 탄압에 주역을 담당했고, 혐의자들을 조사할 때 일제 때처럼 고문을 하다가 학생운동 지도자를 죽이기까지 했다. 미국이 남한 친일파를 정치와 경제계 지도자로 보호하지 않았더라면, 일제 말기에 만주에서 조선 민족주의자들을 죽인 일본군 소속이었던 중위 박정희가 한국 대통령이 될 수는 없었을 것이다.(김형욱, 1982, p304)

미군정을 통해서 그대로 이승만 정권에 넘어간 또 하나의 일제 잔재는 독재 정부이다. 조선총독부와 미군정의 군사 독재 전통은 한참동안 그대로 유지되었다. 이런 독재 정부 전통은 1960년 4·19학생 혁명으로 이승만 정권의 몰락, 1961년 박정희의 5·16군사쿠데타, 1979년 10월 26일 박정희 암살, 1980년 5월 광주항쟁으로 이어지는 역사적 사건과 정치적 위기를 만들어냈다.

'검찰독재'라고 불리는 현재의 윤석열 정권은 여론조사에서 국민 지지율이 20%대를 위협하고, 대통령 탄핵 이야기가 자주 나오니, 이제 절반도 안 남은 임기를 잘 마무리할지 모르겠다.

미점령군은 조선의 일본 영향력을 남한의 미국 영향력으로 바꾸어 놓으면서 우리 경제의 대외 의존성을 그대로 유지시켰다. 1945년 해방했을 때 조선 경제는 광범위한 토지개혁을 비롯한 근본적 경제개혁이 필요했는데, 미군정은 그저 토지개혁을 부분적으로만 실시했다. 미군정은 과거 일본인 재산을 몰수했는데, 당시 조선이 보유한 자본 총액의 80%가 넘었다. 미군정은 몰수한 재산을 나중에 주로 미군정 지지자들에게 싼값으로 팔아넘겼다.

미군정 지지자들이란 대개 친미 관료들과 친일파 지주 및 자본가들이다. 이들은 이승만 정권이 수립되었을 때, 경제 각료나 경제계 지도자로 부상하면서 친미 경제 정책을 수립하고 끊임없이 노동자와 농민을 착취했다. 경제 원조라는 이름으로 미군정이 대규모로 수입한 미국의 잉여 소비재는 생산수준이 늘어나지 못한 상태에서 소비수준만 높아지는 결과를 초래했다. 특히 미국 잉여 농산물의 대규모 수입은 국내 농산물 가격을 하락시켜 한국 농업을 파괴하는 데 큰 몫을 담당했다.

이승만 정권의 경제 정책은 미국 경제 원조에 크게 의존하는 것이 특징이었다. 미군정과 이승만 정권의 경제 정책은 남한의 사회적 불평등을 늘렸고, 남한 경제를 미국 경제의 일부로 만들었다. 지난 50년 동안 이루어진 급속한 경제 성장 역시 자본과 기술, 원자재, 시장 면에서 미국에 대한 높은 의존에 기초해서 이루어진 것이다. 결국 이것은 가진 사람과 못 가진 사람 간의 사회적 불평등을 증가시켰다.

대한민국 정부가 들어선 지 76년이 되고 한국전쟁이 끝난 지 71년이 되는 지금까지 한국 군대는 여전히 주한 미군 사령관의 통제 아래에 놓여 있다. 제2차 세계대전이 끝난 후 한국에서 중요한 정치 사건들이 터질 때마다 미국 CIA 개입이 있다는 소문이 끊임없이 나돈다. 남한은 현재 경제적으로는 물론 정치적·군사적으로

도 미국에 크게 종속되어 있다.

2023년 8월 한·미·일 정상이 미국 캠프데이비드 회담에서 '캠프데이비드 정신', '캠프데이비드 원칙', '한미일 정상 공약'을 발표하면서, 한국의 대미 종속은 군사·안보를 넘어서 경제·사회 영역까지 포괄하게 되었고, 한미일 동맹으로 한발 더 나아가 한미일 군사 훈련이란 구실로 일본자위대가 한반도에 들어올 가능성도 생겼다.

미국은 우리에게 반공 이데올로기를 주입했는데, 반공 이데올로기는 제국주의에 대한 종속과 남북 분단, 남한 군사 독재 정권을 유지하기 위해 쓰이는 무서운 무기가 되었다. 국가의 자주화, 사회의 민주화, 민족의 통일을 위해 노력한 민중과 지식인은 반공이란 이름으로 억압받았다.

이승만 정권이 만든 국가보안법과 반공법이 여전히 남아 있다. 이 법률은 은연중에 전쟁의 참혹한 결과를 북한 공산주의자들의 탓으로 돌리고 있다. 이승만 정권부터, 그 뒤 박정희에서 노태우까지 이어진 군사독재 정권과 지금의 윤석열 정권은 반공을 국가의 제일 과제로 삼았다.

커밍스와 정병준은 전쟁은 시작Start하는 게 아니라 형성Become 되는 거라고 했다. 커밍스는 또한 한국의 분단이 없었다면 전쟁을 생각할 수 없다고도 말했다(Cumings, 1997, p238; 정병준, 2006, p88-89).

미국은 소련과 합의해 조선을 분단하고, 미군이 남조선을 점령했다. 미군 점령 기간에 남과 북은 지리적 분단이 사회적·정치적 분단으로 점점 심화되었다. 미점령군은 남조선의 민족 반역자 처벌을 방해하고 민족 독립 세력을 탄압한 뒤에 미국에 종속적인 이승만 정권을 세웠다. 미군정이 제주 4·3 항쟁과 여수·순천 항쟁을 탄압하면서 작은 전쟁을 치르고, 미군사고문단은 38선 부근에서 북 인민군과 싸우는 한국 군대의 작은 전쟁을 지휘했다. 그래서 미 점령군은 1950년 6월 항일 독립군 세력을 자부하는 인민군이 "미 제의 식민지 한국을 해방하고, 남과 북을 통일"하기 위한 전쟁이라고 주장하면서 38선을 넘어 큰 전쟁을 시작하는 사실상의 구실을 제공했다. 그러므로 미군 점령 4년은 조선 독립 세력에 대항하는 친미 세력을 조직하고, 미국에 종속적인 정권을 수립하면서, 작은 전쟁을 거쳐, 큰 전쟁으로 발전하는 한국전쟁을 형성한 셈이다.

미군 점령이 낳은 가장 중요하면서도 가장 불행한 유산은 천년이 넘도록 하나의 국가를 유지해 온 우리나라의 분단이다. 1945년에는 일시적이라고 생각한 지리적 분단과 1948년의 정치적 분단은 1950년에서 1953년에 이르는 한국전쟁이라는 비극을 낳았다. 분단과 전쟁은 약 200만에 달하는 가정을 파괴하고 약 천만의 이산가족을 만들었다.

북쪽의 풍부한 지하자원과 중공업, 남쪽의 넓은 농토와 경공업이 서로 보완하던 관계를 분단이 파괴함으로써 양쪽 모두 불균형 경제체제가 되었다. 게다가 산업시설의 엄청난 파괴에 더하여 한국전쟁은 평화협정이 아닌 휴전협정으로 끝난 상태이기에, 남과 북의 정부는 엄청난 예산을 군사비에 지출하게 했다. 이것은 남북한 모두에 부족한 경제자원의 커다란 낭비를 의미한다. 더구나 미국과 남한은 북한의 침공을 가정하고 매년 대규모의 군사훈련을 시행했다. 오늘날 이 땅은 핵전쟁을 포함한 전쟁이 또 발발할 가능성이 큰 곳이 되었다.

에필로그

세상이 거꾸로 돌아가는 것 같다. 윤석열 정권은 국가를 운영할 계획이나 정책은 발표하지 않고, 그동안 쌓인 인구노령화와 노인 빈곤과 자살, 저출생, 청년 실업, 청소년 자살, 학교폭력, 성폭력 심화 같은 심각한 사회문제의 해결책도 내놓지 않고, 이 문제가 모두 이전 정권이 정치를 잘못해서 생겼다고 한다.

대통령이 고교 동창이나 검찰 출신을 장관이나 정부 관리로 임명하기를 좋아하더니, "공영 방송이 공기가 아닌 흉기가 되었다"라고 주장하는 자를 방송통신위원장으로, "불법파업에는 손해배상 폭탄이 특효약"이라 말하는 자를 고용노동부 장관으로, 차별금지법 제정이 "공산주의 혁명으로 가는 긴 행진의 수단이 될 수 있다"라고 말하는 자를 국가인권위원장으로 임명하였다.

의료 개혁을 한다고 의대생 2천 명 증원을 발표하면서 정부와 의사 간의 갈등이 7개월 넘게 지속되어, 환자 곁을 떠난 의사가 늘면서 "의료 대란"이 일어나 "응급실 뺑뺑이" 현상이 발생하였다. 여당과 야당은 대화도 없이 사소한 일로 싸움만 하고, 대통령은 국회를 무시하여 국회 개원식에도 참여하지 않고, 사회의 긴급한 문제를 해결하기 위해 국회가 통과시킨 법률을 29개나 거부하였다.

지난 총선에서 여당이 참패하고, 여론조사에서 대통령 지지율이 20%대로 떨어졌어도 도무지 반성하지 않고 국민의 뜻을 무시한다. 윤 정권은 무능하고, 무책임하고, 무소통 정권이요, 대미 종속에 대일 저자세 정권이요, 검찰 독재정권이란 비난을 받는다. 4·19혁명, 5·18광주항쟁, 1987년 항쟁, 촛불혁명 등의 민중 투쟁으로 쟁취한 민주주의가 대통령 한 사람 잘못 뽑았다고 이렇게 맥없이 파괴될 수 있는지 한숨이 나온다.

서울 한복판에 미군이 주둔하고, 1년에 1조 3천억 원 이상 방위비 분담금을 내고, 미국에 빼앗긴 전시작전통제권을 되찾지 못하는 등 한국이 미국에 종속된 상황이 계속되는 중에 한미일 합동군사훈련을 구실로 일본에까지 종속될 기미가 보인다.

윤석열 정권이 일본을 상대한 외교활동에서 저자세를 취하는 게 중대한 문제로 지적당하고 있다. 후쿠오카 원전 방사선 오염수 방출에 한마디 항의도 없었고, 강제 징용된 조선 사람의 희생이 많았던 사실은 빼고 사도 광산을 유네스코 세계유산에 등록하려는데 반대도 안 하고, 일본군 위안부 문제에서도 위안부 본인 의견은 무시하고 일본 입장을 지지하고, 광복절 경축사에서도 일본의 조선 강점을 비판하지 않았다. "중요한 건 일본인 마음"이라고 주장하는 사람을 국가안보실 1차장에 임명하고, "일제 강점기 국민 국적은 일본", "친일파 매도 인사들의 명예 회복에 앞장서겠다"라고 주장하는 사람을 독립기념관장으로 임명하였다.

김대중, 노무현, 문재인 대통령이 평양을 방문하여 남북정상회담이 열리던 남북 관계의 좋은 시절은 다 어디 가고, 인민공화국 지도자 김정은이 민족도 통일도 부정하고 한국을 적대국이라고 선언하는 지경이 되었다. 윤석열 정권이 힘에 의한 평화를 주장하고, 한미일 동맹이 형성되면서 조선인민공화국에 대한 압력을 심화시킨 결과다.

언론에서는 대통령 주변에 모여서 대미 종속과 친일 외교를 주장하는 사람들을 "뉴라이트"라고 부르면서 그들의 정체성에 관한 논쟁이 벌어졌다. 한겨레신문(24.9.6-7)에 따르면 뉴라이트는 자유총연맹, 해병전우회, 재향군인회, 북한민주화네트워크, 한국기독교개혁운동, 한반도선진화재단 등 다양한 단체를 포함한다. 이들의 이념과 노선을 정리하면, 대외관계는 한미일 동맹과 반북 흡수통일론, 정치는 자유민주주의를 내건 반공 권위주의, 경제는 친기업 반노동 자유시장경제론, 역사는 식민지 근대화론과 이승만 박정희 재평가론으로 압축된다. 한반도 평화를 얘기해도, 노동자 권리, 복지 확대, 기업규제, 종합부동산세를 얘기해도, 모두 공산주의, 자유민주주의의 적으로 통한다. 자본주의 지배, 정치적 독재, 제국주의와 식민주의가 연결된다.

제일 걱정되는 것은 사회의 근본 가치에 대한 위협이다. 위안부는 자발적 매춘이고, 식민 지배와 독재로 잘살고, 민주화운동 배후에 북한이 있고, 파업 노동자는 국가의 적이라는 담론은 인간 존엄의 모독, 주권과 민주주의의 폄훼, 자유와 평등의 부정이다. 더 큰 위험은 거기에 익숙해져서 점차 하나의 의견이 되고, 나중에 상식이 되는 것이다.

우리가 일제 강점에서 벗어났을 때, 민족 반역자인 친일파를 청산하지 못해, 그들이 이승만을 앞세우고 반공을 주장하면서 한국의 지배 세력이 되었다. 일본이 전쟁에 패배했을 때, 한반도를 분단하고 남조선을 점령한 미국 군대가 친일파를 보호하고 이용하였다. 이때 친일파에서 친미파로 변신한 자들이 오늘날 뉴라이트의 뿌리다.

오늘날 한국이 마주친 정치·경제·사회의 심각한 문제는 대부분 한반도 분단과 전쟁, 친일파 보호의 영향으로 생겼다. 오늘 한국 문제의 원인이 된 분단과 전쟁, 친일파 보호는 미국 군대가 남조선을 점령한 결과다. 한국 문제의 해결점을 찾으려면, 그 원인을 만든 미군의 남조선 점령이라는 역사적 사실을 꼭 마주해야 한다.

주요사건 연표(1945~1949)

▶ **1945년**

8. 10.   소련 군대가 동해안 웅기에 상륙해 조선에 들어와 일본 군대와 교전했다.

8. 15.   일본이 연합국에 항복해서 조선은 일본에서 해방했다.
         조선 민족주의자들은 서울에서 여운형을 의장, 안재홍을 부의장으로 하는
         건국준비위원회를 조직했다.

8. 22.   소련 군대가 평양에 도착했다.

9. 2.   연합군은 일반명령 1호로 소련과 미국이 조선을 분할 점령한다고 발표했다.

9. 6.   건국준비위원회는 인민대표자회의를 개최해,
         조선인민공화국을 수립했다.

9. 8.   미군이 인천에 상륙해 조선에 도착했다.

9. 9.   서울에서 미점령군은 남조선에 있던 일본 군대의 항복을 받았고,
         미군정의 남조선 통치를 발표했다.

9. 11.   박헌영을 당수로 하는 조선공산당이 서울에서 조직되었다.

9. 16.   송진우와 김성수가 지도하는 친일파는 한국민주당(한민당)을 조직했다.

10. 5.   미군정은 김성수와 친일파를 모아 '미군정고문단'을 만들었다.

10. 10. 만주와 시베리아에서 항일 무장투쟁을 하던 김일성이 평양에 도착했다.
         군정장관 아놀드는 인공이 조선 정부라는 것을 부인하는 성명을 발표했다.

10. 16. 40년 동안 미국에서 정치적 망명 생활을 한 이승만이 서울에 도착했다.

11. 3.   보수 조선민족주의자는 조만식을 당수로 조선민주당을 평양에서조직했다.

11. 5.   조선 노동조합 지도자는 서울서 조선노동조합전국평의회(전평)를 조직했다.

11. 11. 여운형과 그의 추종자들은 여운형을 당수로 하는 조선인민당을 서울에서
         조직했다.

11. 13. 미군정은 군대를 조직하려고 육군국과 해군국을 포함하는 '국방청'을 세우
         기 위해 법령 제28호를 발표했다.

11. 20. 남조선 지방인민위원회 대표자들은 서울에서 민족 회의를 열고, 인공을 부
         인하는 미군정 정책에 반대했다.

11. 23. 김구, 김규식 등 임정 지도자들이 중국에서 귀국했다.

12. 5.   미군정은 군사영어학교를 세워, 점령군 언어를 조선군 장교에게 가르쳤다.

12. 8.   조선 농민지도자들이 전국농민조합총연맹(전농)을 조직했다.

12. 12. 미점령군 사령관 하지는 인공을 불법화하는 성명을 발표해, 인공지도자들
         은 체포되거나 탄압의 대상이 되었다.

12. 28. 모스크바협정이 발표되었다. 미국, 영국, 소련의 외무장관은 임시적인 조선
         민주 정부를 세우고, 최대 5년 동안의 4대 강국의 신탁통치 준비 과정을 서
         로 의논하기 위해 미소공동위원회를 설치하는 데 합의했다.

▶ 1946년

1. 16. 소련과 미국 대표자들이 서울에서 만나 남북조선 간의 교역에 관해 토의했으나 어떤 합의도 이루지 못했다.

2. 8. 지방 인민위원회대표자회의는 북조선임시인민위원회를 설립하고 김일성을 위원장으로 선출했다.

2. 14. 미군정은 한민당과 임정 지도자를 통합해 이승만을 의장으로 김구, 김규식을 부의장으로 하는 '대표민주의원'을 조직했다.

2. 15. 조선공산당과 조선인민당이 지도하는 남조선 내 사회주의자 정당과 조직은 여운형을 의장으로 허헌, 박헌영, 김원봉을 부의장으로 하는 민주주의민족전선을 조직했다.

2. 23. 조선 민족주의 정당 활동을 통제하려고 미군정은 법령 제55호를 발표해 3인 이상이 모인 단체는 모두 정당으로 등록하라고 요구했다.

3. 5. 북조선임시인민위원회는 무상몰수와 무상분배를 원칙으로 하는 토지개혁법을 공포했다.

3. 20. 미소공동위원회 첫 회담이 서울에서 개최됐으나, 양쪽은 조선의 어떤 단체가 협의 대상이 될 것인지에 대해 의견이 불일치했다. 6주 동안에 16번이나 만났지만, 미소공동위원회는 단 한 문제도 해결하지 못한 채 5월 6일에 중단되었다.

3. 23. 북조선임시인민위원회는 20개 강령을 공포했다. 요점은 다음과 같다, "조선 내 일본제국주의 법률의 잔재는 폐지돼야 한다. 모든 사람의 민주적 유와 권리는 보호돼야만 한다. 모든 운송조직과 은행, 광산업 삼림은 국유화되어야 한다. 일본인, 매국노, 지주들이 소유하는 땅은 몰수되어 농민들에게 무상으로 분배돼야만 한다."

5. 16. 하지는 아무 근거도 없이 위조지폐 사건에 연관시켜 조선공산당 지도자 16명 체포를 명령했다.

6. 3. 이승만은 남한 단독정부 수립을 주창했다.

6. 24. 북조선임시인민위원회는 노동법을 공포했다.

7. 22. 여운형, 김규식을 포함한 좌우합작위원회 첫 회담이 서울에서 개최되었다.

7. 30. 북조선임시인민위원회는 남녀 평등에 관한 법을 공포했다.

8. 10. 북조선임시인민위원회는 산업과 철도, 체신, 통신, 은행의 국유화에 대한 법률을 발표했다.

8. 28. 북조선 내의 조선공산당과 신민당은 김두봉을 의장으로 김일성, 주영하를 부의장으로 하는 북조선노동당으로 합당했다.

9. 7. 미점령군은 조선공산당을 불법단체라고 선언하고 당 지도자들의 체포를 명령했다.

9. 24. 전평의 지도 아래 있는 철도 노동자가 9월 총파업을 시작했다.

10. 1. 파업 노동자들에 대한 경찰의 잔인한 진압은 경상북도 대구에서 10월 항쟁을 불러일으켰다.

11. 3. 인민위원회선거가 북조선의 모든 도, 시, 군 지역에서 실시되었다.

11. 23. 남조선 내의 조선공산당과 조선인민당, 신민당은 허헌을 의장으로 박헌영, 이기석을 부의장으로 하는 남조선노동당으로 합당했다.

12. 12. 남조선과도입법의회가 선거에 의한 45명과 미군정이 지명한 45명, 총 90명으로 설립됐으며, 이들 중 대부분은 한민당과 이승만 그룹 출신들이었다. 김규식이 의장이 되었다.

▶ **1947년**

2. 17. 북조선의 도, 시, 군 지역의 인민위원회 대표자 회의가 열렸다. 이 회의에서 선거로 대의원을 뽑아 2월 20일에 북조선인민위원회가 공식적으로 설립됐다.

2. 21. 김일성이 북조선인민위원회 위원장으로 취임했다.

3. 22. 총파업이 남조선 전역에서 일어났다.

5. 21. 미소공동위원회 회담이 서울에서 다시 개최되었다.

6. 3. 미군정은 군정장관 밑에 미군정에 근무하는 입법, 사법, 행정부의 조선인으로 구성된 남조선과도정부를 설립했다.

7. 19. 여운형이 미소공동위원회에 반대하는 이승만 그룹과 한민당의 테러리스트에 의해 암살되었다.

9. 17. 미국이 조선 문제를 UN에 제기했다.

▶ **1948년**

1. 8. 유엔조선임시위원단이 서울에 도착했다.

2. 7. 남조선노동자는 유엔조선임시위원단에 반대하는 총파업을 벌였다.

2. 26. 유엔총회의 임시위원회가 남조선 단독 총선거 실시를 결정했다.

4. 3. 혁명적인 조선 민족주의자들이 제주도 전역에서 경찰서를 무장 공격했으며, 압제적이고 착취적인 미점령 군대에 맞서는 제주도 4·3 항쟁이 일어났다.

4. 19. 김구와 김규식은 4월 16일에서 23일까지 평양에서 열리는 남북 정치지도자 연석회의에 참석하려고 서울을 떠났다.

5. 8. 남조선의 백만 노동자가 단독 선거에 반대하는 총파업을 일으켰다.

5. 10. 미군정은 조선 민중 대다수의 강한 반대에도 남조선 단독으로 총선거를 했다.

8. 15. 이승만을 대통령으로 하는 대한민국이 수립되었고, 미군정은 폐지되었다.

8. 24. 대한민국 정부와 미국은 '한미군사안전잠정협정'에 서명했으며, 이는 남한

군대에 대한 미국의 지속적인 통제를 규정하고 있다.

9. 9.   김일성을 수상으로 해 조선민주주의인민공화국이 수립되었다.

9. 11.   미점령 군대의 모든 비용에 대해 대한민국 정부가 책임을 진다는 것을 규정
         하고 있는 '한미간 재정 및 재산에 관한 최초협정'이 대한민국 정부와 미국
         간에 체결되었다.

10. 19. 여수·순천 항쟁이 전라남도 여수에서 일어났다.

12. 1.   대한민국 정부는 국가보안법을 공포했는데, 이승만 정권은 이를 민주적인
         민족주의자들을 억압하는 무기로 사용했다.

12. 10. 대한민국 정부와 미국은 남한의 외국무역에 대한 미국의 지배를 규정하고
         미국민 간 자본의 남한 투자를 촉진하기로 한 '경제협력'에 관한 협정에 서
         명했다.

12. 26. 소련은 북조선에서 소련 점령 군대가 모두 철수했다고 발표했다.

▶ 1949년

1. 8.   대한민국 국회는 친일 민족 반역자를 조사하기 위한 특별위원회를 설립했
         다.

5. 20.   이승만 정권은 민족 반역자 재판을 강력히 주창한 세 명의 국회의원을 국가
         보안법 위반죄로 체포했다.

6. 26.   김구가 그의 정적 그룹의 테러리스트에 암살되었다.

6. 30.   미국 전쟁성은 남한에서 미점령군의 철수는 이미 끝났다고 주장했으나, 5
         미국인 군사고문단 500명이 남아 이승만 정권에 막대한 영향을 끼쳤다.

참고문헌

한글문헌

강동진

1979 「한국기업의 형성과 계보」,『변혁시대의 한국사』(안병직 외) p330-341

1980 『일제의 한국침략정책사』, 한길사.

강만길

1978 『분단시대의 역사인식』, 창작과비평사.

1984A 『한국근대사』, 창작과비평사.

1984B 『한국현대사』, 창작과비평사.

1987 「김구, 김규식의 남북협상」, <신동아>(6월호), p643-657.

강만길 외

1985 『해방전후사의 인식 2』, 한길사.

강재언

1982A 『한국근대사연구』, 한울.

1982B 『일제하 40년사』, 풀빛.

고바야시, 에이오

1982 「해방직후의 한국노동운동」,『한국현대사의 재조명』(서대숙) p431-473, 돌베개.

고창훈

1988 「4·3민중운동을 보는 시각과 연구과제」, <실천문학>(여름호), 10호, p350-374.

고현진

1985 「미군정기의 노동운동」,『해방40년의 재인식 1』(송건호 외), p176-224, 돌베개.

광주부

1946 『해방전후회고』1984 재판, 돌베개.

국방부

1967 『한국전쟁사 1』, 국방부.

1977 『한국전쟁사 1』(개정판), 국방부.

국회도서관

1980 『한국정치년표』, 1945~1979, 국회도서관.

길진현

1984 『역사에 다시 묻는다: 반민특위와 친일파』, 삼민사.

김광식

1985 「박헌영과 8월테제」,『해방전후사의 인식 2』(강만길 외), p104-142.

김금수

1986 『한국노동문제의 상황과 인식』, 풀빛.

김기석

1947 「북조선의 현상과 장래」, 『한국현대사 자료총서 11』(김남식 외, 1986), p587-677, 돌베개.

김낙중

1982 『한국노동운동사: 해방후편』 청사.

김남식

1984 『남로당 연구』, 돌베개.

1987 「조선공산당과 삼당합당」, 『해방전후사의 인식 3』(박현채 외), p140-183, 한길사.

김남식 외

1971 「해방이후 주요사건」, 『국민윤리 교수자료집 2』, p374-405, 성문각.

김대상

1979A 「8·15직후의 정치현상」, 『변혁시대의 한국사』(안병직 외), p255-279, 동평사.

1979B 「일제 잔재 세력의 정화문제」, 『변혁시대의 한국사』(안병직 외), p280-310, 동평사.

김두한

1963 『김두한 회고기』, 연우.

김병태

1981 「농지개혁의 평가와 반성」, 『한국경제의 전개과정』(김윤환 외, 1981), p35-65, 돌베개.

김병화

1979 『한국사법사: 현세편』, 일조각.

김봉현·김민주

1963 『제주도 인민들의 4·3무장투쟁사』, 일본 오사카, 문우사.

김석학·임종명

1975 「여순반란」, 전남일보사, 『광복 30년 2』, 광주 전남일보사.

김성수

1985 『일제하 한국경제사론』, 경진사.

김양화

1985 「미국의 대한원조와 한국의 경제구조」, 『해방40년의 재인식 1』(송건호 외), p227-274.

김원용(Warren)

1959 『재미한인 50년사』, 캘리포니아, 찰스 호 김(Charles Ho Kim)

김원모

1982 『한미수교백년사』, 한국방송사업단.

김윤환

1978 「근대적 임금노동의 형성과정」, 『한국노동문제의 구조: 노동문제논문선집』(김윤환 외), 광민사.

1981 『한국경제의 전개과정: 해방이후에서 70년대까지』, 돌베개.

1982   『한국노동운동사: 일제하편』, 청사.

김윤환 외

1978   『한국노동문제의 구조: 노동문제논문선집』, 광민사.

김인순

1983   「조선에 있어서의 1894년 내정개혁연구」,
        『갑신·갑오기의 근대변혁과 민족운동』(길야성 외), p173-252, 청아.

김일성

1948   「전 조선 정당사회단체 대표자연석회의 보고서 및 결정서」,
        『한국현대사 자료총서 13』(1986), 돌베개.

김준보

1977   『한국자본주의사 연구 3』, 일조각.

김준연

1947   『독립노선』, 홍한재단.

김종범·김동운,

1945   「대한청년당 강령」, 『해방전후의 조선진상』, 1984년 재판, p125, 돌베개.

김창진

1987   「8·15직후 광주지방에서의 정치투쟁」
        역사문제연구소, <역사비평>, 1호, p99-135.

김태성

1987   「미군정기 노동운동과 전평의 운동노선」.

김형욱

1982   『권력과 음모』, 캐나다 토론토, <뉴 코리아 타임즈>.

나까오 미치꼬(中尾美知子)

1984   『해방후 전평의 노동운동』, 춘추사 번역.

<독립신보> 1946년-1948년 , <동광신문> 1948년, 11월 24일, 12월 12일.

1986A   『한국현대사 자료총서 13』, p319-639, 돌베개

1986A   『한국현대사 자료총서 15』, 돌베개.

1986B   「전조선 정당사회단체 대표자연석회의 보고서 및 결정서」,
        『한국현대사 자료총서 15』, p278-307, 돌베개.

동아일보사

1987   『현대사를 어떻게 볼 것인가?』, 동아일보사.

<매일신보>, 1945년 10월 31일.

미챰(Stewart Meacham)

1947   「미군정하의 노동정책」, 『한국노동문제의 상황과 인식』(김금수, 1986), 풀빛,
        p211-305.

민주조선사

1949   「해방후 사십년간의 국내외 중요일지」(1945.8-1949.3),
        『한국현대사 자료총서 12』(1986 ,김남식, 한홍구, 이정식), p275-450, 돌베개.

민주주의민족전선
1946A 「민주주의 민족전선 결성대회 의사록」,
　　　『한국현대사 자료총서 12』(김남식·한홍구·이정식) , p616-670. 돌베개.
1946B 「조선해방연보」, 『한국현대사 자료총서12』(김남식·한홍구·이정식), p1-248.
　　　돌베개
박갑동
1983 『박헌영』, 인간사.
박경식
1986 『일본제국주의의 조선지배』, 청아.
박헌영
1946 「10월인민항쟁」, 『박헌영비판』(김남식·심지연, 1986), p431-451, 세계.
박현채
1983 「해방전후 민족경제의 성격」, 『한국사회연구 1』(6월호), p369-410, 한길사.
1985 「일제하 민족해방운동의 과제와 농민운동」,
　　　『한국민족주의론 3, 민중적 민족주의』(박현채·정창열), p173-210, 창비.
박현채 외
1987 『해방전후사의 인식 3』, 한길사.
배성룡
1948 「농촌경제의 근황」, <민주조선>, 2권 3호, (4월호), p8-11.
브링클리, 앨런
1989 『미국인의 역사 2』, 황해성 외 번역, 비봉출판사.
사쿠라이 히로시
1982 「한국농지개혁의 재검토」, 『한국현대사의 재조명』(이정식 외), p363-430,
　　　돌베개.
선우학원
1979 『한.미관계 50년사』, p56-57, 일월서각.
서중석
2007 『이승만과 제1공화국』, 역사문제연구소.
성한표
1984 「8·15직후의 노동자자주관리운동」, 『한국사회연구 2』(신용하 외), p571-606,
　　　한길사.
송건호
1982 「8·15후의 한국민족주의」, 『한국민족주의론』(송건호·강만길), p160-214,창비.
1985 『해방사십년의 재인식 1』, 돌베개.
1985B 『백범연구 1』, 교문사.
송건호 외
1980 『해방전후사의 인식』, 한길사.
송남헌
1985 『해방삼년사: 1945-1948』, 2권, 까치.

송효순

1978 　『북괴도발 삼십년』, 북한연구소.

수도관구경찰청

1947 　『해방이후 수도경찰발달사』, 수도관구경찰청.

신납풍

1985 　「해방후 한국경제의 구조」, 『한국현대사 1』(최창집), p420-478, 열음사.

신복룡

1985 　『동학사상과 갑오농민혁명』, 평민사.

신용하

1979 　「한말의 대일경제관계」, 『변혁시대의 한국사』(안병직 외), p88-103, 동평사.

1986 　「해방전후 한국인의 역사인식」, <신동아> (11월호), p500-517.

심지연

1982 　『한국민주당연구』, 풀빛.

1984 　『한국현대정당론』, 창작과비평사.

1986 　『해방정국논쟁사』, 한울.

1988 　「김구, 송진우, 장덕수, 여운형의 암살」, 『현대한국을 뒤흔든 60대사건』,
　　　　<신동아> 부록(1988년 1월호), p58-63쪽, 동아일보사.

아라리연구원

1988 　『제주민중항쟁 1』, 소나무.

안병직

1979 　「해방후의 한국경제」, 『변혁시대의 한국사』(안병직 외), p320-329, 동평사.

안병직 외

1979 　『변혁시대의 한국사』, 동평사.

안정애

1987 　「좌우합작운동의 전개과정」, 『한국현대사』(최창집), 275-310쪽, 열음사.

양호민

1986 　「소련은 어떻게 김일성정권을 세웠는가?」,
　　　　<신동아>(1986년 11월호), p550-565, 동아일보사.

양호민·이상우·김학준

1982 　『민족통일의 전개』, 형성사.

<여수인민보>, 1948년 10월 21일.

여운홍

1967 　『몽양 여운형』, 청하각.

오익환

1980 　「반민특위의 활동과 와해」, 『해방전후사의 인식』(송건호 외, 1980), p101-171,
　　　　돌베개.

온낙중

1947 　「조선해방의 국제적 경위와 미소공위사업」,
　　　　『한국현대사 자료총서 13』, p1-31쪽, 돌베개, 1986.

유인호

1975 『한국농지제도의 연구』, 백문당.

1980 「해방후 농지개혁의 전개과정과 성격」,
『해방40년의 재인식 1』(송건호 외), p371-448, 돌베개.

이기백

1982 『한국사신론』, 일조각.

이만규

1946 『여운형투쟁사』, 종문각.

이만열

1985 『한국사연표』, 역민사.

이상우

1982 「남북통일의 기본문제」, 『민족통일의 전개』(양호민·이상우·김학준), p421-435,
형성사.

이재석

1983A 「조약협정상에서 본 한미관계, 상」, 『한양』, 174호(9월~10월), p80-92, 동경.

1983B 「조약협정상에서 본 한미관계, 하」, 『한양』, 175호(11월-12월), p67-79.

이정식

1982 「1948년의 남북협상」, 『민족통일논의 전개』(양호민 외), p251-286, 형성사.

1987 「여운형, 김규식의 좌우합작」, <신동아> (5월호), p664-681쪽, 동아일보사.

이종훈

1981 「한국자본주의 형성의 특수성」,
『한국경제의 전개과정: 해방 이후 70년대까지』(김윤환 외), p97-130, 돌베개.

이태

1988 『남부군』, 두레.

인정식

1949 「조선농업경제론」, 『한국현대사 자료총서 15』(1986), p580-687, 돌베개.

일월서각

1986 『미군정 정보보고서 1945-1948』, 1권~15권, 일월서각.

<자유신문>, 서울, 1946년 9월.

장상환

1985 「해방후 대미의존적 경제구조의 성립과정」,
『해방 40년의 재인식 1』(송건호 외), p83-110, 돌베게.

재미한국연합위원회

1948 『해방조선』, 로스엔젤레스, 재미한국연합위원회.

<전국노동자신문>, 1946년.

전국인민위원회

1945 「전국인민위원회 대표자대회 회의록」,
『한국현대사 자료총서 12』(1986), p453-556, 돌베개.

전농
1945 「전국농민조합 총연맹 결성대회 의사록」, 1986A,
『한국현대사 자료총서 12』, p557-615, 돌베개.

전상기
1982 『한미수교백년의 성찰』, <청맥>, 1월호, p44-58, 동경.

정경모
1986 『찢겨진 산하: 김구, 여운형, 장준하의 구름위의 정담』, 거름사.

정병준
2006 『38선 충돌과 전쟁의 형성』, 돌베개.

정영일
1967 「전후 한국농지개혁의 일고찰」, 『경제논집』, 6권 2호, p77-112, 서울대.

정윤형
1981 「경제성장과 독점자본」,
『한국경제의 전개과정: 해방후부터 70년대까지』(김윤환 외), p131-164, 돌베개.

정해구
1987 「해방직후 대구지방 정치의 전개과정」, 『역사비평』, 1호,
역사문제연구소, p73-98.

조경달
1983 「동학농민운동과 갑오농민전쟁의 역사적 성격」,
『갑신·갑오의 근대변혁과 민족운동』(길야성 외), p253-269, 청아.

조덕송
1948 「유혈의 제주」<신천지>, 3권 6호(1948년 7월),
『한국현대사 자료총서 8』(1986), p289-293, 돌베개.

조병옥
1959 『나의 회고록』, 의훈각.

조선경제사
1948-1949 『조선경제 통계요람』, 조선경제사.

조선은행
1948 『조선은행 경제연보』, 조선은행.

조선인민공화국
1945 「전국인민위원회 대표자대회 의사록」,
『한국현대사 자료총서 12』(1986), p453-556. 돌베개.

조선인민당
1946 「인민당의 노선」, 『한국현대사 자료총서 11』(1986), p1-38, 돌베개.

조선총독부
1944 『새로운 조선』, 정보국.

조선통신사
1948 『조선연감』, 조선통신사.

조용범 외

1984 『한국 독점자본과 재벌』, 풀빛.

최봉대

1985 「정치적 이데올로기를 통해 본 이승만 정권의 성립과정과 그 합의」,
『한국현대사』(최창집), p342-377, 열음사.

최창집 엮음

1985 『한국현대사 1』, 열음사.

커밍스(김자동 역)

1986 『한국전쟁의 기원』, 일월서각.

평화도서주식회사

1948 「진통의 기록: 전조선 정당사회단체 대표자연석회의 문헌집」,
『한국현대사 자료총서』(1986), 211-77쪽, 돌베개.

한국노동조합총연맹

1979 『한국노동조합운동사』.

한국민주당

1946 『한국민주당 특보』, 1월 10일.

1948 「한국민주당 소사」, 『해방정국논쟁사』(심지연, 1986), p269-337, 한울.

한국민중사연구회

1986 『한국민중사 2』, 풀빛.

한국현대사연구회

1987 『해방정국과 민족통일전선』, 세계.

한태수

1961 『한국정당사』, 신태양사.

<해방일보>, 1945년 10월~1946년 1월.

<현대일보>, 1946년 9월 3일.

홍인숙

1985 「건국준비위원회의 조직과 활동」, 『해방전후사의 인식 2』(강만길 외),
p57-103, 한길사.

홍한표

1948 「동란의 제주도 이모저모」, <신천지>, 3권 7호(8월)
『한국현대사 자료총서 8』(1986), p311-314, 돌베개.

1948B 「물가, 임금, 생활」, 『민성』(5월호), 『한국현대사 자료총서 8』, p28-31. 돌베개.

황남준

1987 「전남지방 정치와 여수사건」, 『해방전후사의 인식 3』(박현채 외), p413-496,
한길사.

황한식

1985 「미군정하 농업과 토지개혁정책」, 『해방전후사의 인식 2』(강만길 외),
p251-291, 한길사.

영어문헌

American Friends Service Committee(AFSC).

1969 *Anatomy of Anti-Communism,*
New York: Hill and Wang.

Amin, Samir.

1980 *Class and Nation, Historically and in the Current Crisis,*
New York: Monthly review.

Baldwin, Frank. ed.

1974 *Without Parallel: The American-Korean Relationship since 1945,*
New York: Pantheon.

Barnet, Richard.

1972 *Intervention and Revolution: The United States in the Third World,*
New York: A Meridian Book, New American Library.

Beloff, Max.

1953 *Soviet Policy in the Far East, 1944-1951,* London: Oxford University Press.

Bemis, Sammuel.

1955 *The United States as a World Power: A Diplomatic History,1900- 1955,*
New York: Menry Holt and Company.

Brun, Ellen and Jacques Hersh.

1976 *Socialist Korea: A Case Study in the Strategy of Economic Development,*
New York: Monthly Review.

Caldwell, John.

1952 *The Korea Story. Chicago: Henry Regnery.*

Cardoso, F. H.

1979 *Dependency and Development in Latin America,*
Berkeley, California: University of California Press.

Chay, Gungsik John.

1968 "The Taft-Katsura Memorandum Reconsidered." *Pacific Historical Review,*
vol.37, no.3.(Aug.), p321-326.

1983 "The First Three Dacades of American-Korean Relations, 1882-1910:
Reassessments and Reflections." p15-33. in Kwak Tae-hwan et al. ed.
U.S.-Korean Relations, 1882-1982. Seoul, Korea: Kyungnam University Press.

Cho, Soon Sung.

1967 *Korea in World Politics, 1940-1950:An Evaluation of American Responsibility,*
Berkeley: University of California Press.

Choy, Bong-Youn.

1971 *Korea: A History,* Tokyo: Charles E. Tuttle, Co.

1984 *A History of Korea Reunification Movement: Its Issues and Prospects,*
Peoria, Illinois: Resource Center of Korean Unification,
Institute of International Studies.

Chung, Henry.

1919 *The Oriental Policy of the United States.*
New York: Fleming H. Revell Company.

Chung, Kyung Cho.

1956 *Korea Tomorrow:Land of Morning Calm,* New York:Macmillan.

Chung, Manduk.

1975 *The United States in Korea: A Reluctant Participant, 1945-1948,*
Ph.D. Dissertation, History, Michigan State Uni.

1976 "The United States in Korea: A Reluctant participant, 1945-1948."
in *Dissertaion Abstract International.* vol.36, no.12. (June), p8253-A.

Chung, Yong Hwan.

1976 "Repatriation under in United States Army Military Government in Korea,
1945-1948." *Asian Forum.* Washington, D.C. vol.8, no.2. (Spring), p25-44.

Coles, Harry and Albert Weinberg.

1964 *Civil Affairs: Soldiers Become Governors,* United States Army
in the World War II Series (Special Studies).Washington, D.C.:
Office of the Chief of Military History, Department of the Army.

Commander-in-Chief, Far East.

1947 *Summation of United States Army Military Goverment Activities in Korea,*
No.16-22. Tokyo.

1952 "History of the North Korean Army." Tokyo: G-2 Section.

Commander-in-Chief, U.S. Army Forces, Pacific.

1946 *Summation of United States Army Military Government Activities in Korea,*
No.6-15. Tokyo.

Cumings, Bruce.

1975 *The Politics of Liberation: Korea, 1945-1947,*
Unpublished Ph.D. Dissertation, Political Science, Columbia University.

1978 The Politics of Liberation: Korea, 1945-1947."
Dissertation Abstracts International, vol.38, no.10.(April), p6285-6286.

1981 *The Origins of the Korean War: Liberation and the Emergency of Separate Regimes,
1945-1947,* Princeton: Princeton University Press.

1983 *Child of Conflict: The Korean-American Relationship, 1943-1953,*
Seattle: University of Washington Press.

1984 *The Two Koreas,* New York: Foreign Policy Association.

1987 "The Division of Korea." in Sullivan, John and Roberta Fossed,
Two Koreas-One Future? Lanham, Md:University Press of America.

1997 "Korea's Place in the Sun." W. W. Norton&Company.

Dobbs, Charles.

1978 "American Foreign Policy, the Cold War, and Korea, 1945-1950."
Dissertation Abstracts International, vol.39, no.2.(August), p1057-1058.

1981 *The Unwanted Symbol: American Foreign Policy, the Cold War, and Korea,*
1945-1950, Kent, Ohio Kent Stated Univ. Press.

Eden, Anthony.

1965 *Memoirs: The Reconing,* Boston: Houghton Mifflin Company.

Evans, Peter.

1979 *Dependent Development, Princeton,* NJ: Princeton Uni. Press.

Frank, Andre Gunder.

1981 *Crisis: In the Third World,* New York: Holmes and Meier.

Friedrich, Carl. et al.

1948 *American Experiences in Military Government in World War II,*
New York: Rinehart Co.

Gayn, Mark.

1948 *Japan Diary,* New York: William Sloane Associates.

Goodrich, Leland.

1956 *Korea A Study of U.S. Policy in the United Nations,*
New York: Concil on Foreign Relations.

Gordenker, Leon.

1958 "The United Nations, the United States Occupation and the 1948 Election
in Korea." *Political Science Quarterly,* vol.73, no.3. (Sept.), p426-450.

1959 *The United Nations and the Peaceful Unification of Korea The Politics of Field*
Operation, 1947-1950, Hague, Netherlands: Martinus Nijhoff.

Green, A. Wigfall.

1950 *The Epic of Korea,* Washington, D.C.: Public Affairs Press.

Grey, Arthur.

1951 "The Thirty-eighth Parallel." *Foreign Affairs,* vol.29, no.3.(April), p482-487.

Gunther, John.

1950 *The Riddle of McArthur,* New York: Harper and Bros.

Halliday, Jon.

1970 "The Korean Revolution." *Socialist Revolution,*
vol.1, no.6.(Nov.-Dec.), p95-133.

1973 "What Happened in Korea?: Rethinking Korean History, 1945-1953."
Bulletin of Concerned Asian Scholars, vo.5, no.3.(Nov.) p36-44.

1974 "The United Nations and Korea." p.109-142, in Frank Baldwin ed.
Without Parallel: The American-Korean Relationship Since 1945,
New York: Pantheon Books.

1983 "Who Started the Korean War?" *Monthly Review,*
vol.34, no.10.(March), p43-53.

Hatada, Takashi.

1969 *A History of Korea,* Warren Smith and Benjamin Hazard. tr. Japanese to
English. Santa Barbara, Ca: ABC-CLIO, Inc.

Henderson, Gregory.

1968 *Korea The Politics of Vortex,* Cambridge: Harvard University Press.

1974 *Divided Nations in a Divided World.* New York: David McKay Co.

Hoag, Leonard.

1970 *"American Military Government in Korea:*
War Policy and the First Year of Occupation, 1941-1946,"(Manuscripts),
The Office of the Chief of Military History, the U.S. Army Department.

Hopkins, Terence and Immanuel Wallerstein.

1982 *World-Systems Analysis: Theory and methodology.* Berverly Hills, Ca: Sage.

Jacobs, Joshep.

1947 "Lecture by Mr. Jocabs on the Subject of Situation in Korea,
on December 17, 1947." in U.S. War Department, RG 165,
ABC *Decimal File(Korea).* O14. Japan Sec. 17E.

Japanese Garrison Army in Korea.

1913 *Record of Subjugation of Insurgents.* Seoul: Headguarters.(Appendix, tables 2-3).

Joseph, Robert.

1978 *Commitments and Capabilities:*
United States Foreign and Defense Policy Coordination, 1945 to the Korean War.
Ph.D. Dissertation, Political Science, Columbia Univ.

Jung, Yong Suk.

1970 *The Rise of American National Interest in Korea, 1845-1950.*
Political Science, Claremont Graduate School and University Center.

Kang, Han Mu.

1970 *The United States Military Government in Korea,1945-1948:*
An Analysis and Evaluation of its Policy. Unpublished Ph.D. Dissertation,
Political Science, University of Cincinnati.

Kawai, Kazuo.

1960 *Japan's American Interlude.* Chicago: University of Chicago.

Kim, Jinwung.

1983 *American Policy and Korean Independence:*
An Appraisal of American Military Occupation Policy in South Korea, 1945-1948.
Ph.D. Dissertation, History, Brigham Young Univ.

Kim, Joungwon.

1975 *Divided Korea: The Politics of Development, 1945-1972.*

Cambridge, Mass.: Harvard University Press.

Kim, Se-jin.

1971 *The Politics of Military Revolution in Korea.*
Chapel Hill: University of North. Carolina Press.

1976 *Documents on Korea-America Relations, 1943-1976.*
Seoul: Samhwa Publishing Co.

Kolko, Gabriel.

1968 *The Politics of War: The World and United States Foreign Policy, 1943-1945.*
New York: Random House.

Kolko, Joyce, and Gabriel Kolko.

1972 *The Limits of Power: The World and United States Foreign Policy, 1945-1954.*
New York: Harper Row.

Korean Government-General.

1924 *The Korean Independence Thought and Movement.* Seoul: Governor's Office.

Kotch, John.

1976 United States Security Policy toward Korea, 1945-1953:
The Origins and Evolution of American Involvement
and the Emergence of a National Security Commitment.
Ph.D. Dissertation, Political Science, Columbia University.

LaFeber, Walter.

1972 *America, Russia, and the Cold War, 1945-1971.* New York: John Wiley Sons.

Lauterbach, Richard.

1947 *Danger from the East.* New York: Harper Bros.

Lee, Chong-sik.

1963 *The Politics of Korean Nationalism.* Berkeley: University of California Press.

Lee, Won Sul.

1961 *The Impact of United States Occupation Policy on the Socio-Political Structure of South Korea, 1945-1948.* Ph.D. Dissertation, History, Western Reserve Uni.

1982 *The United States and the Division of Korea.*
Seoul: Kyung-hee University Press.

Lee, Young-Woo.

1984 *The United States and the Formation of the Republic of Korea Army, 1945-1950.*
History, Duke University.

Los Angeles Times. 15 March 1987.

Magdoff, Harry.

1978 *Imperialism From the Colonial Age to the Present.* New York: Monthly Review.

Maglin, William.

1946 "Minutes for Briefing to the Korean-American Conference,
November 1, 1946." in USAFIK, RG 332, *XXIV Corps Historical File.*

Mark, David.

1947 "*A Survey of South Korea.*" Office of the U.S. Political Advisor, Seoul. (Nov.24). in U.S. War Department, RG 319, State Department File (Korea), 1944-1947.

Materi, Irma.

1949 *Irma and the Hermit: My Life in Korea.* New York: Norton.

Matray, James.

1979 "The Reluctant Crusade." *Dissertation Abstracts International.* vol.39, no.7. (January), p4448-4449.

1981 "Captive of the Cold War: The Decision to Divide Korea at the 38th Parallel." *Pacific Historical Review.* vol.50, no.20. (May), p145-168.

1985 *The Reluctant Crusade: American Foreign Policy in Korea, 1941-1950.* Honolulu: University of Hawaii Press.

Mauk, Kenneth.

1978 *The Formation of American Foreign Policy in Korea, 1941-1950.* Honolulu: University of Hawaii Press.

McCune, George.

1946 "Essential Unity of Korean Economy." *Korea Economy Digest,* Los Angeles. vol.3, no.1.(Jan.), p3-8.

1950 *Korea Today.* London: George Allen and Unwin, LTD.

McDonald, Donald.

1948 "Field Experience in Military Government: Cholla Namdo Province, 1945-1946." in Carl Friedrich et al. *American Experience in Military Government in World War II.* New York: Rinehart and Co: 364-377. McKenzie, F.A.

McKenzie, F.A.

1920 *Korea's Fight for Freedom.* New York: Fleming H. Revell Co.

McMahon, John.

1954 "Antecedents, Character, and Outcome of the Korean Elections of 1948." (M.A. thesis), Berkeley: University California.

Meade, E. Grant.

1951 *American Military Government in Korea.* New York: King's Crown Press, Columbia University.

Merrill, John.

1980 "The Cheju-do Rebellion." *Journal of Korean Studies.* no.2, p139-198.

1982 *Internal Warfare in Korea, 1948-1950: The Local Setting of the Korean War.* Ph.D. Dissertation. Political Science, University of Delaware.

1983 "Internal Warfare in Korea, 1948-1950: The Local Setting of the Korean War." in Bruce Cumings.

ed. *Child of Conflict: The Korean-American Relationship, 1943-1953,* p133-162. Seattle: University of Washington Press.

Mitchel, C. Clide.

1948 *Final Report and History of the New Korea Company.* (April 30). Seoul: USAMGIK.

1951 *Korea: Second Failure in Asia.* Washington, DC: Public Affairs Institute.

1952 *Land Reform in Asia: A Case Study.* Planning Paper no.78. Washington, D.C.: National Planning Association.

Morrock, Richard.

1973 "Heritage of Strife: The Effects of Colonialist. 'Divide and Rule' Strategy Upon the Colonized Peoples." Science and Society. vol.37, no.2.(Summer), p129-151.

New York Times. 22 January 1946.

Nam, Koon Woo.

1974 *The North Korean Communist Leadership, 1945-1965: A Study of Factionalism and Political Consolidation.* University, Ala.: University of Alabama Press.

Oliver, Robert.

1954 *Syngman Rhee: The Man Behind the Myth.* N. Y.: Dodd Mead and Company.

Pacific Stars and Stripes. Tokyo, 4 April 1948.

Palmer, Spencer.

1962 "America's Gold Mining in Korea's Unsan District." *Pacific Historical Review.* vol.31, no.4.(Nov.), p379-391.

Park, Hong-kyu.

1981 *American-Korean Relation, 1945-1953: A Study in United States Diplomacy.* Ph.D. Dissertation, History, North Texas State University.

Reeve, W.D.

1963 *The Republic of Korea A Political and Economic Study.* London: Oxford Uni. Press.

Republic of Korea.

1949 "National Security Law." in United Nations General Assembly Official Records, 4th Seession, Supplement No.9, p32.

1959 *The Constitution of the Republic of Korea.* Seoul: Office of Public Information.

Rhee, Insoo.

1981 *Competing Korean Elite Politics in South Korea after World War II, 1945-1948.* Ph.D. Dissertation, Political Science, New York University.

Robinson, Richard.

1947 "Betrayal of a Nation." Manuscript, Massachusetts Institute of Technology.

Roth, Andrew.

1946 "Cross-Fire in Korea." *The Nation.* vol.162, no.8.(Feb.23), p220-223.

Royal Institute of International Affairs.

1947 *United Nations Documents, 1941-1945.* London: Oxford University Press.

Sandusky, Michael.

1983 *America's Parallel.* Alexandria, Va. Old Dominion Press.

Sarafan, Bertram.

1946 "Military Government: Korea." *Far Eastern Survey.*
　　　　 vol.15, no.23.(Nov.20), p349-352.

Sawyer, Robert k.

1962 *Military Advisers in Korea KMAG in Peace and War.*
　　　　 Washington D.C: Office of the Chief of Military History.

Scher, Mark.

1973 "US Policy in Korea, 1945-1948: A Neo-Colonial Policy Takes Shape."
　　　　 Bulletin of Concerned Asian Scholars. 5(4). (Dec.), p17-27.

Schnalbel, James.

1972 *US Army in the Korean War: Policy and Direction, The First Year.*(chs.1,2).
　　　　 Washington, D.C.: Office of the Chief of Military History.

Seoul Times. Sept. 1945 to Sept. 1946.

Shoemaker, James.

1947 "Notes on Korea's Postwar Economic Position." Secretariat Paper. no.4.
　　　　 New York: International Secretariat Institute of Pacific Relations.

Simmons, Robert.

1974 "The Korean Civil War." p.143-178. in Frank Baldwin.
　　　　 ed. *Without Parallel: The American-Korean Relationship Since 1945.*
　　　　 New York: Pantheon Books.

Slusser, Robert.

1977 "Soviet Far East Policy." p.123-146. in Yonosuke Nagai and Akira Irye.
　　　　 ed. *The Origins of the Cold War in Asia.*
　　　　 Tokyo: Tokyo University Press.

Soviet News.

1950 *Soviet Union and Korean Question, Documents.* London: Farleich Press.

Soviet Press Translations. 14 Dec. 1946-15 Oct. 1949.
　　　　　　　　　 Seattle, Oregon: University of Washington.

Suh, Dae-sook.

1967 *The Korean Communist Movement, 1918-1948.*
　　　　 Princeton, New Jersey: Princeton University Press.

Sullivan, John and Roberta Foss. ed.

1987 *Two Koreas-One Future?* Lanham, Md: University Press of America.

Sunoo, Hakwon Harold.

1970 *Korea A Political History in Modern Times.*
Columbia, Missouri: Korean-American Cultural Foundation.

1979 *America's Dillema in Asia The Case of South Korea.* Chicago: Nelson-Hall.

Supreme Command for the Allied Forces.

1945 *Summation of Non-Military Activities in Japan and Korea.* No.1-5. Tokyo.

Szymanski, Albert.

1981 *The Logic of Imperialism.* New York: Praeger.

Tewksbury, Donald.

1950 *Source Materials on Korean Politics and Ideologies, 1871-1950.*
New York: Institute of Pacific Relations.

Truman, Harry.

1956 *Memoirs.* vol.2: Years of Trial and Hope.
New York: Boubleday and Company.

United Nations(UN).

1948 *The Report of the UN temporary Commission on Korea.* (A 575),
First Part, vols.1,2,3 and Second Part, vols.1,2. General Assembly,
Third Session. Lake Success, New York.

1949 "The Problem of the Independence of Korea: Report of the United
Nations Commission on Korea." in General Assembly Official Records,
4th Session: Summary Records of Plenary Meetings of 20 Sept.-10 Dec. 1949.
Lake Success, New York.

U.S. Army.

1945-46 " Military Government Company Reports." in Record Group 407,
World War II Operations Reports. Entry No.427. Suitland,
MD: Federal Reocrds Center Annex.

U.S. Army, XXIV Corps.

1947 *Korea.* Seoul: Troop Information and Education Section.

U.S. Army Force.

1952 "History of the North Korean Army." Tokyo:
Far East Command, G-2 Section.

U.S. Army Forces in Korea.

n.d. Record Group 332, XXIV Corps Historical File.
Suitland, Md.: Federal Records Center Annex.

n.d. "Brief History of Prominent South Korean Organizations."
in XXIV Corps Historical File.

1945-46 " XXIV Corps Journal." in XXIV Corps Historical File.

1945-47 "Counter-Inteligence Corps Reports." in Record Group 332,
XXIV Corps Historical File.

1945-48 "G-s Periodic Report and Weekly Summary." in 일월서각. ed. 1986.
U.S. Army Military Government in Korea, Intelligence Reports, 1945-1948.
Seoul:일월서각

1946A "Public Opinion Bureau Raw Reports, 30 Aug."
in XXIV Corps Historical File.

1946B "Minutes of the Korean-American Conference." (20-25 Nov.).
in Record Group 332. XXIV Corps Historical File.

1946C "The Sixth Infantry Divison Report, 31 Dec. 1946."
in XXIV Corps Historical File.

1947A "Memorandum of Hodg's Conversation with General Wedemeyer,
27 Aug." in XXIV Corps Historical File.

1947B "Estimate of Current Korean Situation, August 22."
in Special Press Release, (19 Nov.) XXIV Corps Historical File.

1947-48 "History of the Department of the Police."
in Record Group 332, XXIV Corps Historical File.

1947-48B "History of United States Army Forces in Korea."
Compiled under the supervision of Harold Larsen,
chief historian. Tokyo and Seoul.

1948 "Narrative History of the National Food Administration."(Oct.)
in RG 332, XXIV Corps Historical File.

U.S. Army Military Government in Korea(USAMGIK).

1945-48 *Official Gazette, 1945-1948. 8 vols, Seoul, Korea.*

1946A *Population of South Korea, by Geographical Division and Sex, September 1946.*
Seoul: Dept. of Public Health and Welfare.

1946B *Opinion Trends.* (March 31). Seoul: Department of Public Information.

1946C "History of United States Army Military Government in Korea."
Seoul: Office of Administrative Services, Statistical Research Division.
Manuscript in the Office of the Chief of Military History, Washington, D.C.

1947 *Present Agricultural Position of South Korea.*
Report no.2. (April). Seoul: Headquarters.

1947-48 *South Korean Interim Government Activities.* No.23-26. Tokyo.

1948 Memorandum (Political Parties). Seoul: Depat. of Public Information.

U.S. Congress.

1948 *U.S. Statutes at Large: 80th Congress First Session, 1947.*
vol.61, part 1. Washington, DC.

1949 *Korean Aid.* Hearings on House Report No.5330. Washington, DC.

1953 *United States and the Korean Problems, Documents, 1943-1953.*
Senate Foreign Relations Committee. Document no.74. Washington,D.C.

U.S. Defense Department.

1955 *The Entry of the Soviet Union into the War Against Japan: Military Plans, 1941-1945.* Washington, D.C.

U.S. State Department.

1943-49 *Foreign Relations of the United States: Diplomatic Papers.* 1944(v.5), 1945 (v.6,7), 1946(v.8,9,10), 1947(v.1,6), 1948(v.6), 1949(v.1,4,7,9). Washington, D.C.

1944-47 "A Survey of South Korea." in Record Group 319, State Department File(Korea).

1946-47 "Joint Commission Reports." in RG43, Joint Commission File, Box no.3.

1947 *Korea's Independence.* Far Eastern Series no.18.

1948 *Korea, 1945-1948: Report on Political Developments and Economic Resources.* Far Eastern Series No.28.

1948B *The Redistribution of Korean-Owned Farm Lands in South Korea* (May 7). Washington, D.C.: Division of Research for Far East.

1955 *The Conference of Malta and Yalta, 1945.*

1960 *The Record on Korean Unification,1943-1960: Narrative Summary with Principal Documents.* Far Eastern Series No.101. Washington, D.C.

1960B *The Conference of Berlin, 1945.* 2 vols.

1961 *The Conference at Cairo and Teheran, 1945.*

1962 *A Historical Summary of United States-Korean Relations, 1834-1962.*

1972 *Treaties and Other Agreements of the United States of America, 1776-1949.* vol.9. Washington, D.C.

The Voice of Korea 1944-1948. Washington, D.C.: Korean Affairs Institute.

Wales, Nym and Kim San.

1941 *Song of Ariran: A Korean Communist in the Chinese Revolution.* San Francisco, California: Ramparts Press.

Wallerstein, Immanuel.

1979 *The Capitalist World Economy.* New York: Cambridge University.

1983 *Historical Capitalism.* London: Verso.

1984 *The Politics of the World-Economy: The States, the Movements, and the Civilization.* New York: Cambridge University Press.

Wallerstein, Immanuel et al.

1982 *World-Systems Analysis: Theory and Method.* Beverly Hills, Ca: Sage.

1984 *The Politics of the World-Economy.* London: Cambridge University Press.

Weber, Henri.

1981 *Nicaragua: The Sandinist Revolution.* Patrick Camiller tr. from Spanish. London: New Left Book.

Wedemeyer, Albert.

1947 *Report to the President on Korea, September 1947.*
Washington, D.C.: US Government Printing Office.

Weems, Clarence.

n.d. "Korea and the Provisional Government." in Record Group 332,
XXIV Corps Historical File.

Williams, Appleman William. ed.

1956 *The Shaping of American Diplomacy: Readings and Documents in American Foreign
Relations 1750-1955.* Chicago: land McNally and Company.

Williams, Appleman William et al.

1959 *The Tragedy of American Diplomacy.* New York: World Publishing Co.

World Culture.

1954 *A Chronicle of Principal Events Relating to the Korean Question, 1945-1954.*
Peking: World Culture.

본문 참고와 참고문헌에 사용한 약어 설명

AFSC　　　　American Friends Service Committee

Brief History　　주한미군 n.d., "Brief History of Prominent South Korean Organizations." in
　　　　　　XXIV Corps Historical File.

미 국무부 공보　미 국무부 1944-1949. Department of State Bulletin 11-20권.
　　　　　　Washington, DC.

FRUS　　　　미 국무부 1943-1949. Foreign Relations of the United States.
　　　　　　Washington, D.C.

미군정 관보　　미군정 1945-1948. 공식 관보, 1945-1948. 8권. 서울, 한국.

G-2 PRPT(G-2 정기보고서)　　미군정 정보보고서 1945-1948, 전15권 중에서
　　　　　　　　"G-2 정기보고서" 1-6권. 1986년 일월서각.

G-2 PRPT6(G-2 정기보고서6)　　미군정 정보보고서 1945-1948, 전15권 중에서
　　　　　　　　"G-2 제6보병사단 정기 보고서" 7-8권. 1986년 일월서각.

G-2 WSUM(G-2 주간요약보고서) 미군정 정보보고서 1945-1948, 전15권 중에서
　　　　　　　　"G-2 주간 요약 보고서" 11-15권. 1986년 일월서각.

HDP　　　　USAFIK 1947-1948. "A History of the Department of the Police."
　　　　　　in Record Group 332. XXIV Corps Historical File.

HUSAFIK　　USAFIK 1947-1948B. "History of the United States Army Forces in Korea."
　　　　　　서울과 도쿄.

HUSAMGIK　USAFIK 1946, "History of the United States Army Military Government in
　　　　　　Korea." 서울 행정부 통계과.
　　　　　　미군사최고책임자사무소 원본 소장, Washington, D.C.

Journal　　　"XXIV Corps Journal," in USAFIK, 1945-1946,
　　　　　　Record Group 332, XXIV Corps Historical File.

Summation(1-36) Supreme Command for the Allied Forces. 1945. Summation of Non
　　　　　　Military Activities in Japan and Korea. Nos.1-5. Tokyo.
　　　　　　Command-in-Chief, U.S. Army Forces, Pacific. 1946. Summation of United
　　　　　　States Army Military Government Activities in Korea. Nos.6-15. Tokyo.
　　　　　　Commander-in-Chief, Far East. 1947. Summation of United States Army
　　　　　　Military Government Activities in Korea. Nos. 16-22. Tokyo.
　　　　　　U.S. Army Military Government in Korea. 1947-48.
　　　　　　South Korean Interim Government Activities. Nos.23-36. Tokyo.

USAF　　　　United States Army Forces

USAFIK　　　United States Army Forces in Korea

USAMGIK　　United States Army Military Government in Korea

미군 점령 4년사

친일파는 어떻게 기득권이 되었나

첫판 1쇄 발행 2024년 11월 20일

지은이 송광성

디자인(본문.표지) 김혜림

발행인 권혁정 ┃ 펴낸곳 나무이야기

주소 고양시 일산동구 강촌로26번길 49, 3층

전화 031) 903-7220 ┃ 팩스 031) 903-7230

E-mail nspub@naver.com

ISBN 978-89-90976-14-7 (03300)

책값은 뒤표지에 있습니다.

ⓒ 나무이야기 2024 NamuStory

이 책 표지에 실린 사진은 저작권 만료 이미지를 사용했습니다.

혹시 저작권 사용료를 지불해야 하는 경우라면 허락을 받고 통상의 기준에 따라 사용료를 지불하겠습니다.